KB273259

Present To

From

Date

이 책을 읽는 분들께

본서는 두 권의 책으로 구성되어 있습니다.

존 버니언의 《천로역정》과 릴랜드 라이큰의 《천로역정 가이드》입니다.

* 《천로역정》은 미국 Thomas Nelson에서 출간한 존 버니언의 *The Pilgrim's Progress*를 번역했습니다.

    1678년에 출간된 《천로역정》 정본에 캐리 마스(Carrie Marrs)의 해설(주석)을 담고, 본문 내용을 담은 일러스트를 그려 넣어 《천로역정》을 더욱 공감각적으로 다가오게 하는 책입니다.

    캐리 마스의 해설은 이 책의 백미입니다. 글을 쓸 때의 존 버니언의 상황과 비유나 용어의 상징적 의미 등을 풍요롭게 설명해 주어, 마치 존 버니언과 대화하는 느낌으로 《천로역정》을 읽게 합니다.

* <책 속의 책>으로 소개된 《천로역정 가이드》는 미국 Crossway에서 출간한 릴랜드 라이큰의 *Bunyan's The Pilgrim's Progress*를 번역했습니다.

    릴랜드 라이큰은 미국 휘튼대학교의 영문학 교수로서, 기독교적 관점에서 고전 문학의 연구에 많은 기여를 했습니다. 《천로역정 가이드》는 이야기를 읽는 방법, 작가의 신앙, 문학적 특색, 버니언이 그리는 풍유적 인물을 비롯해 각 장의 줄거리와 해설 등 《천로역정》의 거의 모든 것을 담아 《천로역정》을 풍성히 누리게 하는 최고의 가이드입니다.

천로역정

천로
역정

The Pilgrim's Progress

초판1쇄	인쇄 2024년 1월 16일
초판1쇄	발행 2024년 1월 30일

지은이	《천로역정》_존 버니언 《천로역정 가이드》_릴랜드 라이큰
옮긴이	오현미
발행인	김혜정
디자인	홍시 송민기
기획위원	김건주
마케팅	윤여근, 정은희

발행처	도서출판 CUP
출판신고	제2017-000056호 (2001.06.21.)
주소	(04549) 서울특별시 중구 을지로 148, 8층 803호(을지로3가, 드림오피스타운)
전화	02) 745-7231
팩스	02) 6455-3114
이메일	cupmanse@gmail.com
홈페이지	www.cupbooks.com
페이스북	facebook.com/cupbooks
인스타그램	instagram.com/cupmanse/
ISBN	979-11-90564-60-1 03230 Printed in Korea

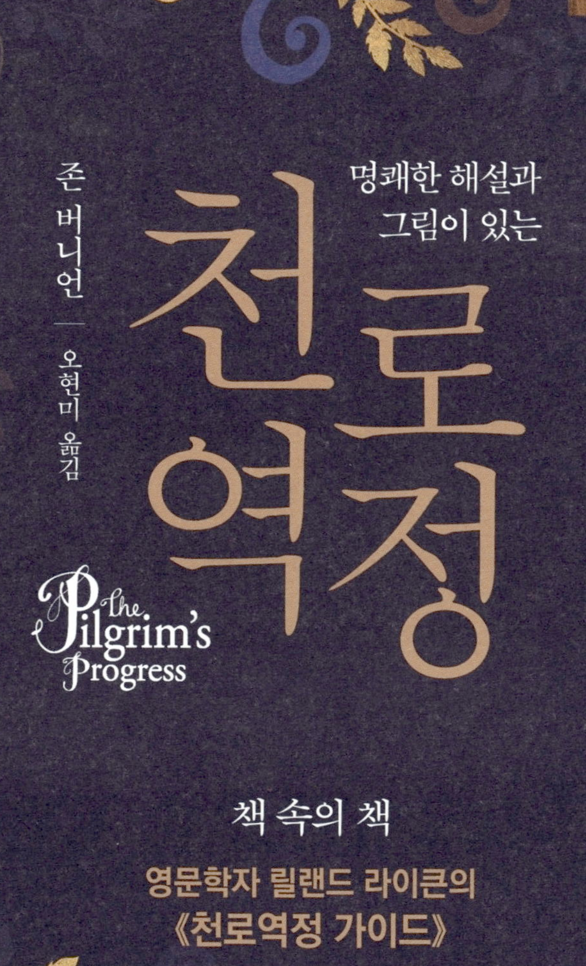

명쾌한 해설과
그림이 있는

존 버니언 | 오현미 옮김

천로역정

The Pilgrim's Progress

책 속의 책

영문학자 릴랜드 라이큰의
《천로역정 가이드》

이 세상에서 다가올 세상으로
꿈과 유사한 상태에서 인도되다

추천의 글

이동원 | 지구촌교회 원로목사, 지구촌 목회리더십 대표

천로역정은 1600년대에 처음 출간된 책입니다. 소위 청교도 시대에 처음 세상에 나왔습니다. 그 후 성경 다음으로 읽히는 베스트셀러 고전이 되었습니다.

《천로역정》은 여러 나라 여러 국어로 지속적으로 번역되어 왔습니다. 지금도 누군가에 의해 다시 번역되고 있습니다. 그만큼 주목받는 고전이 되었다는 의미일 것입니다. 이번에 좋은 양서를 소개하는 CUP에서 펴내는 《천로역정》에는 친절한 해설이 첨부되고 있어 《천로역정》의 깊은 의미를 이해하는 데 더욱 많은 유익함이 있습니다.

《천로역정》은 이미 한국에도 여러 번역판이 소개되었습니다. 성경을 여러 번역으로 비교하는 즐거움이 있듯이 여러 번역과 해설을 비교하여 읽으시기를 천거합니다. 또 다른 즐거움으로 이 책의 맛을 음미하게 될 것입니다.

인생은 곧 천로역정입니다. 이 책을 읽고 살아온 인생을 돌이켜 보고, 살아야 할 미래인생을 꿈꾸어 보십시오. 그리고 믿음으로 산다는 의미를 묵상해 보십시오. 가평의 천로역정 순례길도 방문해 보시길 권합니다.

기쁨으로 또 한 권의 《천로역정》을 추천합니다.

"

류호준 | 백석대학교 신학대학원 은퇴 교수, 다니엘의 샘 원장

존 버니언(1628-1688)은 존 밀턴(1608-1674)과 더불어 17세기를 대표하는 위대한 청교도 작가입니다. 그의 《천로역정》(*The Pilgrim's Progress*)은 천추에 빛나는 기독교 풍유 문학의 금자탑입니다. 개인적인 이야기입니다만 《천로역정》과의 인연은 아주 오래되었습니다. 내가 기억하기로 《천로역정》을 한국교회에 널리 알린 분은 성결교의 이성봉 목사님(1900-1965)이었습니다. 그분은 《천로역정》을 본문 삼아 방송에서뿐 아니라 전국적으로 다니시면서 부흥회를 하셨는데, 내 어린 시절(1950년대 후반에서 1960년대 초) 그분의 천로역정 설교를 듣고 크게 감명을 받았던 기억이 있습니다. 그뿐 아니라 대학 시절 일 년 동안 진행된 영어원서 강독 교재가 존 버니언의 《천로역정》이었다는 사실에 이 추천의 글을 쓰며 그저 미소 지으며 놀랄 뿐입니다. 책의 표지는 닳고 닳아 너덜너덜하게 되었고, 책 안에는 온갖 단어해설과 설명으로 새까맣게 되었었지요. 더욱 신기한 일은 천로역정이 그 후 내 신앙과 신학에 지대한 영향을 주었다는 사실입니다. 훗날 신학을 공부하고 목사가 되어 교회를 개척할 때, 교회의 정체성을 표현하는 문구를 어떻게 만들까 하다 자연스럽게 이렇게 만들었습니다. "천성(天城)을 향해 길을 떠난 순례자들에게 쉼과 힘을 공급하는 교회!" 와우, 나도 모르게 무의식적으로 천로역정을 떠올렸나 봅니다. 지금도 그 문구는 내 신앙 여정을 분명하게 묘사하고 있습니다.

천로역정은 풍유 형식으로 된 신앙 여정(journey)의 기록입니다. 옛날 번역에는 "장망성"(將亡城, 장차 망할 도시)이라고 불렀던 멸망의 도시를 떠나 천성까지 가는 한 순례자의 영적 여정 이야기입니다. "이 세상 광야를 두루 다니던 중, 우연히 동굴이 있는 어떤 곳에 이르른 나는, 그곳에 몸을 눕히고 잠이 들었다. 그리고 잠을 자던 중 꿈을 꾸었다."라고 시작하는 천로역정 이야기는 버니언이 꿈, 즉 상상 속에서 체험한 사실을 서사적으로 기록합니다. 이야기의 주인공 크리스천은 무거운 죄 짐을 지고 극심한 절망 상태에서 길을 떠나 십자가 앞에서 죄의 짐을 벗기까지 고군분투하며 순례길을 걷습니다. 버니언은 온갖 유혹과 극단적 모험 및 악과 사투를 하는 크리스천의 영적 순례 과정에 상상력이 동원된 성경 인용과 인유, 풍유적인 서술 기법, 상징언어 사용 및 이야기의 극적 전개를 덧입혀 놀랍게 구성합니다.

아마 독자들은 천로역정이 제2의 성경이라 할 정도로 성경을 전거(典據, 말이나 문장의 근거가 되는 문헌상의 출처)로 삼고 있다는 사실을 발견하고 놀랄 것입니다. 특별히 천로역정에는 구원의 과정이 기막히게 형상화되어 있습니다. 말씀을 통해 찾아오신 하나님을 만나 그의 부르심에 이끌려 순례의 여정을 떠나게 된 장면은 죄인인 크리스천이 하나님을 선택한 것이 아니라 하나님이 죄인을 선택하셨다는 구원의 본질을 가리키는 인상적 시작입니다. 순례의 여정에서 크리스천은 전도자, 해석자, 믿음, 소망의 도움을 얻습니다. 혹시라도 오해가 있을까 해서 여러분에게 말씀드립니다. 천로역정은 이 세상에서 도망치듯 떠나라는 가르침이 아닙니다. 이 세상 속에 살면서 죄악 된 이 세상과 치열하게 투쟁하면 살아간다는 의미의 영적 투쟁 여행기입니다.

한마디로 버니언은 그리스도인의 삶을 이 지상에서 출발하여 온갖 위협과 유혹의 좁은 문들을 통과하면서 천성에 이르는 기나긴 영적 순례의 여정에 비유합니다. 버니언에게 "여정"은 구원을 점진적으로 이루어가는 성화의 과정을 뜻합니다. 그에겐 칭의와 성화의 과정은 분리되지 않습니다. 그는 칭의와 성화를 통합적으로 이해합니다. 이것이 영적 순례의 과정이 영적 투쟁의 여정이라는 뜻입니다. 천로역정을 읽는 독자들도 영적 투쟁의 여행기를 각 개인의 독특한 서사로 써 내려가야 하지 않겠습니까.

그동안 한글로 여러 번역본이 나왔지만, 이번 번역본은 유별난 강점이 있습니다. 탁월한 번역가 오현미 선생의 번역 문체는 매끄럽고 가독성이 아주 좋습니다. 더욱이 천로역정 의미 단락마다 그 글을 쓰는 당시의 존 버니언의 상황과 단락 내용에 대한 캐리 마스의 유익한 해설이 들어 있습니다. 보너스로, 영문학자 릴랜드 라이큰의 《천로역정 가이드》를 부분적으로 추가하여 천로역정 이해의 깊이를 더했습니다. 개인의 경건 함양을 위해, 교회의 영적 독서 모임에 한 권을 추천한다면 이 책이어야 합니다.

김영한 | 품는교회 담임목사, Next새대 Ministry 대표

《천로역정》 추천사를 부탁받았을 때, "이미 천로역정 책들이 시중에 나와 있는데, 또 다른 번역본이 필요할까…" 생각했습니다. 그러나 책을 열어 보고는 감탄에 감탄을 했습니다. 이런 책을 만들어 내다니, 정말 놀랐습니다.

첫째, 천로역정을 여러 번 읽었지만, 그 상징적 의미를 다 몰랐습니다. 그런데 이 책은 존 버니언이 말한 동굴이 무엇을 가리키는지 명확히 첨삭 지도를 해 주고 있습니다. 곳곳에 시대적 상황, 묵시적 상징이 무엇을 의미하는지 파헤쳐 주고 있습니다. 마치 과외를 받는 듯한 느낌이었습니다.

둘째, 책 디자인이 너무나 예뻐서 놀랐습니다. 표지 디자인부터, 각 챕터에 이미지, 그리고 탁월한 글을 살려주는 그림 이미지에 감탄했습니다.

셋째, 중독, 우울, 상처 속에 사는 우리에게 다시금 영광스러운 천국에 대한 소망의 메시지를 너무나 분명하게 드러내 주고 있어 감사했습니다.

이 책은 예쁜 일러스트가 있어 아이들과 함께 읽어도 좋을 것입니다. 아빠가 자녀에게 천로역정이 무엇인지 가이드를 해 주면서, 이 시대 천국의 소망을 잃은 다음 세대에게 소망을 줄 수 있는 작품입니다. 원본의 감동과 함께, 원본 속에 내포되어 있는 원색적 의미를 알게 해주기에, 더 깊이 천로역정으로 빠져들게 해주는 책입니다.

이런 귀한 책을 출간한 CUP에 박수를 보냅니다. 이 책은 주님을 사모하

는 모든 독자에게 아주 귀한 복음의 선물이 될 것입니다. 기존 신자, 초신자, 심지어 불신자에게도 선물로 준다면, 최고로 좋은 선물이 되리라 믿습니다.

일독과 선물로 하늘의 평안과 축복을 전해주길 소망합니다.

김건주 | 한빛교회 담임목사, 출판기획자

책을 만들고 권하는 일을 오랫동안 해 왔기에, 책을 추천해 달라는 요청을 많이 받습니다. 신앙 성장과 관련한 책을 요청받을 때 꼭 추천하는 책이 《천로역정》입니다.

천로역정은 흔히 생각하듯 어린이용 책이 아닙니다. 단순한 복음 전도 소책자도 아닙니다. 《천로역정》은 성경적 진리를 총체적으로 담고 있습니다. 한 권의 책으로 신앙 전반에 관해 깊이 생각하고 읽는 이의 삶에 적용하게 하는 특별한 힘을 《천로역정》은 가지고 있습니다.

《천로역정》은 순례자의 칭의와 성화의 기초가 되는 예수 그리스도의 구원하시는 대속적 의의 복음과 회심으로 인한 좁은 문으로 들어가는 것에서부터 결과적으로 영화를 동반하는 천성에 들어가기까지의 점진적 성화를 이야기합니다. 또한 천성에 들어갔을 때, 악과 이 세상의 시련으로부터의 궁극적 해방과 그리스도의 임재 안에서 누릴 미래의 영광에 대한 기대를 이야기합니다. 그리고 순례자를 위한 지상의 유일한 피난처이자 공급처인 신실한 목회자의 목양을 받는 교회의 교제를 이야기합니다.

《천로역정》은 매우 목회적인 책입니다. 신앙 여정의 시작과 마지막을 이야기하고, 신앙 여정 중에 중요한 것이 무엇인지 선명하게 이야기합니다. '판타지'라는 형식에 기독교 진리를 담고 있어서 전달하는 내용을 입체적으로 생각하고 적용하게 하는 힘이 있습니다.

《천로역정》은 홀로 자신을 솔직히 돌아보며 읽기에도 좋은 책이지만, 함께 읽고 생각을 나누면 더욱 좋습니다. 분석적인 성경 공부와 달리 이야기를 통해서 깨닫는 총체적인 지혜를 만날 수 있는 참 좋은 책이 《천로역정》입니다.

이처럼 여러 면에서 귀한 가치가 있는 책을 더 깊고 더 풍성하게 이해하고 적용하는 것을 돕기 위한 좋은 해설을 담고 있는 《천로역정》의 출간이 참 고맙고 반갑습니다. 이 책을 통해 《천로역정》이 담고 있는 지혜를 더 깊고 풍성히 만나기를 기대합니다.

조영민 | 나눔교회 담임목사

존 버니언의 《천로역정》은 '성경 다음으로 많이 번역된 기독교 서적'이라는 부제가 있을 만큼, 더 이상 새로운 추천사가 필요 없는 책입니다. 그런데도 이 책의 추천사를 써 달라는 제안에 일견 당황했으나, 이후 원고를 받아 읽으며 왜 새로운 추천사가 필요한지 알게 되었습니다.

이번에 출간되는 《천로역정》은 현대의 독자들에게 원작을 더 정확하게 이해하고 구체적으로 적용할 수 있도록 도와주는 '새로운' 책입니다. 이 책은 책의 내용과 해설을 분리하지 않고, 원작의 내용 속에 마치 저자가 처음부터 기록해 놓은 것처럼 해설을 넣었습니다. 원작에 대한 다양한 번역과 많은 해설서 가운데 이 책의 독특한 위치는 여기에서 나옵니다.《천로역정》 원작의 이미 검증된 풍성한 내용뿐 아니라, 원저자가 글을 쓰던 당시의 상황을 친절하게 해설해 주기 때문입니다.

이 해설은 독자가 고전 텍스트를 읽을 때 어려움을 겪을 수 있는 부분을 쉽게 이해할 수 있도록 도와줍니다. 저자의 의도와 메시지를 명확하게 전달하면서도, 현대 독자들이 쉽게 공감하고 적용해 볼 수 있도록 합니다. 이미 수많은 그리스도인의 구원과 성화의 길에 유익을 끼쳤던 고전이 어떻게 오늘 이 시대의 언어가 되어 이 시대를 사는 성도들에게 읽혀지고 영향을 미칠 수 있을지에 대한 가능성을 봤습니다.

이 책은 《천로역정》을 처음 읽는 독자나 이미 읽었던 독자 둘 다를 향해 동일한 소망의 메시지가 될 것을 확신합니다. 이 책을 읽으며, 독자들이 그리스도의 사랑과 구원의 길을 더욱 깊이 이해하고, 그 길을 함께 걸어가는 은혜를 누리기를 소망합니다.

고상섭 | 그 사랑교회 담임목사

기독교 고전은 내용의 깊이가 매우 깊고 넓어 두고두고 읽히지만, 오늘날 사람들이 쉽게 소화하기는 어려울 때가 많습니다. 존 버니언의 《천로역정》 역시 명실공히 기독교 고전으로 매우 유명한 책이지만, 그 의미를 만나지 못한 경우도 많을 것입니다.

이 책은 존 버니언의 《천로역정》 원본에 캐리 마스가 중간 중간 해설을 해주어, 마치 먹기 어려운 음식을 잘게 잘라서 먹을 수 있도록 돕는 엄마의 손길과도 같은 책입니다.

기독교 고전을 읽어야 한다는 목소리는 많지만, 어떻게 읽을 수 있을까에 대해 구체적인 방법을 제시하는 책은 많지 않은데, 이렇게 친절하고 적절한 해설이 붙는다면 다른 모든 기독교 고전들도 쉽게 이해할 수 있을 것입니다.

특히 흥미롭게 본 것은 8장 〈허영 시장에서 박해당하다〉입니다. 데이비드 폴리슨은 천로역정의 '허영 시장'을 읽으면서 하나님보다 더 사랑하는 우상승배의 본질이 '허영 시장', 즉 문화 내러티브에서 흘러나온다는 것을 깨닫고, "마음의 우상과 허영 시장"이라는 아티클을 썼습니다. 그것에 영향을 받아 팀 켈러는 《내가 만든 신》이라는 책을 통해 문화 내러티브와 우상숭배를 현대적인 의미로 발전시켰습니다. 존 버니언의 《천로역정》 본문만을 볼 때는 알 수 없었던 내용을 이 책은 친절한 해설로 자세히 설명해줍니다. 왜 허영 시장을 통과하는 것이 우상숭배가 될 수 있는지, 천상의 도시로 가려면 문화 내러티브의 한가운데서 어떻게 살아야 하는지, 현대에도 적용할 수 있는 다리를 놓아줍니다.

《천로역정》을 읽으면서 한 가지 아쉬운 점이 있다면 세상과 신앙의 관계를 대립의 관점으로 보게 할 수도 있다는 것이었는데, 본문 해설자는 신앙은 지극히 개인적인 것이어서 홀로 갈 수밖에 없는 여정임을 밝혀 줍니다. 이 책은 한 그리스도인의 영적 여정에 대한 기록이라 할 수 있습니다. 고전은 언제나 세월을 통과하는 힘을 가지고 있습니다. 이 책은 친절한 어머니의 손길같이 《천로역정》을 소화시켜 주고, 험난한 산을 통과할 때 힘겨워하는 우리를 안내해주는 안내자처럼, 이 책의 손을 잡고 걸어가면 어느새 가고 싶었지만 갈 수 없었던 산의 정상에 서는 기쁨을 알게 해줄 것입니다.

유경상 | CTC 기독교세계관교육센터 대표

인생은 여행이며, 인간은 '여행하는 인간'(Homo Viato)입니다. 호메로스, 베르길리우스, 단테, 세르반테스, 오승은 등의 이야기들이 지금까지도 '길 위의 인문학' 또는 '로드 클래식'이란 이름으로 주목받는 이유는, 인생이란 여행을 떠나는 사람들의 안내서 역할을 하기 때문입니다. 이는 존 버니언의 《천로역정》이 성경 다음으로 많이 읽히는 베스트셀러이자 스테디셀러로 많은 사람의 꾸준한 관심과 사랑을 받는 이유이기도 합니다.

특히 《천로역정》(*Pilgrim's progress*, 순례자의 여행)은 죄 많은 세상에서 아름다운 천국으로 나아가는 그리스도인을 위한 인생 안내서입니다. 《천로역정》은 사회적 혼란과 경제적 어려움으로 인해 길을 잃고 헤매는 광야의 삶을 살았던 그 당시 사람들에게 큰 위로가 되었고, 독자들을 순례의 여행으로 초대했습니다.

이 책은 영적인 혼란과 무기력에 빠져 있는 오늘날의 그리스도인들에게도, 그리고 진리에 무관심하거나 진리를 갈구하는 현대인들에게도 인생의 통찰력을 제공하는 인생 안내서가 될 것입니다. 특히 미디어의 영향에 점점 빠져 자극과 재미에만 익숙해지는 다음 세대에게 복음을 전하고, 그들을 모험으로 사는 그리스도인의 인생으로 초대하는 귀한 교육 콘텐츠가 될 것이라 생각합니다.

존 버니언은 이 책을 쓰면서 사람들이 복음에 관심과 흥미를 갖기를 원했고, 사람들의 마음에 성경적 진리를 쉽게 전달함으로써 그들이 진리를 깨닫게 되기를 바랐습니다. 이를 위해 존 버니언은 이 책을 단순히 교리가 아닌 이야기로 풀어냈습니다. 《천로역정》은 수많은 비유로 이루어져 있습니다.

《천로역정》의 주인공인 크리스천이 자신의 고향인 멸망의 도시에서 천국을 향해 떠나는 모든 여정과 그 가운데 만나는 인물들을 비유를 사용해 묘사하고 있습니다. 따라서 순례자의 인생 안내서인 이 책의 인도를 잘 받기 위해 그 비유들이 무엇을 의미하는지에 관한 해설이 있다면 정말 큰 도움이 될 것입니다.

CUP에서 출간된 이 책은 순례 여행 안내서인 《천로역정》을 위한 친절한 해설서입니다. 《천로역정》 본문 사이사이에 있는 해설들과 책 마지막 부분에 있는 릴랜드 라이큰의 해설서는 마치 여행지의 여행 가이드나 미술관의 도슨트(미술관, 박물관 등에서 관람객들에게 작품, 작가, 각 시대 미술의 흐름 따위를 설명해 주는 사람)와 같습니다. 《천로역정》 이야기에 빠져들고, 해설서의 안내를 받다 보면, 어느덧 이 책의 주인공인 크리스천과 함께 순례의 여행을 함께 걸어가고 있는 자신을 발견하게 될 것입니다.

차례

추천의 글   8

《천로역정》에 대한 작가의 변   25

01 무거운 짐 진 구도자, 늪에서 구출되다,
그리고 그때 나타난 율법주의자   39

02 좁은 문, 그리고 해석자의 가르침   75

03 십자가, 그리고 오르기 힘든 산   103

04 교제의 집   123

05 두 골짜기에서 시달림당하고 모욕당하다   149

06 믿음의 순례 여정   175

07 은혜의 증표   195

08 허영 시장에서 박해당하다   219

09 세상 좇기를 버리다   247

10 자유롭게 해주는 열쇠, 약속   273

11 유쾌한 산에서의 계시 295

12 그릇된 믿음과 연약한 믿음 307

13 듣기 좋은 속임수, 그리고 자꾸 졸린 곳 331

14 신앙이 퇴보하는 주제넘은 여행자들 361

15 피할 수 없이 건너야 하는 강, 그리고 빛나는 영광의 도성 389

결론 411

주 414

책 속의 책 419
릴랜드 라이큰의 《천로역정 가이드》

책 속의 책

릴랜드 라이큰의《천로역정 가이드》

문학의 본질과 기능 424

고전은 왜 중요한가 426

이야기를 읽는 방법 429

한눈에 훑어보는《천로역정》 432

작가와 작가의 신앙 437

문학적 특색 439

버니언이 그리는 풍유적 인물 441

책 속의 책

본문 1장 | **1** 멸망의 도시에서 좁은 문으로 444

본문 2장 | **2** 좁은 문을 지나 해석자의 집에서 451

본문 3장 | **3** 해석자의 집에서 아름다운 집에 이르는 험난한 여정 457

본문 4장 | **4** 아름다운 집 462

본문 5장 | **5** 굴욕과 사망의 그늘의 골짜기 467

본문 6~7장 | **6** 믿음과 함께 가는 길에서 472

본문 8~9장 | **7** 허영 시장 479

본문 10장 | **8** 절망 거인 486

본문 11~14장 | **9** 유쾌한 산과 마법의 땅 492

본문 15장 | **10** 천상의 도시에 들어가다 501

자료 더 찾아보기 508

이 책에 쓰인 문학용어 풀이 510

《천로역정》에 대한 작가의 변

Apology

처음 이 책을 쓰려고 펜을 들었을 때, 나는 이런 식의 책을 쓸 거라고 는 생각하지 않았습니다. 전혀 다른 책을 쓸 생각이었는데, 책을 거의 다 쓰고 보니 나도 모르는 사이에 이런 책을 쓰고 있었습니다.

요즘 같은 복음 시대 성도들의 인생행로와 생애에 관한 글을 쓰고 있었는데, 갑자기 이들의 여정과 영광으로 이르는 길에 관한 우화로 빠져들었습니다. 스무 가지도 넘는 사건들까지 더해서 말입니다. 책 을 다 쓰고 나서도 스무 가지의 또 다른 사건들이 아직 내 머릿속에 있었고, 이 사건들은 숯불에서 날아오는 불티처럼 자꾸 늘어나기 시 작했습니다.

그렇게 빠른 속도로 불어나는 생각들은 따로 넣어 두는 수밖에 없 었습니다. 그렇게 하지 않으면 무한히 부풀어 이미 거의 다 쓴 책을 망쳐버릴 수도 있었습니다.

오늘날 '어폴로지'(apology)라는 말은 미안하다고 말한다는 뜻이지만, 버니언 시대에 이 말은 이론적 설명이나 정당화를 뜻했다. 이 서문의 제목은 버니언이 이 작품 때문에 비판받을 것을 예상하고 이를 방어하고 있음을 보여 준다. 버니언의 청교도 친구들은 풍유를 그다지 높이 평가하지 않아서, 직접적이지 않은 가르침이나 성경에서 직접 이끌어내지 않은 가르침은 신뢰하지 않았다.

그래서 이 책이 나왔습니다. 하지만 내 펜과 잉크가 이런 방식으로 써 내려간 것을 온 세상에 보여줄 생각은 없었습니다. 나는 다만 내가 잘 알지 못하는 일을 글로 써볼 생각이었습니다. 나는 이웃을 즐겁게 해줄 생각으로 책을 쓰기 시작한 게 아닙니다. 나는, 내 자신의 만족을 위해서 썼을 뿐입니다.

나는 한가하게 시간을 때우느라 이렇게 끄적거리지도 않았고, 글 쓰는 일로 관심을 돌림으로써 죄를 범하게 만드는 더 악한 생각들에서 벗어나려는 의도도 없었습니다.

나는 기쁜 마음으로 펜을 들었고, 그러자 곧 이런저런 구상이 명료해졌습니다. 이제 내 방식대로 끝까지 계속 끌어당기자, 모습이 드러났습니다. 그리고 나는 이를 글로 적었고, 마침내 여러분이 보는 이런 길이와 넓이와 크기를 갖춘 책이 되었습니다.

　　1678년에 발간된 《천로역정》은 바로 성공을 거두었다. 첫 일 년이 지나지 않아 세 가지 판본이 발간되었고, 십오 년 만에 십만 부가 팔렸다. 그 후 수 세기에 걸쳐 이 책은 아메리카와 잉글랜드에서 그리스도인의 필독서가 되었고, 지금도 기독교 세계에서 가장 인기 있는 작품으로 여겨진다. 성경을 별개로 하면 이 책은 지금 다른 어떤 책보다도 많이 팔렸고 다른 어떤 책에 비할 수 없을 만큼 여러 언어로(이백여 개 언어) 번역되었다. 또한 이 책은 광범위한 사역 수단이 되어서, 초기 개신교 선교사들은 선교지 언어로 성경을 번역하고 나면 바로 뒤이어 《천로역정》을 번역하는 것이 관례였다.

　　이렇게 구상을 한데 모아서 쓰기를 다 마친 나는 사람들에게 원고를 보여 주었습니다. 이 작품을 불량하다고 할지 용인해 줄지 알아보기 위해서였습니다. 어떤 이들은 작품을 살리라고 했고, 어떤 이들은 없애 버리라고 했습니다. 어떤 이들은 "존, 출판하게"라고 했고, 어떤 이들은 그러지 말라고 했습니다. 어떤 이들은 이 책이 유익할 거라고 했고 어떤 이들은 아니라고 했습니다.

그래서 나는 곤경에 빠졌고, 어떻게 하는 게 최선일지 알지 못했습니다. 그러다 마침내 이런 생각이 들었습니다. 사람들의 의견이 이렇게 나뉘니 출판해야겠다고, 그래서 그때 상황에 판단을 맡겨야겠다고 말입니다.

왜냐하면, 어떤 이들은 출판하라고 하고 또 어떤 이들은 다른 방향으로 생각하니, 어느 쪽의 생각이 최선인지 검증하려면, 출판해서 시험해 보는 게 맞다는 생각이 들었기 때문입니다.

더 나아가 이 책을 손에 넣고 흡족해할 사람들의 의견을 거부하면 어떻게 될까 생각해 봤습니다. 모르긴 몰라도 이 사람들에게 큰 기쁨이 될 일을 내가 가로막는 것일 수도 있었습니다.

이 책이 세상에 나오는 걸 반기지 않는 사람들에게는 이렇게 말했습니다. 불쾌하게 할 생각은 없지만, 형제들이 이 책을 마음에 들어하니 판단을 미루고 지켜봐 달라고 말입니다.

읽고 싶지 않으면 그냥 놔두라고 말입니다. 세상에는 살코기를 좋아하는 사람도 있고 뼈를 집어 들어 뜯기를 좋아하는 사람도 있으니 말입니다. 이들의 마음을 달래려고 나는 다음과 같이 간곡히 말하기도 했습니다.

이런 스타일로 글을 쓰면 안 되나요? 이런 방식으로 써도 작가의 의도나 독자의 유익을 놓치지 않을 수 있다면, 이렇게 쓰지 못할 이유가 뭘까요? 밝은 구름이 비를 내려 주지 않을 때는 먹구름이 비를 내려 줍니다. 먹구름이든 밝은 구름이든 은색 빗방울을 뿌려 주면 대지는 소출을 내서 먹구름과 밝은 구름을 모두 찬미할 뿐, 어느 한 구름을 흠잡지 않습니다. 오히려 두 가지 구름이 함께 낳은 결실을 소중히 여깁니다. 대지가 맺은 결실에는 두 구름의 빗방울이 섞여 있어 어느 열매가 어느 빗방울 덕분인지 누구도 구분하지 못합니다. 메마른 대지는 어느 빗방울이든 흡족해 하지만, 충분히 물기를 머금었을 때는 둘 다 토해 내서 빗방울의 축복을 무익하게 만듭니다.

《천로역정》 원고를 처음 인쇄업자에게 가지고 갔을 때 버니언은 이렇게 말했다. "별 가치도 없는 원고가 하나 있습니다만."[1]

어부가 어떤 방법으로 물고기를 잡는지 보십시오. 어떤 장치를 만드는지, 어떻게 온갖 기지를 발휘하는지. 어부는 미끼, 낚싯줄, 낚싯바늘, 고리, 그물을 사용합니다. 그러나 물속에 있는 물고기는 그 어떤 미끼나 줄로도, 그 어떤 올가미나 그물이나 장치로도 내 것으로 만들 수 없습니다. 더듬어서 손으로 움켜쥐어야 합니다. 그렇지 않으면 무슨 수를 써도 잡히지 않을 것입니다.

새 사냥꾼은 얼마나 다양한 수단으로 사냥감을 찾는지! 총, 그물,

끈끈이 바른 나뭇가지, 등불, 방울 등 일일이 다 열거할 수도 없습니다. 사냥꾼은 기기도 하고, 앞으로 나가기도 하고, 서 있기도 합니다. 사냥꾼의 사냥 자세를 뉘라서 다 말할 수 있겠습니까? 하지만 그 어떤 수단으로도 잡고 싶은 새를 족족 잡는 새 사냥의 달인이 되지는 못합니다. 새를 잡으려면 어떤 때는 피리를 불어야 하고 휘파람도 불어야 합니다. 하지만 피리를 불고 휘파람을 불어도 사냥꾼은 새를 놓칠 수 있습니다.

진주알은 두꺼비 머릿속에 들어 있을 수도 있고("역경이란 건 두꺼비처럼 흉하고 독기도 품고 있지만 그 머리에는 귀중한 보석이 박혀 있으니 말이오" – 윌리엄 셰익스피어, 《뜻대로 하세요》 2막 1장 참조 – 옮긴이) 굴 껍데기에서도 찾을 수 있습니다. 이처럼 아무 기대도 없던 것에 금보다 더 좋은 것이 담겨 있다면, 이를 알아채고 금보다 더 좋은 그것을 혹시 찾을 수 있을까 뒤지는 사람을 누가 멸시할 수 있을까요? 나의 이 보잘것없는 책은, 이런 장식들이 전혀 없어서 그럴듯해 보이지도 않고 쉽게 손이 가지도 않겠지만, 그래도 겉은 화려하고 알맹이 없는 개념들만 가득한 책들을 능가할 만한 점이 없지 않습니다.

버니언은 처음부터 우화를 쓰지는 않았다고 주장했다. 다른 책을(《하늘 가는 순례자》 *Heavenly Footman* 같은) 쓰던 중에 우연히 우화로 접어들었고, 애초에는 본인의 재미를 위해 써 나갔다고 한

다. 하지만 버니언은 성경에서도 비유와 은유가 도처에서 발견된다는 점을 지적하면서 우화의 가치를 변호했다. 예수와 선지자들은 거듭 비유와 은유를 통해 진리를 가르쳤다고 말이다. 또한 버니언은 이야기라는 형식이야말로 우리에게 오래 남아 진리를 더 깊이 파악하고 더 오래 기억하게 해준다는 것을 알고 있었다.

"글쎄, 그래도 썩 납득이 되지는 않는군요. 당신의 이 책이 과연 철저한 검증을 버텨낼지."

왜, 무엇이 문제인가요?

"무엇을 말하는지 모호해요."

그렇긴 하지만 그게 어때서요?

"게다가 상상으로 지어낸 이야기잖소."

그게 무슨 문제일까요? 어떤 이들은 내 글 못지않게 모호한 말을 지어내지만, 그런 말로도 진리가 반짝이고 진리의 광선이 빛납니다.

"하지만 그런 글은 내용이 견실하지 않아요."

하고 싶은 말이 무엇인가요?

"그런 글은 연약한 사람을 삼켜 버립니다. 비유는 우리를 눈멀게 한다고요."

견실함은 거룩한 내용을 인간에게 전해 주는 사람 손에 들린 펜이 됩니다. 하지만 비

유로 말한다고 해서 내 글에 견실함이 없다고 할 수 있을까요? 옛적에 하나님의 율법, 하나님의 복음의 법도 예표와 전조와 비유로 주어지지 않았습니까? 제정신을 가진 사람이라면 그런 것을 흠잡으려 하지 않을 것입니다. 최고의 지혜를 비난하는 사람이 되어서는 안 되니까요. 오히려 몸을 낮춰 알아내려고 할 것입니다. 말뚝과 고리, 송아지와 양 떼, 암소와 숫양, 새들과 풀, 그리고 어린양의 피를 통해 하나님이 무엇을 말씀하시는지 말입니다. 그런 것들에서 빛과 은혜를 찾아내는 이는 복된 사람입니다.

"풍유는 특히 신앙을 다루는 글에 적합하다. 풍유는 이 세상이 전부가 아니라는 인식에서 생겨 나온다. 이 세상 이면에 한 가지 현실이 있으며, 이 세상은 영적 진리를 나타내는 기호 체계로 이해할 때 가장 잘 해석된다. … 〔풍유는〕 세상의 의미와 질서를 이해하기 위해 필요하다."[2]

그러므로 너무 성급하게 앞서나가 내 글에 알맹이가 없다고, 내 글이 조잡하다고 결론 내리지 마시기를 바랍니다. 진짜처럼 보인다고 다 진짜배기는 아닙니다. 비유로 쓰인 글이라고 다 멸시해서는 안 됩니다. 그랬다가는 지극히 해로운 것을 손쉽게 받아들일 수 있고, 우

리 영혼에 유익한 것을 빼앗길 수 있습니다.

내 글이 비록 모호하고 애매하지만, 금덩이가 담긴 보관함처럼 진리를 담고 있습니다.

선지자들은 많은 비유를 써서 진리를 선포했습니다. 그리스도와 사도들도 그렇게 했다고 생각하는 이들은 분명히 알 것입니다. 오늘날까지 진리는 그런 덮개에 싸여 보존되어 왔다는 것을.

조심스럽게 말하지만, 구구절절 온갖 지혜를 써 내려가는 성경에도 모호한 비유와 풍유가 도처에 가득합니다. 그런데 그런 성경에서 우리의 어두운 밤을 낮으로 바꿔 주는 광채와 광선이 나옵니다.

《천로역정》이 발간되면서 과거의 어느 작품보다 더 활발하게 영어 성경을 영문학으로 안내했으며, 로버트 루이스 스티븐슨과 찰스 디킨스, 마크 트웨인, 조지 엘리엇, 제인 오스틴, 샬럿 브론테, 윌리엄 메이크피스 태커리, 해리엇 비처 스토우, 새뮤얼 존슨, 벤저민 프랭클린, 루이자 메이 올콧, 내서니얼 호손 같은 다음 세대 위대한 작가들에게 영감을 주었다.

공연한 트집쟁이는 이제 자기 삶을 들여다보면서 내 책에서 보이는 것보다 더 모호한 언사(言事)는 없는지 찾아보십시오. 최고의 작품

에도 형편없는 문장은 있다는 것도 아시길.

우리가 편견 없는 사람들 앞에 설 수 있다면, 그자의 어설픈 글 한 편에 나는 열 편을 내놓을 용기가 있으니, 그 사람들은 은그릇에 담긴 그자의 서짓말보다 나의 이 글에 담긴 의미를 훨씬 더 잘 포착할 것입니다. 누더기에 둘둘 감겨 있다 해도 진리는 판단력을 갖게 해주고 생각을 바로잡아 줍니다. 진리는 지성을 만족시키고 의지를 순복시키며 우리의 상상을 즐겁게 하는 것으로 기억을 채워 줍니다. 게다가 진리는 우리의 고민을 덜어 줍니다.

내가 알거니와 디모데는 건전한 말을 써야 했고 나이 든 여인들이 꾸며내는 말을 물리쳐야 했습니다. 하지만 근엄한 바울은 어디에서도 비유 사용을 금하지 않았습니다. 비유에는 우리가 더할 수 없이 조심스럽게 캐낼 만한 가치가 있는 금과 진주와 보석이 감춰져 있습니다. 한 마디만 더하겠습니다. 하나님의 사람이여, 기분이 상했습니까? 내 글이 다른 옷을 입었으면 합니까? 좀 더 뜻이 분명한 글을 썼으면 합니까? 내가 세 가지 제안을 하겠습니다. 그런 다음 나보다 훌륭하신 분들의 생각에 따르는 게 합당하다면 그렇게 하십시오.

로버트 루이스 스티븐슨은 《천로역정》을 가리켜 "모든 아름답고 귀중한 감정이 숨 쉬는 책"[3]이라고 하면서 일평생 소중히 여겼

고, 이 책 덕분에 "지혜로울 수 있었고 행복할 수 있었다"[4]고 한다.

1. 나는 이런 방식의 글쓰기가 금지된다고 생각하지 않으며, 따라서 나는 그 어떤 이야기도, 어떤 작품도, 독자도 모욕하지 않았습니다. 나는 상징이나 비유를 조잡하게 다루거나 적용하지 않으며, 다만 모든 면에서 이런저런 식으로 진리를 진척시키려고 했습니다. 이런 방식의 글쓰기가 금지된다고 내가 말했던가요? 아닙니다, 나는 이런 식으로 내 생각을 표현하고 이런 식으로 가장 탁월한 것을 여러분에게 선포할 자유가 있습니다(자신의 말이나 행동 방식으로써 오늘날 살아 숨쉬는 그 어떤 사람보다도 하나님을 기쁘시게 해드린 이들의 사례도 있습니다).

2. 고상하신 분들도 대화체 글을 쓰지만, 누구도 그런 글을 쓴다고 이들을 얕보지 않습니다. 하지만 진리를 능욕한다면 이들은 저주 받아 마땅하며 진리를 능욕할 의도로 구사한 기교도 저주 받아야 할 것입니다. 진리는 무엇에도 구애받지 않고 그대와 나에게 분출되어야 하리니, 그런 식이어야 하나님이 기뻐하십니다. 우리에게 처음 쟁기질을 가르치신 분보다 우리 생각과 글을 더 잘 인도하여 자기 뜻을 이루실 분이 누구이시겠습니까? 그분은 비천하게 시작한 것들을 거룩하게 만드십니다.

3. 내가 보니 성경에도 나의 글쓰기 방식과 비슷한 부분이 많습니다. 어느 한 가지를 불러내서 또 다른 한 가지를 제시하는 것입니다. 그러므로 내가 이 방식을 써도 진리의 금빛 광선은 전혀 퇴색하지 않으며, 이 방식으로 그 광선은 오히려 대낮처럼 환하게 뻗어나갑니다. 이제 펜을 내려놓기 전, 이 책의 유익한 점을 보여드리고, 그런 다음 강한 자를 끌어내리시고 약한 자를 세우시는 분의 손에 그대들과 이 책을 맡기고자 합니다.

찰스 스펄전은 "내가 성경 다음으로 높게 평가하는 책은 존 버니언의 《천로역정》"이라고 말했다. "이 책을 적어도 백 번은 읽은 것 같다. 읽어도 읽어도 지루하지 않을 것 같은 책이다. 읽을 때마다 새로운 이유는, 대부분 내용이 성경에서 수집된 것이기 때문이다."[5]

이 책은 영원한 상급을 추구하는 사람의 이야기를 여러분의 눈앞에 펼쳐 보여 줍니다. 이 책은 그 사람이 어디에서 와서 어디로 가는지를 보여 줍니다. 그 사람이 무엇을 미완으로 남겨 놓으며 무엇을 이루는지를 보여 줍니다. 또한 이 책은 영광의 문에 이르기까지 그 사람이 얼마나 달리고 또 달리는지를 보여 줍니다.

이 책은 영원한 면류관을 손에 넣으려는 듯 힘껏 생명을 향해 나가는 사람들을 보여 줍니다. 이 책은 이 사람들이 그 모든 수고도 헛되이, 바보처럼 죽고 마는 이유도 알려 줍니다. 이 책의 권고에 잘 따른다면 여러분은 여행자가 될 것입니다. 이 책의 지시를 잘 이해한다면 여러분은 거룩한 땅으로 안내받을 것입니다. 게으른 사람은 활발해질 것이고, 눈먼 사람이 기쁜 일을 보게 될 것입니다.

진귀하고 유익한 무언가를 원하십니까? 지어낸 이야기에서 진리를 보고자 합니까? 듣고도 잘 잊어버립니까? 새해 첫날부터 십이월 마지막 날까지를 다 기억하고 싶습니까? 그렇다면 내가 상상해 낸 이 이야기를 읽어 보십시오. 마치 가시풀처럼 달라붙을 것이며, 도움 없는 사람에게 위로자가 될 것입니다.

신학자 J. I. 패커는 오십 년이 넘는 동안 《천로역정》을 적어도 일 년에 한 번씩 읽었으며, 이 책을 "그리스도인의 삶을 다루는 다른 모든 고전 중에서도 뛰어난 고전"으로 여겼다.[6]

이 책은 별로 열의 없는 사람의 마음마저 감동시킬 만한 말투로 쓰였습니다. 신기하고 색달라 보이지만, 그러면서도 건전하고 순수한 복

음의 선율만을 담고 있습니다. 울적한 기분에서 벗어나고 싶은가요? 유쾌해지고 싶지만 어리석기는 싫은가요? 수수께끼를 읽으며 그 해답을 찾고 싶은가요? 홀로 묵상에 잠기고 싶은가요? 뼈를 들고 고기를 뜯기를 좋아합니까? 구름 속의 어떤 사람을 보면서 그 사람이 하는 말을 듣고자 합니까? 잠들지 않은 상태에서 꿈을 꾸고 싶은가요? 한바탕 웃고 한바탕 울고 싶은가요? 깊이 빠져들면서도 아무런 해도 당하지 않기를, 마법에 걸리지 않고 다시 제정신으로 돌아오기를 바랍니까? 그대 자신을, 그대가 잘 모르는 것을 읽고 싶은가요? 같은 구절을 읽으며 자신이 축복받은 사람인지 아닌지 알고 싶은가요? 그렇다면 이리로 오십시오, 그대의 머리와 가슴으로 이 책과 의논하십시오.

존 버니언

이 머리말에서 결국 알 수 있는 것은, "믿음이 나태해져서 지루해 하는 사람들에게" 영향을 주고 "경고의 말과 함께 복음을 긴박하게 제시해서 길 잃은 사람이 십자가 앞에서 무릎 꿇게" 만들려는 것이 버니언이 《천로역정》을 쓴 목적이라는 점이다.[7] 한 여행자가 낯선 땅에서 잠시도 방심할 수 없는 여정을 인내로 이어 나가는 광경을 상징적으로 보여 주는 버니언의 이야기를 읽다 보면 독자들도 여행자가 되어 하늘에 있는 참 본향으로 안내받게 된다.

01

무거운 짐 진 구도자,
늪에서 구출되다,
그리고 그때 나타난
율법주의자

세상 광야를 두루 다니던 중, 우연히 동굴이 있는 어떤 곳에 이르른 나는, 그곳에 몸을 눕히고 잠이 들었다. 그리고 잠을 자던 중 꿈을 꾸었다.

꿈속에서 보니 누더기를 걸친 한 남자가 어떤 곳에 서 있었다. 집을 등지고 선 그 남자의 손에는 책 한 권이 들려 있었고, 등에는 커다란 짐을 지고 있었다(사 64:6; 눅 14:33; 시 38:4; 합 2:2; 행 16:30, 31). 또 보니 그 남자가 책을 펼쳐서 읽는 게 보였다. 책을 읽다가 그 남자는 울며 몸을 떨었다. 더는 참을 수 없었는지 "어떻게 해야 할까?"(행 2:37)라며 비탄에 잠겨 울부짖었다.

동굴은 버니언이 《천로역정》을 집필할 당시의 환경, 즉 잉글랜드 베드포드의 감옥을 가리킨다. 버니언은 불법으로 설교한 죄와 일단 석방되면 다시는 설교하지 않겠다고 약속하기를 거부한 죄로 십이 년 동안 옥살이를 했는데(서른두 살부터 마흔네 살까지였으므로 그의 전 생애의 20%나 되는 기간이었다), 투옥되었던 동안 《천로역정》 말고도 적어도 여덟 권의 책을 더 썼다.

곤경에 빠진 채 집으로 돌아간 그 남자는 아내와 아이들이 자신의 고민을 알아차리지 못하도록 최대한 감정을 자제했다. 하지만, 그 남자는 길게 침묵할 수가 없었다. 괴로움이 점점 심해졌기 때문이다. 결국 남자는 아내와 자녀들에게 자신의 심정을 털어놓았다. 남자는 이렇게 입을 열었다. "여보, 그리고 애들아, 내 등을 무겁게 짓누르는 짐 때문에 내가 어찌할 바를 모르겠다. 우리가 사는 이 도시가 하늘에서 내리는 불로 다 타 없어질 거라고 한다. 그렇게 무시무시하게 세상이 뒤집어지면 나는 물론이고 당신하고 너희들도 비참하게 죽고 말 거야. 피할 길을 찾지 못한다면 말이야. 아직 보이지는 않지만, 그 길을 찾아야 우리가 살 수 있을 텐데."

남자는 누더기를 입고 있다. 마치 거룩에 관한 하나님의 기준을 절대 충족시킬 수 없는 인간의 의라는 더러운 옷 같다(사 64:6). 남자가 들고 있는 책은 성경이다. 성경은 남자가 자기 죄를 인식하게 만들어, 성경이 "살아 있고 활력이 있어 좌우에 날선 어떤 검보다도 예리하여 혼과 영과 및 관절과 골수를 찔러 쪼개기까지"(히 4:12) 한다는 것을 입증한다. 남자가 진 짐은 그가 새로이 자각한 죄다. 남자가 겪는 일은 시편 기자의 체험과 비슷하다. "내 죄악이 내 머리에 넘쳐서 무거운 짐 같으니 내가 감당할 수 없나이다"(시 38:4). 버니언에게 구원의 메시지는 자기 죄를 인식하고 성경의 렌즈를 통해 그 죄의 심각성을 깨닫는 것으로 시작된다.

남자의 말에 가족들은 몹시 놀랐다. 남자의 말을 사실로 믿어서가 아니라, 남자가 매우 흥분해서 머리가 이상해졌다고 생각했기 때문이었다. 밤이 다가오자, 가족들은 잠을 좀 자면 남자가 제정신으로 돌아오지 않을까 싶어 서둘러 남자를 잠자리에 들게 했다. 그러나 남자에게는 밤도 낮 못지않게 괴로웠다. 남자는 잠을 못 이루고 한숨과 눈물로 밤을 새웠다. 아침이 되어 가족들이 간밤에 어땠는지 남자에게 묻자 남자는 이렇게 대답했다. "갈수록 나빠지는군." 남자는 똑같은 이야기를 또 했지만, 가족들은 냉담해지기 시작했다. 가족들은 남자를 모질고 퉁명스럽게 대하면 병을 몰아낼 수 있을 거라고 생각했다. 그래서 그를 비웃고 꾸짖으며 그의 말을 완전히 무시했다. 그러자 남자는 자기 방에 틀어박혀 가족들을 위해 기도하며 이들을 가련히 여겼다. 그리고 자신의 비참한 상태를 스스로 위로하기 시작했다. 남자는 홀로 들판을 거닐며 책도 읽고 기도도 하면서 며칠을 그렇게 보냈다.

내가 보니 한번은 남자가 들판을 거닐며 늘 그렇듯 책을 읽다가 크게 괴로워하는 모습이 보였다. 남자는 전에 그랬던 것처럼 "내가 어떻게 해야 구원을 받을 수 있을까?"라고 큰 소리로 울부짖었다.

남자는 마치 도망이라도 갈 것처럼 이리저리 두리번거리더니 그대로 가만히 서 있었다. 어디로 가야 할지 몰라서 그러는 것 같았다. 그때 전도자(Evangelist)라고 하는 사람이 남자에게 다가와 물었다.

"왜 그렇게 울고 있습니까?(욥 33:23)"

남자가 대답했다.

"선생님, 제 손에 들고 있는 이 책을 읽어보니, 저는 반드시 죽게 되어 있고 그 후에는 심판받을 거라고 합니다(히 9:27). 저는 죽기도 싫고(욥 16:21) 심판도 감당 못 합니다(겔 22:14)."

전도자는 버니언이 사랑한 목회자이자 멘토로서 "거룩한 기포드 씨"라고 불렀던 사람을 바탕으로 창작해 낸 인물이다. 그리스도의 사랑에 관한 기포드의 설교와 기포드가 추천한 루터의 갈라디아서 주석은 버니언의 회심에 큰 영향을 끼쳤다. 이 인물은 전도자라는 말의 참 의미, 즉 "좋은 소식을 전하는 사람"[1]이라는 의미를 잘 드러내 보여 준다. 잃어버린 바 된 사람을 안타까이 여기는 마음이 있을 뿐만 아니라 성경의 진리를 이용해 이들에게 구주를 가리키기 때문이다.

그 남자 크리스천은 세상을 버리자마자 전도자를 만났다. 전도자는 다른 세상에 관한 좋은 소식으로 크리스천에게 따뜻한 인사를 건네고 어떻게 하면 이 세상에서 그 세상으로 올라갈 수 있는지를 알려주었다.

이어서 전도자가 말했다. "이생은 수많은 악으로 가득한데 왜 죽기 싫다는 겁니까?" 남자가 대답했다. "왜냐하면 제가 등에 지고 있는 이 짐 때문입니다. 이 짐 때문에 무덤보다 깊은 곳으로 가라앉아 도벳(사 30:33. 힌놈의 아들 골짜기와 기드론 골짜기가 만나는 곳. 요시야 왕이 이곳을 쓰레기 버리는 곳으로 만들었고 예레미야가 도륙의 골짜기라고 예언했다 – 옮긴이)으로 떨어질까 두렵습니다. 게다가 선생님, 저는 감옥에 갈 엄두도 안 나는데, 심판받고 거기다 형벌까지 받는다는 건 더더욱 감당 못할 일입니다. 그런 일은 생각만 해도 울음이 나옵니다."

전도자가 말했다. "그대의 형편이 그러한데 왜 그렇게 멍하니 서 있는 겁니까?" 남자는 이렇게 대답했다. "어디로 가야 할지 몰라서요." 그러자 전도자가 양피지 두루마리 하나를 남자에게 주었다. 그 두루마리에는 "닥쳐 올 진노를 피하라"(마 3:7)고 적혀 있었다.

남자는 그 글을 읽고는 매우 걱정스러운 얼굴로 전도자를 올려다보면서 물었다. "어디로 피해야 할까요?" 전도자는 넓디넓은 들판 너머를 손가락으로 가리키며 "저기 좁은 문이 보입니까?(마 7:13, 14)"라고 물었다. 남자가 "아니요"라고 하자, 전도자는 다시 물었다. "저 너머 반짝이는 빛이 보이세요?(시 119:105; 벤후 1:19)" 남자가 "보이는 것 같아요"라고 하자 전도자가 말했다. "저 빛에서 눈을 떼지 말고 곧장 따라 올라가세요. 그러면 그 문이 보일 겁니다. 도착해서 문을 두드리면 거기서부터 또 어떻게 해야 할지 누군가가 일러 줄 겁니다."

크리스천은 버니언이 그랬던 것처럼 회심에 이르는 멀고 구불구불한 길에 들어선다. 버니언은 자기 죄의 무게로 여러 해 동안 괴로워했으며, 죄의식을 떨쳐 버리고 죄 된 태도를 바꾸거나 그 비참한 상황에서 빠져나올 길을 찾을 수가 없었다. 좁은 문이 보이지 않는다고 크리스천이 말하자, 전도자는 빛을 가리키면서, 하나님께서 이 말씀의 빛을 통해 자신을 계시하실 때까지 그 빛을 계속 바라보라고 조언한다.

꿈속에서 나는 남자가 달리기 시작하는 것을 보았다.

그러나 집에서 멀어지기도 전에 남자의 아내와 자녀들이 이를 알아채고는 남자의 등 뒤에서 돌아오라고 소리 지르기 시작했다. 하지만 남자는 손가락으로 귀를 틀어막았다. 그리곤 계속 달리면서 외쳤다. "생명! 생명! 영원한 생명!(눅 14:26)" 그렇게 남자는 한 번도 뒤돌아보지 않고 들판 한가운데를 향해 달렸다(창 19:17).

이웃 사람들까지 나와서 남자가 도망치는 것을 구경했다(렘 20:10). 남자가 달리는 것을 보면서 어떤 이들은 조롱하고, 어떤 이들은 을러대고, 어떤 이들은 돌아오라고 고함을 질렀다. 남자를 따라가서 강제로라도 데려오겠다고 나선 사람도 둘이나 있었다. 두 사람 중 한 사람의 이름은 옹고집(Obstinate)이었고 또 한 사람은 팔랑귀(Pliable)였다. 남자는 이미 저만치 멀리 달리고 있었지만, 두 사람은 남자를 좇아가기로 했다. 얼마를 달린 끝에 이들이 곧 남자를 따라잡았다. 그러자 남자가 말했다. "아니, 이웃 양반들, 왜 날 따라오는 겁니까?" 두 사람이 "당신을 설득해서 함께 돌아가려고요"라고 대답했다. 하지만 남자는 말했다.

"절대 그럴 수 없습니다. 두 분은 멸망의 도시에 살고 있죠, 내가 태어난 곳이기도 합니다만. 나는 그렇게 봐요. 두 분은 조만간 그곳에서 죽을 것이고, 무덤보다 더 낮은 데로 가라앉아 불과 유황이 타오르는 곳으로 들어가게 될 겁니다. 그러니 선한 이웃들이여, 나와 함께 갑시다."

옹고집 "뭐라고요! 친구도 버리고 안락한 생활도 버리라고요?"

옹고집은 다른 사람의 관점을 깊이 생각해 보기를 고집스럽

게 거부하고, 그리스도인의 확신을 비웃으며, 세상이 주는 것을 신뢰하는 사람을 상징한다. 팔랑귀는 악이나 선 쪽으로 쉽게 설득되는 사람을 나타낸다. 이 사람은 자기 죄를 전혀 인식하지 못하며, 그래서 크리스천과 함께하기로 한다 해도 이는 단지 호기심과 사리사욕 때문이다. 팔랑귀는 목적지에서 반짝이는 상급에 잠시 마음이 사로잡힐 뿐이고, 그 과정에서 만나는 역경을 견뎌낼 마음은 전혀 없다.

크리스천(남자의 이름은 크리스천이었다) "네, 맞습니다. 모든 걸 다 버려도 내가 이제부터 찾아서 누리고자 하는 것들과 비교하면, 무가치하기 짝이 없습니다(고후 4:18). 나와 함께 가면, 가서 그걸 붙잡기만 하면, 두 분도 나처럼 누릴 수 있습니다. 내가 가는 곳은 모든 게 풍족하고 넉넉합니다(눅 15:17). 두 분도 같이 갑시다, 내 말이 맞는지 시험해 봐요."

옹고집 "도대체 무얼 얻으려 하기에 그걸 찾으려고 세상을 다 버린단 말입니까?"

크리스천 "썩지 않고, 더러워지지 않고, 시들어 없어지지 않는 기업을 얻으려 합니다(벧전 1:4). 그 기업은 아주 안전하게 하늘에 보관되어 있습니다(히 11:16). 정해진 때가 되면, 부지런히 그걸 찾는 사람들에게 주어질 것입니다. 원한다면 여기 내 책에 쓰인 것을 읽어

보세요."

옹고집 "쳇! 책 따위는 집어치워요. 우리하고 같이 돌아갈 거요, 안 갈 거요?"

크리스천 "안 갑니다. 나는 이미 손에 쟁기를 잡았어요(눅 9:62)."

옹고집 "그럼 우리끼리 돌아갑시다, 팔랑귀. 돌아가자고요, 이 사람은 놔두고. 이치에 맞게 말해 주는 사람 일곱이 있어도 끝까지 제 잘난 맛에 허튼 꿈 좇는 이런 얼빠진 바보들은 늘 있기 마련이니까(잠 26:16)."

그러자 팔랑귀가 말했다. "욕하지 마세요. 이 착한 사람 크리스천이 하는 말이 사실이라면, 이 사람이 찾는 것이 우리가 가진 것보다 더 좋을 수도 있어요. 나는 이 양반과 같이 가고 싶은 마음이 드는군요."

옹고집 "뭐라고요! 여기 바보가 또 있군! 내 말 듣고 돌아갑시다. 제 정신이 아닌 저런 자가 당신을 어디로 끌고 갈지 누가 안단 말입니까? 돌아갑시다, 돌아가요. 정신 차리자고요."

크리스천 "아닙니다, 그대의 이웃인 나와 함께 갑시다, 팔랑귀. 거기 가면 내가 말한 것들을 얻을 수 있고, 그 외에도 멋진 것들이 많아요. 내 말을 못 믿겠으면 여기 이 책을 읽어 봐요. 보세요, 이 책에서 말하는 진리는 이 말씀을 하신 분의 피가 확실히 증명해 줍니다(히 9:17~22; 13:20)."

팔랑귀 "자, 옹고집, 결심이 서네요. 나는 이 착한 분과 함께 갈 작정입니다. 이분하고 운명을 함께 하겠습니다. 그런데, 내 선한 동행이여, 당신이 가고자 하는 곳까지 가는 길은 알고 있습니까?"

크리스천 "전도자라고 하는 분이 알려 주었는데, 저기 앞에 있는 좁은 문까지 서둘러 가면 거기서 우리가 갈 길에 대해 지시해 줄 거라고 하더군요."

팔랑귀 "자, 그럼, 선한 이웃이여, 가십시다."

이렇게 해서 두 사람은 함께 가기 시작했다.

옹고집 "그럼 나는 혼자 돌아가야겠군. 저렇게 엉뚱한 데 혹하는 괴상한 녀석들하고 동행할 일은 없으니까."

존 버니언은 1628년 잉글랜드의 베드포드 근처 엘스토우라는 마을의 가난한 집안에서 태어났다. 농사를 지어서는 더는 먹고 살 수 없게 되자 버니언의 아버지는 금속 노동자, 즉 이 마을 저 마을을 돌아다니며 냄비와 주전자를 수선해 주는 땜장이가 되었다. 땜장이 일은 보통 사회에서 소외된 최하층 사람들이 하던 일로, 존도 나중에 이 일을 배워서 땜장이가 되었다.

나는 꿈속에서 옹고집이 혼자 돌아가는 것을 보았다. 그리고 크리스천과 팔랑귀가 이야기를 나누며 함께 들판을 걸어가는 광경을 보았다. 두 사람은 이렇게 이야기를 시작했다.

크리스천 "내 이웃 팔랑귀, 만나서 반갑습니다. 나를 믿고 함께 가기로 해줘서 기쁩니다. 옹고집도 나처럼 아직 눈에 보이지 않는 일들의 힘과 그 공포를 느꼈다면 그렇게 경솔하게 우리를 등지고 가버리지 않았을 겁니다."

팔랑귀 "내 이웃 크리스천, 이제 우리 둘밖에 없으니 이게 무슨 일인지, 무얼 어떻게 누려야 하는지, 우리가 어디로 가고 있는 건지 좀 더 자세히 말해 주세요."

크리스천 "머릿속으로 상상은 잘 되는데 입으로 말은 잘 못하겠어요. 하나님의 일은 말로 다 할 수가 없거든요. 하지만 알고 싶어 하시니 책에서 읽어드리지요."

팔랑귀 "책에 기록된 것이 확실히 진실이라고 생각합니까?"

크리스천 "네, 그렇고말고요. 거짓말하실 수 없는 분이 하신 말씀이니까요(딛 1:2)."

팔랑귀 "그렇군요. 뭐라고 기록되어 있습니까?"

크리스천 "영원한 한 나라에서 사람들이 살게 될 것이고, 영생이 우리에게 주어질 텐데, 우리가 그 나라에 영원히 살게 될 것이라고 합니다(사 45:17; 요 10:28, 29)."

팔랑귀 "좋군요. 그리고 또 뭐라고 쓰어 있습니까?"

크리스천 "면류관과 영광이 우리에게 주어질 것이고, 천국의 하늘에 있는 해처럼 우리를 빛나게 해줄 의복을 입게 될 것이라고 합니다 (딤후 4:8; 계 3:4; 마 13:43)."

팔랑귀 "정말 기분 좋은 말이군요. 그리고 또요?"

크리스천 "그곳에는 눈물도 더는 없고, 슬픔도 없다고 합니다. 그곳의 주인이신 분이 우리 눈에서 눈물을 다 닦아 주실 테니까요(사 25:6~8; 계 7:17, 21:4)."

팔랑귀 "거기 가면 어떤 친구들이 있을까요?"

크리스천 "스랍 천사들과 그룹 천사들이 있을 겁니다. 보기만 해도 눈이 부신 피조물들이죠(사 6:2). 우리보다 앞서 그곳으로 간 사람들 수천수만 명과도 만나게 될 겁니다. 우리에게 해를 끼치는 이는 전혀 없고, 모두 자애롭고 거룩한 사람들입니다. 모두 하나님이 보시는 데서 행하며, 하나님이 언제나 기쁘게 받아들이시기에 늘 그분 앞에 설 수 있을 것입니다(살전 4:16, 17; 계 5:11). 한 마디로, 그곳에 가면 금 면류관 쓴 장로들을 보게 될 것입니다(계 4:4). 거룩한 처녀들이 금 거문고 타는 모습을 보게 될 것이고요(계 14:1~5), 그곳의 주님이신 분께 사랑을 품었다는 이유로 세상에서 사지가 잘리고 화형당하고 맹수에게 먹히고 물에 던져졌던 사람들이 모두 불멸을 옷처럼 입고 잘 지내는 모습을 보게 될 것입니다(요 12:25; 고후 5:4)."

팔랑귀 "말만 들어도 황홀하군요. 하지만 그런 것들을 우리가 정말 누릴 수 있습니까? 어떻게 해야 그런 복을 나누어 받는 사람이 될 수 있을까요?"

크리스천 "그 나라를 다스리는 분이신 주님께서 이 책에 기록해 두셨습니다. 요점을 말하자면, 우리가 진심으로 그 복을 받고자 하면 주님께서 값없이 주신다는 것입니다."

팔랑귀 "그렇군요, 내 좋은 벗님, 이런 이야기를 들으니 기쁩니다. 자 그럼, 걸음을 재촉해 보지요."

크리스천 "저도 발걸음을 빨리하고 싶은데 등에 진 짐 때문에 그럴 수가 없어요."

버니언은 시골의 학교에서 잠깐 교육 받다가 어린 나이에 아버지와 함께 일을 하기 시작했다. 그런 버니언이 문학사에서 이토록 중요한 책을, 수많은 그리스도인에게 소중한 길잡이가 될 책을 쓸 거라고는 누구도 짐작하지 못했다! C. S. 루이스는 "그리스도인이 되기 위해 어떤 특별한 교육을 받을 필요가 없는 한 가지 이유는 기독교가 바로 교육 그 자체이기 때문이다. 그것이 바로 버니언 같은 무학(無學)의 신자가 온 세상을 놀라게 한 책을 쓸 수 있었던 이유"라고 말했다.[2]

이제 내가 또 보니, 이런 대화를 마칠 무렵 두 사람은 들판 한가운데 있는 진흙투성이 늪지대로 접어들고 있었다. 아무 생각 없이 걷던 두 사람은 졸지에 진창에 빠지고 말았다. 그 진창은 낙심(Despond)의 늪이었다. 두 사람은 한동안 진창에서 허우적거리다가 온몸이 진흙투성이가 되고 말았다. 등에 짐까지 지고 있던 크리스천은 수렁으로 점점 깊이 빠져들기 시작했다.

팔랑귀 "이런, 내 이웃 크리스천, 지금 여기가 어디입니까?"
크리스천 "사실 나도 잘 모르겠어요."

크리스천의 말에 화가 나기 시작한 팔랑귀는 친구에게 성난 얼굴로 말했다. "이게 당신이 여태껏 이야기한 그 행복입니까? 출발한지 얼마 되지도 않아 이런 재수 없는 일을 겪는다면 앞으로 길을 다 갈 때까지 무슨 일이 있을지 어디 짐작이나 하겠소? 내가 여기서 목숨을 부지해서 나가면, 그 멋진 나라는 당신이나 실컷 누리시구려." 팔랑귀는 그렇게 말하면서 필사적으로 두어 번 발버둥을 쳤다. 그러다 그는 진창에서 빠져나와 자기 집 방향의 늪 가장자리로 올라갔다. 그렇게 팔랑귀는 가버렸고, 크리스천은 그 뒤로 다시는 그를 볼 수 없었다.

크리스천은 낙심의 늪에 홀로 남았다. 그는 집에서는 더 멀고 좁은 문과는 더 가까운 쪽 가장자리를 향해 젖 먹던 힘을 다해 버둥거렸다. 가장자리까지 갔지만, 크리스천은 등에 진 짐 때문에 늪을 빠져 나올 수 없었다. 그런데 내가 또 꿈속에서 보니, 이름이 도움(Help)이라고 하는 한 남자가 크리스천에게 다가와 이렇게 물었다.

"거기서 뭐 하는 겁니까?"

크리스천 "선생님, 전도자라고 하는 분이 저더러 이 길로 가라고 했습니다. 그분은 저기 저 좁은 문을 가리키면서 거기까지 가라고도 했지요. 그래야 다가올 진노를 피할 수 있다고 말입니다. 그래서 여기까지 왔다가 이 늪에 빠지고 말았습니다."

도움 "디딤판을 좀 찾아보지, 그랬소."

크리스천 "두려움이 하도 심하게 따라다니는 바람에 옆길로 피하다가 빠지고 말았답니다."

도움 "손을 내밀어 봐요."

크리스천이 손을 내밀자, 도움은 그를 마른 땅으로 끌어 올려 주고는 가던 길을 계속 가라고 했다(시 40:2)

낙심의 늪은 걱정, 부끄러움, 그리고 하나님의 거룩함과 자신의 죄를 인식한 데 따르는 낙담의 경험을 가리킨다. 특정한 기후 조건, 이를테면 시련과 유혹과 혼란스러움 같은 것 때문에 늪

에서 더 허우적거릴 수도 있다. 늪에 빠지지 않고 안전히 지나가게 해주는 디딤판은 죄인을 사해 주신다는 하나님의 약속이다. 크리스천은 두려움 때문에 무방비 상태였고, 자신의 염려 및 "도움 없는 상태"[3]에 사로잡혀 있었으며, 그래서 디딤판을 볼 수조차 없었다. 왕께서는 누구든 진흙탕에 빠져 옴짝달싹 못 하는 것을 바라지 않으시며 낙심의 늪 같은 것은 아예 존재하지 않기를 바라신다.

나는 크리스천을 늪에서 끌어올려 준 그 사람에게 다가가 말했다. "선생님, 멸망의 도시에서 저기 좁은 문까지 가려면 이 늪지대를 반드시 지나야 하는데, 왜 이곳 상태를 개선하지 않습니까? 그러면 가여운 길손들이 좀 더 안전하게 저쪽으로 갈 수 있을 텐데요." 그러자 그 사람이 내게 말했다.

"이 진흙투성이 늪은 그렇게 개선할 수 있는 곳이 아닙니다. 이곳은 죄를 자각할 때 생겨나는 찌끼와 오물이 쉴 새 없이 흘러들어오는 곳이고, 그래서 낙심의 늪이라 불리지요. 죄인이 자신의 잃어버린 바 된 상태를 자각하면, 그 영혼에 많은 두려움, 의심, 낙담스러운 불안감이 생겨납니다. 그걸 모두 한데 모아 여기 가라앉혀 두는 거지요. 이곳 땅 상태가 안 좋은 것은 바로 그 때문입니다.

왕께서는 이곳이 이렇게 위험한 상태로 있는 것을 좋아하시지 않죠(사 35:3~4). 혹시 이곳 상태를 개선할 수 있을까 해서 왕의 일꾼들이 왕의 토지측량사들의 지시에 따라 천육백 년이 넘는 동안 이 구역에 고용되었는데, 내가 알기로는 왕의 영토 전역에서 수많은 건전한 교훈을 사시사철 적어도 이만 대는 되는 짐마차에 실어와 이곳에 쏟아부었답니다. 알 만한 사람들이 말하기를, 토양을 좋게 만들기에 그보다 더 좋은 것은 없다고들 합니다. 정말 그렇다면 토양이 개선되어야 했는데 이곳은 여전히 낙심의 늪이죠. 할 수 있는 모든 방법을 다 동원해도 마찬가지일 겁니다.

사실 율법수여자(Law-giver)의 지시에 따라 이 늪 한가운데로 튼튼하고 오래가는 디딤판을 설치했답니다. 그런데 기후가 변할 때 늘 그렇듯 늪이 오물을 울컥울컥 뱉어낼 때면 이 디딤판은 거기 파묻혀서 보이지도 않아요. 설령 보인다고 해도 사람들은 머리가 핑핑 돌아 발을 헛디디고, 그래서 디딤판이 거기 있는데도 진흙투성이가 되고 말지요. 하지만 일단 좁은 문에 이르기만 하면 그곳 토양은 단단합니다(삼상 12:23).”

도움(Help)은 하나님의 마음을 알 뿐만 아니라 하나님의 약속의 확실성을 체험한 성숙한 그리스도인이다. 도움은 선하고 은혜로우신 이 하나님은 신뢰할 수 있는 분이고 따라서 죄인들은 그 하나님의 손에 자신 있게 생명을 맡길 수 있다고, 진창에 빠져 허우적거리는 구도자들에게 확신시켜 줄 수 있다. 도움이 진흙탕에서 필사적으로 버둥거리는 크리스천을 끌어올려 주는 모습은 예수가 물에 빠져가는 베드로를 끌어내 주는 광경(마 14:31), 주님이 "자기 팔로" 구원을 베푸시는 모습(사 59:16), 그리고 시편 기자가 말하는 구조 장면을 반영한다. "여호와께서 나를 절망의 웅덩이와 진흙탕 속에서 끌어내시고 나를 반석 위에 세우…셨다"(시 40:2, 현대인의 성경).

이어서 꿈속에서 나는 팔랑귀가 이 무렵 집으로 돌아온 것을 보았다. 이웃 사람들이 소식을 듣고 팔랑귀를 찾아왔는데, 어떤 이들은 집에 돌아왔으니 현명하다고 했고, 또 어떤 이들은 크리스천과 동행하는 모험을 감행하다니 어리석다고 했다. 또 어떤 이들은 팔랑귀의 소심함을 조롱했다. 큰마음 먹고 모험을 시작했는데 자기 같으면 치사하게 어려운 일 좀 만났다고 모험을 중단하지 않았으리라는 것이다. 그래서 팔랑귀는 사람들 사이에 아무 말 없이 앉아 있었다. 그러다 그는 드디어 자신감이 좀 생겼고, 이어 화제가 바뀌어 사람들은 가여운 크리스천을 뒤에서 비웃기 시작했다. 그리고 팔랑귀에 관해서도 더 많은 이야기가 오갔다.

외롭게 길을 가던 크리스천은 저 멀리서 어떤 사람이 들판을 가로질러 이쪽으로 오고 있는 것을 보았다. 그렇게 마주 보는 방향으로 걷다 보니 두 사람은 서로 엇갈리면서 만날 수밖에 없었다. 크리스천이 마주친 그 사람의 이름은 세상의 현인 씨(Mr. Worldly Wiseman)로, 세속 정책(Carnal Policy)이라는 곳에 살고 있었다. 그곳은 크리스천이 떠나온 곳과도 아주 가까운 대도시였다. 크리스천과 마주친 이 사람은 크리스천에 대해 어렴풋이 들어 알고 있었다. 크리스천이 멸망의 도시를 떠나온 일은 이미 그가 살던 그곳에도 소문이 나 있었고, 다른 몇몇 지역에서도 화제가 되고 있었다. 힘들게 길 가는 모습과 입에서 탄식과 신음 등이 새어 나오는 것을 보고, 바로 그 남자가 크리스천이라고 생각한 세상의 현인 씨는 크리스천과 몇 마디 이야기를 나누기 시작했다.

세상의 현인 "선한 친구여, 이렇게 고생스럽게 어디로 가는 겁니까?"

크리스천 "네, 맞습니다. 고생스럽지요. 사실, 가여운 피조물은 언제나 변함없이 고생스럽지요! 어디로 가느냐고 물으십니까?

말씀드리죠, 선생님. 저는 저기 저 앞에 있는 좁은 문으로 갑니다. 듣기로는 저곳에 가면 이 무거운 짐에서 벗어날 길이 있다고 하더군요."

세상의 현인 "아내와 자식은 있습니까?"

크리스천 "있지요, 하지만 이 짐이 너무 무거워서 아내와 자식에게서 전처럼 기쁨을 느낄 수가 없었습니다. 전, 마치 아내도 자식도 없는 사람 같아요(고전 7:29)."

세상의 현인 "내가 충고 한마디 하면 들으시겠소?"

크리스천 "유익한 충고라면 귀담아 들어야지요. 좋은 충고가 절실하거든요."

세상의 현인 "그렇다면 한마디 하겠는데, 가능한 한 빨리 그 짐을 벗어 버리세요. 그러기 전에는 절대 마음이 안정되지 않을 겁니다. 짐을 벗어 버리기 전에는 하나님이 주시는 복의 유익도 누리지 못할 거예요."

크리스천 "제가 바라는 게 바로 그겁니다. 이 무거운 짐에서 벗어나고 싶어요. 하지만 혼자 힘으로는 안 돼요. 그리고 이 나라에는 내 어깨에서 이 짐을 내려 줄 사람이 없어요. 말씀드렸다시피 그래서 내가 이 길을 가고 있는 겁니다. 이 짐에서 벗어나려고요."

세상의 현인 "짐을 벗어 버리려면 이 길을 가라고 누가 그러던가요?"

크리스천 "아주 훌륭하고 고귀해 보이는 어떤 분이요. 이름이 전도자라고 하던가."

　　세상의 현인 씨는 자기 공로를 믿
는 사람들을 나타내며, 이들은 십자가를
통해서 오는 거룩함을 인간의 일반적인 예절
과 맞바꾼다. 이들은 죄 교리와 복음의 메시지를 거
부하고, 하나님의 평강보다는 세상이 주는 안전과 안락함
을 더 좋아한다. 옹고집에 비해 좀 더 세련된 말로 비판할 줄 아
는 세상의 현인 씨는, 자기 노력으로 짐을 벗어 버리는 데 집중
하고, 세상의 안락한 삶에 정착해야 한다고 유려하고 절묘한 언
변으로 크리스천을 설득한다.

세상의 현인 "그런 충고를 한다니 빌어먹을 작자로군! 세상에 그 작
자가 당신에게 시킨 것보다 더 위험하고 골치 아픈 일은 없을 겁니
다. 그 작자 말대로 한다면, 내 말이 옳다는 걸 알게 될 거요. 보아
하니 이미 뭔 일을 겪으셨군. 낙심의 늪에 있는 진흙투성이로 다니
는 걸 보니 말입니다. 하지만 그 늪은 그 작자가 지시한 길로 가는
사람이 앞으로 겪을 슬픔의 시작에 불과해요. 내가 나이도 많고 하
니 내 말을 들으세요. 지금 가는 그 길로 계속 가다가는 고단하고
괴롭고 배고플 것이고, 헐벗은 채 위험한 일을 겪을 테고, 칼 든 자
와 사자와 용을 만날 것이고, 어둠 속을 헤메게 될 것입니다. 한 마

디로 죽음과 여러 일을 겪게 될 겁니다! 거짓이 아니고 정말이오. 많은 증거로 확인된다고요. 왜 낯선 사람의 말을 듣고 경솔하게 자신을 내던집니까?"

크리스천 "그런데 선생님, 내게는 지금 짊어지고 있는 이 짐이 방금 선생님이 말씀하신 그런 것들보다 더 끔찍합니다. 네, 이 짐에서 벗어날 수만 있다면 도중에 무슨 일을 만나든 상관없을 것 같습니다."

세상의 현인 "처음에 어떻게 그 짐을 짊어지게 된 거요?"

크리스천 "내 손에 들린 이 책을 읽고 나서부터입니다."

세상의 현인 "그럴 거로 생각했소. 약한 사람들에게 일어나는 일이 당신에게도 일어난 거요. 약한 사람들은 자기 수준에 맞지도 않는 고상한 일에 손을 댔다가 갑자기 당신처럼 정신착란에 빠지고 말지. 그 착란증은 지금 당신의 경우처럼 사람을 무기력하게 만들 뿐만 아니라 자기도 잘 알지 못하는 것을 손에 넣으려고 무모한 모험에 뛰어들게 만들어요."

크리스천 "나는 내가 무엇을 얻으려고 하는지 잘 압니다. 이 무거운 짐을 벗고 홀가분해지는 거지요."

세상의 현인 "그렇지만 수많은 위험이 따를 걸 알면서 그 홀가분함을 왜 이런 식으로 추구한단 말이오? 특히, 내 말을 참을성 있게 들어주기만 한다면, 이 길에서 자초하게 될 그런 위험 없이도 당신이 바라는 것을 손에 넣을 방법을 내가 일러 줄 텐데 말이지. 그래요, 방법은 멀리 있지 않아요. 게다가 내가 시키는 대로 하면 그런 위

험 대신 큰 안전을 누릴 테고 많은 사람을 사귀게
될 거고 만족을 누리게 될 거요."

크리스천 "그럼 선생님, 부디 그 비결을 알려
주십시오."

세상의 현인 "자, 저쪽에 가면 도덕(Morality)이
라는 마을이 있어요. 그 마을에 율법주의(Legality)
라는 한 신사가 사는데, 사리 분별이 매우 확실할 뿐만 아니라 당
신처럼 무거운 짐 지고 있는 사람들이 그 짐을 벗을 수 있도록 능
숙하게 도와주는 걸로 아주 명성이 자자하답니다. 내가 알기로 그
사람은 이런 면에서 좋은 일을 상당히 많이 했어요. 아, 참, 게다가
그 무거운 짐 지고 있느라 약간 정신이 나간 사람들을 고쳐 주는
실력도 있다고요. 내 말대로 지금 곧 그 사람을 찾아가서 도움을
받으세요. 그 사람 집 여기서 얼마 멀지 않아요. 그리고 자기가 집
에 없을 경우를 대비해서 교양(Civility)이라는 아들을 조수로 두고
있답니다. 조수도 그 노신사 못지않게 실력이 좋으니, 어쨌든 그곳
에 가면 짐을 벗고 홀가분해질 수 있을 겁니다. 그리고 짐을 벗은
후 전에 살던 곳으로 돌아가는 게 내키지 않을 수도 있을 텐데, 사
실 나도 그건 바라지 않소만, 아내와 자식들을 그 마을로 불러와도
될 거요. 빈집들이 있으니 적당한 가격으로 하나 구할 수 있을 겁
니다. 그곳엔 값싸고 질 좋은 음식도 많으므로 생활이 분명 더 즐
거워질 것이고, 정직한 이웃들과 함께 선량하고 신망 높은 삶을 살

게 될 겁니다."

크리스천은 다소 어찌할 바를 몰랐지만, 이내 결론을 내렸다. 이 신사의 말이 사실이라면 그의 조언을 따르는 게 가장 현명하다고 말이다. 결심이 서자 크리스천은 그에게 말했다.

> **크리스천** "선생님, 그 정직한 사람의 집으로 가려면 어느 쪽으로 가야 합니까?"
> **세상의 현인** "저쪽 언덕이 보입니까?"
> **크리스천** "네, 잘 보입니다."
> **세상의 현인** "저 언덕까지 가야 해요. 그곳에서 첫 번째로 이르게 되는 집이 그 사람 집이라오."

이리하여 크리스천은 방향을 바꿔 율법주의 씨의 집으로 가서 도움을 받기로 했다. 그러나 힘들게 언덕 가까이 가보니 언덕은 아주 높아 보였고, 경사면이 길 가장자리로 너무 쑥 튀어나와 있어서 두려워 걸음을 내디딜 수가 없었다. 언덕이 금방이라도 머리 위로 쏟아져 내릴 것 같았기 때문이다. 크리스천은 어떻게 해야 할지 몰라 멍하니 서 있었다. 설상가상으로 등에 진 짐도 이제 길을 갈 때보다 더 무겁게 느껴졌다. 바로 그때 언덕에서 불길이 확 타올랐고, 크리스천은 이러다 타 죽는 게 아닐까 두려움에 휩싸였다(출 19:16, 18). 이러지도

저러지도 못하는 크리스천은 진땀을 흘리며 두려워 덜덜 떨었다(히 12:21)

그리스도인들이 세상 사람들의 말에 혹하면 길을 벗어나게 되고 그에 따라 값비싼 대가를 치르게 된다. 세상의 현인이라는 선생이 성도에게 보여 줄 수 있는 길은 속박 받고 화를 당하는 길뿐이다.

세상의 현인 씨의 조언에 따라 도덕 마을로 향하던 크리스천은 시내산과 모세 율법을 상징하는 위험한 산을 만난다. 율법은 죄에 스포트라이트를 비추고, 자기 죄에 대한 인식이 격렬해짐에 따라 크리스천이 짊어진 짐은 훨씬 더 무거워진다. 이 율법주의의 길을 계속 가는 건 불가능하다는 게 결국 입증된다. 자기 의의 도움을 받을 길도 없고, 정죄와 속박에서 벗어날 길도 없다. 크리스천은 생명으로 이어지는 길이 아니라 오히려 죽음으로 이어지는 길에 서 있다. "내가 곧 길이요 진리요 생명이니 나로 말미암지 않고는 아버지께로 올 자가 없느니라"고 예수는 말씀하셨다(요 14:6).

이제 크리스천은 세상의 현인의 조언을 받아들인 것을 후회하기 시작했다. 그때 전도자가 저쪽에서 다가오는 것이 보였다. 전도자를 본 순간 크리스천은 수치심으로 얼굴이 달아오르기 시작했다. 그렇게 점점 가까이 다가와 크리스천 앞에 이른 전도자는 엄하고 무시무시한 표정으로 크리스천을 쳐다보면서 따져 묻기 시작했다.

전도자 "여긴 무슨 일입니까, 크리스천?"

전도자의 말에 크리스천은 어떻게 대답해야 할지 몰랐다. 그가 할 말을 잃은 채 서 있자, 전도자는 다그쳐 물었다.
"멸망의 도시 성벽 밖에서 울고 있던 그분 아닙니까?"

크리스천 "네, 선생님, 그 사람 맞습니다."
전도자 "제가 좁은 문으로 가는 길을 가르쳐 드리지 않았던가요?"
크리스천 "맞습니다, 선생님."
전도자 "그게 바로 얼마 전인데 어쩌다 이렇게 길을 잘못 든 겁니까? 여긴 내가 가르쳐 드린 길이 아니잖아요."
크리스천 "낙심의 늪을 빠져나오자마자 어떤 신사를 만났는데, 그 사람이 저 앞에 있는 마을에 가면 제 짐을 벗겨줄 사람을 만나게 될 거라고 절 설득했어요."
전도자 "그 사람은 어떤 사람이었습니까?"
크리스천 "점잖은 분 같았습니다. 제게 많은 이야기를 해주셨죠. 그래서 제가 결국 그분 말에 넘어가서 여기까지 오게 된 겁니다. 그런데 이 언덕에 와서 비탈이 길 위로 저렇게 튀어나와 있는 걸 보니 금방이라도 제 머리 위로 쏟아져 내릴 것 같아 갑자기 멈춰 설 수밖에 없었어요."

전도자 "그 신사가 뭐라고 말하던가요?"

크리스천 "그게, 어디로 가고 있느냐고 물었습니다. 그래서 대답해 드렸죠."

전도자 "그랬더니 뭐라고 하던가요?"

크리스천 "가족이 있느냐고 물었어요. 사실대로 대답했죠. 그리고 너무 무거운 짐을 지고 있어서 가족에게서 전처럼 기쁨을 느낄 수 없다고 했습니다."

전도자 "그랬더니 또 뭐라고 하던가요?"

크리스천 "어서 짐을 벗어버리라고 하더군요. 그래서 나도 바로 그 홀가분함을 찾아 나선 거라고 했지요. 저 좁은 문으로 가서, 어떻게 해야 이 상태에서 벗어날 곳에 이를 수 있는지 지시받으려 한다고 했습니다. 그랬더니 자기가 더 편하고 빠른 길을 알려 주겠다고 했습니다. 그 길로 가면 선생님이 제게 알려 주신 길에서 만나게 될 어려움을 겪지 않아도 된다고 말입니다. 그 길을 따라가면 이 짐을 벗겨 줄 기술을 가진 한 신사의 집에 이를 거라고 했습니다. 그래서 그 말을 믿고 도중에 이 길로 들어섰습니다. 곧 이 짐을 벗고 홀가분해질 수 있을까 해서요. 그런데 여기 와 보니 상황이 이래서, 아까 말씀드린 것처럼 위험한 일을 당할까 두려워 멈춰 섰지요. 하지만 이제는 어떻게 해야 할지 잘 모르겠습니다."

그러자 전도자가 말했다.

"그럼, 잠깐 그대로 있어요. 내, 하나님의 말씀을 알려 드리리다."

크리스천이 그대로 서서 몸을 떨자, 전도자는 곧 입을 열어 말했다.

"너희는 삼가 말씀하신 이를 거역하지 말라 땅에서 경고하신 이를 거역한 그들이 피하지 못하였거든 하물며 하늘로부터 경고하신 이를 배반하는 우리일까보냐"(히 12:25). 전도자는 또 이어서 말했다.

"나의 의인은 믿음으로 말미암아 살리라 또한 뒤로 물러가면 내 마음이 그를 기뻐하지 아니하리라"(히 10:38). 전도자는 이 말씀을 이렇게 적용했다.

"그런 비참한 상황으로 달려 들어가고 있는 사람이 바로 당신입니다. 당신은 지존하신 분의 권고를 거역하고 평안에서 멀어지는 길로 뒷걸음질 치기 시작했어요. 파멸을 부를 모험에 가까운 행동을 하고 있다고요." 전도자의 말에 크리스천은 그의 발아래 죽은 듯이 엎드려 울부짖었다.

"화로다, 나여, 망하게 되었도다!" 그 모습에 전도자는 크리스천의 오른손을 잡으며 말했다.

"사람에 대한 모든 죄와 모독은 사하심을 얻을 것이라고 했습니다 (마 12:31; 막 3:28). 믿음 없는 자가 되지 말고 믿는 자가 되라고도 했고요(요 20:27)." 이 말에 크리스천은 다소 생기를 회복하고 떨며 일어나 전도자 앞에 다시 섰다.

버니언은 열여섯 살에 어머니를 여의었다. 어머니가 세상을 떠나고 그다음 달에 누이도 죽었다. 아버지는 그다음 달에 재혼했고, 이 일로 부자 사이가 소원해졌다. 버니언은 집을 나와 크롬웰의 군대에 들어가 잉글랜드 내전에 참전했는데, 이 전쟁에서 크롬웰은 (다른 자유와 정치적 권리 중에서도) 신앙의 자유를 얻기 위해 찰스 1세와 싸우고 있었다. 군 복무 중에 버니언은 개인의 은혜 체험을 일반적 종교 전통보다 소중히 여기는 청교도 사상가들을 접하게 되었다.

전도자는 계속해서 말했다.

"지금부터 내가 하는 말을 잘 들으세요. 당신을 기만한 자가 누구이며 또 그자가 당신을 누구에게 보낸 건지 내 알려 드리리다. 당신이 만난 사람은 세상의 현인이라는 자인데, 그런 이름으로 불려 마땅한 자랍니다. 세상의 교훈을 즐기고(요일 4:5) 그래서 늘 도덕이라는 마을의 교회에 나가기 때문이기도 하

고, 그 교훈이 십자가 때문에 당하는 고생을 최대한 면하게 해준다
면서(갈 6:12) 그 교훈을 최고로 좋아하기 때문이기도 하지요. 그리고
이런 세속적 기질을 가졌기 때문에 그자는 내가 지시하는 길이 옳음
에도 그 길을 곡해하려고 합니다. 이 자의 조언에는 다음 세 가지 목
적이 있으므로 철저히 거부해야 합니다.

1. 그자는 당신이 바른 길을 벗어나게 하려고 합니다. 2. 그자는 당
신이 십자가를 불쾌히 여기게 만들려고 애씁니다. 3. 그자는 죽음이
역사하는 곳으로 향하게 만듭니다.

첫째, 그자가 당신을 미혹해 바른길에서 벗어나게 하고, 그 길에
동의하지 못하게 할 때 이를 철저히 거부해야 합니다. 그런 행동은
세상의 현인의 권고를 들으려고 하나님의 권고를 거역하는 행동입
니다. 주님은 생명으로 인도하는 문은 좁고 길이 협착하여 찾는 자가
적으니(마 7:15) 좁은 문으로 들어가기를 힘쓰라(눅 13:24)고 말씀하십
니다. 내가 찾아가라고 한 그 문 말입니다. 그 악한 자는 이 좁은 문
에서, 그리고 그 문에 이르는 길에서 당신을 돌이켜 세워, 멸망에 이
르게 할 뻔했습니다. 그러므로 당신을 돌이켜 세우려고 하는 그자의
행동을 미워하시고, 그자의 말을 들으려고 하는 자기 자신을 용납하
지 마세요.

둘째, 그자가 십자가를 불쾌히 여기게 하려고 애쓸 때 그자의 이런
행동을 거부해야 합니다. 십자가를 애굽의 모든 보화보다 더 큰 재물
로 여겨야 하기 때문이죠(히 11:25, 26). 게다가 영광의 왕께서는 자기

목숨을 얻는 자는 잃을 것이라고 말씀하셨습니다(막 8:35; 요 12:25; 마 10:39). 그리고 무릇 내게 오는 자가 자기 부모와 처자와 형제와 자매와 더욱이 자기 목숨까지 미워하지 아니하면 능히 내 제자가 되지 못한다고도 하셨지요(눅 14:26). 그러므로, 진리의 말씀에 이것 없이는 영생을 얻을 수 없다고 기록되었는데 이것을 가리켜 오히려 당신에게 죽음이 될 것이라고 설득하려는 자가 있다면, 그자의 이 교훈을 증오해야 합니다.

셋째, 죽음이 역사하는 곳으로 향하게 만들려는 그자의 간계를 미워해야 합니다. 그러려면 그 자가 당신을 누구에게 보낸 건지, 그리고 그 사람이 당신의 짐을 벗겨 주기에 얼마나 무력한지 생각해 봐야겠지요.

그자는 당신을 율법주의라는 사람에게 보내면서, 이 사람이 당신의 짐을 벗겨 편안하게 해줄 거라고 했지요. 그런데 이 율법주의라는 사람은 지금 자기 자녀들과 함께 종살이 중인 여인의 아들입니다(갈 4:21~27). 신비로운 일이지만, 당신의 머리 위로 쏟아져 내릴까 두렵다는 이 시내 산이 바로 그 여인입니다. 자, 이 여인이 자기 자녀들과 함께 지금 종살이 중이라면 그런 사람들이 어떻게 당신을 자유롭게 해주기를 기대할 수 있겠습니까? 따라서 이 율법주의라는 자는 당신을 그 짐에서 자유롭게 해줄 수 없어요. 그자의 도움으로 짐을 벗은 자는 한 사람도 없답니다. 아니, 그럴 가능성은 절대 없어요. 사람이 율법의 행의로 의롭다 여김 받을 수는 없습니다. 살아 있는 사람치고 율법의 행위로 짐을 벗어 없앨 수 있는 사람은 없습니다. 세상의 현인 씨는 외인(外人)이고, 율법주의 씨는 사기꾼입니다. 그자의 아들 교양(Civility)은 선웃음 치는 얼굴이긴 해도 위선자에 지나지 않아서 당신을 도울 수가 없어요. 내 말을 믿으세요, 당신이 이 바보 같은 자들에게서 들은 허튼소리에는 아무 가치도 없고 그저 내가 가르쳐 준 길에서 당신을 돌이켜 세워서 당신의 구원을 빼앗으려는 수작일 뿐입니다."

이렇게 말한 뒤 전도자는 하늘을 올려다보며 자기 말을 확증해 달라고 큰 소리로 외쳤다. 그러자 산에서 말씀이 들리며 불길이 치솟았고, 그 산 아래 서 있던 가여운 크리스천은 두려움에 온몸의 털이 곤두섰다. 산에서는 이런 말씀이 선언되었다.

"무릇 율법 행위에 속한 자들은 저주 아래에 있나니 기록된 바 누구든지 율법 책에 기록된 대로 모든 일을 항상 행하지 아니하는 자는 저주 아래에 있는 자라 하였음이라"(갈 3:10).

이제 기대할 것은 아무것도 없고 죽을 일만 남은 크리스천은 비참하게 울부짖기 시작했다. 그는 세상의 현인 씨를 만난 때를 저주하기까지 했고, 그의 권고를 귀담아들은 자기 자신은 구제 불능의 바보라고 탄식했다. 오직 육체에서 나올 뿐인 그 신사의 말을 철석같이 믿고 옳은 길을 버렸다고 생각하니 수치스러워서 견딜 수가 없었다.

그러고 나서 크리스천은 진심으로 전도자에게 다시 한번 매달렸다.

크리스천 "선생님, 어떻게 생각하세요? 제게 소망이 있습니까? 이제라도 돌아가서 좁은 문으로 올라가도 될까요? 이 일 때문에 버려져서 수치스럽게 퇴짜를 맞지는 않을까요? 그 사람의 권고를 들은 걸 후회합니다. 제 죄가 사함 받을 수 있을까요?"

그러자 전도자가 크리스천에게 말했다.

"당신은 죄가 매우 큽니다. 두 가지 악을 저질렀기 때문입니다. 선한 길을 버렸고, 금지된 길을 갔습니다. 그래도 좁은 문 문지기는 당신을 받아들여 줄 겁니다. 그분은 인간에게 선의를 가진 분이니까요. 다만 다시는 곁길로 빠지지 않도록 주의하세요. 자칫 그분의 진노가 불붙어 올라 길에서 멸망하는 일이 없도록(시 2:12) 말입니다."

버니언은 군 복무를 마친 후 고향으로 돌아와 땜장이로 일하다가 결혼했다. 버니언의 신부는 가난한 집안 출신이었지만, 버니언의 인생을 영원히 바꿔 놓을 영적 복을 가지고 왔다. 구체적으로 그 복은 두 권의 청교도 서적(신부의 보잘것없는 지참금이었다), 친정아버지의 경건함에 대한 기억, 그리고 남편 앞에서 삶으로 보여 준 그 자신의 생동감 있는 믿음이었다. 덕분에 버니언은 기독교 신앙에 관심을 갖게 되었다. 그는 성경을 아는 지식이 날로 자라갔지만, 안타깝게도 하나님의 은혜보다는 진노에 더 집중하느

라 여러 해 동안 내적 소용돌이에 휘말려 지냈다. "거룩한 기포드 씨"와 그가 목회하는 교회(그리스도의 사랑을 알 뿐만 아니라 삶을 변화시키는 그분의 은혜를 증언하는 사람들로 가득한)를 만나고 나서야 비로소 버니언은 하나님의 은혜가 자기 개인에게 베풀어지며 이 은혜가 정말로 자신의 죄보다 더 크다고 믿게 되었다.

02

좁은 문, 그리고
해석자의 가르침

리스천은 곧 원래 가던 길로 돌아가기로 했다. 돌아가는 크리스천에게 전도자는 입을 맞추었다. 그리고 미소를 지어 보이며 무사히 길 가기를 빌어 주었다.

크리스천은 서둘러 돌아가기 시작했다. 길 가는 중에 누구를 만나도 크리스천은 말 한마디 걸지 않았다. 누가 무얼 물어도 대답하지 않았다. 마치 금지된 땅을 지나는 사람처럼 길을 갔다. 세상의 현인 씨의 권고를 듣고 방향을 바꿨던 지점에 다시 이르기까지는 절대 안전하다고 생각할 수 없었다. 이윽고 크리스천은 좁은 문에 이르렀다. 문 위에는 "두드리라 그리하면 너희에게 열릴 것이니"(마 7:8)라고 쓰여 있었다.

"안으로 들어오고자 하는 이는
먼저 밖에 서서 문을 두드려야 하며,
두드리는 사람은 들어가게 될 것을 의심할 필요가 없다.
하나님은 그 사람을 사랑하실 수 있고 그의 죄를 사해 주실 수 있으므로."

그래서 크리스천은 두세 번 문을 두드리며 말했다.

Knock, & it shall be opened unto you

"들어가도 될까요? 안에 계신 분,

죄송하지만 문 좀 열어 주실 수 있을까요,

제가 비록 말씀을 거역해서 자격도 없는 자이긴 하지만,

그렇게만 해주시면 제가 언제까지나 높이 찬미하기를 멈추지 않겠

습니다."

그러자 위엄 있어 보이는 어떤 사람이 문가로 나왔다. 선의(Good-will)라고 하는 그 사람은 문을 두드리는 사람이 누구인지, 어디에서 왔는지, 무슨 일로 문을 두드리는지 물었다.

크리스천 "저는 무거운 짐 진 가여운 죄인입니다. 멸망의 도시에서 왔고요, 닥쳐올 진노에서 구원받으려고 시온산으로 가는 중입니다. 이 문을 지나야 그 길로 갈 수 있다고 들었습니다. 선생님, 그러니 저를 좀 들여보내 주십시오."

선의는 "기꺼이 그렇게 하지요"라고 하면서 문을 열어 주었다.

전도자는 크리스천의 죄를 가벼이 여기지 않았다. 크리스천은 죄가 "매우 컸다." 크리스천은 "지존자의 뜻"에 등을 돌리고 잘못을 저지름으로써 거룩하신 하나님을 거역했고, 하나님의 마

음에 슬픔을 안겼으며, 자기 자신에게 해를 끼쳤다. 하지만 선의
는 예수를 나타내는 사람으로서 이 사람이 크리스천의 잘못을
용서하고 받아들여 주리라는 데에는(그것도 기꺼이!) 의심의 여지
가 없었다. 전도자는 크리스천에게 이것을 믿으라고 말했고, 크
리스천은 그렇게 했다. 좁은 문은 예수가 마태복음 7장에서 말한
그 좁은 문을 가리킨다. 여기서 크리스천은 마침내 하나님의 너그
러운 은혜를 믿음으로 받아들여 회심의 중요 순간을 맞는다.

그렇게 크리스천이 걸음을 떼는 순간, 선의가 크리스천을 안으로
확 잡아끌었다. 크리스천이 "왜 그러시죠?"라고 묻자, 선의는 이렇게
대답했다. "이 문에서 조금 떨어진 곳에 튼튼한 성 한 채가 서 있는
데, 바알세붑이 그 성의 주인입니다. 그런데 그자와 그자의 수하들이
이 문에 오르는 사람들을 향해 화살을 쏜답니다. 그 사람들이 안으로
들어오기 전에 죽이려고 말이지요."

그러자 크리스천이 말했다. "기쁘면서도 떨리는군요." 크리스천이
문 안으로 들어오자, 선의는 누가 이곳으로 가라고 했느냐고 물었다.

크리스천 "전도자가 그랬습니다, 이곳으로 가서 문을 두드리라고요
(그래서 그렇게 했죠). 그러면 그다음에 어떻게 할지 선생님이 일러
주실 거라고요."

선의 "당신 앞에는 열린 문이 있어요. 누구도 그 문을 닫지 못합니다."

크리스천 "위험을 무릅쓰고 여기까지 온 득을 보기 시작하는군요."

선의 "그런데 어떻게 혼자 온 겁니까?"

크리스천 "위험이 닥친다는 것을 저는 알았는데, 제 이웃 중에는 그걸 아는 사람이 없었으니까요."

선의 "당신이 여기로 온다는 것을 아는 사람이 있었나요?"

크리스천 "네, 처음에 제 아내와 자식들은 제가 떠나는 것을 보고 돌아오라고 불렀습니다. 이웃 사람 몇몇도 큰 소리로 저를 부르며 돌아오라고 했지요. 하지만 저는 귀를 틀어막고 달렸습니다."

선의 "좇아와서 돌아가자고 설득하는 사람이 하나도 없던가요?"

크리스천 "있었지요, 옹고집하고 팔랑귀. 하지만 저를 설득할 수 없다는 것을 알고 옹고집은 욕을 퍼부으며 돌아갔고, 팔랑귀는 잠시 저와 동행했습니다."

선의 "왜 쭉 같이 오지 않았습니까?"

크리스천 "사실은 낙심의 늪까지 같이 왔는데, 우리 두 사람 모두 갑자기 늪에 빠지고 말았습니다. 팔랑귀는 그 일로 낙심해서는 위험해서 더 못 가겠다고 했습니다. 그리곤 자기 집 쪽의 늪 가장자리로 빠져나가더니, 멋진 나라는 저 혼자나 누리라고 하더군요. 그렇게 그 친구는 자기 길을 가고, 저는 제 길로 갔지요. 그 친구는 옹고집을 뒤따라가고, 저는 이 문으로 왔습니다."

선의 "저런, 가엾은 사람 같으니! 그 사람에게는 하늘의 영광이 별 것 아닌가 봅니다. 위험을 무릅쓰고 힘든 일 견뎌내서 손에 넣을 가치가 없다고 여기다니 말입니다."

크리스천 "사실 팔랑귀 이야기를 하기는 했지만, 저 자신에 관해서도 솔직히 다 말씀드리자면, 그 사람이나 저나 별반 다를 게 없습니다. 팔랑귀가 집으로 돌아간 건 사실이지만, 저도 세상의 현인이라는 자의 세속적 주장에 혹해 곁길로 빠져 죽음의 길로 갔거든요."

선의 "오, 그자를 만났습니까? 저런! 율법주의 씨의 손을 빌려 짐을 벗으라고 했겠군요. 그 두 사람 모두 진짜 사기꾼들입니다. 그래서 그 사람 조언을 받아들였어요?"

크리스천 "네, 겁도 없이 제가 그랬습니다. 율법주의 씨를 찾아 나섰지요. 그러다 그 사람 집 옆의 산이 내 머리 위로 무너질지도 모른다는 생각이 들어서 하는 수없이 걸음을 멈추었습니다."

선의 "그 산은 많은 이들에게 죽음이 되었지요, 앞으로도 더 많은 사람에게 죽음을 안길 겁니다. 그 산에 깔려 온몸이 부서지기 전에 피해 나와서 다행입니다."

크리스천 "네, 사실, 맥 빠진 채 생각에 잠겨 있을 때, 다행히 전도자를 다시 만나지 않았더라면, 제가 그곳에서 무슨 일을 당했을지 모르겠습니다. 그분이 또 한 번 제게 와준 것은 정말 하나님의 자비

지요. 그렇지 않았다면 저는 여기 못 왔을 겁니다. 그런데 여기 서서 선생님과 이야기를 나눌 자격은커녕 사실 그 산 아래서 죽어 마땅한 사람인 제가 이렇게 여기 왔네요. 이곳에 들어오는 게 허락되다니 얼마나 큰 은총인지!"

선의 "여기 오기 전에 어떤 행동을 했든 그 누구도 우리는 가로막지 않습니다. 여기 찾아오는 사람은 누구도 쫓겨나지 않아요(요 6:37). 그러니 선한 분 크리스천, 잠깐 나와 함께 갑시다. 앞으로 가야 할 길을 가르쳐 드리리다. 저기 저 앞을 봐요. 좁은 길이 보입니까? 저 길이 바로 당신이 가야 할 길입니다. 족장들, 선지자들, 그리스도, 그리고 그분의 사도들이 만든 길입니다. 자로 그은 듯 반듯하지요. 이 길로 가야 합니다."

크리스천 "그런데 도중에 갈림길이나 굽은 길은 없습니까? 그런 게 있으면 처음 가는 사람은 길을 잃을지도 모르는데요."

선의 네, 가다 보면 곁길들이 많습니다. 넓고 구불구불한 길들이지요. 하지만 어느 길이 옳은 길인지는 쉽게 구분할 수 있을 겁니다. 옳은 길은 좁고 반듯하니까요(마 7:14)."

그때 꿈속에서 나는 크리스천이 자기 등에 진 짐을 벗을 수 있게 도와 줄 수 있느냐고 선의에게 묻는 것을 보았다. 그도 그럴 것이 크리스천은 아직도 짐을 지고 있었고, 게다가 누구의 도움 없이는 절대 짐을 벗을 수 없었기 때문이다.

선의는 크리스천에게 이렇게 말했다. "그 짐은 구원의 장소에 이를 때까지는 그대로 지고 가세요. 그곳에 이르면 짐은 저절로 등에서 떨어져 나갈 겁니다."

크리스천의 짐은 회심 후 즉시 제거되지 않았다. 짐이란 그의 죄 인식이지 죄 자체가 아니었다. 처음에 그리스도를 믿을 때 우리는 그 즉시 의롭다고 여김 받으며, 이어서 내주하시는 성령의 권능이 우리 안에서 "착한 일을"(성령께서 마침내 완성하실 일을) 시작하셔서(빌 1:6), 우리의 믿음을 완전케 하신다(히 12:2). 하나님의 은혜를 충분히 깨닫고 그 효력을 체험하기까지 다른 사람에 비해 시간이 더 많이 걸리는 이들도 있다. 크리스천은 구원의 장소, 즉 십자가에 이를 때까지 자기 죄에 대한 인식을 계속 가지고 갈 텐데, 이는 버니언 자신의 체험을 반영하는 것이기도 하다.

이에 크리스천은 허리띠를 단단히 매고 다시 길을 나설 채비를 했다. 선의는 그런 크리스천을 보며 말했다.

"문을 나서서 얼마쯤 가면 해석자의 집에 이를 겁니다. 문을 두드리면 해석자가 멋진 광경을 보여 줄 거예요." 이에 크리스천은 친구와 작별 인사를 나누었고, 친구는 크리스천이 무사히 길을 갈 수 있기를 빌어 주었다.

크리스천은 부지런히 걸어 해석자의 집에 도착했다. 문을 거듭 두드렸더니 마침내 누군가가 문가로 나와 누구냐고 물었다.

크리스천 "선생님, 저는 길 가는 사람입니다. 이 댁 주인을 잘 아는 분이 이리로 가면 도움을 받을 수 있을 거라고 해서 왔습니다. 주인 되시는 분과 이야기를 좀 나누고 싶습니다."

크리스천의 말에 그 사람은 주인을 부르러 갔고, 얼마 후 주인이 나타나 무슨 일로 왔느냐고 크리스천에게 물었다.

크리스천 "선생님, 저는 멸망의 도시에서 온 사람인데, 지금 시온산으로 가는 중입니다. 이 길 첫머리의 좁은 문을 지키시는 분이 이리로 가면 선생님이 훌륭한 것을 보여 주실 것이고, 그래서 제가 길을 갈 때 도움이 될 거라고 했습니다."

해석자는 성령을 가리키며, 성령은 기독교 신앙에 관해 새 신자를 가르친다. 하나님은 그리스도의 위격을 통해 자신을 계시하신 것처럼, 진리의 영, 보혜사를 통해 당신의 생각과 뜻과

빛과 사랑을 나타내신다. 해석자는 일곱 가지 장면을 통해 진리를 더 깊이 아는 지식으로 크리스천을 인도한다.

그러자 해석자가 말했다.

"들어오세요. 도움이 될 만한 것을 보여 드리겠습니다."

해석자는 하인에게 촛불을 밝히라고 지시하고, 크리스천에게는 자신을 따라오라고 했다. 해석자는 크리스천을 한 은밀한 방으로 데려가서는 하인에게 문을 열라고 지시했다. 방문이 열리자, 크리스천은 매우 근엄한 사람의 초상화가 벽에 걸려 있는 것을 보았다. 이 집에서 제작한 초상화였다. 초상화 속 인물은 하늘을 올려다보고 있었고, 손에는 세상에서 가장 훌륭한 책을 들고 있었다. 그리고 그의 입술에는 진리의 법이 쓰여 있었고, 그의 등 뒤로는 세상이 펼쳐져 있었다. 그 사람은 마치 사람들에게 무언가를 간절히 말하는 듯 서 있었고, 그의 머리에는 금 면류관이 씌워져 있었다.

크리스천 "이 그림은 무슨 의미입니까?"

해석자 "이 그림 속에 있는 사람은 무수히 많은 사람 중 하나입니다. 이 사람은 자녀를 낳을 수 있고(고전 4:15), 해산의 수고를 하며

(갈 4:19), 자녀가 태어나면 직접 양육합니다. 보시다시피 이 사람은 하늘을 올려다보고 있고, 손에는 가장 훌륭한 책을 들고 있고, 입술에는 진리의 법이 쓰여 있는데, 이는 비밀스러운 일들을 알고 이를 죄인들에게 펼쳐 보여 주는 것이 이 사람이 하는 일임을 보여 줍니다. 또 보시다시피 이 사람은 사람들에게 무언가를 간절히 말하는 것처럼 서 있습니다. 그리고 세상이 이 사람 등 뒤로 펼쳐져 있고, 이 사람의 머리에는 면류관이 씌워져 있지요. 이는 이 사람이 주님을 섬기기를 좋아해서 세상일을 중시하지 않고 멸시하면서 앞으로 임할 세상에서 영광을 상급으로 얻으리라고 확신한다는 걸 보여 줍니다."

해석자는 계속 이야기를 이어 나갔다.

"자, 이 그림을 먼저 보여드린 것은, 당신이 가려고 하는 곳의 주인께서 이 그림의 주인공에게만 당신의 안내자가 될 권한을 주셨기 때문입니다. 길 가는 중에 험난한 곳을 지날 때마다 길잡이가 되도록 말이지요. 그러므로 내가 보여 준 것을 유념하시고, 보신 것을 기억에 잘 담아 두세요. 옳은 길을 안내하는 척하지만 결국 사망의 길로 이끄는 자들을 만나도 혹하지 않도록 말입니다."

이 진지한 사람의 초상화는 믿을 만한 성경 교사에게서 기대

해야 할 자질들을 가리키며, 신자가 이 자질들을 알면 참 교사와 거짓 교사를 구별하는 데 도움이 된다.

이어서 해석자는 크리스천의 손을 잡아 이끌어 아주 넓은 응접실로 데려갔는데, 청소를 한 번도 하지 않아 방은 먼지투성이였다. 해석자는 잠시 방을 둘러보더니 하인을 불러 먼지를 쓸라고 했다. 하인이 비를 들고 쓸기 시작하자 먼지가 사방으로 날리기 시작했고, 그 바람에 크리스천은 거의 숨을 쉴 수 없는 지경이 되었다. 그러자 해석자는 옆에 서 있던 소녀에게 물을 가져와 뿌리라고 했다. 소녀가 지시대로 하자 먼지가 말끔히 쓸려나가고 방이 쾌적해졌다.

이때 크리스천이 물었다. "이건 무슨 의미인지요?"

해석자 "이 응접실은 복음의 달콤한 은혜로 성화된 적이 없는 사람의 마음을 가리킵니다. 먼지는 그 사람의 원죄(原罪)와 내면의 부패로, 이것이 그 사람을 온통 더럽혔습니다. 처음에 먼지를 쓸기 시작한 사람은 율법을 가리킵니다. 물을 가져와 뿌린 소녀는 복음을 가리키고요. 보셨다시피, 처음에 비질을 시작하자 곧 먼지가 사방에 날려서 비질하던 사람이 쓸어낼 수가 없었고, 당신은 숨이 막힐 뻔했지요. 이는 율법은 그 행위로써 마음에서 죄를 깨끗이 씻어내 주는 게 아니라 오히려 죄를 소생시켜서 힘을 북돋아 주고 영혼 속에서 죄가 증식되게 만든다는 것을 보여 줍니다. 죄를 발견해 내서 금지하는데도 말이지요. 왜냐하면 율법에는 죄를 억제할 힘이 없기 때문입니다(롬 7:6; 고전 15:56; 롬 5:20). 그리고 소녀가 방에 물을 뿌리자, 방이 깨끗해지고 쾌적해진 것을 보셨는데, 이는 복음이 그 달콤하고 귀중한 영향력으로 사람의 마음에 들어오면, 소녀가 바닥에 물을 뿌려 먼지를 가라앉힌 것처럼 죄가 사라지고 억제되고, 복음을 믿는 믿음을 통해 영혼이 청결하게 되며 그 결과 영광의 왕께서 거하실 만하게 된다는 것을 보여 줍니다(요 15:3; 엡 5:26; 행 15:9; 롬 16:25, 26; 요 15:13)."

율법과 복음을 대조하는 먼지투성이 응접실 장면은 로마서 7장 7~10절에 기록된 바울의 체험과 관련 있다. 율법은 죄를 지적하며, 율법만 강조하면 우리 삶에서 죄의 권세가 커지고 자신의 죄성에 대한 자각이 커진다. 율법은 우리 죄를 없애 주지 못한다. 우리는 복음이라는 물을 받아들여야만 청결해질 수 있다.

또한 꿈속에서 나는 해석자가 크리스천의 손을 잡아 이끌어 작은 방으로 데려가는 것을 보았다. 방안에는 사내아이 둘이 각기 의자를 하나씩 차지하고 앉아 있었다. 둘 중 큰아이의 이름은 욕망(Passion)이었고, 작은 아이의 이름은 인내(Patience)였다. 욕망은 매우 불만이 많아 보였고, 인내는 아주 조용했다. 이를 보고 크리스천이 물었다.

"욕망이 저렇게 불만인 이유가 뭘까요?" 해석자는 이렇게 대답했다.

"아이들의 아버지가 가장 좋은 선물은 내년 초까지 기다리라고 했는데 욕망은 지금 모든 걸 다 가지려고 하죠. 하지만 인내는 기꺼이 기다리려고 합니다."

그때 내가 보니 어떤 사람이 보물 자루를 들고 욕망에게 다가가 발밑에 쏟아놓았다. 욕망은 보물을 집어 들고 좋아 어쩔 줄 모르다가 인내를 쳐다보며 비웃고 조롱했다. 그런데 내가 보고 있는 잠깐 사이에 욕망은 그 보물을 흥청망청 다 써버렸고 남은 것이라고는 누더기뿐이었다.

크리스천은 이 광경을 보고 해석자에게 말했다.

"이 일을 좀 상세히 설명해 주시지요."

해석자 "이 두 사내아이는 상징입니다. 욕망은 이 세상에 속한 사람의 상징이고, 인내는 앞으로 올 세상에 속한 사람의 상징이지요. 보셨다시피 욕망은 모든 것을 올해에, 즉 이 세상에서 다 가지고 싶어 합니다. 이 세상에 속한 사람들도 마찬가지입니다. 자기 몫의 좋은 것을 내년까지, 즉 다음 세상까지 기다리지 못하지요. '손안의 새 한 마리가 수풀 속

두 마리 새보다 낫다'는 속담이 있지요? 이 사람들에게는 다가올 세상의 유익에 관해 하나님이 증언하시는 모든 말씀보다 이 속담이 더 권위 있답니다. 그런데 보시다시피 욕망은 모든 걸 순식간에 써 버리고 지금 누더기밖에 안 남았어요. 이 세상 마지막 때 이 사람들도 마찬가지일 겁니다."

크리스천 "제가 보니 인내는 최고의 지혜를 발휘하는군요. 거기엔 여러 가지 이유가 있겠고요. 첫째로는 가장 좋은 것을 기다리기 때문이고, 둘째는 욕망에게 누더기만 남을 때 인내는 자기 몫의 영광을 누릴 것이기 때문 아닐까요"

해석자 "글쎄요, 한 가지 이유가 더 있을 겁니다. 즉, 다가올 세상의 영광은 절대 닳아 없어지지 않으리라는 거지요. 그에 비해 이 세상 보화는 갑자기 사라집니다. 그러므로 욕망은 인내를 비웃을 이유가 없어요. 좋은 것을 먼저 누렸으니까요. 인내는 나중에 욕망을 조롱해야 할 겁니다. 가장 좋은 것을 나중에 누리니까요. 처음 된 자는 나중 된 자에게 자리를 넘겨주어야 합니다. 나중 된 자의 때가 올 테니까요. 하지만 나중 된 자는 누구에게도 자리를 넘겨주지 않습니다. 뒤에 올 사람이 없으니까요. 그러므로 자기 몫을 먼저 받은 사람은 그걸 쓸 시간이 있을 겁니다. 하지만 자기 몫을 나중에 받는 사람은 영원히 보전하게 될 겁니다. 그래서 큰 부자에 대해 이런 말이 있지요. '너는 살았을 때에 좋은 것을 받았고 나사로는 고난을 받았으니 이것을 기억하라 이제 그는 여기서 위로를 받고 너는 괴로움을 받느니라'(눅 16:25)."

크리스천 "그리고 현재의 것을 탐내기보다는 앞으로 올 것을 기다리는 게 최선임을 알게 되었겠네요."

해석자 "맞는 말씀입니다. '보이는 것은 잠깐이요 보이지 않는 것은 영원'(고후 4:18)하다고 했지요. 그렇기는 해도 현재의 일들과 우리 육체의 욕구는 서로에게 가까운 이웃입니다. 반대로, 다가올 일들과 육체의 감각은 서로에게 아주 낯설지요. 그래서 현재의 일과 육체의 욕구는 금세 우호 관계가 되지만, 다가올 일들과 육체의 감각 사이에는 늘 거리가 유지됩니다."

두 아이 욕망과 인내는 경건한 욕구와 영원한 세상을 보는 관점을 키워 나갈 때 한 가지 교훈을 준다. 하나님께 속한 사람들은 '가장 좋은 것', 즉 하나님의 축복과 천국의 보화와 자신의 참 본향을 이 세상이 주는 즉각적 만족이나 덧없는 보화와 맞바꾸지 않는다.

또 꿈속에서 나는 해석자가 크리스천의 손을 이끌어, 벽 앞에 불길이 타오르고 있는 방으로 데려가는 것을 보았다. 불길 옆에 한 사람이 서서 계속 물을 쏟아부으며 불을 끄려고 했지만, 불은 점점 열기

를 더하며 높이 타올랐다.

크리스천이 이 광경을 보고 "이것은 무슨 의미입니까?"라고 물었다. 해석자는 이렇게 대답했다.

"불은 사람의 마음에서 작용하는 은혜의 역사를 뜻합니다. 불길에 물을 쏟아부어서 끄려 하는 사람은 마귀지요. 그런데도 불이 더 높이 더 뜨겁게 타오르는 것을 보셨습니다. 왜 그런지 이제 그 이유도 알려 드리지요." 그러더니 해석자는 크리스천을 벽 뒤로 데려갔고, 크리스천은 벽 뒤에서 한 남자가 손에 기름 그릇을 들고는 아무도 모르게 불길에 계속 기름을 붓고 있는 것을 보았다.

크리스천 "이 광경은 무슨 의미입니까?"

해석자 "이분은 그리스도이십니다. 사람의 마음에 이미 시작된 역사를 은혜의 기름으로 계속 유지하십니다. 덕분에 마귀가 어떤 짓을 하든, 그분 백성의 영혼에는 여전히 은혜가 넘쳐흐릅니다(고후 12:9). 그리고 그분이 벽 뒤에 서서 불길을 유지하는 모습을 보셨는데, 이는 마귀의 유혹을 받은 사람은 자기 영혼에서 이 은혜의 역사가 어떻게 유지되는지 알기 어렵다는 사실을 가르쳐 줍니다."

타오르는 불길 광경은 한 신자의 내적 생명이 어떻게 연료를 공급받는지를 보여 준다. 마귀의 유혹, 세상의 적대, 경건치 못

한 욕망, 이 모든 것이 신자의 마음에서 불을 꺼뜨리려고 위협한다. 하지만 보이지 않는 근원이 약한 불길을 밝은 불로 바꾼다. 충분히 족한 은혜와 사랑의 기름, 그 어떤 위협보다도 강한 그 기름으로 하나님은 신자가 하나님 안에서 살아 있게 하시고 하나님의 뜻을 행할 수 있게 하신다.

또한 나는 해석자가 다시 크리스천의 손을 잡고 어떤 기분 좋은 곳으로 데려가는 것을 보았다. 그곳에는 위엄 있는 궁전이 서 있어서 보기에 아름다웠으며, 크리스천은 이 광경을 보고 크게 즐거워했다. 크리스천은 온통 금빛 옷을 입은 사람들이 궁전 지붕을 거니는 것을 보고 물었다.

"우리도 저쪽으로 갈 수 있을까요?" 그러자 해석자는 크리스천의 손을 잡고 궁전 출입문 쪽으로 안내했다. 그런데 문 앞에는 안으로 들어가고 싶으나 감히 그러지 못하는 사람들이 엄청나게 많았다. 문에서 조금 떨어진 곳에서 한 남자가 책과 잉크병이 놓인 탁자 앞에 앉아 안으로 들어가려고 하는 사람들의 이름을 적고 있었다. 또한 문간에는 갑옷 차림의 남자들 여러 명이 서 있는 것이 보였다. 이들은 안으로 들어가려고 하는 사람들을 힘닿는 대로 해치고 괴롭히려고 작정하고 있었다. 이 모습에 크리스천은 다소 놀랐다.

무장한 사람들이 무서워 모두 뒤로 물러나기 시작했을 때 마침내

한 남자가 탁자 앞에 앉은 사람에게 다가가 매우 단호한 표정으로 말했다.

"내 이름을 적어 주십시오, 선생님." 탁자에 앉은 사람이 이름을 적자, 그 남자는 칼을 빼어 들고 머리에 투구를 쓴 뒤 무장한 사람들이 서 있는 문 쪽으로 달려들었다. 갑옷 입은 이들이 무서운 힘으로 공격해 왔지만, 남자는 눈 하나 깜짝하지 않고 격렬히 칼을 휘두르며 자르고 베었다. 안으로 들어가지 못하게 하려는 자들에게 큰 상처를 입히고, 자신도 그렇게 많이 다친 후, 남자는 그 사람들 사이로 길을 열어가며(행 14:22) 궁을 향해 나갔다. 이 모습에 궁 안에 있는 사람들이 환호하는 소리가 들렸고, 지붕을 거닐던 사람들까지도 그 사람을 향해 이렇게 말했다.

"들어와요, 들어와. 영원한 영광을 얻게 될 겁니다."

이렇게 그 사람은 안으로 들어가, 그곳 사람들처럼 금빛 옷을 입었다. 이 광경을 보고 크리스천은 미소를 지으며 말했다.

"이게 무슨 의미인지 저도 알 것 같습니다."

싸워서 이기는 용사 이미지는 신자가 그리스도인으로 살아갈 때 겪게 될 충돌과 적대를 가리킨다. 신자는 세상을 이기신 분의 능력으로 원수와 싸워 이기는 일에 적극 참여하기를 명령받는다. 하나님의 전신 갑주를 입고 믿음의 선한 싸움 싸우기를

포기하지 않는 사람만 그분의 나라에 들어갈 것이다.

크리스천 자, 이제 가봐야겠습니다."
해석자 "아니요, 기다리세요. 보여드릴 것이
조금 더 있으니 그걸 보고 나서 떠나세요."

그러면서 해석자는 다시 크리스천의 손
을 잡아 이끌었다. 이번에는 아주 어두컴컴
한 방이었다. 방 안에는 한 남자가 철창에 갇
힌 채 앉아 있었다. 가만히 보니 남자는 매우 슬퍼 보였다. 남자는 팔
짱을 낀 채 바닥을 내려다보면서 비탄에 젖은 듯 한숨을 내쉬었다.
크리스천이 "이것은 무슨 의미지요?"라고 묻자, 해석자는 그 사내
와 이야기를 나눠 보라고 했다. 이에 크리스천이 사내에게 물었다.
"뉘신지요?" 사내가 대답했다.
"내가 전에는 이런 사람이 아니었는데 말이오."

크리스천 "전에는 어떤 분이셨는데요?"
남자 "전에는 자타공인 당당하고 자부심 강한 신앙고백자였지요.
당연히 천상의 도시에 들어갈 자격이 있다고 생각했고, 그곳에 들
어갈 거라는 생각에 기뻐하기까지 했소만(눅 8:13)."

크리스천 "저런, 그런데 지금은 어떻게 된 겁니까?"

남자 "지금은 절망에 빠진 사람이라오. 그리고 여기 이렇게 갇혀 있지, 이 철장에. 밖으로 나갈 수가 없어요. 오, 이젠 나갈 수가 없어!"

크리스천 "어쩌다 이런 처지가 됐습니까?"

남자 "언젠가부터 정신을 차리고 근신하기를 그만두었지요. 정욕의 목에 고삐를 채우고 마음대로 부렸어요. 말씀의 빛과 하나님의 선하심을 거역하는 죄를 지은 거지요. 그렇게 성령을 근심케 하자 성령이 떠나갔어요. 내가 마귀를 부추겼고, 그가 내게 다가왔지요. 나는 하나님을 노엽게 했고, 그래서 하나님이 나를 떠나가셨어요. 나는 마음이 너무 완악해져서 회개할 수가 없다오."

남자의 말을 듣고 크리스천은 해석자에게 물었다.

"이런 사람에게는 아무 소망이 없는 겁니까?" 해석자는 남자에게 직접 물어보라고 했다. 하지만 크리스천이 "아닙니다. 부디 선생님이 물어봐 주십시오"라고 하자 해석자가 남자에게 물었다.

해석자 "아무 소망도 없이 절망의 철창에 계속 갇혀 있어야 한다는 겁니까?"

남자 "네, 아무 소망도 없습니다."

해석자 "왜요, 찬송 받으실 분의 아들은 아주 동정심이 많으십니다."

남자 "나는 그분을 다시 십자가에 못 박았습니다(히 6:6). 그분의 존재를 멸시했고(눅 19:14), 그분의 의를 멸시했지요. 나는 그분의 '피를 부정한 것으로 여기고 은혜의 성령을 욕되게'(히 10:28~29) 했습니다. 그렇게 해서 나 자신을 모든 약속에서 차단했고, 그래서 이제 내게 남은 것은 확실한 심판과 불같은 진노의 위협뿐입니다. 무시무시한 위협이고, 두려운 위협이지요. 언젠가는 원수처럼 나를 삼킬 테니까요."

해석자 "무엇 때문에 자신을 이 지경으로 만들었습니까?"

남자 "이 세상의 정욕과 쾌락과 즐거움과 이득 때문이지요. 그때는 그런 것들을 즐기면 아주 기분이 좋을 거라고 나 자신에게 장담했습니다. 그런데 이제 그 모든 것 하나하나가 마치 지독한 벌레처럼 나를 깨물고 갉아먹네요."

해석자 "하지만 이제라도 회개하고 돌이키면 되지 않습니까?"

남자 "하나님이 제 회개를 안 받아들이십니다. 하나님의 말씀으로 힘을 얻고 믿어야 하는데 그렇게 되지를 않아요. 네, 하나님이 친히 저를 이 철창에 가두셨어요. 세상 사람 그 누구도 나를 내보내 줄 수 없어요. 오 영원, 영원이라니! 영원토록 겪어야 할 이 비참한 상태와 어떻게 씨름한단 말입니까?"

이때 해석자가 크리스천에게 말했다.

"이 사람의 비참한 상황을 잘 기억해 두시고, 영원히 경계로 삼으세요."

크리스천 "이거 참, 두려운 일이로군요! 깨어 근신하고 기도하여 이 사람을 이렇게 비참한 처지로 만든 원인을 피할 수 있도록 하나님께서 도우시기를! 자, 선생님, 이제 제가 길을 떠날 때가 되지 않았습니까?"

해석자 "한 가지만 더 보여드릴 테니 기다리세요. 그런 다음, 갈 길을 가시면 됩니다."

철창에 갇힌 사람은 히브리서 6장 4~6절과 10장 26~39절의 가르침을 반영한다. 하나님의 가정을 일단 눈으로 보고 그 유익을 누린 사람은 건방지고 교만해져서 하나님의 길을 버려서는 안 된다. 그런 식으로 그리스도를 멸시하는 태도를 보이는 사람은 자신의 불신앙을 드러내는 것이며, 심판 때 그분의 의와 한편이 되지 못할 것이다. 여기서 신자들에게 주어지는 메시지는 다음과 같다. 즉, 죄를 가볍게 여기지 말라는 것이다. 하나님을 사랑한다는 것은 죄짓기를 바라지 않는다는 의미다. 믿음을 견지하라. 회개하는 마음을 유지하고 하나님의 사랑에 화답하며, 순종을 통해 하나님의 사랑으로 돌아가는 것을 목표로 성령과 함께 성화의 과정에 참여하라.

　　그렇게 해석자는 크리스천의
손을 다시 이끌어, 또 다른
방으로 데리고 갔다. 방안에
서는 한 사람이 침대에서 일어

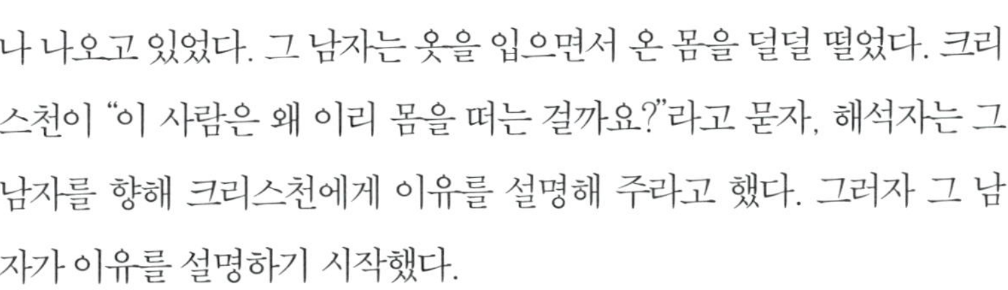

나 나오고 있었다. 그 남자는 옷을 입으면서 온 몸을 덜덜 떨었다. 크리
스천이 "이 사람은 왜 이리 몸을 떠는 걸까요?"라고 묻자, 해석자는 그
남자를 향해 크리스천에게 이유를 설명해 주라고 했다. 그러자 그 남
자가 이유를 설명하기 시작했다.

　　"간밤에 잠을 자다가 꿈을 꾸었어요. 하늘이 아주 시커멓게 되더니
무시무시하게 천둥 번개가 치면서 나를 고통으로 몰아넣었습니다. 하
늘을 올려다보았더니 구름이 여느 때와 다른 속도로 하늘 높이 나는
게 보였고, 그 구름 위에서 나팔 소리가 들렸습니다. 그리고 어떤 사
람이 구름 위에 앉아 하늘에 속한 수많은 사람의 시중을 받고 있더군
요. 이 사람들은 모두 활활 타오르는 불길 가운데 있었는데, 그때 한
목소리가 들렸습니다. '일어나라, 너희 죽은 자들아, 심판대로 나오
라.' 그 목소리와 함께 바위가 갈라지고 무덤이 열리면서 죽은 사람들
이 무덤 밖으로 나왔습니다. 어떤 이들은 더할 수 없이 기뻐하면서 하
늘을 올려다보았고, 어떤 이들은 산 아래로 몸을 숨기려 하더군요
(고전 15:52; 살전 4:16; 유 14절; 요 5:28, 29; 살후 1:7, 8; 계 20:11～14; 사
26:21; 미 7:16, 17; 시 95:1～3; 단 7:10). 그때 구름 위에 앉은 사람이 책
을 펼치더니 세상 사람들에게 가까이 다가오라고 했어요. 하지만 그

사람 앞에서 사나운 불길이 타오르고 있어서 그 사람과 세상 사람들 사이에는 어느 정도 간격이 있었지요. 법정에서 재판관과 죄수 사이의 거리쯤이었습니다(말 3:2~3: 단 7:9~10). 그리고 구름 위에 앉은 그 사람을 시중드는 이들에게 이렇게 선포되는 소리가 들렸습니다. '가라지와 겨와 그루터기를 다 모아 불못에 던지라'(마 3:12; 13:30; 말 4:1). 그 명령과 함께 바로 내가 서 있는 곳쯤에 바닥없는 웅덩이가 열렸지요. 웅덩이 아가리에서 연기와 숯불이 엄청나게 피어오르면서 소름 끼치는 소리가 들렸습니다. 아까 그 사람들에게 또 '내 알곡을 모아 곳간에 들이라'(눅 3:17)라고 명령하는 소리가 들렸습니다. 많은 사람이 들어 올려져 구름 속으로 옮겨지는 것이 보였는데, 나는 그대로 남겨졌지요(살전 4:16-17). 숨으려고도 했는데 그럴 수가 없었습니다. 구름 위에 앉은 사람이 계속 저를 주시했기 때문이지요. 내 죄도 떠올랐고, 양심이 사방에서 나를 공격했어요(롬 3:14~15). 그러다가 잠에서 깨어났습니다."

크리스천 "그런데 그런 광경이 무엇 때문에 그리 두려웠습니까?"

남자 "그게요, 심판 날은 다가왔고, 나는 준비가 안 되어 있다고 생각했거든요. 하지만 가장 무서웠던 것은, 천사들이 어떤 사람은 모아들이고 나는 뒤에 남겨 두었다는 거지요. 게다가 지옥 구덩이가 바로 내가 서 있는 곳에서 입을 벌렸어요. 내 양심도 나를 괴롭혔고요. 그리고 재판장이 진노한 표정으로 내게서 눈을 떼지 않는 것 같았다고요."

마지막 장면은, 하나님의 심판을 마주했는데 죄 용서를 구하지 않았기 때문에 용서받지 못하는 꿈을 꾸고 당혹스러워하는 한 남자를 보여 준다. 이 광경은 모든 사람의 마음을 아시는 하나님이 각 사람에게 책임을 물으실 날을 준비하고 있어야 한다고 일깨워 준다. 이는 하나님이 회개하고 믿음으로 그리스도와 연합한 사람만을 자기 나라로 받아들이신다는 성경의 경고를 마음에 새기라는 부름이다.

이때 해석자가 크리스천에게 말했다.
"지금까지 본 것을 두루 생각해 보셨지요?"

크리스천 "네, 소망이 생기기도 하고 두렵기도 하네요."
해석자 "그래요, 모두 마음에 새겨 두고 앞으로 길을 갈 때 자극으로 삼도록 하세요."

크리스천이 허리띠를 동이고 길 떠날 채비를 하자 해석자가 또 말했다.

"선한 사람 크리스천, 보혜사께서 늘 함께하시면서 하늘의 도성까지 길잡이가 되어 주시기를 바랍니다." 크리스천은 다음과 같이 화답한 후 길을 나섰다.

"여기서 나는 진기하고 유익한 일들을 보았습니다. 기분 좋은 일, 무시무시한 일, 내가 시작한 여정을 흔들림 없이 이어 나가게 해줄 일 등. 그 일들을 늘 생각하고, 그 광경을 내게 보여 주신 이유를 깨닫고, 감사를 드리고자 합니다. 선한 해석자여, 당신에게 말입니다."

크리스천은 지금 하나님의 은혜 가운데 있지만, 그의 괴로움은 사라지지 않을 것이 분명하다. 크리스천은 생명으로 이어지는 길, 하나님을 따르는 모든 이들이 이 세상에서 하늘로 갈 때 지나는 그 힘든 길을 계속 갈 것이다(마 7:14). "이 길에서 우리는 모두 이와 비슷한 시련, 유혹, 원수들을 만난다." 하지만 우리는 "회개와 자기희생, 믿음과 사랑으로 길을 가라"는 부름을 받는다.[1] 해석자의 가르침은 크리스천이 앞으로 힘든 여정을 이어 나갈 수 있도록 준비하게 하여, 지혜롭고 분별력 있게, 담대하면서도 빈틈없이, 강하고 참을성 있게 행동하도록 도와준다.

03

십자가, 그리고
오르기 힘든 산

속에서 이번에는 크리스천이 가게 될 대로(大路) 양 옆에 담이 둘러쳐져 있는 것을 보았다. 담의 이름은 구원이었다(사 26:1).

크리스천은 등에 짐을 진 채로 이 대로를 따라 올라갔다. 짐 때문에 몹시 힘들었다.

크리스천은 대로를 뛰어가다가 약간 오르막길이 시작되는 곳에 이르렀다. 그곳에는 십자가가 서 있었고, 약간 아래쪽 바닥에는 무덤 하나가 있었다. 내가 꿈속에서 또 보니 크리스천이 그 십자가에 다가가자마자 그의 어깨에서 짐이 벗겨졌다. 등에서 떨어진 짐은 무덤 입구까지 굴러가다가 그 속으로 떨어졌고, 그 뒤로 다시는 보이지 않았다.

크리스천은 몸놀림이 경쾌해지니 몹시 기뻐서, 들뜬 마음으로 이렇게 말했다.

"그가 고통을 당함으로 내게 안식을 주셨고, 죽음을 당함으로 내게 생명을 주셨도다." 크리스천은 그렇게 말하고 나서 한동안 가만히 서서 바라보며 신기해했다. 십자가를 보기만 해도 이렇게 짐이 벗겨진다는 것이 너무도 놀라웠다. 그는 십자가를 보고 또 봤고, 그러다가 마침내 머릿속 샘이 터져 두 뺨으로 눈물이 흘러내렸다(슥 12:10).

그렇게 십자가를 바라보며 울고 서 있던 크리스천에게 광채 나는 존재 셋이 다가와 "평안할지어다"라고 인사했다. 첫 번째 존재는 크리스천을 향해 "그대의 죄가 사함을 받았도다"라고 말했고(막 2:5), 두 번째 존재는 크리스천의 누더기를 벗기고 아름다운 옷으로 바꿔 입혀 주었다(슥 3:4). 그리고 세 번째 존재는 크리스천의 이마에 표(標)를 해주고 봉인된 두루마리를 주면서 길을 갈 때 두루마리를 읽고, 천상의 문에 도착하면 이를 제시하라고 했다(엡 1:13). 그런 후 이들은 사라졌다.

십자가에서 크리스천은 마침내 죄의식의 짐에서 벗어나고, 이 짐은 무덤으로 굴러떨어져 다시는 볼 수 없게 된다. 또한 크리스천은 그리스도의 속죄 사역을 믿은 효과를 체험한다. 즉, 죄를 용서받고, 죄와 관련된 모든 형벌과 죄책이 십자가에 못 박힌다. 크리스천은 불순종의 누더기를 그리스도의 의의 옷으로 바꿔 입는다. 또한 이마에 표를 받음과 동시에 그가 하나님께 속했음을 보여 주는 봉인된 두루마리를 받아서, 구원받고 천국 시민이 되었음을 보증받는다.

"이 사람이 누구인가? 순례자로다. 옛것은 지나가고 모든 것이 새로워진다는 말씀은 얼마나 참된가. 기이하도다! 단연

코 그는 다른 사람이 되었으니, 옷이 날개로다."

크리스천은 기뻐서 세 번이나 펄쩍펄쩍 뛰고는 이렇게 노래했다.

"지금까지 나는 죄 짐을 지고 다녔네

또한 내 슬픔을 조금도 덜어낼 수 없었지

여기 오기까지는. 이 얼마나 좋은 곳인가!

이곳이 내 참된 행복의 시작 아닌가?

이곳에서 내 등의 짐이 벗겨지지 않았는가?

이곳에서 죄 짐에 나를 묶었던 줄이 끊어지지 않았는가?

복된 십자가로다! 복된 무덤이로다!

날 위해 저기서 수치 당하신 분을 찬미하리!"

스펄전은 이 지점에서 다음과 같이 버니언의 이야기를 비판한다. "십자가는 좁은 문 바로 앞에 있어야 했다. 그리고 죄인에게는 '네 자신을 저리로 던지라, 그러면 안전할 것이다. 짐을 벗어버리고 십자가 밑에 누워 예수 안에서 평안을 찾을 수 있기까지는 안전하지 않다'라고 말해야 한다.[1] 하지만 버니언이 이 부분을 쓴 것은 자신의 체험을 반영하기 위해서였다. 회심한 지 몇 년 후 버니언은 하나님의 자비가 그의 영혼에 깊이 자리 잡아 마침내 그의 내면에 영속적 평안을 낳는 한 전환점을 맞게 되었다.

버니언은 그저 '예수께 나갈' 필요가 있다는 것을 돌연 깨달았고, 히브리서 12장 22~24절을 읽고 안도감을 느꼈다. 새 언약을 중간에서 전달해 주시고 죄 사함을 안겨 주시는 예수께 나가는 것에 대해 말하는 이 구절을 읽고 지금까지 버니언의 영혼을 잠식했던 어둠은 마침내 "그리스도를 통한 기쁨, 평강, 승리"로 바뀌었다.[2]

꿈속에서 또 보니 크리스천은 그렇게 계속 걸음을 옮기다가 길에서 약간 벗어난 곳 바닥에 족쇄를 찬 남자 셋이 잠들어 있는 곳에 이르렀다. 세 사람의 이름은 각각 단순이(Simple), 늘보(Sloth), 건방이(Presumption)였다.

이런 모습으로 잠들어 있는 사람들을 본 크리스천은 혹시 이들을 깨울 수 있을까 해서 소리쳤다.

"여러분들은 죽음의 바다, 바닥없는 심연이 펼쳐져 있는데 돛대 위에서 잠든 사람들 같군요(잠 23:34). 그러니 일어나세요, 그리고 이쪽으로 오세요. 원한다면 내가 그 족쇄 푸는 걸 도와드리겠습니다." 그리고 또 크리스천은 말했다. "우는 사자 같이 두루 다니는 자(벧전 5:8)가 다가오면, 여러분은 그 이빨에 먹이가 되고 말 겁니다."

크리스천의 말에 잠이 깬 세 남자는 흘긋 올려다보고는 이런 식으로 대답했다. 단순이는 "위험할 거 없어요"라고 했고, 늘보는 "잠이나 좀 더 자야겠군"이라고 했고, 건방이는 "사람은 다 자기 깜냥대로 사는 거요. 달리 뭐라고 대답할 수 있겠소?"라고 했다. 이렇게 이들은 다시 잠에 빠져들었고, 크리스천은 별수 없이 가던 길을 갔다.

십자가 산 밑에서 크리스천은 천국 길 가는 이들이 어떻게 무지(단순이)와 게으름(늘보)과 오만(건방이)으로 자기만족에 빠져 영적인 일에 냉담해질 수 있는지 보여주는 세 사람과 마주친다. 방종 때문에 족쇄에 묶여 잠들어 있는 이 세 사람은 자기들을 파멸시키려고 하는 원수 따위는 없다고 믿으며 손가락 하나 까딱하지 않고 만족한 상태에 있다.

크리스천은 마음이 불편했다. 위험에 처한 사람들을 보고, 잠에서 깨워 주고 충고해 주고 쇠고랑 푸는 걸 도와주겠다고 하면서 아무 대가 없이 도움을 베풀려는 자신의 친절이 존중받지 못했기 때문이다. 그렇게 불쾌한 마음을 다스리던 중 크리스천은 어떤 남자 둘이 좁은 길 왼편 담장을 뛰어넘는 것을 보았다. 담장을 넘어온 두 사람은 빠른 걸음으로 크리스천 쪽으로 다가왔다. 한 사람의 이름은 형식주의자(Formalist)였고, 또 한 사람은 위선(Hypocrisy)이었다. 이들이 다가오자, 크리스천은 자연히 이들과 대화를 나누게 되었다.

크리스천 "신사분들은 어디에서 오셨습니까? 그리고 어디로 가시는 길인가요?"

형식주의자와 위선 "우리는 헛된 영광(Vain-glory) 땅에서 태어났고, 지금 명예를 얻으려고 시온산으로 가는 중입니다."

크리스천 "그런데 왜 이 길 초입의 좁은 문으로 들어오지 않으셨습니까? 문으로 들어오지 않고 '다른 데로 넘어가는 자는 절도며 강도'(요 10:1)라고 기록된 걸 모르십니까?"

형식주의자와 위선 "그 문까지 가서 들어오려면 너무 먼 길을 돌아서 가야 한다고 모두들 생각해요. 그래서 보통은 지름길로 와서 담을 넘어 들어오지요."

크리스천 "하지만 그건 우리가 찾아가는 곳의 주님을 거스르는 범죄요, 따라서 그분이 계시하신 뜻을 범하는 행동으로 여겨지지 않겠습니까?"

형식주의자와 위선 "그 문제로 골치 썩일 필요 없어요. 우리는 사람들이 늘 해 오던 대로 한 것뿐이니까. 필요하다면, 우리들 행동이 천 년 넘게 계속되어 온 관습이라는 걸 증명할 증거도 댈 수 있다고요."

크리스천 "그렇지만 그 행동이 법

의 심판을 버텨낼 수 있을까요"

형식주의자와 위선 "천 년이 넘는 긴 세월 동안 지속되어 온 관습이니까 공정한 재판관이라면 틀림없이 합법적인 일로 인정해 주겠지요. 게다가, 일단 이 길로 들어서기민 한다면 이떤 빙법으로 들어왔는지가 뭐 중요합니까? 들어왔으면 들어온 거지. 우리가 보니 댁은 문을 통해 들어온 것 같은데, 우리도 담을 넘어왔든 어쨌든 지금 이 길에 서 있잖소. 문을 통해 들어온 댁 상황이 우리보다 뭐 더 나은 게 있소?"

크리스천 "나는 내 주님이 정하신 규칙에 따라 움직이는데, 두 분은 마음 내키는 대로 아무렇게나 하고 있어요. 이 길의 주인이신 분께서는 두 분을 이미 도둑으로 여기십니다. 그러므로 두 분은 이 길 끝에 이르러서도 참된 사람으로 판단 받지 못할 겁니다. 두 분은 주인이신 분의 지시 없이 마음대로 들어왔습니다. 따라서 두 분은 그분의 자비를 얻지 못하고 자기 발로 걸어 나가야 할 겁니다."

크리스천의 이 말에 두 사람은 별 대답을 하지 않은 채 자기 일이나 신경 쓰라고 했다. 그리고 나서 내가 보니 두 사람은 서로 별 의논도 없이 각자 제 갈 길을 가다가 크리스천을 향해 이렇게 말할 뿐이었다.

"율법과 규례에 대해서라면 우리도 댁 못지않게 양심적으로 행하고 있소. 그 점에서는 댁이나 우리나 다를 게 없다고 봐요. 다만 댁이 걸치고 있는 겉옷을 보니 벌거벗은 부끄러움을 가리라고 이웃 사람들이 준 옷 같소만."

크리스천 "율법과 규례로는 구원받지 못할 겁니다. 두 분은 문으로 들어오지 않았거든요(갈 2:16). 그리고 내가 걸친 이 겉옷은 지금 찾아가고 있는 곳의 주님께서 주신 옷입니다. 두 분이 말했다시피 내가 벌거벗은 것을 가려 주는 옷이지요. 나는 이 옷을 나를 향한 주님의 인자(仁慈)의 표로 여깁니다. 전에는 누더기만 걸치고 다녔으니까요. 그래서 길을 가면서 나는 큰 위로를 느낍니다. 이 옷을 입고 있으므로 천상의 도시 문 앞에 이르면 주님께서 나를 영원히 알고 기억해 주실 것이 분명합니다. 이 겉옷은 그분이 내 누더기를 벗기시던 날 값없이 주신 옷입니다. 게다가 내 이마에는 표가 있습니다. 아마 두 분은 아마 못 알아차렸을 테지만요. 내 어깨에서 짐이 벗겨지던 날 내 주님과 가장 친한 분 중 한 분이 이마에 그 표를 찍어 주셨지요. 또 한 가지 말씀드릴 것은, 그날 나는 봉인된 두루마리도 하나 받았습니다. 길 가는 동안 읽으면서 위로를 받으라고요. 그리고 천상의 도시 문 앞에 이르러 그 두루마리를 내밀면 틀림없이 안으로 들어가게 될 거라는 증거물로 말이지요. 두 분에게는 이런 것들이 없을 테지요. 문을 통해 들어오지 않았으니까요."

크리스천의 말에 두 사람은 아무 대답도 하지 않았고, 서로를 쳐다 보며 웃음을 터뜨릴 뿐이었나.

형식주의자와 위선 두 사람 모두 하나님이 계시하신 구원의 길인 좁은 문(그리스도)과 해석자(성령)의 도움을 건너뛰고 스스로 만들어 낸 지름길을 통해 천상의 도시에 이르려고 한다. 종교 전통을 신뢰하는 형식주의자는 갖가지 의무와 의례에만 몰두한다. 위선은 자기 행동이 남들 눈에 경건하게 보이도록 하는 데에만 관심이 있다. 두 사람 다 자기 죄는 의식하지 못하고 겉으로 드러나는 의에만 의지하며, 두 사람의 마음은 그리스도와 단절되어 있다. 천국에 경의를 표하는 게 아니라 천국에서 명예 얻기만을 기대하는 두 사람은 자신들이 그곳에 이르게 되리라는 착각에 빠져 있다.

내가 보니 두 사람은 계속 함께 길을 갔고, 크리스천은 두 사람과 더는 아무 대화 없이 앞서 걸으며 혼자 생각에 잠겨 이따금 한숨을 쉬기도 하고 이따금 위로를 느끼기도 했다. 그리고 빛나는 존재 중

하나가 준 두루마리를 종종 읽으면서 새로 힘을 얻기도 했다.

곧이어 나는 이들 모두가 고생산(Hill Difficulty) 기슭에 이른 것을 보았다. 산 아래에는 샘이 하나 있었고, 좁은 문에서부터 곧장 이어진 길 외에 다른 길이 두 갈래 더 있었는데, 한 길은 왼편으로 휘었고 또 한 길은 오른편으로 휘어 있었다. 하지만 좁은 문에서 이어진 길은 곧장 산으로 뻗어 있었고, 산 경사면으로 올라가는 길 이름은 고난(Difficulty)이었다. 크리스천은 이제 샘으로 다가가 물을 마시고 기운을 차린 뒤(사 49:10) 다음과 같이 말하며 그 길로 산을 오르기 시작했다.

"산은 높지만 나 오르기 원하네
아무리 힘들어도 나 괴로워하지 않으리
생명에 이르는 길이 여기 있음을 나 아나니
자, 힘을 내자, 겁내지도 두려워하지도 말고
고생스럽더라도 옳은 길 가는 것이
편안하나 결말은 재앙뿐일 길 가는 것보다 나으리."

뒤따라오던 두 사람도 산 아래 이르렀지만, 산이 가파르고 높은 걸 본 이들은 양옆으로 휘어지는 두 갈래 길을 발견하고는, 이 길이 크리스천이 앞서 올라간 곧은 길과 산 뒤편에서 다시 만날 것으로 생각하고, 그 두 갈래 길로 가기로 했다. 그 두 갈래 길 중 한 길의 이름은

위험(Danger)이었고, 또 한 길의 이름은 멸망(Destruction)이었는데, 둘 중 한 사람은 위험이라는 길을 택해서 큰 숲으로 갔고, 또 한 사람은 멸망으로 곧장 이어지는 길을 택한 뒤 험악한 산들로 가득한 넓은 벌판으로 나가 넘어지고 엎어지다가 다시는 일어나지 못했다.

"시작이 바르지 못한 사람들이 끝이 올바를 수 있을까? 친구에게 조금이라도 안전을 보장해 줄 수 있을까? 아니다, 그럴 수 없다. 제멋대로 길을 나선 사람들은 결국 거꾸러지고 말 것이 틀림없다."

그 뒤 내가 시선을 돌려 크리스천이 산을 오르는 것을 보니, 그는 처음에는 달리다가 걸었고, 산이 워낙 가팔라서 걸어 오르는 것도 힘든지 나중에는 손으로 바닥을 짚고 무릎으로 기어올랐다. 산 중간쯤에 시원한 나무 그늘이 있었는데, 고단한 길손들이 기운을 차릴 수 있도록 주님께서 만들어 놓은 곳이라 크리스천도 그곳에 앉아 쉬어 가기로 했다. 자리를 잡고 앉은 크리스천은 품에서 두루마리를 꺼내 읽으며 위안을 받았다. 또한 십자가 옆에 서 있을 때 받은 겉옷도 다시 한번 살펴보기 시작했다. 그렇게 잠시 기분 좋게 휴식하던 크리스천은 어느새 선잠이 들었다가 결국 깊은 잠에 빠지고 말았다. 그렇게 쉼터에서 지체하는 사이 시간은 흘러 거의 밤이 되었고, 잠결에 그는 손에 들고 있던 두루마리를 놓치고 말았다.

우리가 지쳐갈 때 하나님은 말씀과 성령을 통해 힘을 북돋

아 주심으로써 쉼을 주시고 원기를 회복시켜 주신다. 크리스천은 고생산의 나무 그늘에서 이런 유형의 쉼을 누리지만, 재충전을 위해 잠깐의 휴식으로 시작한 것이 혼수상태 같은 긴 잠이 되고 만다. 신자들은 "자지 말고 오직 깨어 정신을 차"리고 있어야 한다(살전 5:6). 너무 긴장을 풀면 집중력을 잃게 되고 경건 생활이 시들해져서 결국 정체된다. 쉼은 새로 활력을 얻어 하나님과 더불어 계속 앞으로 나아가는 것을 목적으로 한다. 새 힘을 공급받는 곳 자체가 우리의 목적지는 아니며, 이는 능동적 신앙생활을 위한 도약대일 뿐이다.

잠에 빠져 있는 크리스천에게 누군가가 다가와 깨우며 말했다. "게으른 자여 개미에게 가서 그가 하는 것을 보고 지혜를 얻으라"(잠 6:6). 이 말에 화들짝 잠이 깬 크리스천은 벌떡 일어나 다시 걸음을 재촉해 산꼭대기에 이르렀다.

크리스천이 산 정상에 이르렀을 즈음, 맞은편에서 어떤 사람 둘이 있는 힘을 다해 크리스천에게로 달려오는 것이 보였다. 그 두 사람 소심이(Timorous)와 의심이(Mistrust)에게 크리스천이 물었다.

"선생님들, 무슨 일입니까? 길을 잘못 잡으셨네요." 그러자 소심이가 대답했다. "우리는 시온성으로 가는 중에 고생산을 올랐습니다만, 가면 갈수록 길이 험하더군요. 그래서 방향을 바꿔 다시 돌아가는 중입니다."

의심이 "네, 바로 코앞에 사자 두 마리가 길 한가운데 누워 있었답니다. 자는 건지 깨어 있는 건지 알 수 없었고, 그런 건 생각할 겨를도 없었지요. 가까이 다가가면 곧 달려들어 우리를 갈가리 물어뜯어 놓을 테니 말입니다."

    소심이(겁이 많다, 혹은 두려워한다는 뜻)와 의심이는 두려움과 역경을 겪자마자 그리스도인으로서의 삶을 그만두는 사람들을 가리킨다. 이들은 위험을 마주하면 공포에 질려 그 즉시 왔던 길로 되돌아가는 자기 보존 본능을 발휘한다. 어떤 위협을 마주할 때 그 위협을 극복하는 것은 차치하고, 그 위협을 진득이 살펴서 정체가 무엇인지 알아내지도 않은 채 이들은 두려움에 완전히 지배당한다. 크리스천도 그런 위협이 있다는 말을 전해 듣고 두려워졌지만, 확실한 죽음을 마주하느니(돌아가기) 죽음의 두려움과 맞서는 게(앞으로 나가기) 낫다는 것을 깨닫고 눈앞의 위험에서 달아나려는 본능을 이겨낸다.

크리스천 "말씀을 들어보니 저도 두렵군요. 하지만 과연 어디로 가야

안전할까요? 고향으로 돌아간다면, 그곳은 곧 불과 유황이 떨어질 곳이라 가면 타 죽을 게 확실하거든요. 천상의 도시에 이를 수만 있다면 거기서는 틀림없이 안전할 겁니다. 그러니 위험하더라도 가야지요. 돌아가면 죽음뿐이고, 앞으로 나가면 죽음에 대한 불안이 있긴 하지만 그 불안 너머에는 영원한 생명이 있지요. 그래서 나는 앞으로 나갈 겁니다.”

이렇게 해서 의심이와 소심이는 산 아래로 달려 내려갔고, 크리스천은 계속 앞으로 나아갔다.

두 사람에게서 들은 말을 다시 생각하며 걷던 크리스천은 품 안의 두루마리를 꺼내 읽으면 위로가 될 거라는 데 생각이 미쳤다. 그런데 품 안에 손을 넣어 보았으나 두루마리가 잡히지 않았다.

크리스천은 큰 고민에 빠져 어찌할 바를 몰랐다. 그동안 위로가 되었을 뿐만 아니라 천상의 도시에 들어가는 통행증이 되어 줄 물건이 없어졌으니 말이다. 크리스천은 크게 당혹스러워하기 시작했고, 어떻게 해야 할 줄을 몰랐다. 그러다가 곰곰이 생각해 보니 산 중턱 나무 그늘에서 잠이 들었던 것이 마침내 기억났다. 그는 그 즉시 무릎을 꿇고 엎드려 자신의 어리석은 행동을 용서해 주시기를 하나님께 구한 뒤 오던 길을 되짚어 두루마리를 찾으러 갔다. 그러나 그렇게 왔던 길을 되돌아가는 크리스천의 마음에 휘몰아치는 슬픔을 누가 말로 다 표현할 수 있을까? 그는 이따금 한숨을 내쉬었고, 이따금 눈물을 흘렸으며, 고단하니 잠시 쉬어가라고 만들어 놓은 곳에서 깊은 잠이 들어 버린 자신의 어리석음을 자책했다.

이렇게 크리스천은 왔던 길을 돌아가면서, 여정 중에 그렇게 여러 번 위로가 되어 주었던 그 두루마리가 혹시 떨어져 있지 않을까 길 이쪽저쪽을 꼼꼼히 살폈다. 이렇게 돌아가다 보니 어느새 잠시 앉았다가 잠이 들었던 나무 그늘이 있는 곳에 이르렀다. 그러나 나무 그늘을 보니 함부로 잠에 빠져 버린 잘못이 새삼 다시 떠오르면서 슬픔이 한층 새로워졌다(계 2:5; 살전 5:7~8) 크리스천은 그 죄 된 낮잠을 이렇게 애통해했다.

"대낮에 잠에 빠지다니 나는 얼마나 한심한 사람인가! 그것도 그렇게 힘든 상황에! 순례자들의 영혼을 위로하려고 이 산의 주님께서 마련하신 쉼터에서 내 육신의 안락을 위해 그 쉼을 이용하다니 나는 심히 육신을 즐겁게 하는 자로다! 그 때문에 이 무슨 헛걸음인가! 이스라엘이 죄 때문에 홍해를 거쳐 되돌아가야 했던 것처럼, 이 죄 된 잠만 아니었다면 기쁨으로 걸어갔을 길을 나는 슬픔으로 걷게 되었구나. 이 헛걸음이 아니었다면 얼마나 멀리 갔겠는가! 한 번이면 될 길을 세 번이나 발걸음을 하게 되었는데, 이제 날까지 저물어 밤이 다 되었네. 아, 잠만 자지 않았더라면!"

이때쯤 나무 그늘에 다시 이른 크리스천은 잠시 그곳에 앉아 눈물을 흘렸다. 그러다가 슬픔에 겨운 얼굴로 긴 나무 의자 아래를 살피던 크리스천은 마침내 거기서 두루마리를 발견했다. 그는 떨리는 마음으로 급히 두루마리를 집어 들어 품에 집어넣었다. 두루마리를 다시 손에 넣었을 때 이 사람이 얼마나 기뻤는지 뉘라서 말할 수 있을까! 두루마리는 그가 간절히 바라는 안식처에 도착했을 때 그의 생명은 물론 그곳에 받아들여질 것을 보장하는 문서였던 까닭이다. 이렇게 두루마리를 찾아서 다시 품속에 고이 간직한 크리스천은 두루마리가 떨어져 있는 곳으로 시선을 인도하신 하나님께 감사를 드렸고, 기쁨의 눈물을 흘리며 다시 서둘러 길을 나섰다.

때로 신자들은 '내 신앙이 진실한가? 이따금 실패하는데 나는 정말 구원받았는가?'라고 의문을 품을 수 있다. 크리스천이

두루마리를 잃어버렸다가 되찾는 것은 바로 이와 같은 경험을 가리킨다. 성경은 우리가 믿음을 통해 구원받는다고 말하는데, 우리는 이 믿음을 (불완전한) 순종과 회개를 통해 표현하며, 또한 성경은 하나님이 우리를 용서하시고 하나님의 자녀로 삼으셨다고 말한다. 이상 끝이다. 하나님은 우리 죄보다 더 큰 분이시다. 우리는 의심이나 실패에 집착하지 않음으로써 하나님께 대한 확신을 나타내고 그분과 함께하는 여정을 계속해 나갈 수 있다. "확신이 없으면 순례 여정에서 아주 멀리 진전해 나갈 수 없다. 우리의 진보는 하나님의 약속을 믿는 믿음에 달려 있다. 믿음이 없으면 하나님을 기쁘시게 할 수 없고, 확신이 없으면 믿음으로 행할 수 없다."[4] 이 확신을 진전시켜 나갈 수 있도록 말씀과 성령이 우리를 돕는다.

그런데 오, 이제 크리스천은 얼마나 날렵하게 다시 산을 올랐는지! 하지만 꼭대기에 이르기 전 날이 저물고 말았고, 이에 크리스천은 낮잠에 빠졌던 것이 얼마나 황당한 일이었는지 다시 떠올리지 않을 수 없었다. 그러다 그는 다시 스스로를 한탄하기 시작했다.

"오 너 죄 많은 잠이여, 너 때문에 길에서 밤을 맞게 되었구나! 햇빛이 비춰 주지 않는 길을 걸어가게 생겼으니 내 발이 가는 길에 어둠이 내려 덮이겠구나.

죄 많은 내 잠 때문에 음험한 짐승들의 울음소리도 듣게 되었도다(살

전 5:6~7)."

04

교제의 집

제 크리스천은 의심과 소심이 했던 말까지 떠올렸다. 두 사람은 사자를 보고 얼마나 두려웠는지 모른다고 했다.

사자 이야기를 떠올리며 크리스천은 혼잣말을 했다.

'이 짐승은 밤에 어슬렁거리며 먹잇감을 찾지. 이 어둠 속에서 사자들과 마주친다면 이들을 어떻게 해치워야 할까? 어떻게 해야 사자에게 갈가리 찢기는 일을 피할 수 있을까?' 이런 생각을 하며 크리스천은 걸음을 옮겼다. 이렇게 자신의 어이없는 실수를 한탄하던 크리스천이 어느 순간 고개를 들어보니 저기 앞에 아주 위풍당당한 궁전이 보였다. 그 궁전의 이름은 아름다움(Beautiful)으로, 대로(大路) 바로 옆에 서 있었다.

내가 꿈속에서 보니 크리스천은 혹시 그 궁에서 하룻밤 머물 수 있을까 해서 걸음을 재촉하고 있었다. 하지만 몇 걸음 가지도 않아 아주 좁은 통로로 접어들었고, 통로에서 200m쯤 떨어진 곳에 궁 문지기의 오두막이 있었다. 그런데 걸음을 옮기며 통로를 꼼꼼히 살피던 크리스천은 사자 두 마리가 길을 막고 있는 것을 발견했다.

의심과 소심이 뒷걸음질 치게 만든 위험이 바로 저것이로구나 하는 생각이 들었다(사자는 쇠사슬에 묶여 있었지만, 크리스천의 눈에는 사슬이

보이지 않았다). 두려워진 크리스천은 자기도 두 사람을 좇아 돌아가야 겠다고 생각했다. 죽음이 눈앞에 있다는 생각밖에 들지 않았기 때문 이다.

그런데 오두막에서 지킴이(Watchful)라고 하는 문지기가 크리스천 을 지켜보고 있다가, 그가 마치 돌아가려는 듯 멈춰 서는 것을 보고 소리를 질렀다.

"그렇게 용기가 없어요?(막 8:34~37) 사자는 두려워 말아요, 사슬에 묶여 있으니까. 사자들이 거기 묶여 있는 건 거기를 지나는 사람들의 믿음을 시험하고, 믿음이 전혀 없는 사람을 가려내기 위해서랍니다. 길 한가운데로만 오세요, 아무도 해치지 않을 거예요."

"뒤에는 고생산, 앞에는 두려움
고생산은 지나왔으나, 사자가 으르렁거리네
그리스도인은 결코 길게 안락을 누리지 못한다네
한 가지 두려움이 사라지면 또 다른 두려움이 그를 사로잡지."

내가 보니 크리스천은 사자가 무서워 덜덜 떨며 문지기 쪽을 향해 조심조심 걸음을 옮기고 있었다. 사자가 으르렁거리는 소리가 들리 긴 했지만, 크리스천을 해치지는 않았다. 크리스천은 손뼉을 치면서 한 발짝 두 발짝 걸음을 옮겨 마침내 문지기가 지키는 문 앞에 이르 렀다.

"믿음을 시험하기 위해" 통로에 묶여 있는 사자는 박해를 상징한다. 하지만 하나님은 원수 마귀와 그 대행자들의 행동 범위를 제한해 두셨다(욥 1~2장; 계 20장). 크리스천은 사자들만 보느라 이 사자들이 사슬에 묶여 있다는 것은 알아차리지도 못하고, 두려움에 되돌아갈 생각을 한다. 그러나 분투하는 신자들을 돌보는 강한 신자를 상징하는 지킴이가 그 사실을 지적해 주고, 통로 한가운데의 안전한 경로를 알려 준다. 믿음은 우리의 관점에 영향을 끼친다. 전능하신 하나님께 대한 확신이 두려움 같은 우리의 감정을 압도하면, 하나님이 언제나 우리의 도움이시며 우리가 마주하는 그 모든 악보다 크신 분이라는 현실을 볼 수 있게 된다.

크리스천은 문지기에게 말했다. "선생님, 이 집은 무슨 집입니까? 오늘 밤 여기서 좀 묵을 수 있을까요?" 문지기가 대답했다. "이 집은 저 산의 주인 분이 지으신 집입니다. 순례자들이 안심하고 쉴 수 있게 하려고 지으셨지요." 그렇게 대답하고 나서 문지기는 어디에서 와서 어디로 가는 길이냐고 크리스천에게 물었다.

크리스천 "멸망의 도시에서 왔고요, 시온산으로 가는 길입니다. 그

런데 이제 해가 저물어서, 허락해 주시면 오늘 밤 여기서 묵고 싶습니다."

문지기 "이름이 뭡니까?"

크리스천 "지금은 크리스천입니다만, 처음에는 타락자(Graceless)였습니다. 하나님이 셈의 장막에서 거하게 하시는 야벳 집안 출신이지요(창 9:27)."

문지기 "어쩌다 이렇게 늦은 시간에 오게 된 겁니까? 해가 저물었는데."

크리스천 "더 일찍 왔었는데, 그게, 나는 참 얼마나 한심한 인간인지! 산 중턱 나무 그늘에서 그만 잠이 들고 말았습니다. 아니, 잠을 좀 자긴 했지만, 그래도 지금보다 훨씬 일찍 도착했었는데, 잠을 자다가 증명서를 잃어버렸지 뭡니까? 잃어버린 줄도 모르고 산마루까지 가서 꺼내보려고 하다가 그제야 없어진 걸 알았지요. 비통한 마음을 안고 잠에 빠졌던 곳까지 다시 가서 찾아 오느라 이제야 여기 온 겁니다."

문지기 "저런, 내가 이 댁 아가씨 한 사람을 불러드리지요. 당신이 하는 이야기를 듣고 마음에 들면, 이 집 규칙에 따라 다른 가족들에게 소개해 줄 겁니다."

그렇게 말하며 지킴이가 종을 울리자, 그 소리를 듣고 신중(Discretion)이라는 수수하고 아름다운 소녀가 그 집 문가로 나와 무슨 일이냐고 물었다.

문지기 "이 사람은 멸망의 도시에서 시온산으로 가는 중이라고 하는데, 지치기도 했고 날도 저물어서 오늘 밤 여기서 묵을 수 있겠느냐고 하네요. 그래서 제가 아가씨를 불러드리겠다고 했습니다. 이야기를 나눠 보고 당신을 좋게 보시면 집안 규칙에 따라 대접하실 거라고 말입니다."

　　아름다움이라는 궁전은 교회의 실례(實例)로, 신자들이 "안심하고 쉴 수 있게" 하려고 지어졌다. 예수가 마태복음 16장 18절에서 말씀하셨듯이 원수가 교회를 에워싸지만 교회를 이기지는 못한다. 교회는 신자에게 영적 자양분을 제공하며, 이 자양분은 서로 힘을 북돋아 주는 교제와 하나님 말씀의 가르침을 통해서 온다. 교회는 예배하고 서로 사랑하고 관계를 맺고 기쁨을 나누는 곳이다. 또한 신자로서 성장하고 필요한 것을 구비하며 힘을 구축해 가기 위한 구심점이다. 평안과 위로를 얻고 새로워지는 피난처다.

소녀는 크리스천에게 어디에서 왔고 어디로 가는 중이냐고 물었

고, 크리스천은 사실대로 대답했다. 소녀는 또 어떻게 해서 이 길로 들어서게 되었는지를 물었고, 크리스천은 이 질문에도 대답했다. 이어서 소녀는 도중에 무엇을 보았고 누구를 만났느냐고 물었고, 크리스천은 답변했다. 마지막으로 소녀는 이름을 물었고, 그는 크리스천이라고 대답했다. 그리고 이곳은 순례자들이 안심하고 쉴 수 있게 하려고 산의 주인 분이 지은 곳이라고 들었으므로 오늘 밤 이곳에서 묵어갈 수 있기를 간절히 바란다고도 했다. 소녀는 미소를 지어 보였지만, 눈가에는 눈물이 맺혀 있었다. 잠시 후 소녀는 식구들을 두엇 더 데려오겠다고 했다.

그렇게 소녀는 문가로 달려가서 분별(Prudence), 경건(Piety), 자애(Charity)를 불렀고, 이들은 크리스천과 잠시 더 이야기를 나눈 뒤 가족들에게로 데려갔다. 가족들은 문간까지 나와 크리스천을 맞아들이며 말했다.

"어서 오세요, 주님의 축복 받으신 분. 이 집은 저 산의 주인께서 댁과 같은 순례자들을 대접할 목적으로 지은 집이랍니다."

크리스천은 고개를 숙여 인사한 뒤 이들을 따라 집 안으로 들어갔다. 집 안으로 들어간 그가 자리를 잡고 앉자, 사람들은 마실 것을 내왔다. 그리고 저녁 식사가 준비될 때까지 시간이 남으니 식구 중 몇몇이 크리스천과 특별한 이야기를 좀 나누자고 뜻을 모았다. 이렇게 해서 경건과 분별, 자애가 크리스천과 대화를 나누기로 했고, 이야기는 이렇게 시작되었다.

경전 "자, 선하신 분 크리스천, 우리가 오늘 밤 당신을 우리 집으로 영접할 만큼 친절을 베풀었으니, 순례길에서 일어난 일들에 대해 하나도 빠짐없이 이야기를 들려주셔서 우리의 식견을 넓혀 주시기를 바랍니다."

크리스천 "기꺼이 그렇게 하겠습니다. 이렇게 성품 좋은 분들을 만나서 기쁩니다."

버니언은 세례 같은 외적 의례에 근거해서가 아니라 믿음과 거룩함, 즉 입으로 증언하는 말과 생활 방식에 근거해 교회의 일원이 될 수 있다고 가르쳤다는 점에서 당대의 다른 많은 침례교도와 달랐다. 버니언은 진정한 믿음이란 내면의 영적 현실이며, 이 영적 현실은 그 사람이 무엇을 믿는지, 예수께서 자신을 변화시켜 주시는 것을 경험했는지, 예수를 사랑하는 것처럼 살아가고 있는지를 살펴봄으로써 알아볼 수 있다고 생각했다. 이것이 바로 아름다움 궁전의 인물들이 크리스천의 삶과 신앙을 그토록 면밀히 검증하는 이유다.

경건 "처음에 순례에 나서기로 마음먹게 된 동기가 무엇인가요?"

크리스천 "내 고향을 떠나온 것은, 내 귀로 직접 무시무시한 말을 듣게 되었기 때문이지요. 그곳에 계속 머물렀다가는 피할 수 없는 멸망이 내게 닥친다는 거였어요."

경건 "그런데 고향을 떠나서 어떻게 이 길로 들어서게 된 건가요?"

크리스천 "하나님이 그렇게 하게 하셨습니다. 멸망에 대한 두려움에 사로잡혀 있을 때 나는 어디로 가야 할지를 알지 못했습니다. 그런데 우연히 어떤 사람이 나타나, 떨며 울고 있는 내게 다가오더군요. 전도자라는 분이었는데, 그분이 좁은 문을 가르쳐 주었어요. 그분이 아니었다면 좁은 문을 절대 못 찾았을 겁니다. 그 문을 통해 여기 이 집까지 이어지는 길로 들어서게 된 거지요."

경건 "하지만 해석자의 집을 지나지 않으셨나요?"

크리스천 "네, 그리고 거기서 많은 일들을 봤지요. 그 일들에 대한 기억은 살아 있는 한 나를 떠나지 않을 겁니다. 특히 세 가지가 기억에 남는데, 그리스도께서 사탄의 공작에도 불구하고 어떻게 사람의 마음에 은혜의 일을 계속 유지하시는지 보여 주는 광경, 인간이 하나님의 자비의 소망에서 벗어나 어떻게 스스로 죄를 짓는지 보여 주는 광경, 그리고 잠자는 중에 심판 날이 다가왔다고 생각하는 사람의 꿈 이야기가 바로 그것이죠."

경건 "어머, 그 사람의 꿈 이야기를 들으셨나요?"

크리스천 "네, 무시무시했습니다. 그 사람이 꿈 이야기를 하는데 마음이 아프더군요. 하지만 들으면서 기뻤습니다."

경건 "해석자의 집에서 본 것은 그게 전부인가요?"

크리스천 "아닙니다. 해석자는 저를 이끌고 가서 장엄한 궁전을 보여 주었어요. 궁전 사람들은 금빛 옷을 입고 있더군요. 그리고 어떤 대담한 사람이 나타나, 자기를 저지하려고 갑옷을 입고 궁 입구에 서 있는 사람들을 뚫고 그 사이로 길을 여는 것도 보았습니다. 결국 그 사람은 궁 안으로 들어가 영원한 영광을 얻었지요. 그 광경에 내 마음이 황홀해졌던 것 같네요! 그 선하신 분의 집에 열두 달쯤 머물고 싶었지만 갈 길이 멀었지요."

경건 "그밖에 도중에서 또 보신 게 있나요?"

크리스천 "보고 말고요! 해석자의 집에서 나와 얼마 가지도 않았는데 어떤 사람을 봤어요. 피를 흘리며 나무에 매달려 있는 것 같았지요. 그 사람을 보자 내 등에서 짐이 벗겨졌어요(아주 무거운 짐을 지고 다니며 신음했거든요). 그리고 그 짐은 내게서 굴러떨어졌지요. 신기한 일이었습니다. 그런 광경은 한 번도 본 적이 없거든요. 그리고 그 자리에 서서 올려다보았는데, 눈이 부셔서 볼 수가 없었어요. 빛나는 존재 셋이 제게 다가왔거든요. 그중 하나가 내 죄가 용서받았다고 증언했고요. 또 한 존재는 내 누더기를 벗기고 여러분이 보시는 이 수 놓인 겉옷을 입혀 주었답니다. 세 번째 존재는 여러분이 내 이마에서 보는 인을 찍어 주고 이 봉인된 두루마리를 주었습니다(그렇게 말하면서 크리스천은 품에서 두루마리를 꺼내서 보여 주었다)."

경건 "이것 말고도 보신 것이 더 있지 않습니까?"

크리스천 "가장 멋진 일들만 말씀드렸고, 다른 광경도 보았지요. 제가 지나는 길에서 조금 벗어난 곳에 단순, 늘보, 건빙이 누워 자고 있었는데 이 사람들 발에는 족쇄가 채워져 있었습니다. 그런데 내가 과연 그 사람들을 깨울 수 있었을까요? 형식주의자와 위선이 담을 넘어오는 것도 봤습니다. 그 사람들 말로는 시온산으로 가는 거라던데, 내가 옳은 말을 해주어도 믿으려 하지 않더니 곧 사라지고 말았습니다. 그리고 무엇보다도 이 산을 오르는 건 정말 힘든 일이라는 걸 깨달았습니다. 사자의 입을 지나오는 것도 힘들었어요. 사실 문 앞에 서 있는 선하신 분, 문지기가 아니었다면 난 결국 다시 돌아갔을지도 모릅니다. 하지만 이렇게 여기 들어오게 되어서 하나님께 감사하고, 나를 받아들여 주신 여러분께도 감사드립니다."

이때 분별이 크리스천에게 몇 가지 물어보는 게 좋겠다는 생각이 들었고, 그가 대답해 주기를 바랐다.

분별 "이따금 떠나온 고향 생각이 나지 않으세요?"

크리스천 "나지요. 부끄럽고 몹시 싫기도 하지만요. '그들이 나온 바 본향을 생각하였더라면 돌아갈 기회가 있었으려니와 그들이 이제는 더 나은 본향을 사모하니 곧 하늘에 있는 것이라'(히 11:15~16)라는 말씀도 있잖습니까."

분별 "친숙했던 일이나 잘 아는 사람들과의 관계가 여전히 마음속에 남아 있지 않나요?"

크리스천 "그렇긴 합니다만, 내 의지에 심히 반하는 일이지요. 특히 내 내면의 세속적 사고는 나 자신뿐만 아니라 내 고향 사람들도 좋아했지요. 하지만 이제는 그 모든 것이 다 내 슬픔이 되었습니다. 선택권이 주어진다면 그런 일들을 절대 더는 생각하지 않는 쪽을 선택할 겁니다. 하지만 마음으로는 최선을 행하고자 하는데 실제로는 오히려 최악을 행하곤 하지요(롬 7:16~19)."

분별 "한때 혼란스러웠던 그런 일들이 다 극복된 것처럼 여겨지는 때가 있지 않나요?"

크리스천 "네, 드물지만 그런 경우가 있기는 하지요. 내게는 더할 수 없이 소중한 순간입니다."

분별 "곤혹스러운 일들을 다 이겨낸 것처럼 여겨질 때 그 수단이 무엇이었는지 기억나시나요?"

크리스천 "네, 십자가에서 본 광경을 떠올릴 때 그런 느낌이 드는 것 같습니다. 그리고 수 놓인 내 겉옷을 볼 때도 그렇고요. 품속에 지니고 다니는 두루마리를 들여다볼 때도 그런 느낌이 듭니다. 그리고 내가 가고 있는 곳이 어떤 곳인지를 생각해도 마음이 따뜻해집니다."

버니언의 삶이 달라진 것은 존 기포드 목사와 그가 목회하는 침례교회 교인들과 교제하기 시작하면서부터였다. 버니언은 강렬한 인상을 남긴 이들과의 첫 만남에 대해 이렇게 말했다. "이 사람들은 하나님이 어떻게 주 예수 안에서 사랑으로 자신들의 영혼을 찾아와 주셨는지, 그리고 어떤 말씀과 약속으로 자신들이 새 힘과 위로를 얻고 마귀의 유혹을 버텨냈는지를 이야기했다. … 이들은 마음에 기쁨이 가득하여 그런 이야기를 했다. 어떤 말을 하든 성경의 유쾌한 표현으로 이야기했고 무슨 말을 하든 은혜가 드러나서, 내가 보기에 이들은 마치 새 세상을 발견한 것 같았다."[1]

분별 "어떻게 해서 그렇게 시온산으로 가고 싶은 마음이 들었나요?"

크리스천 "그게, 그곳에 가서 십자가에 매달려 죽은 그분이 살아 계신 모습을 보고 싶어서이지요. 또 그곳에 가서 지금까지 내 안에서 나를 괴롭히는 모든 것에서 벗어나고 싶기도 합니다. 그곳에는 죽음도 없다 하고, 그곳에 가면 제가 제일 좋아하는 이들과 어울려서 살 수 있다고 합니다(사 25:8; 계 21:4). 사실을 말하자면, 나는 그분을 사랑합니다. 그분 덕분에 내 짐을 벗을 수 있

었으니까요. 나는 내면의 병에 지쳐 있습니다. 그래서 더는 죽음이 없는 곳에서 '거룩하다, 거룩하다, 거룩하다!'고 쉼 없이 외치는 이들과 기꺼이 어울려 살고자 합니다."

그러자 자애가 크리스천에게 물었다.

"가족이 있나요? 결혼하셨어요?"

크리스천 "아내가 있고 자녀도 넷 있습니다."

자애 "그런데 왜 함께 오지 않으셨어요?"

자애의 질문에 크리스천은 갑자기 눈물을 흘리면서 대답했다.

"오, 얼마나 그러고 싶었는데요! 하지만 가족들은 내가 순례길에 오르는 것을 지독히 반대했습니다."

자애 "그래도 가족들에게 말해 주었어야죠. 뒤에 남는 게 얼마나 위험한 일인지 알려 주려고 애썼어야 한다고요."

크리스천 "네, 애썼습니다. 우리가 살고 있는 곳이 멸망할 거라고, 하나님이 그렇게 알려 주셨다고 이야기했지요. 하지만 가족들은 내 말을 농담으로 여기고 나를 믿지 않았습니다(창 19:14)."

자애 "선생님의 권면에 복을 내려 주시기를 하나님께 기도하셨어요?"

크리스천 "기도했지요, 그것도 아주 간절하게요. 아시겠지만 아내와 아이들은 내게 아주 소중한 존재들이거든요."

자애 "선생님이 느끼는 슬픔을, 멸망에 대한 두려움을 가족들에게 이야기하셨나요? 선생님에게는 다가올 멸망이 아주 뚜렷이 보인 것 같은데요."

크리스천 "네, 이야기하고 또 하고 또 했습니다. 코앞에 닥친 심판에 대한 불안으로 내 표정에, 내 눈물에, 내 떨림에 얼마나 큰 두려움이 담겨 있는지 가족들은 다 보았을 겁니다. 하지만 그 모든 걸로도 아내와 아이들을 설득해 나와 동행하게 만들기에는 충분치 않았나 봅니다."

자애 "가족들은 뭐라고 하던가요? 왜 함께 가지 않겠다고 하는 건가요?"

크리스천 "아내는 이 세상을 잃기를 두려워했고, 아이들은 젊은 나이에 누릴 수 있는 어리석은 즐거움에 빠져 있었어요. 그렇게 이런저런 이유로 가족들은 내가 이런 식으로 혼자 길을 떠나게 하더군요."

자애 "혹 선생님이 가족들 앞에서 허랑방탕하게 살아서, 함께 떠나자는 선생님의 말에 설득력이 떨어진 것은 아닌가요?"

크리스천 "사실, 내 삶이 그렇게 칭찬할 만한 삶은 아닙니다. 많은 결함을 나 자신도 깨닫고 있으니까요. 상대를 위한답시고 논쟁이나 설득으로 상대를 옭아매려고 애쓰기보다는 대화가 훨씬 더 효과적이라는 것도 잘 압니다. 하지만 한 가지 밀씀드릴 수 있는 것은, 내가 어떤 꼴사나운 행동을 하는 바람에 가족들이 순례에 대해 반감이 생기는 일이 없도록 아주 조심했다는 겁니다. 네, 바로 그런 점에 대해서 가족들은 내가 너무 까다롭다고 말하곤 했지요. 가족들은 전혀 나쁘게 생각하지 않는 행동을 나는 가족들을 위한답시고 자제했던 겁니다. 아니, 나의 어떤 모습이 걸림돌이 되어서 가족들이 순례길에 따라나서지 못했느냐고 한다면, 하나님께 죄를 범하거나 이웃에게 잘못을 저지르지 않으려고 내가 지나치게 예민하게 행동했다는 점일 것입니다."

자애 "그래요, 가인이 동생을 미워한 것도 "자기의 행위는 악하고 그의 아우의 행위는 의로움"(요일 3:12)이기 때문이었어요. 부인과 자녀들이 이런 면에서 선생님을 못 마땅히 여겼다면, 그렇게 해서 자신들은 선한 일에 순응할 수 없는 사람들임을 드러낸 것이고, 선생님은 그들의 피에서 선생님의 영혼을 구원한 거지요(겔 3:19)."

크롬웰은 버니언이 기포드의 교회에 출석하기 시작한 후 7년 동안 권좌에 있었는데, 이는 개신교 교회들이 그 기간은 신앙의 자유를 누렸다는 의미였다. 버니언에게 이 기간은 영적으로 성숙해 가며 사역을 전개해 나가던 시기였다. 처음 몇 년간은 여전히 구원의 확신 문제와 씨름했지만, 때가 되자 그의 영혼은 마침내 평안을 누리게 되었다. 기포드가 훈련을 시켜 주고 버니언 자신도 성경과 신학 서적에 침잠함에 따라 그의 신앙은 점점 확고해졌다. 버니언에게는 "자기가 읽는 책 안에서 사는 능력"이 있었다고 한다.[2] 마침내 버니언은 지역 교회들에서 성경을 가르치기 시작했고, 소책자를 집필함으로써 자신의 신학적 견해를 옹호하기 시작했다. 주변 마을에서 버니언은 재능 있고 공감할 수 있는 설교자로 두루 알려지게 되었고 하나님의 성실한 종으로 존경받았다.

꿈속에서 나는 이들이 저녁 식사가 준비될 때까지 함께 앉아 대화를 나누는 것을 보았다. 얼마 후 저녁 식사가 준비되자 이들은 식탁에 둘러앉았다. 식탁에는 "기름진 것과 오래 저장하였던 포도주"가 차려져 있었고, 식탁에서 이들은 오로지 산의 주인에 관해서만 대화를 나누었다. 산의 주인께서 어떤 일을 하셨으며, 그 일을 왜 하셨는지, 그리고 이 집을 왜 지으셨는지 등이 화제였다. 이들의 대화로 나는 산의 주인이 큰 용사이며 "죽음의 세력을 잡은 자"와 싸워서 그자를 죽였으나 그 자신에게도 큰 위험이 없지 않았다는 것을 알게 되었고, 그래서 그분을 한층 더 사랑하게 되었다(히 2:14, 15).

이들의 말처럼, 그리고 내가 믿는 것처럼 그분은 그 싸움을 하면서 많은 피를 흘리셨다. 그러나 그분이 행하신 모든 일에 은혜의 영광을 더해 준 것은, 그분이 자기 나라에 대한 순수한 사랑으로 이 모든 일을 행하셨다는 사실이다. 그 집 식구 중 몇몇 사람은 그분이 십자가에서 죽으신 이후 그분과 함께 있었고 이야기도 나누었다고 했다. 이들은 그분이 가여운 순례자들을 정말 사랑한다는 말씀을 그분의 입에서 직접 들었으며 이 정도의 사랑은 동쪽 끝에서 서쪽 끝까지를 뒤져봐도 유례가 없을 것이라고 증언했다.

게다가 이들은 자신들이 확언하는 일들의 사례를 들었는데, 예를 들어 그분은 보잘것없는 이들을 위해 이 일을 하려고 자기 영광을 스스로 벗어버리셨다고 했다. 또한 이들이 그분이 "혼자 시온 산에 거하지 않겠다"고 확언하시는 말씀을 들었다고 했다. 또한 그분은 본디 걸인으로 태어났고 원래 비천한 신분이었던 많은 순례자를 왕으로 만들어 주셨다고도 했다(삼상 2:8; 시 113:7).

이렇게 밤늦게까지 이야기를 나눈 이들은 주님의 보호에 자신을 맡기는 기도를 한 뒤 잠자리에 들었다. 집안사람들은 해 뜨는 쪽으로 창문이 달린 넓은 위층 방을 순례자에게 내주었는데, 이 방의 이름은 평강(Peace)이었다. 크리스천은 이 방에서 날이 밝을 때까지 잠을 자고 아침에 일어나 이렇게 노래했다.

"지금 이곳이 어디인가?
순례자들을 위한 예수님의 사랑과 돌봄인가?
이런 쉼을 예비해 주시다니, 나는 확실히 사함 받았도다!

그리고 이미 천국 옆에 거하고 있도다!"

그렇게 아침이 되자 모두 일어나 좀 더 이야기를 나누었다. 사람들은 집안의 진귀한 물건들을 보여 줄 테니 보고 나서 출발하라고 크리스천에게 말했다. 먼저 이들은 크리스천을 서재로 데려가서 대단히 오래된 기록물을 보여 주었다. 꿈을 기억해 보면, 이들은 그 기록물에서 산의 주인의 족보를 보여 주었는데, 그분은 "옛적부터 항상 계신 이"의 자손으로서 그 영원한 세대를 통해 오신 분이었다. 이 기록물에는 그분이 행하신 일이 좀 더 온전하게 기록되어 있었고, 그분이 자신을 섬기라고 부르신 수많은 사람의 이름도 적혀 있었으며, 이들을 세월의 흐름이나 자연의 풍화작용으로도 사라지지 않을 거처에 두신 일도 기록되어 있었다.

이어서 이들은 그분의 종들이 행한 귀한 일 몇 가지를 읽어 주었다. 이를테면 "나라들을 이기기도 하며 의를 행하기도 하며 약속을 받기도 하며 사자들의 입을 막기도 하며 불의 세력을 멸하기도 하며 칼날을 피하기도 하며 연약한 가운데서 강하게 되기도 하며 전쟁에 용감하게 되어 이방 사람들의 진을 물리치기도"(히 11:33, 34) 한 일이었다.

이들은 또 그 집의 기록물의 또 다른 부분을 읽어 주었는데, 이 부분은 이들의 주인께서 어떤 사람이든, 심지어 과거에 그분의 존재와 행동을 심히 모욕한 사람까지도 얼마나 기꺼이 받아들여 은총을 베푸셨

는지 보여 주었다. 서재에는 다른 여러 유명한 사건의 역사
가 기록된 책도 있어서 크리스천은 이 책들을 모두 훑어보
았다. 오래된 역사도 있었고 가까운 시대의 역사도 있었
다. 어떤 식으로든 성취되어 원수들에게는 두렵고 놀라운
일이요 순례자들에게는 위로와 위안이 된 예언과 예측도
기록되어 있었다.

   1660년 왕위에 오른 찰스 2세는 잉글랜드 국교회 예배 참석
을 강요하고 개신교 집회를 금지했다. 버니언은 하나님이 자신
을 불러서 사람들의 믿음이 성장하고 하나님을 아는 지식이 성
장하도록 돕게 하셨다고 믿고 끈질기게 성경의 진리를 선포했
다. 그가 섬기는 독립교회 교인들은 "왕이 정한 규칙에 따라서가
아니라 자기 양심에 따라" 은밀하게 모여 예배를 드렸다.[3]

다음 날 이들은 크리스천을 병기 창고로 데려가서 주인께서 순례
자들을 위해 마련해 두신 칼, 방패, 투구, 흉패, 모든 기도, 그리고 닳
지 않을 신발 등 온갖 장비들을 보여 주었다. 무기고에 구비된 이런
장비들은 주님을 섬기러 나가는 이들이 하늘의 별만큼 많다 해도 넉
넉히 무장할 수 있을 정도였다.

이들은 또 주인의 종들이 놀라운 일을 행할 때 쓴 장치들을 몇 가지 보여 주었다. 예를 들어 모세의 지팡이, 야엘이 시스라를 죽일 때 쓴 방망이와 말뚝을 보여 주었고, 기드온이 미디안 군대와 싸울 때 쓴 항아리와 나팔과 횃불도 보여 주었다. 이어서 이들은 삼갈이 블레셋 사람 육백 명을 죽일 때 쓴 소 모는 막대기도 보여 주었다. 삼손이 그토록 엄청난 묘기를 부릴 때 사용한 턱뼈도 볼 수 있었다. 그뿐만 아니라 이들은 다윗이 가드 사람 골리앗을 죽일 때 쓴 물매와 돌도 보여 주었고, 또 주인께서 일어나 벌할 날에 "불법의 사람"을 죽이실 칼도 보여 주었다. 이외에도 이들은 여러 가지 훌륭한 물건들을 보여 주었고, 크리스천은 이것을 보고 매우 기뻐했다. 이렇게 무기 구경을 마친 뒤 이들은 다시 잠자리에 들었다.

그때 내가 꿈속에서 보니, 크리스천은 다음 날 일어나자마자 길을 나설 준비를 했다. 하지만 사람들은 크리스천에게 하루만 더 머물기를 청하면서, 날이 맑으면 유쾌한 산(Delectable Mountains)을 구경시켜 주겠다고 했다. 그 산은 지금 크리스천이 있는 곳에 비해 그가 그토록 가고 싶어 하는 천국 안식처에 더 가까운 곳이므로 그에게 더 큰 위로가 될 것이라고 했다. 그래서 크리스천은 이들의 말대로 하루 더 머물기로 했다. 아침이 밝아오자 이들은 크리스천을 데리고 집 지붕으로 올라가서 남쪽을 보라고 했다. 이들의 말대로 크리스천이 남쪽을 바라보자, 저 멀리 기분 좋은 산지(山地) 나라가 보였다. 숲과 포도원, 온갖 과일나무, 꽃, 샘물과 분수가 어우러져 매우 보기 좋고 아름다운 곳이었다(사 33:16~17). 크리스천이 그 나라의 이름을 묻자, 사람들은 그곳이 임마누엘의 땅이라고 알려 주었다. 그리고 그곳은 이 산과 마찬가지로 모든 순례자를 위한 곳이라고 했다. 그리고 여기서 저곳으로 가면 천상의 도시 출입문을 볼 수 있을 것이고 그곳에 사는 목자들도 보일 것이라고 했다.

크리스천은 이제는 길을 나서야 한다는 생각이 들었고, 사람들도 기꺼이 그를 보내 주고자 했다. 하지만 이들은 떠나기 전에 병기 창고에 다시 한번 가보자고 했다. 이렇게 해서 함께 병기 창고에 이르자 이들은 크리스천을 머리에서부터 발끝까지 무장시켜 주었다. 길 가는 중에 어떤 무기로 습격을 당하더라도 버텨낼 수 있도록 하기 위해서였다.

이렇게 차려입은 크리스천은 친구들과 함께 출입문을 향해 가서, 혹시 순례자들이 지나가는 것을 보았느냐고 문지기에게 물었다. 문지기는 보았다고 대답했다.

크리스천 "그 사람 누군지 아십니까?"

문지기 "이름을 물었더니 믿음(Faithful)이라고 하더군요."

크리스천 "오, 내가 아는 사람입니다. 내 고향 사람이고, 가까운 이웃이죠. 내가 태어난 곳에서 오는 길일 겁니다. 그 사람, 얼마나 앞서갔을까요?"

문지기 "지금쯤 산 아래에 이르렀을 겁니다."

크리스천 "알겠습니다, 친절한 문지기님. 주님께서 함께하시기를, 그리고 내게 친절을 보여주셨으니, 주님께서 모든 복을 크게 더해 주시기를 바랍니다."

여기서 버니언은 서로의 덕을 세워 주고 생명을 주며 성경에 깊이 몰두한 그리스도인 공동체를 실례로 보여주고 있다. 하나님의 백성들은 함께 있는 시간을 어떻게 보내는가? 이들은 그리스도가 하신 일을 경이로워하고, 그분의 사랑과 은혜를 찬미하며, 하나님의 선함과 권능을 거듭 자세히 이야기한다. 개인적인 간증, 그분의 종들의 사연, 복음 전도를 위한 노력, 하나님의 성품과 명령을 떠올려 주는 일들이 다 화제가 될 수 있다. 이런 대화는 서로를 고무시켜 경건한 소원을 품게 하며, 그리스도의 십자가를 통해 획득한 죄 사함과 의를 묵상하고 그분의 약속을 소중히 여기며 성령께 의지하고 천국의 기쁨에 마음을 둠으로써 어려움을 견뎌 나가게 해준다. 이들은 서로가 영적 무기를 갖추게 해줌으로써 어떤 어려움을 만나든 이에 맞서는 데 필요한 수단과 담대함을 얻게 된다.

이제 크리스천은 앞으로 나가기 시작했다. 신중, 경건, 자애, 분별이 산 아래까지 동행해 주겠다고 했다. 그래서 이들은 지금까지 나누었던 대화를 돌아보면서 산 아래까지 함께 걷기로 했다. 크리스천이 "올라오는 길도 힘들었는데, 이제 보니 내려가는 길도 위험하군요"라고 하자 분별이 대답했다.

"네, 그래요, 선생님처럼 혼자서 굴욕의 골짜기로 내려가는 건 힘든 일이거든요, 게다가 미끄러지면 안 되고요. 그래서 산 아래까지 저희가 동행하겠다고 한 거랍니다." 크리스천은 조심조심 내려가기 시작했지만 한 번인가 두 번쯤 미끄러지고 말았다.

내가 꿈에서 보니 일행이 산 아래 이르자 이 선한 동행들은 크리스천에게 빵 한 덩이, 포도주 한 병, 건포도 한 송이를 건넸고, 크리스천은 이제 혼자 걸음을 옮기기 시작했다.

05

두 골짜기에서
시달림당하고 모욕당하다

러나 이제 이 굴욕의 골짜기에서 가엾은 크리스천은 곤경에 빠지고 말았다. 얼마 가지도 않아 더러운 마귀가 들판 저편에서 이쪽으로 다가오고 있는 것을 보았기 때문이다.

마귀의 이름은 아볼루온이었다. 겁이 나기 시작한 크리스천은 뒤돌아서 도망칠 것인지 아니면 버텨낼 것인지 갈등했다. 그런데 다시 생각해 보니 등에는 아무 보호 장비가 없었다. 도망치느라 등을 보이면 마귀의 창이 몸을 꿰뚫기가 훨씬 쉬울 터였다. 그래서 크리스천은 용기를 내서 버티기로 했다. 목숨을 구할 방법이 달리 눈에 보이지 않는다면 버티는 게 최선이라고 생각한 까닭이다.

아볼루온은 파괴자라는 뜻이며, 요한계시록 9장 11절에서 이 이름은 "무저갱의 사자", 즉 지상의 사람들을 괴롭히려고 보냄 받은 마귀 세력의 왕을 가리킨다. 이 이름은 버니언이 즐겨 읽던 《사우샘프턴의 성 베비스》(*St. Bevis of Southampton*)라는 기사 모험담에서도 쓰였다.

이리하여 크리스천은 계속 발걸음을 옮겼고, 어느새 아볼루온과 마주쳤다. 그 괴물은 너무 섬뜩해서 바라볼 수조차 없었다. 온몸에는 물고기처럼 비늘이 덮여 있었고(비늘은 마귀의 자랑거리다), 용의 날개 같은 것이 달려 있었고, 발은 곰 같았고, 배에서는 불길과 연기가 솟구쳐 나왔으며, 입은 마치 사자의 입 같았다. 크리스천과 마주친 그는 거드럭거리는 표정으로 크리스천을 바라보다가 질문을 하기 시작했다.

아볼루온 "너는 어디에서 왔느냐? 그리고 어디로 가는 중이지?"

크리스천 "나는 멸망의 도시에서 왔다. 악이란 악은 다 있는 곳이지. 그리고 지금은 시온산으로 가는 중이다."

아볼루온 "그렇다면 너도 내 신하로구나. 그런 나라는 다 내 나라이고, 나는 그 나라의 왕이요 신이니 말이다. 그런데 어째서 네 왕을 피해서 도망치느냐? 나를 더 섬겨 주었으면 하는 마음만 아니었다면 당장 너를 한방에 거꾸러뜨렸을 것이다."

크리스천 "네가 다스리는 땅에서 태어난 것은 사실이지만, 너를 섬기기는 힘들었고, 네가 주는 품삯으로는 살아 나갈 수가 없었다. '죄의 삯은 사망'이기 때문이다(롬 6:23). 그래서, 성인이 되자, 생각 있는 사람이라면 누구나 그렇듯 나는 내 문제를 해결할 방법을 찾기 시작했다."

아볼루온 "세상의 어떤 왕도 자기 신하를 그렇게 쉽게 잃지는 않지.

나도 아직은 너를 잃지 않을 것이다. 하지만 섬기는 게 힘들고 삶이 박하다고 불평하니, 고이 돌려보내 주기는 하겠다. 내 나라가 너 하나 만족시킬 정도의 여유는 있다고 내 여기서 약속하겠다.”

크리스천 “하지만 나는 다른 왕에게, 심지어 왕 중의 왕이신 분께 나를 맡겼는데, 어떻게 네게 돌아갈 수 있겠느냐?”

아불루온 “여우 피하려다 호랑이 만난다더니 네가 바로 그 꼴이로구나. 하지만 그 왕의 신하가 되었다고 큰소리친 자들이 보통은 얼마 후 슬그머니 빠져나와 다시 내게 돌아오곤 하지. 그러니 너도 그렇게 해라, 그러면 만사가 다 잘될 것이다.”

크리스천 “나는 그분을 믿는다. 그리고 그분께 충성을 맹세했다. 그런데 이를 저버린다면 어떻게 배반자로 낙인찍히지 않을 수 있겠는가?”

아불루온 “너는 내게 이미 그런 짓을 했다. 하지만 마음을 돌이키고 다시 돌아온다면 내가 그냥 넘어가 주겠다고 하지 않는가.”

크리스천 “내가 네게 한 약속은 아직 성숙하지 못했을 때 한 약속이다. 그리고 나는 왕 중의 왕이신 분의 깃발 아래 서 있고, 나는 그분이 내 잘못을 용서해 주실 거라고 본다. 그렇고말고, 너를 고분고분 따랐던 내 행동도 관대히 봐주실 것이다. 오, 너 멸망시키는 자 아불루온! 진실로 나는 그분을 섬기는 게 좋고, 그분이 주시는 삶, 그분의 신하들, 그분의 다스림, 그분과의 교제, 그분의 나라를 너의 그것보다 좋아한다. 그러니 더는 나를 설득하려 하지 말라.

나는 그분의 신하이고, 그래서 그분을 따를 것이다."

"더러운 마귀"는 크리스천이 원래 죄가 가득한 상태였다고 조롱하고, 과거의 잘못을 자꾸 들먹이면서 모욕적 비난을 쏟아 붓는다. "너는 하나님에게 속할 수 있을 만큼 선하지 않아. 나는 너를 내 것이라 할 정당한 권리가 있어." 이 대적은 사람을 오도(誤導)하고 조종하기 위해 반은 사실이고 반은 거짓인 말을 하면서 하나님의 성품, 권세, 약속, 용서를 교활하게 문제 삼는다. 그러고 나서 이제 설득이 아니라 노골적 비난으로 전략을 바꿔 크리스천을 거의 죽이려고 한다. 원수가 어떤 작전을 쓰는지를 보여줌으로써 버니언은 신자가 어떻게 이를 경계하며 효과적으로 저항할 수 있는지 알려 준다.

아볼루온 "흥분이 가라앉을 때 다시 생각해 보아라, 네가 가는 길에서 어떤 일을 만나게 될지. 알다시피, 그의 신하들은 대부분이 끝이 안 좋다. 왜냐하면 그자들은 나와 내 법을 범한 자들이기 때문이지. 그래서 수치스러운 죽음을 당한 자들이 얼마나 많은지! 게다가 너는 그를 섬기는 게 나를 섬기는 것보다 낫다고 하지만, 그는 자기를 섬기는 자들을 그 죽음의 손아귀에서 구원하려고 자기가 있는 곳에서 나온 적이 한 번도 없다. 하지만 나로 말하자면, 온 세상이 잘 알다시피, 나를 충성스레 섬긴 자들이라면 설령 그와 그의 나라에 잡혀 있더라도 힘으로든 거짓말로든 구해낸 적이 얼마나 많은가! 그러므로 나는 너도 구해낼 것이다."

크리스천 "지금 그분이 그 사람들을 구원하기를 삼가는 것은 그 사람들의 사랑을, 그 사람들이 끝까지 그분에게 붙어 있을지를 시험하려고 일부러 그러시는 것이다. 그 사람들의 끝이 좋지 않다고 했는데, 그 사람들의 입장에서 그것은 가장 영광스러운 일이다. 그 사람들은 현재의 구원을 그다지 크게 기대하지 않는다. 그 사람들은 영광을 위해 이 땅에 머무는 사람들이고, 왕께서 자기 영광과 천사들의 영광 가운데 오실 때면 그 사람들도 그 영광을 입게 될 것이다."

아볼루온 "너는 이미 그를 섬기는 일에 불충성했는데 어떻게 그에게서 품삯을 받을 수 있다고 생각하는가?"

크리스천 "아볼루온아! 내가 어떤 면에서 그분에게 불충성했다는 것이냐?"

아볼루온 "처음 길을 나섰을 때 너는 나약했지. 낙심의 늪에 빠져 거의 숨이 막힐 뻔하지 않았느냐. 그리고 너의 왕이 짐을 벗겨 줄 때까지 기다려야 했건만, 너는 잘못된 방법

으로 짐을 없애려고 했다. 게다가 잠에 빠지는 죄를 저질러서 가장 귀한 물건을 잃어버리기까지 했지. 또 사자를 보고서는 거의 되돌아갈 뻔했다. 네 여정에 대해서, 그리고 네가 듣고 본 것을 이야기할 때 너는 네 모든 말이나 행동에서 헛된 영광을 얻기를 은근히 바랐지."

크리스천 "다 맞는 말이다. 그것 말고도 엄청나게 많은 잘못을 저질렀지. 하지만 내가 섬기고 존귀하게 여기는 왕은 자비로운 분이셔서 언제라도 나를 용서해 주신다. 그리고 너의 나라에서는 이런 허물들이 나를 지배했지. 왜냐하면 그 허물들이 내 몸에 배어 있었거든. 나는 그 허물 아래서 신음했고, 그 허물들로 슬퍼했고, 그러다 마침내 내 왕에게서 사함을 받았지."

"그리스도는 그대의 선행 때문에 그대를 사랑하지 않았다. 선행은 그리스도가 그대를 사랑하기 시작한 원인이 아니었다. 마찬가지로 지금도 그분이 그대를 사랑하심은 그대의 선행 때문이 아니다. 선행은 그분이 지금도 계속 그대를 사랑하시는 원인이 아니다. 그리스도가 그대를 사랑하심은 앞으로 계속 그대를 사랑하실 것이기 때문이다. 그리스도가 지금 그대에게서 좋게 보시는 것은 그분 자신이 그대에게 주신 것이다. 그것은 언제나 변함없을 것이며, 전과 다름없이 지속한다. 하나님의 생명이 늘

그대 안에 있다. 예수님은 그대에게서 마음을 돌이키시지 않으
며, 그분의 사랑의 불꽃은 조금도 줄어들지 않는다. 그러므로 약
한 심령이여, '두려워 말고 강건하라.'"[1]

찰스 스펄전

크리스천의 말에 아볼루온은 크게 격분해서 말했다.

"나는 그 왕의 원수다. 나는 그의 존재, 그의 법, 그의 백성이 다 싫
다. 내가 온 것은 너와 맞서 싸우기 위해서다."

크리스천 "아볼루온, 행동을 조심하길. 내가 가는 길은 왕의 대로요
거룩한 길이니 스스로 주의하는 게 좋을 거다."

그러자 아볼루온은 가랑이를 벌려 길 전체를 막아선 채 말했다.

"나는 이 문제에서는 두려울 게 없으니 너는 죽을 각오나 해 두어
라. 지옥의 소굴을 두고 맹세하노니 너는 한 걸음도 더 못 갈 것이다.
내가 여기서 네 영혼을 찢어 놓고 말 것이다."

이 말과 함께 아볼루온은 크리스천의 가슴을 향해 불붙은 창을 던
졌다. 하지만 손에 방패를 들고 있던 크리스천은 얼른 창을 막아내
위험을 피할 수 있었다. 크리스천은 이제 자신이 공격해야 할 때라고
보고, 칼을 빼서 겨누었다. 그러자 아볼루온은 재빨리 여러 개의 창

을 우박처럼 한꺼번에 퍼부었다. 크리스천은 쏟아지는 창을 피하려고 기를 썼지만, 아볼루온은 끝내 크리스천의 머리와 손, 발에 상처를 입혔다. 이에 크리스천이 약간 주춤하자, 아볼루온은 다시 힘껏 공격을 시작했다. 크리스천은 다시 마음을 다잡고 남자답게 버텨냈다. 그러나 이 치열한 싸움이 반나절 넘게 이어지자, 크리스천은 거의 기진맥진했다. 이미 상처를 입은 터라 시간이 갈수록 기력이 떨어질 수밖에 없었다.

크리스천이 굴욕의 골짜기에서 겪는 정신적, 육체적 싸움은 한 사람의 영적 전투를 묘사하는데, 이 전투는 선과 악 사이의 엄청난 전쟁 중에 벌어지는 수없이 많은 분쟁 중의 하나이며, 일단 하나님의 나라에 속하게 되면 우리도 이 전쟁에 가담한다. 원수 마귀는 가차 없이 하나님의 백성을 해치려고 한다. "우리의 씨름은 혈과 육을 상대하는 것이 아니요 … 이 어둠의 세상 주관자들과 하늘에 있는 악의 영들을 상대함이라"(엡 6:12). 하지만 우리는 혼자서 이 싸움을 하는 게 아니며, 반격할 수 있는 자원도 없지 않다.

아볼루온은 기회는 이때다 하면서 크리스천에게 달려들어 몸싸움

을 벌이다가, 억센 힘으로 그를 넘어뜨렸다. 그 바람에
크리스천은 손에 쥐었던 칼을 놓치고 말았다. 그러자
아볼루온은 "이제 꼼짝 못 하겠지"라고 하면서 크
리스천을 찍어 눌렀다. 크리스천은 이제 끝이
로구나 하며 절망하기 시작했다. 하지만 아볼
루온이 마지막 일격을 가해 이 선한 사람을 완전
히 끝장내려고 하는 순간, 마치 하나님이 시키기라
도 한 듯 크리스천은 재빨리 손을 뻗어 칼을 다시 집어 들고는 "나의
대적이여 나로 말미암아 기뻐하지 말지어다 나는 엎드러질지라도 일
어날 것이요"(미 7:8)라고 하면서 아볼루온의 몸에 깊이 찔러 넣었다.
아볼루온은 치명상을 입은 듯 뒤로 물러났다. 이를 알아챈 크리스천
은 다시 한번 덤벼들면서 "그러나 이 모든 일에 우리를 사랑하시는
이로 말미암아 우리가 넉넉히 이기느니라"(롬 8:37)라고 했다. 그러자
아볼루온은 용의 날개를 펼쳐 급히 날아가 버렸고, 크리스천은 한동
안 그를 다시 볼 수 없었다(약 4:7).

　이 전투에서 아볼루온이 내내 어떤 소리를 지르고 얼마나 무시무
시하게 포효했는지, 나처럼 보고 듣지 않은 한 누구도 상상할 수 없
을 것이다. 그는 마치 용처럼 말했다. 반면 크리스천의 마음에서는
얼마나 많은 한숨과 탄식이 새어 나왔는지. 싸우는 동안 그가 유쾌한
표정을 짓는 것을 나는 단 한 번도 볼 수 없었으며, 양날 검으로 아볼
루온에게 치명상을 입혔다는 것을 알아차리고서야 그는 비로소 미

소를 지으며 하늘을 올려다보았다. 하지만 그 싸움 광경은 일찍이 볼
수 없었던 가장 무시무시한 광경이었다.

이보다 더 힘의 균형이 맞지 않는 싸움은 아마 있을 수 없을 것이
다. 크리스천은 마귀와 싸워야 했지만 나는 볼 수 있었다.

"이 용감한 사내는 칼과 방패를 휘둘러
마귀가 용 같을지라도 물러나게 만들었도다."

연약해서 비틀거렸음에도 크리스천은 예수가 시험받으셨을
때처럼 하나님의 진리와 능력에 의지함으로써 아볼루온에게 승
리를 거두었다. 크리스천은 에베소서 6장 11절의 명령을 실행
에 옮겼다. "마귀의 간계를 능히 대적하기 위하여 하나님의 전신
갑주를 입으라." 우리는 복음을 알아야 하고 그리스도 안에 있는
우리의 정체성을 알아야 하며 이 복음과 정체성에 믿음을 두어
야 한다. 그리스도가 우리를 사랑하시기에 우리는 그분과 연합
하며, 그분과 연합할 때 우리는 승리자가 된다.

마르틴 루터는 그의 찬송에서 이렇게 썼다(루터는 1529년 "내 주는
강한 성이요" A Mighty Fotress를 작사 작곡하였는데, 이 찬송은 종교개혁의
상징 찬송으로, 지금까지 널리 불리고 있다 ─ 편집자주).

"이 땅에 마귀 들끓어 우리를 삼키려 하나
겁내지 말고 섰거라 진리로 이기리로다
친척과 재물과 명예와 생명을
다 빼앗긴대도 진리는 살아서
그 나라 영원하리라."[2]

이렇게 해서 싸움이 끝나자, 크리스천은 말했다.
"사자의 입에서 나를 건져내신 분에게, 아볼루온과
맞서 싸울 수 있게 나를 도우신 분에게 내가 여기서
감사를 드릴 것이다." 이에 크리스천은 다음과 같이
감사했다.

"이 마귀의 대장 큰 바알세불이 나의 멸망을 획책했도다.
그리하여 이 목표를 위해 이 자를 무장시켜 보냈으니,
소름 끼치는 이 자가 격노하여 나와 격렬히 맞붙었도다.
그러나 복되신 미가엘이 나를 도왔으니
나, 칼의 힘으로 속히 저가 줄행랑치게 했도다.
그러므로 그분께 나 영원히 찬양하고
그 거룩한 이름에 언제나 감사하고 찬미하리."

그 순간, 생명나무 잎사귀를 들고 있는 한 손이 크리스천에게 나타났다. 크리스천이 이 잎사귀를 받아 싸움 중에 다친 부분에 갖다 대자 곧 상처가 나았다. 그는 그곳에 앉아 조금 전에 세 자매에게서 받은 빵과 포도주를 먹고 마셨다. 원기를 회복한 크리스천은 칼을 그대로 빼어 든 채 다시 길을 나섰다. 다른 원수가 또 가까이 있을지 몰라서였지만, 골짜기를 지나는 동안 아볼루온에게서 또 다른 모욕을 당하는 일은 전혀 없었다.

골짜기 끝에 다다르자, 사망의 음침한 골짜기라는 또 다른 골짜기가 나타났다. 크리스천은 이 골짜기도 지나야 했다. 천상의 도시로 가는 길이 이 골짜기 한가운데로 나 있었기 때문이다. 그런데 이 골짜기는 매우 외진 곳이었다. 그래서 선지자 예레미야는 이곳에 대해 "광야 곧 사막과 구덩이 땅, 건조하고 사망의 그늘진 땅, 사람이 그곳으로 다니지 아니하고 그 곳에 사람이 거주하지 아니하는 땅"(렘 2:6)이라고 말했다. 예레미야의 말처럼 크리스천은 사람이 다니지 않는 곳을 지나가야 했다.

이제부터 보게 되겠지만, 크리스천은 여기서 아볼루온과 싸울 때보다도 더 심한 어려움을 겪었다.

사망의 음침한 골짜기는 신자가 자신의 고통이든 타인의 고통이든 고통에 압도되는 때, 그리고 내적 자아가 혼란에 빠지는 때를 예시한다. 이런 때에는 두려운 생각, 불쾌한 혼란, 혹은 하나님의 선함과 사랑과 함께하심에 관한 의심이 신자의 마음을 지배한다. 괴로움에 빠진 영혼은 자꾸 절망에 빠지려는 유혹을 받는다. 이는 정말 지옥과 같은 경험이다. 마치 어둠이 나를 삼킬 것처럼 느껴진다. 이런 절망의 위기는 원수가 하나님의 백성을 공격하는 또 하나의 방법이다.

꿈속에서 나는 사망의 그늘 경계에 이른 크리스천이 두 남자와 마주치는 것을 보았다. 그 두 사람은 좋은 땅을 보고 와서 나쁘다고 보고한 사람들(민 13장)의 자손으로서, 지금 급히 돌아가는 중이었다. 크리스천은 두 사람에게 이렇게 물었다.

크리스천 "어디로 가시는 중입니까?"

두 사람 "돌아가고 있소! 돌아간다고요! 당신도 돌아가는 게 좋아요, 생명이나 평안을 소중히 여긴다면 말이오."

크리스천 "아니, 무슨 일이 있습니까?"

두 사람 "있고말고요! 선생이 가는 그 길을 우리도 갔습니다. 갈 수 있는 데까지 갔지요. 사실은 거의 못 돌아올 뻔했어요. 조금만 더 갔다면, 여기서 선생한테 소식도 못 전했을 겁니다."

크리스천 "무슨 일을 당하셨기에 그러십니까?"

두 사람 "그게 그러니까, 사망의 그늘 골짜기에 거의 다 가서 우연히 앞을 내다보다가 저 앞에 위험이 도사리고 있는 것을 알게 되었지 뭡니까(시 44:19; 107:10)."

크리스천 "무얼 보셨는데요?"

두 사람 "봤지요! 골짜기 자체가 역청처럼 시꺼멓더군요. 구덩이 속에서 온갖 새끼 귀신들, 반인반수(半人半獸), 용도 봤습니다. 골짜기에서 쇠사슬에 묶여 고통당하면서 말로 다 할 수 없이 비참한 상태에 있는 사람들이 울부짖는 소리와 고함치는 소리도 들었습니다. 골짜기 위는 혼돈의 구름이 덮여 있었지요. 사망도 골짜기 위에 늘 그 날개를 펼치고 있었습니다. 한 마디로 그곳은 질서라고는 없는, 몹시 기분 나쁘고 으스스한 곳이랍니다(욥 3:5; 10:22)."

크리스천 "두 분이 말씀하신 광경을 나는 아직 못 보았습니다만, 내가 바라는 안식처로 가는 길이 이 길이라서요(렘 2:6)."

두 사람 "그럼 가보시구려. 우리는 이 길을 택하지 않을 테니."

두 사람은 그렇게 가버리고 크리스천은 가던 길을 계속 갔다. 하지만 무언가에 습격당할지도 모른다는 불안 때문에 여전히 칼을 거머쥔 채였다.

　언제 어디서 위험을 만날지 모르는 이 골짜기를 계속 가려면 한 걸음 한 걸음을 조심스럽게 내디뎌야 한다. 도랑과 수렁은 순례자가 어떻게 해서 하나님을 잊고 하나님에게서 멀어질 수 있는지를 상징하며, 그릇된 교리나 교만 혹은 부도덕이 여기에 속한다. 두려움 때문에 옳은 길에서 발길을 돌리는 사람들에게 휘둘려서는 안 된다. 그보다는, 신자들과의 교제를 통해 위로를 얻어야 한다. 다른 이들도 똑같은 일을 겪었다는 것을 알아야만 그 위로도 가능하지만 말이다. 버니언은 이런 어둠 속에서 가장 강력한 도움은 바로 기도라고 말한다.

　내가 꿈속에서 또 보니, 골짜기의 경계 오른쪽에 아주 깊은 도랑이 있었다. 예나 지금이나 눈먼 사람이 눈먼 사람을 인도하다가 결국은 둘 다 비참하게 빠져 죽는다는 바로 그 도랑이다(시 69:14~15). 그리고 왼쪽에도 아주 위험한 수렁이 있었는데, 선한 사람도 이 수렁에 빠지면 발 디딜 곳을 찾을 수 없다. 다윗왕도 한때 그 수렁에 빠진 적이 있었는데, 그를 끌어내 주실 수 있는 분이 아니었다면 아마 그 수렁에서 숨 막혀 죽었을 것이다.

이곳을 지나는 길은 지나치게 좁기도 해서 선한 사람 크리스천은 더더욱 조심해야 했다. 어둠 속에서 오른쪽 도랑을 피해 더듬더듬 가다가 언제라도 왼쪽 진창으로 빠질 수 있었고, 진창을 피할 때 크게 조심하지 않으면 언제라도 도랑으로 구를 수 있었다. 그렇게 조심조심 걸음을 내디디며 크리스천이 괴로운 듯 한숨을 내쉬는 소리가 들렸다. 앞에서 말한 위험 말고도, 길은 너무 컴컴했고, 그래서 한 발짝을 떼면 그다음은 어디를, 혹은 무엇을 짚어야 할지 알 수 없었기 때문이다.

가여운 사람! 그대는 지금 어디에 있는가? 날은 저물어 밤인데.
선한 사람, 낙심하지 말기를, 그대는 아직 옳은 길에 있으니
천국에 이르는 길은 지옥문 바로 옆에 있다네.
힘을 내어 버텨내기를, 그것이 그대에게 어울리니.

내가 보니 골짜기 한가운데쯤 지옥이 입을 벌리고 있었는데, 역시 길가에 떡하니 자리 잡고 있었다. 이것을 본 크리스천은 이제 어떻게 해야 하나 하는 생각이 들었다. 지옥문에서는 소름 끼치는 소음과 불꽃을 일으키며 엄청난 화염과 연기가 이따금 솟구쳐 나왔는데, 화염과 연기는 아볼루온의 경우와 달리 크리스천이 들고 있는 칼 따위는 아랑곳하지 않았기에, 그는 하는 수 없이 칼을 칼집에 꽂고 "모든 기도"(엡 6:18)라고 하는 다른 무기를 쓰기로 했다. 크리스천이 이렇게

기도하는 소리가 내 귀에 들렸다.

"여호와여 주께 구하오니 내 영혼을 건지소서"(시 116:4).

이렇게 한참을 기도했지만, 화염은 여전히 크리스천에게 닿을 듯 타오르고 있었다. 게다가 음울한 목소리들이 여기저기서 달려들 듯 들려와, 이 길을 계속 가다가는 몸이 갈가리 찢기거나 길거리 진흙처럼 짓밟히겠다는 생각이 들었다. 이 무시무시한 광경과 이 소름 끼치는 소음은 꽤 오래 걷는 동안 계속 눈에 보이고 귀에 들렸다. 어느 지점에 이르자, 마귀가 떼로 몰려오는 소리가 들리는 것 같아, 크리스천은 걸음을 멈추고 어떻게 하는 것이 최선일지 따져보기 시작했다. 돌아가야겠다는 생각이 들기도 했고, 골짜기를 절반쯤은 지나지 않았을까 하는 생각이 들기도 했다. 여기 이르기까지 이미 얼마나 많은 위험을 이겨냈는지 떠올랐고, 돌아가는 길은 앞으로 계속 나갈 때보다 훨씬 더 위험할지도 모른다는 생각이 들었다. 그래서 크리스천은 계속 가기로 마음먹었다. 하지만 마귀 떼는 점점 더 가까워지는 것 같았다. 그러나 마귀들이 거의 다가왔을 때 크리스천이 "내가 주 여호와의 능력으로 행할 것이다!"라고 힘껏 소리치자, 마귀 떼는 뒤로 물러나 더는 다가오지 않았다.

하나님은 왜 원수가 우리에게 고통을 끼치는 것을 허용하실까? 분명 이는 하나님이 즐거워하시는 일이나 계획된 일이 아니

다. 하지만 이 길이 바로 하나님의 아들이 이 땅에 계실 때 취하신 길이었고, 길잡이가 되셔서 우리가 뒤따르게 하신 길이요 우리를 본향으로 인도해 주는 길이다. 그리스도와 연합한 우리는 그분이 당한 고난도 함께 나누고 그분의 승리도 함께 나눈다(롬 8:17). 하나님은 역경을 없애 주시지는 않지만, 우리가 그 역경을 통과해 나갈 수 있게 도우신다(크리스천이 믿음으로 부르짖자, 마귀 떼가 떠나간 것처럼). 또한 하나님은 우리의 고통도 속량하사, 이 고통을 이용해 우리 안에서 자신의 선한 일을 계속해 나가시며 우리가 하나님과 더 깊고 친밀한 교제를 나눌 수 있게 이끌어 가신다. 믿기 힘들어도 어쨌든 하나님을 믿기로 결심할 때, 우리는 그분에 대한 사랑을 증명하고 영적으로 더 강해지고 그분의 마음에 더 가까워진다.

빼먹어서는 안 되는 것 한 가지가 있다. 나는 가여운 크리스천이 너무 당황해서 자기 목소리도 구별하지 못하는 것을 알아차렸다. 내가 보니 그런 것 같았다. 그가 불타는 구덩이 입구를 지나던 바로 그때, 악한 무리 중 하나가 그의 뒤에 따라붙은 뒤 가만히 다가와 심히 신성모독적인 말을 속살거렸는데, 크리스천은 참으로 그 말이 자기 입에서 나오는 걸로 생각했다. 전에 그토록 사랑하던 분에게 이제 불경스러운 말을 했다고 생각하니, 이는 크리스천에게 지금까지 겪은 그 어떤 일보다도 큰 고통을 안겼다. 어떻게 해볼 수 있다면 해보겠는데, 귀를 틀어막든지 아니면 그 신성모독의 말이 어디에서 들려오는지 알아내든지 할 만한 분별력도 그에게는 없었다.

그 어떤 위로도 찾을 수 없는 이런 상태로 꽤 오랜 시간을 걷고 있던 크리스천의 귀에, 앞서가는 어떤 사람이 "내가 사망의 음침한 골짜기로 다닐지라도 해를 두려워하지 않을 것은 주께서 나와 함께 하심이라"(시 23:4)라고 말하는 소리가 들리는 것 같았다.

크리스천은 그 목소리가 반가웠다. 그 이유는 다음과 같았다.

첫째, 이런 말이 들려온 것으로 볼 때 이 골짜기에 크리스천 말고도 하나님을 경외하는 사람들이 또 있었기 때문이다.

둘째, 그 어둡고 음울한 상태에서도 하나님이 그 사람들과 함께 계신다는 것을 알게 되었고, 그 하나님이 나와도 함께 계시지 않겠느냐는 생각이 들었고, 다만 이곳의 여러 장애물 때문에 그 함께 하심을 감지할 수 없을 뿐이라는 생각이 들었기 때문이다(욥 9:11).

셋째, 머잖아 그 사람들을 따라잡아 동행할 수 있기를 바랐기 때문이다. 그래서 크리스천은 부지런히 걸음을 옮기며 앞서간 사람을 불렀다. 하지만 그 사람은 뭐라고 대답해야 할지를 알지 못했다. 그 사람 역시 이 길에 자기 혼자라고 생각하고 있었기 때문이다. 그리고 조금씩 날이 밝아오자, 크리스천은 그분이 "사망의 그늘을 아침으로" 바꾸셨다고(암 5:8) 말했다.

이제 아침이 되자 크리스천은 뒤를 돌아보았다. 하지만 돌아가고 싶은 마음에서가 아니라 자신이 칠흑 같은 어둠 속에서 어떤 위험을 통과해 왔는지 낮의 밝은 빛 가운데서 확인하고 싶어서였다. 그렇게 그는 한쪽에 있는 도랑과 맞은편에 있는 수렁을 똑똑히 볼 수 있었고, 그 사이로 난 길이 얼마나 좁은지도 알 수 있었다. 또한 구덩이의 새끼 귀신들, 반인반수(半人半獸), 용도 볼 수 있었는데, 모두 저 멀리에 있기는 했지만(이들은 날이 밝은 후에는 가까이 다가오지 않았으므로) "어두운 가운데에서 은밀한 것을 드러내시며 죽음의 그늘을 광명한 데로 나오게 하시며"(욥 12:22)라고 기록된 대로 이들의 모습이 크리스천에게 드러났다.

이제 크리스천은 홀로 가는 길의 그 모든 위험에서 구출되었다는 사실에 크게 감격했다. 전에는 그 위험들이 두려웠으나 이제는 그 위험의 정체를 좀 더 확실히 알 수 있었다. 낮의 빛으로 이것들이 크리스천의 눈에 똑똑히 보였기 때문이다.

우리는 믿음으로 행하라고, 볼 수 없거나 느낄 수 없는 것을 믿으라고 부름을 받는다. 하나님의 임재를 느낄 수 없다고 해서 하나님이 거기 계시지 않는다는 의미는 아니다. 하나님은 자기 자녀를 절대 떠나지 않겠다고 약속하셨다. 크리스천은 "내가 주 여호와의 능력으로 행할 것이다!"라고 외쳐서 믿음을 표현한다. 느낌으로는 자기 혼자 같았고 곧 죽을 것 같았지만, 그럴 때도

그는 능력의 하나님이 도우실 수 있다는 현실을 선
포한다. 그리고 그 현실 속으로 직접 걸음을 옮기
고자 한다. 일단 어둠이 가시자, 크리스천은 자
신이 두려워했던 위험들을 직접 바라보면서
좀 더 뚜렷이 확인한다. 시련을 견뎌내자 그
의 지각(知覺)이 달라지고, 하나님이 자신과 함
께하셨고 자신을 구해내셨다는 것이 분명해진다.

이때쯤 되자 해가 떠올랐고, 이는 크리스천에게 또 하나의 자비였
다. 사망의 음침한 골짜기의 처음 절반 여정도 위험했지만, 이제부터
가야 할 나머지 절반의 여정은 훨씬 더 위험할 터였기 때문이다. 지
금 크리스천이 서 있는 지점에서부터 골짜기 끝까지의 길은 온통 올
가미, 덫, 그물 천지에다가 구덩이, 함정, 깊은 구멍, 비탈투성이라
처음 절반의 여정 때처럼 어두컴컴하면 목숨이 천 개라도 부지하지
못할 터였다. 하지만 방금 말한 것처럼 해가 떠오르고 있었으므로 크
리스천은 이렇게 말했다. "그의 등불이 내 머리에 비치었고 내가 그
의 빛을 힘입어 암흑에서도 걸어다녔느니라"(욥 29:3).

이렇게 이 빛 가운데서 크리스천은 골짜기 끝에 이르렀다.

이제 내가 꿈속에서 보니 이 골짜기 끝에는 피·뼈·재·사람의 시
체, 심지어 전에 이 길을 간 순례자들의 시체가 토막난 채 널려 있었

다. 이게 무슨 일일까 곰곰이 생각하던 중 내 앞에서 동굴 하나를 발견했는데, 그곳은 옛날에 교황(POPE)과 이교도(PAGAN)라는 두 거인이 살던 곳이었다. 여기 뼈와 피와 재로 남은 사람들은 이 두 거인의 권력과 폭정으로 죽음을 맞은 사람들이었다. 그런데 크리스천이 이곳을 큰 위험 없이 지나가는 것을 보고 나는 좀 의아했다. 알고 보니 이교도는 오래전에 죽었고, 교황은 아직 살아 있기는 하지만, 나이도 많은데다가 젊은 시절 심술궂게 소소한 싸움을 많이 벌인 탓에 관절이 어긋나고 뻣뻣해져서, 이제는 동굴 입구에 앉아 지나가는 순례자들을 향해 이를 드러내고, 이들을 덮치지 못해 손톱을 물어뜯는 것말고는 할 수 있는 일이 별로 없었다.

버니언은 존 폭스(John Foxe)의 《순교자 행전과 기념물》(*The Actes and Monuments*)이라는 책을 아주 좋아했는데, 초기 교회에서부터 16세기에 이르기까지 순교자들의 이야기를 자세히 다루는 이 유명한 책을 감옥에 갇혀 있는 동안 자주 읽었다. 버니언은 두 거인 비유를 써서 그리스도인 순교의 이면에 있는 폭압적 세력을 설명한다. 이교도는 죽은 지 오래이며, 초기 교회 교인들을 죽음에 이르게 한 사람들을 나타낸다. 교황은 살아 있지만 나이 많아 몸을 움직일 수 없는 존재로서, 로마 교회를 가리킨다.

이렇게 나는 크리스천이 계속 길을 가는 것을 보았다. 하지만 동굴 입구에 앉아 있는 노인을 보고 크리스천은 어떻게 해야 하나 고민했다. 특히 노인이 자신을 쫓아오지는 못하면서도 "너 같은 놈들이 더 많이 화형을 당해야 정신을 차리겠지"라고 빈정거리는 바람에 더욱 그랬다.   하지만 크리스천은 침착함을 잃지 않고 너그러운 표정으로 계속 걸음을 옮겼고, 그래서 아무런 해도 당하지 않았다. 그러고 나서 크리스천은 이렇게 노래 불렀다.

오 놀라운 세상이여!(달리 어떻게 말하리)
이곳에서 만난 그 재난에서 목숨이 보전되다니!
오 찬미 받으리, 그 재난에서 나를 건져낸 손길이여!
내가 이 골짜기를 지나는 동안
어둠과 마귀와 지옥과 죄의 위험이 나를 에워쌌고
내 가는 길에 올가미와 구덩이, 덫과 그물이 놓여 있어
무익하고 어리석은 나, 거기 잡히고 걸려들고 빠질 수도 있었으나
이렇게 나 살아 있으니, 예수가 면류관 쓰셔야 하리.

버니언은 "역경을 비롯해 우리가 하나님을 섬기기 위해 하는 모든 일은 우리 마음을 더 깊게 만들고 더 실험적으로 만들고 더 기민하고 심오하게 만들어, 역경을 더 잘 견디고 참고 버틸 수

있게 한다"고 말했다. 감옥에 있는 동안 그는 이렇게 단언했다. "역경을 당할 때 우리는 보통 하나님의 사랑을 가장 달콤하게 경험한다. … 예수 그리스도가 지금만큼 나에게 현실적이고 뚜렷하게 다가온 때는 없었다. 나는 실제로 그분을 보았고 그분을 느꼈다."[3]

06

믿음의 순례 여정

겨속 설음을 옮기던 크리스천은 작은 오르막길에 이르렀다. 이 오르막은 순례자들이 올라가 앞을 내다볼 수 있게 하려고 쌓은 길이었다.

그래서 크리스천도 오르막길을 올라 앞을 내다보았는데, 저 앞에서 믿음(Faithful)이 길을 가고 있는 게 보였다.

크리스천은 믿음을 향해 크게 소리쳤다.

"이봐요! 여기 좀 보세요! 잠깐만 멈춰 봐요, 나하고 같이 갑시다!" 이 소리에 믿음이 뒤를 돌아보자, 크리스천이 다시 한번 외쳤다.

"기다려요, 내가 그쪽으로 갈 테니까 기다려요." 하지만 믿음은 이렇게 대답했다.

"안 됩니다. 내 생명이 걸린 일이에요. 원수 갚는 자가 나를 따라오고 있다고요."

이 말에 크리스천은 다소 발끈해 전속력으로 달리기 시작했다. 크리스천은 곧 믿음을 따라잡았을 뿐만 아니라 그를 앞지르기까지 했고, 이렇게 해서 선두가 바뀌고 말았다. 형제를 제친 것이 자랑스러웠는지 크리스천의 얼굴에 쓸데없이 의기양양한 미소가 떠올랐다. 하지만 발부리를 조심하지 않았던 탓에 그는 갑자기 비틀거리다 넘어졌고, 뒤따라온 믿음의 부축을 받고서야 다시 일어날 수 있었다.

크리스천이 듣기로, 믿음은 사망의 음침한 골짜기에서 그보
다 앞서가고 있는 사람이다. 믿음은 하나님이 함께하시기 때문
에 두려움이 없다고 한다. 멸망의 도시에서도 믿음은 크리스천
이 본을 보인 덕분에 믿음으로 돌아섰다. 그러나 크리스천은 믿
음을 따라잡으려 허둥지둥 달리다가 마침내 그를 앞지르자 우쭐
해서 흥분하다가 자빠지고 만다. 오만은 반드시 멸망으로 이어
지며, 바로 그때 우리에게 가장 필요한 것은 다른 이들의 도움이
주는 유익이다. 믿음은 크리스천이 다시 일어서게 도와주고, 서
로 힘을 북돋아 주는 이들의 형제애는 바로 거기서 꽃을 피운다.

꿈속에서 나는 두 사람이 아주 다정하게 길을 가면서 각자의 순례
여정에서 일어난 일들에 대해 기분 좋게 대화하는 모습을 보았다. 크
리스천이 이렇게 이야기를 시작했다.

크리스천 "존경하고 사랑하는 내 형제, 믿음님,
같이 가게 되어서 반갑습니다. 하나님이 우리 생
각을 조율해 주셔서 이 즐거운 길을 함께 가게 해주신
것도 기쁘군요."
믿음 "친애하는 벗님, 사실은 우리 고향에서부터 벗님

과 동행하려고 생각했습니다. 그런데 벗님이 먼저 떠나버리는 바람에 이렇게 먼 길을 혼자 올 수밖에 없었습니다."

크리스천 "내가 떠나온 후 뒤따라 출발하기까지 멸망의 도시에 얼마나 더 머무셨습니까?"

믿음 "더는 버틸 수 없을 때까지 있었지요. 벗님이 떠난 후, 하늘에서 곧 불이 내려와 우리 도시를 다 태워 잿더미로 만들 거라는 엄청난 이야기가 떠돌았으니까요."

크리스천 "뭐라고요! 이웃 사람들이 그렇게 말했다고요?"

믿음 "네, 한동안 그 이야기가 모두의 입에 오르내렸답니다."

크리스천 "저런! 그런데 형제님 말고는 그 위험을 피해 나오는 사람이 더 없었다는 말입니까?"

믿음 "말했다시피, 엄청난 이야기가 떠돌기는 했지만, 내가 생각하기에 사람들은 그 말을 굳게 믿지는 않았어요. 열띤 이야기가 오가는 중에 어떤 사람이 벗님 이야기도 하고 벗님이 무모한 길을 떠났다는 이야기도 하더군요(사람들은 벗님의 이 순례 여행을 그렇게 불렀어요). 하지만 나는 우리 도시가 하늘에서 내리는 불과 유황으로 종말을 맞을 거라고 믿었고, 지금도 그렇게 믿고 있습니다. 그래서 탈출했지요."

크리스천 "팔랑귀 소식은 못 들으셨습니까?"

믿음 "들었지요, 크리스천. 그 사람이 벗님을 따라나섰다가 낙심의 늪에 빠졌다고 하더군요. 그 사람은 그 일이 소문 나지 않았으면

했지만, 내가 보니 그 오물을 푹 뒤집어쓴 게 분명해요."

크리스천 "이웃 사람들은 팔랑귀에게 뭐라고 하던가요?"

믿음 "그렇게 돌아왔으니 온갖 사람들한테 큰 웃음거리가 되었지요. 어떤 이는 조롱하고 어떤 이는 멸시했어요. 그래서 누구도 일자리를 주려고 하지 않았습니다. 지금은 벗님을 따라나서기 전보다 일곱 배는 더 형편이 안 좋아졌지요."

크리스천 "팔랑귀가 포기한 길을 그렇게 멸시하면서 사람들은 왜 그 사람에게 반감을 갖는 걸까요?"

믿음 "아, 사람들은 말해요, '저 자를 목매달아라, 저 자는 변절자야! 자기가 공언한 말에 충실하지 않았어'라고요. 내 생각에는 하나님이 그 사람의 원수들까지 격동시켜서 그 사람을 경멸하게 하고 교훈이 되게 하시는 것 같습니다. 그가 바른 길을 버렸으니까요 (렘 29:18, 19)."

크리스천 "떠나기 전에 그 사람과 이야기해 보신 적은 없습니까?"

믿음 "길거리에서 한 번 만난 적은 있지요. 하지만 자기가 한 짓이 창피해서인지 짐짓 딴청을 피우며 지나가더군요. 그래서 이야기를 못 해 봤습니다."

크리스천 "그랬군요, 처음에 함께 길을 나설 때 그 사람에게 희망을 품었습니다. 그런데 이제 그 도시와 함께 멸망할 것이 걱정되는군요. '개가 그 토하였던 것에 돌아가고 돼지가 씻었다가 더러운 구덩이에 도로 누웠다'(벧후 2:22)는 참된 속담이 그 사람에게 현실이 되었으니 말입니다."

믿음 "나도 그게 걱정입니다. 하지만 그런 일이 일어나는 걸 누가 막을 수 있겠습니까?"

크리스천 "네, 믿음 형제, 그 사람 이야기는 그만하고 이제 우리와 직접 관련된 이야기나 해봅시다. 자, 여기까지 오는 길에 어떤 일을 겪으셨습니까? 분명 겪으신 일이 있을 겁니다. 아니라면 오히려 기이한 일이지요."

두 신자는 서로 힘이 되어 주며 함께 길을 갈 수 있게 된 선물을 받고 기뻐한다. 개인적인 분투 이야기, 인생을 변화시키시는 하나님의 은혜와 사랑에 대한 이야기로 가득한 각자의 경험을 나눔으로써 크리스천과 믿음은 서로에게서 통찰을 얻고 성격의 차이도 드러낸다. 크리스천은 공로에 바탕을 둔 의나 죄 사함에 관한 의심을 상대로 활발하게 싸움을 벌이는 반면, 믿음은 육적이고 세속적인 욕망에 자주 유혹 받는다.

믿음 "늪을 발견하고는 벗님이 저 늪에 빠졌겠구나 생각하고 피했지요, 그래서 늪에 빠지는 일 없이 좁은 문에 이르렀고요. 다만 탕녀(Wanton)라는 사람을 만났는데, 내게 장난을 치고 싶어 했지요."

크리스천 "그 여자의 마수를 피했다니 잘하셨습니다.
요셉도 그 여자 때문에 곤욕을 치렀지만, 형제님처럼
피해 나왔습니다. 하지만 자칫 목숨을 대가로 치를 뻔했
지요(창 39:11~13). 그 여자가 형제님에게 무슨 짓을 하던
가요?"

믿음 "그 여자가 얼마나 입에 발린 말을 하는지 상상도 못 하실 겁
니다. 그래도 대략 짐작은 하실 테지요. 성가시게 내게 덤벼들어서
는 자꾸 자기 쪽으로 내 마음을 돌리려 하더군요. 온갖 욕구를 다
충족시켜 주겠다 약속하면서 말입니다."

크리스천 "그래도 선한 양심의 만족을 약속하지는 않았을 겁니다."

믿음 "내 말이 무슨 뜻인지 아시는군요. 모두 세속적이고 육체적인
만족만을 말하는 거였지요."

크리스천 "형제님이 그 여자에게서 벗어날 수 있게 해주신 하나님
께 감사드립니다. '음녀의 입은 깊은 함정이라 여호와의 노를 당
한 자는 거기 빠지리라'(잠 22:14)."

믿음 "웬걸요, 내가 그 여자에게서 완전히 빠져나온 건지 아닌지
잘 모르겠어요."

크리스천 "왜요, 내 생각에 형제님은 그 여자의 욕망에 공감하지
않으셨잖습니까?"

믿음 "아닙니다, 그저 나 자신을 더럽히고 싶지 않았던 거지요.
'그의 걸음은 스올로 나아가나니'(잠 5:5)라는 옛 말씀이 떠올랐거

든요. 그래서 나는 눈을 질끈 감았습니다. 그 여자의 외모에 홀리지 않으려고요(욥 31:1). 그랬더니 그 여자가 악담을 퍼붓더군요. 난 그냥 못들은 체 내 갈 길을 갔습니다."

크리스천 "여기 올 때 그 외의 다른 공격은 없었습니까?"

믿음 "고생산이라는 곳 기슭에 이르렀을 때 아주 나이 든 노인을 만났는데, 내가 누구이며 어디로 가는지 묻더군요. 나는 순례자이고 천상의 도시로 가는 중이라고 대답했지요. 그랬더니 그 노인이 '보아하니 정직한 친구 같은데, 나와 함께 살면서 품삯을 받을 생각은 없소?'라고 했습니다. 그래서 노인장에게 이름이 뭐고 어디 사시느냐고 물었더니 자기 이름은 첫 아담이고 유혹의 마을에(엡 4:22) 살고 있다고 하더군요. 그래서 무슨 일을 하시냐고, 어떤 삯을 주실 거냐고 물었지요. 그랬더니 자기가 하는 일은 많은 기쁨을 주는 일이고, 나중에 자기 상속자가 되는 게 내가 받을 삯이라고 했어요. 어떤 집에서 사시냐고, 다른 종들이 또 있냐고 물었더니 자기 집에

오면 세상의 온갖 진미(珍味)를 맛볼 수 있고, 자기 종들은 다 자기 자손들이라고 하더군요. 그래서 자식이 있느냐고 물었더니 딸 셋밖에 없다더군요. 육신의 정욕, 안목의 정욕, 이생의 자랑이 그 세 딸이고, 내가 원한다면 그 셋 모두와 결혼할 수 있다고 했어요(요일 2:16). 얼마 동안이나 함께 살면 좋겠느냐고 물었더니 자기가 살아 있

는 동안은 함께 살자고 했습니다."

크리스천 "그래서, 그 노인하고 둘이 마지막에 어떤 결론에 이르렀습니까?"

믿음 "그게, 처음에 그 노인을 따라가고 싶다는 마음이 어느 정도 있었습니다. 말을 아주 그럴듯하게 하더라고요. 그런데 대화하면서 그 노인 이마를 보니 '옛사람(old man)과 그 행위를 벗어 버리라'고 씌어 있었습니다."

크리스천 "그래서 어떻게 되었나요?"

믿음 "그때 퍼뜩 이런 생각이 들었습니다. 이 노인이 무슨 말을 하든, 아무리 듣기 좋은 말로 내 비위를 맞추든 일단 나를 집으로 데려가면 노예로 팔아 버릴 거라고 말이지요. 그래서 노인장 집으로 따라가는 일은 없을 테니 말씀을 삼가라고 했습니다. 그랬더니 욕설을 퍼부으면서, 사람을 하나 딸려 보내서 내 가는 길을 힘들게 만들 거라고 하더군요. 그래서 두말하지 않고 발길을 돌렸는데, 몸을 돌이키는 바로 그 순간 노인이 내 몸을 움켜잡더니 마치 죽이기라도 할 것처럼 뒤로 홱 잡아채더군요. 몸 한쪽이 떨어져 나가는 것 같아서 나도 모르게 '오호라 나는 곤고한 사람이로다'(롬 7:24)라고 소리를 질렀습니다. 그렇게 간신히 노인과 헤어져 산으로 걸음을 옮겼습니다. 산을 반쯤 올라 뒤를 돌아봤더니 어떤 사람이 제 뒤를 좇고 있었는데 어찌나 날렵한지 마치 바람 같았습니다. 그렇게 해서 쉼터가 있는 곳쯤 해서 나를 따라잡더군요."

크리스천 "바로 거기, 제가 잠깐 앉아서 쉬었습니다. 그러고는 쏟아지는 잠을 못 이겨 잠들었다가 품에서 두루마리를 잃어버렸지요."

믿음 "하지만 선한 형제님, 내 말을 끝까지 들어 보세요. 그 사내는 나를 따라잡자마자 다짜고짜 주먹을 날리더군요. 그 바람에 나는 나가떨어져 죽은 듯 정신을 잃었지요. 조금 정신이 들었을 때, 도대체 나한테 왜 이러느냐고 물었습니다. 그랬더니 그 사람 말이, 내가 첫 아담에게 은밀히 마음이 끌린 것 때문이라네요. 그러면서 내 가슴에 또 한 번 주먹을 날렸고, 나는 뒤로 나자빠져서 그 사람 발치에 또 죽은 사람처럼 누웠습니다. 다시 정신이 들었을 때 나는 자비를 베풀어 달라고 그 사람에게 빌었습니다. 하지만 자기는 자비를 베푸는 방법을 모른다면서 나를 다시 때려눕혔습니다. 그때 어떤 사람이 나타나 말리지 않았다면 그는 틀림없이 내 목숨을 끝장냈을 겁니다."

크리스천 "말린 사람이 누구였습니까?"

믿음 "처음에는 누군지 몰랐는데, 그 사람이 지나갈 때 보니까 두 손과 옆구리에 구멍이 나 있더라고요. 그래서 그가 우리 주님인 걸 알아보았죠. 그렇게 해서 산으로 올라왔습니다."

크리스천 "형제님을 따라잡은 사람은 모세였습니다. 모세는 누구를 봐주는 법이 없고, 자기 율법을 범한 사람에게 자비를 베푸는 방법도 알지 못하죠."

믿음 "나도 잘 압니다. 모세와 마주친 건 이번이 처음이 아니었으니까요. 고향에서 아무 걱정 없이 살고 있을 때 나를 찾아와서 여기 더 머물면 내 집을 다 태워 버리겠다고 한 사람도 모세였으니까요.”

크리스천 “그런데 산꼭대기, 모세를 만난 곳 쪽에 집 한 채가 있는 것을 못 보셨습니까?”

믿음 “봤지요, 그 집에 이르기 전 사자도 봤고요. 사자는 잠들어 있었던 것 같아요, 시간이 한밤중이었으니까요. 게다가 낮에 하도 여러 가지 일을 겪어서, 문지기를 그냥 지나쳐서 산 아래로 내려왔습니다.”

크리스천 “사실은 문지기가 형제님이 지나가는 걸 봤다고 하더군요. 그 집에 들르셨다면 좋았을 걸 그랬어요. 그 집 사람들이 진귀한 것을 많이 보여 주었을 테고, 형제님은 죽는 날까지 그걸 잊지 못했을 겁니다. 그리고 또 굴욕의 골짜기에서는 아무도 못 만났습니까?”

　　믿음은 탕녀(Wanton)라는 이름의 유혹하는 여인을 만났는데, 이 여인은 성적 유혹을 나타낸다. 첫 아담이라 불리는 노인은 인간 본래의 죄 된 속성, 옛사람을 나타내며, 에베소서 4장 22절에서는 이 옛사람을 벗어 버리라고 신자들에게 명한다. 이 옛사람은 온갖 형태의 자기 욕구 충족을 조장하고, 정욕적인 갈망, 즉 그리스도께 나아가기 전 그리스도인들을 지배한 그 충동에 항복하라고 설득한다. 그리고 모세는 율법을 상징하며, 죄에 대한 심판 행위로서 믿음을 무자비하게 두들겨 팬다. 이 폭행은 예수가 나타나 믿음은 자비를 받아야 한다고 강력히 말씀하실 때까지 계속되었다. 이 장면은 로마서 7장 14~15절에 기록된 사도 바울과 죄와의 씨름을 실례를 들어 설명하는 장면이며, 이 구절에서 바울은 이렇게 결론 내렸다. "오호라 나는 곤고한 사람이로다 이 사망의 몸에서 누가 나를 건져내랴 우리 주 예수 그리스도로 말미암아 하나님께 감사하리로다"(24~25절).

믿음 "네, 불만(Discontent)이란 사람을 만났는데, 자기와 함께 돌아가자고 자꾸 나를 설득하더군요. 이유가 뭐냐면, 이 골짜기를 다 지나가 봤자 영광을 얻을 만한 것이 전혀 없기 때문이라고 했어요. 게다가 그 길을 계속 간다는 것은 오만(Arrogance), 자기기만(Self-conceit), 세상 영광(Worldly-glory) 같은 친구들을 다 거부하는 거라고 했고, 내가 이 골짜기를 끝내 다 통과할 만큼 바보짓을 한다면, 이 친구들이 몹시 불쾌해할 거라고도 했습니다."

크리스천 "저런, 그래서 뭐라고 대답했습니까?"

믿음 "네가 거론한 자들이 내 친족이라 주장할지도 모르고, 또 사실 육체를 따라서는 그자들이 내 친척이기에 그 말은 맞는 말이기도 하지만, 내가 순례자가 된 이후 그자들은 나와 절연했고, 나 또한 그자들을 거

부했다고 대답했지요. 그러므로 이제 그자들은 전혀 혈연 관계가 아니었던 것과 다름없는 자들이라고요. 또한 이 골짜기에 대해서도 너는 아주 잘못 말하고 있다고 했어요. 왜냐하면 겸손은 존귀의 길잡이지만 교만은 패망의 선봉이기 때문이라고도 했지요. 나는 네가 애정을 쏟을 만하다고 생각하는 것을 선택하기보다, 가장 지혜로운 사람이 이렇게 설명하는 그 존귀를 얻기 위해 계속 이 골짜기 길을 가겠다고 했습니다."

크리스천 "그 골짜기에서 달리 또 만난 사람은 없습니까?"

믿음 "있습니다. 수치(Shame)를 만났어요. 순례 여정에서 만난 사람 중 이 사람만큼 이름이 안 어울리는 사람이 있을까 하는 생각이 들었어요. 다른 이들은 나와 조금 이야기를 나누거나 하면 글쎄, 그렇기는 하지만 뭐, 이런 식으로 나오는데, 이 뻔뻔스러운 수치는 절대 그렇지 않았습니다."

크리스천 "왜요, 그자가 뭐라고 말했는데요?"

믿음 "어휴! 이 자는 믿음 자체에 이의를 제기했어요. 인간이 신앙에 연연하는 것은 가련하고 미개하고 저급하고 소심한 일이라고 했습니다. 양심이 예민한 것은 남자답지 못하다고도 했고, 사람이 자기 말과 행위를 조심하면서 스스로를 속박하느라 당대의 용감한 사람들이 익히 누린 그 자랑스러운 자유를 누리지 못하면 그 시대의 조롱거리가 될 것이라고도 하더군요. 능한 자, 부자, 지혜로운 자 중에 나 같은 의견을 가진 사람은 거의 없고(고전 1:26; 3:18; 빌 3:7~8), 믿음이 무엇인지 아무도 모르는 데 자발적으로 맹종하여 바보가 되고 과감히 모든 것을 다 잃겠다고 설득당하는 사람도 없을 거라고(요 7:48) 이의를 제기했습니다. 그뿐만 아니라, 순례자들은 대개 그 시대에서 신분과 지위가 천하고 낮은 사람들이었고, 자연 과학에 대한 이해도 없는 무식한 사람들이라고 했습니다. 네, 그자는 그 정도까지 나를 몰아붙였습니다. 아직 다 말하지 못한 것도 많고요. 예를 들어, 설교를 듣고 앉아 울고 한탄하는 것은 부끄러운 일이라고 했고, 한숨짓고 번민하며 집으로 돌아가는 것도 부끄러운 일이라고 했습니다. 별것도 아닌 잘못에 대해 이웃에게 용서를 구하거나 남한테 조금이라도 무엇을 취했을 때 이를 갚는 것도 수치라고 했습니다. 또한 신앙은 몇 가지 악덕들을 그럴싸한 이름으로 부르면서 그 악덕 때문에 크고 중요한 일에 점점 미숙해지게 만들고, 같은 믿음을 가진 형제라는 이유로 천한 사람을 받아들이고 존중하게 만든다고 했습니다. 이건 수치스러운 일 아니냐고 말입니다."

크리스천 "그래서 뭐라고 대꾸했습니까?"

굴욕의 골짜기에서 믿음은 불만과 수치를 만났다(크리스천처럼 아볼루온을 만나지는 않았다). 두 사람 모두 믿음을 유혹해 세상이 정의하는 존귀, 지혜, 위대함의 개념을 받아들이게 하려고 했

다. 불만은 믿음의 새로운 생활 방식이 멸망의 도시에 두고 온 친구들에 대한 모욕이라고 주장했고, 그는 믿음이 그 친구들처럼 자기 자신과 세상을 가장 사랑했을 때의 삶의 방식을 더 좋아했다. 불만은 그리스도인의 삶이 너무 제한이 많고, 지루하며, 만족스럽지 못하다고 말한다. 수치는 신자들이 세상과 다른 것에 대해 이들에게 창피를 주려고 적의를 품고 애쓴다. 수치는 신앙을 비웃고, 신자들을 괴롭히며, 자신의 전도(顚倒)된 가치관을 들이밀면서 겸손을 연약하다고 하고 방종을 용감하다고 하며 세상의 규범을 따르지 않는 것은 골치 아픈 일이라고 말한다.

믿음 "대꾸라! 처음에는 뭐라고 말해야 할지 몰랐습니다. 네, 그자가 그렇게 몰아붙이니까, 얼굴이 붉어지더군요. 이 수치라는 자까지 공격해 오니 나는 거의 나가떨어질 뻔했지요. 그러다 마침내 '사람 중에 높임을 받는 그것은 하나님 앞에 미움을 받는 것'(눅 16:15)이란 생각이 들기 시작했습니다. 다시 생각해 보니, 이 수치란 자는 인간이 무엇인지 말해 주고 있었습니다. 하지만, 하나님이나 하나님의 말씀에 대해서는 아무것도 알려 주는 게 없더라고요. 그리고 또 생각했지요. 마지막 심판 날에 우리가 죽을 운명인지 살 운명인지는 허세 부리는 세상 영웅들이 아니라 가장 높은 분의 지혜와 법에 따라 결정되리라고 말입니다. 그러므로 하나님의 말씀이 최고라고, 정말로 최고라고 생각했어요, 세상 모든 사람이 다 이 말씀을 거역한다 해도 말입니다. 그러니까 하나님은 자신을 믿는 믿음을 더 좋아하신다는 것을 깨닫게 되고, 또 하나님은 예민한 양심을 더 좋아하신다는 것을 알게 되고, 천국을 위해 스스로 바보가 되는 이들이 가장 지혜로운 자들임을 알게 되고, 그리스도를 사랑하는 가난한 사람이 그리스도를 미워하는 세상의 부자들보다 부요하다는 것을 알게 되더군요. 그래서 수치를 향해 말했습니다. '수치야, 내게서 물러가라, 너는 내 구원을 훼방하는 원수로다! 내가 내 주권적 주님을 거역하고 너를 환영할까? 그렇게 하면 그분 오실 때 내 어떻게 그분을 만난단 말이냐? 이 땅에서 그분의 길과 그분의 종들을 부끄러워하고 어떻게 복을 받기를 기대할 수 있겠느냐?(막 8:38)' 하지만 이 수치란 자는 정말 뻔뻔스러운 악당이었어요. 도무지 떨어져 나가지 않더라고요. 여전히 내게 붙어 다니면서 믿음 생활의 이런저런 약점들에 대해 내 귀에 자꾸 속살거리더군요. 하지만 마침내 그자에게 말했습니다. 아무리 그래 봤자 소용없을 거라고요, 네가 멸시하는 일들에서 나는 가장 큰 영광을 본다고 말입니다. 그렇게 해서 마침내 이 귀찮은 자를 따돌릴 수 있었습니다."

유혹은 부단히 다가온다. 하지만 하나님은, 우리가 하나님

의 능력으로 처리할 수 없을 만큼 그 유혹이 심하지는 않을 거라고 약속하신다. 하나님은 언제나 "피할 길을 내"(고전 10:13) 주신다. 믿음은 신자들이 유혹에 어떻게 저항해야 할지 그 핵심적 조치의 모범을 보여준다. 믿음은 속임수를 알아보고, 그 앞에 눈을 질끈 감고, 성경 말씀을 떠올리며, 단호한 태도를 취하고, 하나님의 관점과 진리와 한편이 된다. 믿음은 세상의 유혹을 들이대는 옛 친구들과 절연하고, 강경하게 나가는 게 맞을 경우 "내게서 물러가라, 너는 내 구원을 훼방하는 원수로다!"라고 강경하게 나간다. 믿음은 하나님께 도움을 부르짖는 것이 중요하다는 걸 알고 있다. 유혹자들은 순식간에 성가신 태도로 돌변하지만, 그럴 때도 믿음은 단호한 태도를 유지한다. 우리가 "하나님의 말씀이 최고"라고 믿고, 하나님을 가장 기쁘시게 하기를 좋아하고 원하며, 세상과 구별되어 하나님을 닮아가라는 부르심에 응하여 살 때, 이처럼 유혹자들과의 갈등이 있을 것을 예상해야 한다.

믿음 "그자를 떨쳐 버리고 나는 이렇게 노래하기 시작했지요."

하늘의 부름에 순종하는 이들
만나는 시험 많기도 해라
육체를 흡족하게 하는 유혹

오고, 오고, 또 새롭게 오니

지금이든 다른 어떤 때든 우리

그 유혹 당해 패배하고 내던져질 수 있다네

오, 순례자여, 순례자여,

깨어 경계하라, 사내답게.

크리스천 "그 악당을 그렇게 담대히 버텨내다니 잘하셨습니다, 형제님. 말씀하신 것처럼 그자는 어울리지 않는 이름을 가졌군요. 길거리에서 우리를 좇아와 만인 앞에서 창피를 주려고 할 만큼 대담한 자이니 말입니다. 그자는 선한 것을 부끄러이 여기게 만들려 했는데, 어지간히 철면피가 아니고서는 절대 그런 짓을 못할 겁니다. 그래도 우리는 그자를 물리칩시다. '지혜로운 자는 영광을 기업으로 받거니와 미련한 자의 영달함은 수치가 되느니라'(잠 3:35)는 말씀도 있다시피, 그자가 아무리 허세를 부려도 미련한 사람이 아닌 한 누구도 선동당하지 않을 겁니다."

믿음 "수치에게 맞설 수 있게 도와 달라고 그분께 부르짖어야 할 것 같아요. 이 땅에서 진리를 위해 용감히 행동할 수 있게 해달라고 말입니다."

크리스천 "맞습니다. 그리고 골짜기에서 또 만난 사람은 없습니까?"

믿음 "없습니다. 그 뒤로는 계속 햇빛 아래서 길을 갔으니까요. 사망의 음침한 골짜기를 지나는 동안에도요."

크리스천 "잘된 일이네요. 나하고는 상황이 전혀 달랐던 것 같습니다. 나는 그 골짜기에 들어서자마자 그 더러운 마귀 아볼루온을 만나 길고도 무시무시한 싸움을 벌였거든요. 네, 정말로 그놈 손에 죽는 줄 알았다니까요. 특히 나를 쓰러뜨리고 짓뭉갤 때는 온몸이 산산이 조각날 것 같았어요. 그놈이 나를 내팽개칠 때 칼을 손에서 놓치니까, 놈이 '이제는 꼼짝 못 하겠지' 하더군요. 하지만 나는 하나님께 부르짖었고, 하나님은 내 부르짖음을 들으시고 모든 곤경에서 나를 구해내셨지요. 그 후 사망의 음침한 골짜기로 들어갔는데, 거의 절반가량 갈 때까지 빛이라고는 없었습니다. 내가 여기서 누군가의 손에 죽고 말겠다는 생각이 자꾸 들었습니다. 하지만 마침내 날이 밝아 해가 떠올랐고, 그 뒤로는 훨씬 쉽고 평온하게 길을 갈 수 있었지요."

07

은혜의 증표

꿈속에서 내가 보니 두 사람이 길을 가던 중 믿음이 우연히 옆을 돌아보다가 수다쟁이(Talkative)란 사람이 저만치 떨어져서 걷고 있는 것을 보았다.

이 길은 세 사람이 함께 걸어도 될 만큼 폭이 넓었다. 수다쟁이는 키가 컸고, 가까이 있을 때보다는 멀리서 볼 때 무언가 더 잘 생겨 보였다. 믿음은 수다쟁이에게 이렇게 말을 걸었다.

믿음 "친구여, 어디 가는 길입니까? 천상의 나라로 가십니까?"

수다쟁이 "네, 거기로 가는 중입니다."

믿음 "잘 됐군요. 우리 두 사람이 좋은 길동무가 될 겁니다."

수다쟁이 "기꺼이 동무가 되겠습니다."

믿음 "자, 그럼 같이 갑시다. 유익한 이야기 나누며 함께 가보도록 하지요."

수다쟁이 "유익한 이야기라니, 아주 마음에 드는군요. 그런 선한 일을 하고 싶어 하는 분들을 만나서 반갑습니다. 사실, 길을 가면서 유익한 이야기를 하려는 사람은 거의 없고, 대개는 쓸데없는 잡담으로 시간을 보내려 하거든요. 그래서 늘 머리가 아팠습니다."

믿음 "정말 안타까운 일이지요. 사람이 입과 혀로 할 수 있는 일 중

에 하늘에 계신 하나님 이야기를 하는 것만큼 가치 있는 일이 세상에 어디 있겠습니까?"

수다쟁이 "아주 마음에 드는 분이군요, 하시는 말씀이 확신에 가득 차 있어요. 한 마디 덧붙이자면, 하나님의 일을 이야기하는 것만큼 기분 좋고 유익한 일이 어디 있겠습니까? 어떤 일이 그만큼 유쾌할까요?(그러니까, 사람이 경이로운 일에 기쁨을 느낀다면 말입니다) 예를 들어, 역사 이야기나 신비한 일 이야기를 좋아하는 사람이라면, 기적이나 기이한 일 혹은 징조에 관해 이야기하기를 좋아하는 사람이라면, 성경만큼 그런 일들이 재미있고 머리에 쏙쏙 들어오게 기록된 책을 어디에서 찾을 수 있겠습니까?"

믿음 "맞습니다, 그런 이야기에서 유익을 얻는 게 우리의 목적이 되어야 할 겁니다."

수다쟁이 "내 말이 바로 그 말입니다. 그런 이야기야말로 가장 유익한 이야기니까요. 그렇게 해서 사람은 이 땅의 덧없는 일에 대해서와 마찬가지로 위에 있는 일들의 은혜에 대해서도 많은 지식을 얻을 수 있으니까요. 대체로 그렇지만 좀 더 구체적으로는 그런 이야기를 통해 거듭남의 필요성, 우리 공로의 불충분성, 그리스도의 의의 필요성 등에 대해 알게 될 겁니다. 또한 그런 이야기를 통해 회개한다는 게 무슨 의미인지, 믿는다는 것, 기도한다는 것, 고난을 겪는 것 등이 무슨 의미인지도 알게 될 겁니다. 또한 그렇게 해서 복음의 큰 약속과 위로가 무엇인지 알고 스스로 위안을 얻게 될 겁니다. 더 나아가 그런 이야기를 통해 그릇된 견해를 물리치고 진리를 변호하며 무지한 이들을 가르치는 법도 알게 될 겁니다."

믿음 "구구절절 맞는 말씀입니다. 이런 이야기를 듣게 되다니 정말 반갑습니다."

수다쟁이 "아! 이런 이야기가 오가지 않는 것이 원인이 되어, 영생을 얻기 위해 믿음이 필요하고 자기 영혼에 은혜의 역사가 있어야 한다는 것을 깨닫는 이가 그리 적은 거겠지요. 그러고는 무지한 상태에서 율법의 역사로 살아가고요. 율법의 일로는 사람이 절대 천국을 얻을 수 없는데 말입니다."

믿음 "그런데, 말씀 중에 죄송합니다만, 천국에 관한 지식은 하나님의 선물이지요. 인간의 노력으로는, 혹은 천국에 관한 이야기만으로는 누구도 그 지식에 이를 수 없습니다."

수다쟁이 "잘 알고 있습니다. 하늘에서 주어지지 않으면 인간은 아무것도 받을 수 없지요. 모든 게 다 은혜로 되는 일이지 행위로 되는 일은 아닙니다. 이 점을 확인하기 위해서라면 관련 성경 구절을 얼마든지 제시할 수 있습니다."

믿음 네, 그런데 오늘은 어떤 주제로 대화를 나눠 볼까요?"

수다쟁이 "원하시는 대로요. 천국 이야기도 좋고 이 세상 이야기도 좋고, 도덕 문제나 복음에 관한 이야기도 좋고, 성스러운 일이나 세속적인 일에 관해서도, 과거 일이나 미래 일에 관해서도 이야기할 수 있습니다. 낯선 이야기도 좋고 친숙한 이야기도 좋습니다.

좀 더 본질적인 일에 관해 이야기해도 좋고 부수적인 일 이야기도 좋습니다. 유익하기만 하다면 말입니다."

무슨 이야기를 나눠야 좋을지 생각해 보던 믿음은 내내 혼자 걷고 있던 크리스천에게 다가가 가만히 말을 건넸다.

"얼마나 멋진 길동무가 생겼는지! 이 사람은 순례 여정을 아주 탁월하게 이끌어 갈 것이 분명해요." 믿음의 말에 크리스천은 보일 듯 말듯 미소를 지으며 입을 열었다.

"형제님이 홀딱 마음을 주어 버린 것 같은데, 저 사람은 그 혀를 가지고 자기를 잘 모르는 사람 스무 명쯤은 속여 넘길 겁니다."

믿음 "그럼, 저 사람을 아세요?"

크리스천 "알다마다요! 저 사람 자신보다 더 잘 알 걸요."

믿음 "말해 주세요, 저 사람 어떤 사람입니까?"

크리스천 "저 사람 이름은 수다쟁이입니다. 우리 동네에 살지요. 형제님이 저 사람을 잘 모르다니 이상한데, 아마 우리 동네가 넓어서 그런가 봅니다."

믿음 "저 사람은 누구의 아들입니까? 우리 동네 어디쯤에 사는지요?"

크리스천 "저 사람은 달변(Say-well)의 아들입니다. 말 많은 거리(Prating Row)에 살아요. 아는 사람들 사이에서는 말 많은 거리의 수다쟁이라는 이름으로 통합니다. 말은 번드르르하게 잘하지만 딱한 친구지요."

믿음 "그렇군요, 아주 멋진 사람 같아 보이는데요."

크리스천 "잘 모르는 사람에게는 그렇게 보입니다. 멀리서 보면 더할 나위 없이 멋지니까요, 하지만 가까이 알고 지내면 추하기 그지없습니다. 멋진 사람이라고 하시니 생각나는군요. 어떤 화가의 그림을 봤는데, 멀리서 보면 최고인데 아주 가까이에서 보면 썩 만족스럽지 않더군요."

믿음 "웃으며 말씀하시는 걸 보니 농담인 것 같은데요."

크리스천 (여전히 미소 짓는 얼굴로) "이런 일에 농담은 하나님이 금하십니다. 잘 알지도 못하면서 누군가를 비난해서도 안 되고요! 저 사람에 대해 좀 더 알려드릴게요. 저 사람은 누구하고 어떤 화제로든 대화할 수 있는 사람입니다. 술좌석에서도 방금 형제님과 이야기한 것처럼 이야기할 것입니다. 술이 차오를수록 말도 많아지요. 저 사람 마음에 신앙은 없습니다. 집에도, 대화에도 신앙이 있을 자리가 없어요. 가진 거라고는 혀뿐이고, 그저 소리 내서 떠드는 게 저 사람의 종교입니다."

　수다쟁이는 참 신자처럼 보인다. 감동적일 만큼 성경에 통달한 것 같고, 성경에 대해 열심히 설득력 있게 말한다. 하지만 이

사람의 성경 지식은 추상적일 뿐 경험에 근거한 지식이 아니다. 이 사람의 마음에는 진실한 회개가 없고, 그리스도를 믿는 진짜 믿음도 없으며, 따라서 삶의 변화도 없다. 언뜻 보기에는 세련되고 존경할 만하게 하나님을 따르는 사람으로 보이지만, 진짜로 이 사람을 아는 이들은 달리 말한다. 이 사람은 타인을 무자비하게 학대하고, 거짓말하고, 속인다. 이 사람의 행실은 세상의 길과 구별되어 있지 않고, 타인을 넘어지게 만든다. 이런 식으로 수다쟁이는 한낱 말만으로도 구원에 이르는 믿음의 증거가 되기에 충분하다고 여김으로써 기독교를 세상에 잘못 나타내고 "자기 영혼을 기만한다."

믿음 "그 정도로군요! 그렇다면 내가 이 사람에게 크게 속았군요."

크리스천 "속았지요! 속은 게 확실해요. '그들은 말만 하고 행하지 아니하며'(마 23:3)라는 말씀을 기억하세요. '하나님의 나라는 말에 있지 아니하고 오직 능력에 있음이라'(고전 4:20)라는 말씀도 있지요. 저 사람은 기도를 말하고, 회개를 말하고, 믿음에 대해, 그리고 거듭남에 대해 말하지만, 아는 거라고는 그렇게 떠들어대는 것뿐입니다. 나는 저 사람 집에도 가 봤고, 집안에서의 모습과 집 밖에서의 모습을 다 봤습니다. 내가 저 사람에 대해 하는 말은 다 사실입니다. 그의 집은 신앙의 자취가 없어, 마치 계란 흰자처럼 아무

맛이 없었어요. 기도도 없고 죄를 회개했다는 징후도 없지요. 저 사람보다는 오히려 비슷한 부류의 짐승이 하나님을 훨씬 더 잘 섬길 겁니다. 저 사람을 아는 이들에게 저 사람은 신앙의 오점 그 자체, 신앙의 치욕이요 수치입니다. 저 사람 사는 동네에서는 저 사람 때문에 신자들이 좋은 말을 들을 수가 없어요(롬 2:24~25). 아는 사람들은 입을 모아 말한답니다. 밖에서는 성자(聖者)요 안에서는 악마라고요. 가엾은 가족들도 다 아는 사실이지요. 구두쇠에다, 입에는 욕을 달고 살고, 하인들에게 얼마나 못되게 구는지, 저 사람 앞에서는 모두 무얼 해야 할지 모르고, 무슨 말을 해야 할지 몰라 쩔쩔맨답니다. 저 사람과 어떤 식으로든 거래를 해본 사람은 차라리 튀르키예 상인과 거래하는 게 낫겠다고 말한답니다. 훨씬 더 공정한 거래를 하게 될 테니 말입니다. 이 수다쟁이는 할 수만 있다면 남들을 넘어서려 하고, 사기를 치려고 하고, 속이려 하고, 기만하려 할 겁니다. 게다가 자기 아들들도 자기와 똑같은 사람으로 키우고 있어요. 아들 중에 누구 하나가 미련하게 겁을 내기라도 하면(양심이 예민해서 얼핏 그렇게 보일 수도 있는데, 그걸 미련하게 겁을 낸다고 한답니다) 당장에 바보 멍텅구리라고 욕하면서, 절대 일을 맡기지도 않고 남들 앞에서 칭찬하는 법도 없지요. 내가 생각하기에 저 사람은 그렇게 사악하게 살면서 많은 이들을 실족시키고 넘어뜨렸을 겁니다. 그리고 하나님이 막지 않으시면 더 많은 이들의 삶을 망가뜨릴 겁니다."

믿음 "저런, 형제님, 그 말을 믿을 수밖에 없군요. 형제님은 저 사람을 잘 알 뿐만 아니라 그리스도인답게 다른 사람에 대해 평가하고 말하니까요. 악의를 가지고 이런 말을 하는 거라고는 생각할 수 없군요. 사실이 그러니까 그렇게 말씀하는 거겠지요."

수다쟁이는 하나님에 관한 일들을 논하기 좋아한다. 하지만 왜일까? 자기 목소리를 좋아하기 때문이다. 믿음은 목표를 명확히 한다는 점에서 옳다. "[하나님에 관한 일들을 논함으로써] 유익을 얻는 게 우리의 목적이 되어야 할 겁니다." 이런 대화에는 영적 유익을 도모한다는 목적이 있어야 한다. 에베소서 4장 29절은 우리가 하는 모든 말은 사람을 세워 주고, 이들에게 은혜를 베풀고, 이들에게 유익을 끼치며, 영적 필요를 채워 주는 말이어야 한다고 말한다. 우리 안에 거하시며 우리 삶을 충만케 하시는 말씀과 더불어, 그리고 우리를 인도하시는 성령과 더불어 우리는 지혜로 서로 권면하고, 영적으로 성숙하도록 서로 돕고, 우리의 그런 교제가 하나님께 드리는 예배가 되게 해야 한다(골 3:16).

크리스천 "내가 저 사람을 몰랐다면, 형제님이 저 사람에 대해 처음에 생각했던 것처럼 그렇게 생각했을 겁니다. 신앙을 대적하는 이

들이 저 사람에 대해 그렇게 평가했다면, 나도 중상모략으로 생각했을 겁니다. 악인들의 입에서 선한 사람의 이름과 신앙고백을 비방하는 말이 나오는 경우가 많지 않습니까. 하지만 내가 알고 있는 이 모든 사실과 그 외에도 더 많은 악한 행위에 대해 나는 저 사람이 유죄라는 걸 입증할 수 있습니다. 게다가 선한 사람들은 저 사람을 부끄럽게 여기죠. 그래서 형제라고 하지 않고 친구라고도 하지 않습니다. 저 사람을 아는 이들이라면, 저 사람 이름만 들어도 얼굴이 붉어집니다."

믿음 "그렇군요, 말과 행동이 별개일 수 있다는 걸 이제 알겠습니다. 이제부터는 이 구별에 더 주목해야겠습니다."

크리스천 "정말로 말과 행동은 별개입니다. 그리고 몸과 영혼이 다른 것만큼이나 종류가 다르지요. 영혼 없는 몸은 송장이라는 말이 있듯이, 말과 행동도 따로 놀면 시체와 다름없습니다. 실천적인 부분이 신앙의 영혼이지요. '하나님 아버지 앞에서 정결하고 더러움이 없는 경건은 곧 고아와 과부를 그 환난 중에 돌보고 또 자기를 지켜 세속에 물들지 아니하는 그것이니라'(약 1:27: 22~26절을 보라)라고 했어요. 이 수다쟁이는 이걸 몰라요. 듣기와 말하기만으로도 훌륭한 그리스도인이 될 수 있다고 생각하고는 자기 영혼을 기만하지요. 듣기는 씨 뿌리기일 뿐이고, 말만으로는 그 사람의 마음과 삶에 실제로 열매가 있음을 입증하기에 불충분합니다. 심판 날에 인간은 자기가 맺은 열매에 따라 심판받으리라는 것을 확신합시다(마 13, 25장). 그날이 되면, '네가 믿었느냐?'가 아니라 '너는 행하는 자였느냐, 아니면 말만 하는 자였느냐?'라는 질문을 받게 될 것이고, 그에 따라 심판받을 것입니다. 세상의 종말은 우리의 추수에 비유할 수 있습니다. 그리고 알다시피 추수 때 사람들은 오직 열매만 봅니다. 믿음에서 나지 않은 열매도 받아들여진다는 말이 아닙니다. 내가 이 말을 하는 것은, 수다쟁이의 고백이 그날 얼마나 하찮은 것으로 드러날지 알려 주려는 것이지요."

믿음 "그 말을 들으니, 모세가 정결한 짐승에 대해 한 말이 생각납니다(레 11:3~7; 신 14:6~8). 정결한 짐승은 굽이 갈라지고 새김질하는 짐승이지, 굽만 갈라졌거나 새김질만 하는 짐승은 정결한 짐승이 아니지요. 토끼가 새김질하지만 부정한 짐승인 이유는 굽이 갈라지지 않았기 때문입니다. 참으로 수다쟁이를 닮았습니다. 저 자는 새김질하듯 지식을 추구하고 말씀을 곱씹지만, 굽은 갈라지지 않았습니다. 다시 말해 죄인의 길을 떠나지 못하지요. 토끼와 마찬가지로 발 모양이 개나 곰 같고, 따라서 저 자는 불결한 거로군요."

크리스천 "잘은 모르지만, 형제님 말이 그 본문에 담긴 참 복음적 의미일 겁니다. 한 가지 덧붙이자면, 바울은 어떤 사람들, 그리고 말만 많은 사람들을 소리 나는 구리와 울리는 꽹과리 같다고 했습니다. 성경 다른 곳에서 이 말을 설명하기를, 생명 없이 소리 내는 것들이라고 하고요(고전 13:1~3; 14:7). 생명 없는 것들, 즉 참믿음과 복음의 은혜 없는 것들 말입니다. 결과적으로 이런 것들은 천국에서 생명의 자녀들과 함께 있지 못할 것입니다. 이들이 하는 말은 천사의 말이나 목소리처럼 들릴지라도 말입니다."

"말과 행동이 별개일 수 있다는 걸 이제 알겠다"라고 믿음은 말한다. 그리고 "이제부터는 이 구별에 더 주목해야겠다"라고 한다. 수다쟁이의 신앙고백은 행위가 없는 무익한 고백이다. 남을 돌보고 거룩함을 추구하지 않는다면, 그 사람의 믿음은 죽은 믿음이다(약 1:27; 2:26). "실천적인 부분이 신앙의 영혼"이라고 크리스천은 말한다. 예수는 자신이 가르치는 것을 알 뿐만 아니라 이를 행하는 데서 복이 온다고 말씀하시는데, 수다쟁이는 바로 이 복을 놓치고 있다(요 13:17). 신자의 빛은 선한 행위를 통해 어두운 세상에서 반짝이며, 이 선한 행위는 하나님을 반영한다(마 5:16). 수다쟁이는 옳은 일을 행하지 못함으로써 자신이 하나님의 자녀가 아님을 입증한다(요일 3:10). "마음속에서 일어나는 은혜의 역사"는 경건한 사랑의 행위를 통해 표현된다.

믿음 "처음에는 저 사람과 동행하는 게 그다지 좋지만은 않겠다 정도였는데, 말씀을 다 듣고 나니 이제 몸서리가 쳐지는군요. 저자를 떨쳐 버리려면 어떻게 해야 할까요?"

크리스천 "내 조언을 들으시고 그대로 하세요, 그러면 저 사람도 곧 넌더리를 내면서 형제님과 동행하기를 거부할 겁니다. 하나님이 저 사람 마음을 감동시켜서 돌이키게 하시지 않는다면 말입니다."

믿음 "어떻게 하면 됩니까?"

크리스천 "자, 저 사람에게 가서 신앙의 능력에 관해 좀 진지한 대화를 시작하세요. 그리고 (대화에 응하면, 아마 응할 겁니다) 당신 마음에, 당신 가정에, 당신이 나누는 대화에 이런 능력이 자리 잡고 있느냐고 물어보세요."

이리하여 믿음은 다시 수다쟁이 쪽으로 다가가 말을 붙였다.
"저, 실례 많았습니다. 기분은 어떠신지요?"

수다쟁이 "감사합니다, 좋아요. 지금까지 계속 대화했다면 더 많은 이야기를 나눴을 텐데요."

믿음 "그러게요, 괜찮으시다면 다시 대화를 이어가도록 하지요. 질문은 제게 일임하신다고 했으니 이 문제부터 시작해 보지요. 하나님의 구원의 은혜가 사람의 마음에 임하면 그 은혜는 어떤 모습으로 드러날까요?"

수다쟁이 "그러니까, 어떤 일의 능력에 관해 이야기를 해보자는 뜻이군요. 좋아요, 아주 좋은 질문입니다. 기꺼이 답변하지요. 간단히 대답하자면 이렇습니다. 첫째, 하나님의 은혜가 사람의 마음에 임하면, 죄를 격렬히 거부하는 소리를 내게 되지요. 둘째 - "

믿음 "아니, 잠깐만요. 한 번에 한 가지씩만 생각해 봅시다. 내 생각에는 '하나님의 은혜는 그 영혼이 자기 죄를 혐오하게 만드는 것으로써 드러난다'고 말해야 할 것 같은데요."

수다쟁이 "아니, 큰 소리로 죄를 거부하는 것과 죄를 혐오하는 것이 뭐가 다릅니까?"

믿음 "오, 매우 다르지요. 어떤 정책이 죄라고 큰 소리로 거부할 수는 있지만, 그건 그 죄를 혐오해서가 아니라 그 죄에 대한 경건한 반감 때문에 그런 것일 수 있습니다. 설교자가 강단에서 죄를 반대한다고 부르짖는 소리를 많이 들었지만, 그러면서 그 설교자가 여전히 마음속으로나 자기 집에서나 대화 가운데서 죄와 멀쩡히 동거하는 경우가 있거든요. 요셉을 유혹하던 여자는 큰 소리로 부르짖었습니다. 자기가 매우 거룩한 사람인 양 말이지요. 하지만 그 여자는 요셉을 상대로 거리낌 없이 부정한 짓을 저지르려 한 사람입니다. 또 어떤 사람이 죄를 큰 소리로 반대하는 것을 보면, 마치 어머니가 무릎에 앉힌 아이를 보고 못 되고 버릇없다고 야단을 치다가 곧 아이를 껴안고 입을 맞추곤 하는 것과 비슷합니다."

수다쟁이 "함정을 파 놓고 기다리시는군요."

믿음 "아닙니다, 그렇지 않습니다. 단지 일을 바로잡으려 할 뿐입니다. 그럼, 이제 마음속에 은혜의 역사가 일어나고 있다는 걸 증명하는 두 번째 사실은 무엇입니까?"

수다쟁이 "복음의 신비에 대한 많은 지식입니다."

믿음 "그게 오히려 첫 번째 증표여야 할 것 같군요. 하지만 첫 번째 증표든 마지막 증표든, 틀리기는 마찬가지입니다. 복음의 신비에 대해 지식, 많은 지식을 얻을지라도 영혼 안에 은혜의 역사가 없을 수 있기 때문입니다(고전 13장). 네, 온갖 지식을 다 가졌을지라도 그 사람은 아무것도 아닐 수 있고, 따라서 하나님의 자녀가 아닐 수 있습니다. 그리스도께서 '너희가 이 모든 것을 다 아느냐?'라고 물으셨을 때 제자들은 '예'라고 대답했습니다. 그러자 그분은 '이것을 행하는 자들에게 복이 있으리라'라고 덧붙이셨지요.

그리스도께서는 아는 자들에게가 아니라 행하는 자들에게 복을 주십니다. 행함이 따르지 않는 지식도 있기 때문입니다. 자기 주인의 뜻을 알기는 하지만 행하지는 않는 겁니다. 사람이 천사만큼 많이 알고도 여전히 그리스도인이 아닐 수 있습니다. 따라서 지식은 참된 증표가 아닙니다. 사실 안다는 것은 말하기 좋아하는 사람과 자랑하기 좋아하는 사람에게나 달갑지만, 행함은 하나님을 기쁘시게 합니다. 그렇다고 해서 사람의 마음이 지식 없이도 선할 수 있다는 뜻은 아닙니다. 지식이 없으면 마음은 무가치합니다. 그래서 지식에도 종류가 있습니다. 사물을 그저 숙고하는 데 머무는 지식이 있고, 믿음과 사랑의 은혜에 동반되는 지식이 있습니다. 이 두 번째 지식이 있어야 사람이 마음으로부터 하나님의 뜻을 행하게 됩니다. 첫 번째 지식은 말하기 좋아하는 사람들을 위한 지식으로, 참 그리스도인은 두 번째 지식이 없이는 만족하지 않습니다. '나로 하여금 깨닫게 하여 주소서 내가 주의 법을 준행하며 전심으로 지키리이다'(시 119:34)."

수다쟁이 "또 함정을 파놓으시네요. 그런 수법은 덕이 되지 못합니다."

믿음 "그렇다면, 이 은혜의 역사가 있는 곳에서 그 역사가 어떤 식으로 나타나는지 다른 증표를 제시해 보시지요."

수다쟁이 "아니, 그만하겠습니다. 말해 봤자 결국 의견이 다를 테니까요."

믿음 "그러시다면, 제가 한번 말해볼까요?"

수다쟁이 "좋으실 대로."

"말만으로는 그 사람의 마음과 삶에 실제로 열매가 있음을 입증하기에 불충분합니다. … 인간은 자기가 맺은 열매에 따라 심판받을 것입니다"라고 크리스천은 말한다. 우리가 선한 열매를 맺을 수 있는 유일한 길은, 유일하게 선하신 분이 우리 안에 살아 역사하시면서 우리의 본성을 그분의 본성과 비슷하게 다시 만드시는 것뿐이다. 이 열매는 기독교에 대해 알거나 하나님께 순종하려는 마음을 가짐으로써 맺어지는 게 아니라, 실제로 우리 죄에서 돌이켜서 하나님께 우리 마음을 열고 날마다 우리를 다스려 주시기를 그분께 청하는 데서 맺어진다. 이럴 때 우리는 남에게 은혜와 희생적 사랑을 베풀게 될 것이고, 인내하며 자제하게 될 것이다. 이럴 때 우리는 기도할 것이고, 섬길 것이며, 거룩하게 될 것이다. 우리 마음의 특성은 우리가 사는 방식을 통해 표출되며, 하나님은 회개를 입증하는 열매를 기뻐하실 것이다(마 3:8).

믿음 "사람의 마음속에서 일어나는 은혜의 역사는 당사자 아니면 주변 사람들에게 저절로 드러납니다. 당사자에게는 이런 식으로 드러납니다. 먼저 죄를 자각하게 됩니다. 특히 자기 본성이 더럽혀졌다는 사실과 불신앙의 죄(예수 그리스도를 믿는 믿음으로 하나님의 손에서 자비를 찾지 못하면 이 사람은 이 죄 때문에 저주받을 것이 확실합니다)를 깨닫게 되지요(요 16:8; 롬 7:24; 요 16:9; 막 16:16). 이런 일들을 보고 인식함에 따라 그 사람 안에 슬픔이 생겨나고 죄에 대한 부끄러움이 생겨나며, 더 나아가 자기 안에 세상의 구주가 계시되었고 평생 그분과 가까이 있어야 할 절대적 필요성이 드러났다는 것을 알게 됩니다. 그리고 이어서 그분에 대한 굶주림과 갈증이 생겨나고, 이 굶주림과 갈증에 대해서도 약속이 주어집니다(시 38:18; 렘 31:19; 갈 2:16; 행 4:12; 마 5:6; 계 21:6). 이제, 구주를 믿는 믿음이 강한가 약한가에 따라 그 사람의 기쁨과 평안이 좌우되고 거룩함을 사랑하는 마음이 좌우되며 그분을 더 알고자 하고 이 세상에서 그분을 섬기고자 하는 소원도 좌우됩니다. 은혜의 역사가 이런 식으로 그 사람에게 저절로 드러난다고 말은 하지만, 이것이 바로 은혜의 역사라고 당사자가 단언할 수 있는 경우는 드뭅니다. 왜냐하면 사람에게는 부패성이 있고 이성을 오용하기 때문에 이 문제에서 잘못된 판단을 내리게 되기 때문이지요. 그러므로 은혜의 역사가 나타나는 사람에게는 매우 건전한 판단력이 요구됩니다. 그래야 자신에게 나타나는 것이 은혜의 역사라고 확고하게 결론 내릴 수 있습니다. 그리고 주변 사람들에게는 이 은혜의 역사가 다음과 같이 나타납니다.

첫째, 경험을 바탕으로 그리스도를 믿는 믿음을 고백하는 모습을 통해 드러납니다(롬 10:10; 빌 1:27; 마 5:19).

둘째, 그 고백에 책임지는 삶, 즉 거룩한 삶과 거룩한 마음과 거룩한 가정(가정이 있는 경우)을 유지함으로써 드러나고, 본질적으로 자기 죄를 미워하고 그 죄로 인해 은밀히 자기를 미워하라고 가르치고, 가정에서는 죄를 억제하고 세상에서는 거룩함을 증진하라고 가르치며, 외식하는 사람이나 말만 앞세우는 사람들처럼 말로만

하지 말고 믿음과 사랑으로 말씀의 능력에 실천적으로 순복하라고 가르치는 거룩한 대화를 함으로써 드러납니다(요 14:15; 시 50:23; 욥 42:5~6; 겔 20:43). 자, 선생님, 은혜의 역사를 이렇게 짤막하게 설명했고 그 역사가 어떻게 드러나는지에 대해서도 설명했는데, 혹시 이의가 있다면 말씀해 주세요. 이의가 없으면 두 번째 질문으로 들어가겠습니다."

수다쟁이 "아니요, 지금은 이의를 제기할 입장이 아니고 경청해야 할 입장입니다. 그러니 두 번째 질문을 해보시지요."

믿음 "은혜의 역사에 대해 내가 설명한 내용을 실제로 체험하십니까? 선생님의 삶과 일상 대화가 그것을 증명합니까? 선생님의 신앙은 행함과 진리에 있지 않고 말과 혀에만 있지는 않습니까? 이 질문에 답변하고픈 마음이 있다면, 위에 계신 하나님이 아멘 하실 거라고만 대답하세요. 그리고 오직 선생님의 양심이 증명하는 것 외에는 아무 말도 하지 마세요. 옳다고 인정받는 사람은 자기를 칭찬하는 사람이 아니라 오직 주께서 칭찬하시는 사람이니까요. 내가 하는 대화도, 이웃들의 증언도 내가 거짓말한다고 말하는데, 혼자서 나는 이렇다 저렇다 하는 것은 큰 악입니다."

그러자 수다쟁이는 처음에 얼굴이 붉으락푸르락하다가 이내 침착을 되찾고 이렇게 대답했다.

"당신은 지금 경험이니 양심이니 하나님을 운운하면서 하나님께 호소해서 자기가 한 말이 옳다는 걸 인정받으려 하는군요. 이런 대화를 기대하지는 않았습니다. 그런 질문에 답변하고 싶지도 않고요. 당신이 교리문답 교사라면 모를까 내가 질문에 답변할 의무도 없습니다. 설령 당신이 교사라 할지라도 내 재판관 노릇은 거절하겠습니다. 한 가지, 왜 나한테 그런 질문을 하는지 이유를 말해 줄 수 있습니까?"

믿음 "말하려는 의욕이 넘쳐 보였기 때문이지요, 개념에 대한 지식 말고 뭔가가 더 있는지도 잘 모르겠고요. 그리고 사실을 말하자면, 선생님에 관해 들은 말이 있어서요. 말로만 믿는 사람이라고도 하고, 대화를 나눠 보면 입으로 하는 고백이 거짓이라는 걸 알 수 있다고 하더군요. 사람들 말이, 선생은 그리스도인들 사이에서 오점(汚點)이라더군요. 당신의 경건치 못한 대화 때문에 신앙이 욕을 먹는다고도 하고요. 당신의 악한 행실 때문에 이미 실족해 넘어진 사람도 있고, 인생이 망가질 위험에 처한 사람은 더 많다고 하더군요. 당신의 신앙, 당신이 드나드는 술집, 당신의 탐욕, 불결함, 욕설, 거짓말, 허울뿐인 친구 관계 등이 다 하나로 얽혀 있습니다. 미꾸라지 한 마리가 온 웅덩이를 흐린다는 속담처럼, 당신은 믿음을 고백하는 모든 이들에게 수치입니다."

수다쟁이 "소문만 듣고 그렇게 경솔하게 판단하려고 하다니 성미 까다롭거나 우울한 사람이라고 결론 내리지 않을 수 없군요. 내 대화 상대로는 적합하지 않아요. 잘 가시오."

그 때 크리스천이 나타나 믿음에게 말했다.

"일이 어떻게 되어갈지 내가 말했잖습니까. 형제님의 말과 저 친구의 정욕은 어울릴 수가 없어요. 저 사람은 자기 삶을 바로잡기보다는 형제님과 동행하지 않는 편을 택했습니다. 그리고 내가 말한 것처럼 가버렸지요. 가게 내버려 둡시다. 손해 보는 건 저 사람이니까. 덕분에 힘 안 들이고 저자를 떨쳐내지 않았습니까. 안 그랬다면 계속 저런 식으로 행동하면서(짐작건대 분명히 그랬을 겁니다) 우리가 동행하는 길에 오점으로 남았을 겁니다. 사도 바울도 '이 같은 자들에게서 네가 돌아서라'라고 하지 않았습니까."

믿음 "그래도 이렇게 짧게나마 저 사람과 대화를 나눌 수 있어서 다행입니다. 저 사람이 우리 대화를 다시 한번 떠올릴 수도 있으니까요. 어쨌든 해야 할 말은 분명히 해 주었으므로 설령 저 사람이 멸망한다 해도 나는 그 피에 대해 결백합니다."

크리스천 "아주 알아듣기 쉽게 말씀해 주셨으니 잘하신 겁니다. 요즘에는 사람을 이렇게 성실하게 대하는 일이 별로 없어요. 그래서 신앙이 많은 이들에게 그렇게 고약한 냄새를 풍기는 거겠지요. 신앙을 가졌다는 사람들이 말만 앞세우는 수다스러운 바보들인 데다가, (경건한 사람들의 무리에 끼어들어서) 방탕하고 무익한 이야기나 떠들어대서 세상을 어리둥절하게 만들고 기독교 신앙의 명예를 더럽히고 진실한 사람들을 슬프게 만드니까요. 저런 사람을 대할 때는 모두 형제님처럼 하면 좋겠어요. 그러면 이런 신앙이라면 한번 따라볼 만하다고 생각하게 되든지 아니면 성도들과의 사귐이 내게는 무리로구나 하든지 둘 중 하나가 되겠지요."

그러자 믿음이 이렇게 말했다.

"수다쟁이가 처음에는 얼마나 고고했는지!
말은 또 얼마나 멋들어졌는지!
만인을 자기 앞으로 끌어내릴 것처럼 굴었지!
그러나 믿음이 마음에서 일어나는 일을 이야기하자
보름 지난 달처럼 이지러지다 사라져가네.
모두 다 그러하리, 마음에 역사하시는 분께서 아시는 자 외에는."

이렇게 해서 두 사람은 지금까지 있었던 일에 이야기하며 계속 길을 갔다. 지루했을 길이 덕분에 수월해졌다. 이제 두 사람은 광야를 지나고 있었으니 말이다.

08

허영 시장에서 박해당하다

제 광야를 거의 다 벗어날 때쯤, 믿음이 우연히 뒤를 돌아보다가, 어떤 사람이 뒤따라오는 것을 보았다. 그런데 가만히 보니 아는 사람이었다.

믿음이 크리스천을 향해 "오, 저기 누가 오네요?"라고 하자 크리스천이 뒤를 돌아보고 말했다.

"나의 좋은 친구 전도자님이군요."

"아, 저분은 내게도 좋은 친구지요. 좁은 문으로 가라고 한 사람이 저 분이었으니까요." 이윽고 전도자가 두 사람이 있는 곳에 이르러 인사를 했다.

전도자 "평안하신지요, 친애하는 두 분. 두 분을 도와주신 분들에게도 평안을 전합니다."

크리스천 "어서 오십시오, 어서 오세요, 선하신 전도자님. 전도자님을 뵈니 전에 저의 영원한 유익을 위해 친절을 베풀어 주시고 지칠 줄 모르고 수고해 주신 일이 생각납니다."

믿음 "수백 번 거듭 환영합니다. 친절하신 전도자님, 이렇게 함께 해 주시다니 우리 가여운 순례자들에게 얼마나 바람직한 일인지요!"

전도자 "지난번 작별한 뒤로 어떻게 지냈습니까, 친구분들? 어떤 일을 겪었고, 어떻게 행동하셨는지요?"

전도자의 질문에 크리스천과 믿음은 그동안 어떤 어려움을 헤치고 어떻게 이곳까지 오게 되었는지, 하나도 빠짐없이 이야기했다.

전도자 "대단히 기쁘군요. 두 분이 그런 시련을 당해서가 아니라 그 시련을 이겨내고 승리자가 되어서 말입니다. 게다가 여러 가지 연약함에도 불구하고 바로 이날까지 여정을 이어왔다는 것도 기쁩니다. 이 기쁨은 나를 위한 것일 뿐만 아니라 두 분을 위한 것입니다. 나는 씨를 뿌렸고, 두 분은 거두었습니다. 씨 뿌린 자와 거두는 자 모두 함께 기뻐할 날이 다가오고 있습니다. 두 분이 포기하지 않고 잘 견뎌내면 때가 이르러 거두게 될 것입니다(요 4:36; 갈 6:9). 면류관이 두 분 앞에 있고, 그 면류관은 썩지 않는 면류관입니다. 그러니 달려가서 잡으십시오(고전 9:24~27). 이 면류관을 얻으려고 길을 나서서 멀리까지 갔는데 다른 사람이 끼어들어 가져가 버리는 경우도 있습니다. 그러니 가진 것을 굳게 잡아 아무도 빼앗아 가지 못하게 하세요(계 3:11). 두 분은 아직 마귀가 공격해 올 수 있는 영역을 벗어나지 못했습니다. 죄에 맞서 피투성이가 될 만큼 싸우며 저항하지도 않았고요. 언제나 천국을 눈앞에 그리도록 하고, 보이지 않는 일들에 관해 꾸준히 믿음을 유지하세요. 이편 세상의 그 어떤 일도 두 분 마음에 깃들지 못하게 하세요. 그리고 무엇보다도 자기 마음을, 그리고 마음의 정욕을 잘 살피시기를 바랍니다. '만물보다 거짓되고 심히 부패한 것은 마음'(렘 17:9)이니까요. '얼굴을 부싯돌같이 굳게'(사 50:7) 하세요. 하늘과 땅의 모든 능력이 다 두 분 편입니다."

여기까지 이야기를 들은 크리스천은 전도자의 권면에 고마움을 표하면서, 앞으로 남은 길에 도움이 되도록 더 많은 이야기를 해주었으면 한다고 했다. 또한 전도자가 선지자임을 잘 알고 있으니, 앞으로 자신들에게 어떤 일이 있을지, 그리고 자신들이 어떻게 하면 그 모든 일을 견디고 이겨낼 수 있는지도 말해 줄 수 있지 않겠느냐고 했다. 믿음도 크리스천의 이 요청에 동의했으므로 전도자는 다음과 같이 이야기하기 시작했다.

전도자 "형제들이여, 두 분이 복음의 진리를 통해 들어 알고 있다시피 천국에 들어가려면 많은 환란을 겪어야 합니다(행 14:22). 또한 어느 도시에 가든 결박과 환난이 두 분과 함께 할 것입니다(행 20:23). 따라서 장시간 이런저런 어려움 없이 순례 여정이 이어지기를 기대할 수는 없습니다. 그게 사실임은 지금까지의 여정이 이미 증명했고, 더 많은 증거가 곧 뒤따를 것입니다. 알다시피 지금 두 분은 이 광야를 거의 다 지나왔습니다. 그래서 머지않아 점차 모습을 드러낼 한 성읍에 곧 도착할 것입니다. 그 성읍에 가면 두 분은 원수들에게 몹시 시달릴 텐데, 이들은 두 분을 심히 괴롭힐 뿐만 아니라 결국은 죽일 것입니다. 두 분 중 한 분은 피로써 두 분이 지닌 증거를 확증하게 되리라는 것을 명심하십시오. 그러나 죽기까지 충성하시길 바랍니다. 그러면 왕께서 두 분에게 생명의 면류관을 주실 것입니다. 그곳에서 죽게 될 분은, 비록 그 죽음은 잔혹하고 고통은 엄청나겠지만, 죽지 않고 살아남은 벗보다 더 좋은 것을 얻게 됩니다. 천상의 도시에 먼저 도착할 수 있을 뿐만 아니라 살아남은 벗이 남아 있는 여정에서 겪게 될 수많은 고통을 면하게 될 테니까요. 하지만 성읍에 도착해서 내가 지금 이야기한 일들이 실현되는 것을 보게 되면, 옆에 있는 벗을 기억하시고, 남자답게 행동하시고, 신실하신 창조주께 하듯 선하신 하나님께 영혼을 의탁하시기를 바랍니다."

전도자는 크리스천과 믿음의 상태를 점검하고 허영 시장에서 겪게 될 험난한 시련을 미리 준비시킨다. 전도자는 하나님의 보이지 않는 현실을 기억하라고, 두 사람은 영원한 기쁨과 상급이 있는 더 좋은 땅을 향해 가고 있는 것임을 기억하라고 말한다(히 11:16). 전도자는 그리스도께 대한 충성 때문에 두 사람 중 하나 또는 두 사람 모두 죽게 될 것이라고 경고한다. 하나님의 도

FRENCH Row
Britain Row
ITALIAN ROW

움으로 이들은 거룩함에 전념한 상태로 "피 흘리기까지" 유혹에 저항할 수 있다. 전도자는 "하늘과 땅의 모든 능력이 다 두 사람 편"이라고 두 사람에게 힘을 북돋아 주면서 하나님의 돌보심에 두 사람을 맡긴다.

이어서 내가 보니 광야를 벗어난 두 사람 앞에 한 성읍이 곧 나타났는데, 성읍의 이름은 허영(Vanity)이었다. 그리고 그 성읍에는 허영 시장(Vanity Fair)이라는 장이 열리고 있었다. 장은 일 년 내내 섰는데, 이 장이 허영 시장이라는 이름을 갖게 된 것은, 장이 열리는 성읍이 허영보다 더 경망스러운 곳이기 때문이었고, 또한 그 장에서 팔리는 것들이나 장에서 일어나는 일들이 다 헛되기 때문이었다. 지혜자의 말처럼 "다가올 일은 다 헛되다"(전 1장; 2:11, 17; 11:8; 사 11:17).

이 장은 새로 생겨난 곳이 아니라 옛날부터 계속 있던 곳인데, 이 장의 기원(起源)을 이제 설명해 보겠다.

거의 오천여 년 전, 천상의 도시를 향해 가는 순례자들이 있었다. 이들은 크리스천과 믿음만큼 정직한 사람들이었는데, 바알세불(Beelzebub)과 아볼루온, 그리고 군대(Legion)라는 마귀 무리가 이 순례자들이 길을 가는 중에 허영이라는 이 성읍을 통과한다는 것을 알아내고는, 이곳에 장을 세울 음모를 꾸몄다. 이 장은 온갖 허영을 사고팔면서 일 년 내내 서는 장이어야 했다. 그래서 이 장에서는 집·땅·

직업·신분·명예·고위직·직함·나라·왕국·정욕·쾌락·온갖 기쁨과 같은 상품을 취급했고, 매춘부·포주·아내·남편·자녀·주인·종·생명·피·육체·영혼·은·금·진주·보석·그밖에 정체 모를 물건들도 있었다.

그뿐만 아니라 이 장에서는 눈금을 속이는 사기꾼·갖가지 유희·내기·바보들·부랑자·무뢰배·깡패·그 외 온갖 부류의 인간들을 늘 볼 수 있었다.

또한 이곳에 가면 도둑·살인자·간음한 사람·거짓 맹세자·피 묻히고 다니는 사람을 거저 볼 수 있었다.

잠시 동안 열리는 다른 시장들처럼 이곳에도 고유한 이름을 지닌 거리가 있고 일정한 지구(地區)가 있어서 특정 상품을 사려면 어디로 가야 하는지 알 수 있게 했다. 또한 이곳에는 그럴듯한 장소, 거리, 가로(즉, 나라와 왕국 이름을 딴)가 있어서 이 시장에서 취급하는 상품들을 쉽게 찾을 수 있었다. 예를 들어 영국 거리, 프랑스 거리, 이탈리아 거리, 스페인 거리, 독일 거리 등이 있어서 여기서 몇몇 종류의 허영이 판매되었다. 하지만 어느 한 품목이 그 시장 전체의 대표 품목이 되는 다른 시장과 마찬가지로, 이 시장에서는 로마 물건과 상품들을 가장 중요한 품목으로 크게 내세웠다. 우리 잉글랜드와 다른 몇몇 나라 사람들만 이를 싫어했다.

천상의 도시로 가는 길에는 허영 시장을 통과하는 모험을 감행해야 하는데, 이곳은 세상, 즉 세상의 가치·세상의 유혹거리·세상의 박해를 상징한다. 이 시장은 우상이 될 수 있는 선한 즐거움(가정, 집)뿐만 아니라 무의미한 오락(유희, 내기), 영혼을 파괴하는 방종(매매춘, 살인)을 판매하는 장터다. 마귀와 그의 사악한 천사들이 만들어 낸 이 시장은 극단으로 치닫는 자기중심적 문화로서, 하나같이 감각을 만족시키는 것들뿐이다. 불쾌할 정도로 그 무가치한 상품을 장려하는 이 시장은 손쉽게 황홀감의 물결에 올라타라고 강요하는 힘의 파도로 일렁인다. 누구든 이 힘에 저항하는 사람은 최소한 쓰라린 징벌을 당할 것을 예상해야 한다.

내가 말했듯이 천상의 도시로 가는 길은 욕망 가득한 시장이 열리는 이 성읍을 지나게 되어 있다. 그래서 이 성읍을 지나지 않고 그 도시로 가고자 하는 사람은 세상 밖으로 나가는 수밖에 없다(고전 5:10). 만왕의 왕이신 분도 여기 계실 때 이 성읍을 지나 자신의 나라로 가셨는데, 그때도 장날이었다. 내가 생각하기에 허영의 상품을 사라고 그분을 청한 자는 이 시장의 주인인 바알세불이었다. 실로 그자는 그분을 이 시장의 주인으로 삼고자 했고, 성읍을 지날 때 자신에게 절하게 만들고자 했다(마 4:8; 눅 4:5~7). 바알세불은 그 정도로 고관이었기에, 그분을 이 거리 저 거리로 데리고 다니면서 잠낀 동안 세상의 모든 나라들을 다 보여 주었고, 할 수만 있다면 이 복되신 분을 유혹해서 허영의 상품을 흥정하여 사게 만들려 했다. 하지만 그분은 이 상품들에 아무 관심이 없었고, 그래서 이 허영의 상품에 단 한 푼도 쓰지 않고 성읍을 떠나셨다. 이렇게 이 시장은 역사가 길고, 오래되고, 아주 큰 시장이다.

내가 말했다시피 이제 이 순례자들은 이 시장을 통과해야 했다. 그래서 이들은 그렇게 했다. 하지만, 보라, 이들이 시장으로 들어서는 순간, 그곳의 모든 사람이 동요했고 온 성읍이 이들 두 사람 이야기로 왁자지껄했다. 여기에는 몇 가지 이유가 있었다.

첫째, 순례자들이 입고 있는 옷은 그 시장에서 판매되는 의류와는 아주 다른 옷이었다. 그래서 시장 사람들은 두 사람을 뚫어지게 쳐다보았다. 어떤 이는 두 사람을 가리켜 바보라고 했고 어떤 이는 미치광이라고 했고 또 어떤 이는 외국인이라고 했다(고전 2:7~8).

둘째, 시장 사람들은 두 사람의 옷차림도 이상하게 여겼지만, 이들이 쓰는 말 또한 기이하게 생각했다. 두 사람이 하는 말을 알아듣는 이가 거의 없었다. 두 사람은 당연히 가나안어를 썼지만, 시장 사람들은 이 세상 사람들이었다. 그래서 시장 이쪽 끝에서부터 저쪽 끝까지 이들은 서로에게 야만인으로 보였다.

셋째, 상인들이 순례자들을 별로 탐탁히 여기지 않은 것은, 이 두 사람이 시장의 상품을 매우 하찮게 여겼기 때문이다. 이들은 시장 물건에 그다지 관심이 없어서 거들떠보지도 않았다. 물건을 사라고 부르면 이들은 손가락으로 귀를 틀어막고 달아났다. 이들은 '내 눈을 돌이켜 허탄한 것을 보지 말게 하소서'(시 119:37)라고 하며 눈을 들어 하늘을 바라보았는데, 이는 자신들이 사고팔 것은 하늘에 있다는 신호였다(빌 3:19~20).

어쩌다 어떤 상인이 두 사람의 태도를 바라보며 조롱하듯 "무얼 사려고요?"라고 묻자, 두 사람은 정색하고 "우리는 진리를 삽니다"(잠 23:23)라고 대답했다. 이 일로 시장 사람들은 두 사람을 더욱 싫어하게 되어서, 어떤 이는 조롱했고 어떤 이는 비웃었고 어떤 이는 꾸짖었고 어떤 이는 저들에게 매운맛을 보여주자고 선동했다. 마침내 시장에서는 모든 질서가 다 무너질 만큼 큰 소동과 소요가 일어났고, 이 소식은 곧 시장 주인의 귀에도 들어갔다. 지체 없이 시장으로 내려온 주인은 가장 믿을 만한 친구들을 불러 모은 뒤 도대체 어떻게 했기에 시장이 온통 이 소동인지 이 두 사람을 심문해 보라고 했다.

크리스천과 믿음은 허영 시장에서 눈에 띄게 별난 사람들이다. 이들의 옷차림이나 쓰는 말이나 욕망 등은 시장 사람들과 근본적으로 다르며, 이는 사람들 사이에 적대적인 관심을 불러일

으킨다. 이들은 시장에서 아무것도 사지 않으려 하고 심지어 구경도 거부한 채 귀를 틀어막고 눈을 들어 하늘을 바라본다. 시장에서 이들은 죄에서 돌이켜 예수를 바라보면서 회개하는 모습과 거룩함을 사모하는 모습을 보임으로써 수다쟁이에게 했던 말을 삶으로 보여준다. 크리스천과 믿음은 말만 앞세우지 않고 "영혼을 거슬러 싸우는 육체의 정욕을 제어하라"(벧전 2:11)라는 하나님의 계명에 순종함으로써 행동을 보인다. 하늘에 시민권을 둔 이 외국인들은 세상에 순응하려 하지 않는다. 이들은 세상이 "아버지께로부터 온 것이 아니"라는 것을, "이 세상도, 그 정욕도 지나가되 오직 하나님의 뜻을 행하는 자는 영원히 거"한다는 것을 알고 있다(요일 2:16~17).

이렇게 해서 두 순례자는 심문받게 되었다. 두 사람 앞에 앉은 심문관들은 두 사람이 어디에서 왔고, 어디로 가는 길이며, 그 이상한 옷차림으로 시장에서 무슨 짓을 했느냐고 물었다. 두 사람은 자신들은 순례자요 이 세상의 나그네들로서 지금 본국을 향해 가는 중이고, 그 나라는 하늘에 있는 예루살렘이라고 대답했다(히 11:13~16). 그리고 자신들은 이 성읍 사람들이나 시장 상인들에게 아무 짓도 하지 않았고, 따라서 욕을 먹을 이유도 갈 길을 방해받을 이유

도 없으며, 다만 어떤 상인이 무엇을 사겠느냐고 묻기에 진리를 살 거라고 대답했을 뿐이라고 설명했다. 그러나 심문관으로 임명받은 이들은 두 사람의 말을 믿지 않고 정신병자와 미치광이, 혹은 시장을 온통 엉망으로 만들려고 온 사람으로 여겼다. 그래서 이들은 두 사람을 데려가 두드려 패고 오물을 뒤집어씌운 뒤 철창에 가두어 시장 사람들에게 구경거리가 되게 했다.

보라 허영 시장이여!
순례자들이 족쇄에 묶여 옆에 서 있도다
그럼에도 우리 주님은 이곳을 지나가셨고
갈보리 산에서 죽으셨도다.

"종이 주인보다 더 크지 못하다"라고, "사람들이 나를 박해하였은즉 너희도 박해할 것"이라고 예수는 말씀하셨다(요 15:20). 믿음에 충실한 그리스도인이라면, 박해받을 것을 예상해야 한다. 또한 이들은 시련을 겪을 때마다 소망과 담대함이 균형을 이룬 태도를 보일 수 있다. 버니언도 감옥에 갇힌 비참한 신세였을 때 원한이나 절망에 굴복할 수도 있었지만, 그의 시선은 여전히 예수에게 머물러 있었다. 버니언은 자신의 그 어려운 상황을 결실 맺는 기회로 삼아, 책을 쓰고 다른 투옥자들에게 조언을 해주

었다. 순종할 때 지치지 않도록 힘을 얻은 버니언은 예수의 능력
으로, 그리고 예수가 친히 본을 보이신 태도로 예수를 위해 고난
을 버텨냈다.

이렇게 두 사람은 한동안 옥에 갇힌 채 뭇사람들에게 희롱과 원한,
분풀이의 대상이 되었다. 그러나 시장 주인은 두 사람이 당하는 일을
보면서 웃음을 터뜨릴 뿐이었다. 하지만 두 사람은 묵묵히 견디며 욕
설을 욕설로 갚지 않았고, 오히려 언짢은 말에도 선한 말
로 대꾸하며 복을 빌어 주고, 모욕해도 친절히 대했다. 그
러자 시장 사람들 중에 비교적 편견이 덜한 몇몇 사람들이
두 사람의 이런 모습을 주시하다가, 비열하게 행동하는 사
람들을 제지하면서 이들이 두 사람에게 자꾸 악행을 저지
르는 것을 비난하기 시작했다. 이에 시장 사람들은 성을 내
고 이들에게 덤벼들면서 너희도 철창에 갇힌 자들만큼 나쁜
놈이라고, 너희도 한 패거리 같으니 저자들과 운명을 같이 해
야 할 것이라고 했다. 두 순례자를 옹호하던 이들은 자신들
이 보니 두 사람은 얌전하고 침착해서 누구에게도 해를 끼칠
생각이 없는 것 같다고, 당신들이 능욕하는 이 두 사람보다
는 오히려 시장 사람들 중에 철창에 갇혀 웃음거리가 되어
마땅한 이들이 더 많다고 대꾸했다. 이 와중에도 두 사람

은 이들 앞에서 시종 아주 지혜롭고 침착하게 처신하고 있었으나, 두 패로 나뉜 시장 사람들은 몇 마디 설전을 주고받다가 급기야 자기들끼리 주먹을 날리고 서로 위해를 가했다. 그 후 가여운 두 사람은 다시 심문관 앞으로 끌려 나와 시장에서 벌어진 이번 소동에 대해 책임이 있다는 혐의를 뒤집어썼다. 그리하여 이들은 애처로우리만치 두 사람을 두들겨 팬 뒤 차꼬를 채우고 사슬에 묶어 시장 골목으로 끌고 올라갔다 내려갔다 했다. 보는 이들에게 공포심을 불러일으켜 누구도 이들을 옹호하거나 이들 편이 되지 못하게 하려는 심산이었다. 하지만 크리스천과 믿음은 한층 더 지혜롭게 행동했고, 자신들에게 쏟아지는 치욕과 불명예를 온유와 인내로써 받아들였으며, 그리하여 비교적 소수이긴 하지만 시장 사람 몇몇을 자기편으로 만들었다. 다수의 시장 사람들은 이를 보고 더 큰 분노에 사로잡혀, 결국 이 두 사람을 죽이기로 결론 내렸다. 사람들은 두 사람을 철창에 가두거나 차꼬를 채우는 것만으로는 이들이 끼친 폐해나 시장 사람들을 미혹한 데 대한 처벌이 될 수 없으니 마땅히 죽여야 한다고 을러댔다.

그 후 또 다른 명령이 있을 때까지 두 사람을 다시 철창에 가두라는 지시가 내려졌다. 이에 사람들은 두 순례자를 옥에 가두고 발에 차꼬를 채웠다.

상황이 이렇게 되자 두 사람은 신실한 친구 전도자에게서 들은 말을 다시 떠올렸다. 이곳에서 있을 일을 예측했던 전도자의 말을 떠올려 보니, 자신들이 가는 길이 방해를 받을 것이며 앞으로 고난을 받으리라는 것이 더욱 확실해졌다. 이에 두 사람은 앞으로 닥칠 더 큰 고난이 둘 중 누구의 몫이 되든, 그 고난을 최고의 유익으로 여겨야 한다고 서로를 위로했다. 두 사람은 그 고난의 유익을 누릴 사람으로 자기가 선택되기를 각자 속으로 빌었지만, 그러면서도 만물을 다스리시는 분의 지혜로운 처분에 자신을 맡기고, 지금의 상황에 더할 수 없이 만족하면서 시장 측의 다른 지시를 기다렸다.

"살든지 죽든지 내 몸에서 그리스도가 존귀하게 되게 하려 하나니 이는 내게 사는 것이 그리스도니 죽는 것도 유익함이라. … 세상을 떠나서 그리스도와 함께 있는 것이 훨씬 더 좋은 일이라"(빌 1:20~21, 23).

그러다가 적당한 때가 정해지자, 사람들은 최종 판결을 위해 두 사람을 법정으로 데려갔다. 시간이 되자 두 사람은 원수들 앞으로 끌려가 사건의 진위를 질문받았다. 판사의 이름은 선 싫어 경(Lord Hate-good)이었다. 재판부의 고발문은 형식은 다소 달랐지만, 본질은 똑같았다. 즉 "두 사람은 시장 거래에 해를 끼치고 업무를 방해하는 자들이고, 성읍에 소요와 분열을 일으켰으며, 지극히 위험한 의견에 동조하는 파당을 만들어 주인의 법을 멸시했다"라는 것이었다.

이제 믿음이 사람의 본분을 다하여 그대의 하나님을 위해 말하라
악인의 적의를 두려워 말고 그 막대기도 두려워 말라
담대히 말하라 그대여, 진리가 그대 편이니
진리를 위해 죽으라, 승리하여 생명을 향해 달리라.

이때 믿음이 답변하기 시작했다. 자신은 가장 높은 자보다 더 높으신 분을 대적하는 것을 대적했을 뿐이라고. 또한 소요를 일으켰다는 혐의에 대해 말하자면, 자신은 화평을 좋아하는 사람으로서 소요를 일으킨 적이 없고, 우리를 동조하는 파당을 만들었다고 하지만 그 파당은 우리의 진심과 결백을 본 사람들이 만든 것이며 이 사람들은 악에서 선으로 돌아섰을 뿐이라고 말이다. 또한 그는 당신들이 말하는 왕에 대해 말하자면, 그 왕은 바알세불로서 우리 주님의 원수이며 나는 그자와 그 무리의 권위를 인정하지 않는다고 했다.

이어서 자신들의 주인인 왕을 위해 피고석의 이 죄수를 논박하고자 하는 사람은 당장 출두해서 증언하라는 공포가 있었다. 그리하여 시기(Envy), 미신(Superstition), 알랑쇠(Pickthank)라는 증인 셋이 반박에 나섰다. 판사는 이들에게 피고석의 이 죄수를 아느냐고 물었고, 주인인 왕을 위해 이 죄수를 어떻게 논박하겠느냐고 물었다.

그러자 시기가 일어나 이렇게 말했다.

"재판장님, 저는 이 사람을 안 지 오래되었습니다. 그래서 이 명예로운 법정에서 맹세코 사실대로 증언하겠습니다. 이 사람은~"

재판장 "잠깐! 저분에게 선서문을 주시오."

법정 관리들이 시기에게 선서를 시켰고, 시기는 증언을 이어 나갔다.

시기 "재판장님, 이 사람은 그럴듯한 이름을 가졌음에도 우리나라에서 가장 비열한 자로 손꼽힐 만합니다. 이 자는 왕도 백성도 존중하지 않고, 법도 풍습도 존중하지 않습니다. 그러고는 자기가 할 수 있는 일을 다해 모든 사람에게 불충스러운 관념을 전하려고 합니다. 이 자는 그 관념을 대체로 믿음과 거룩함의 원리라고 부릅니다. 특히 한 번은 이 자가 기독교와 우리 허영 마을의 관습은 서로 용납할 수 없을 만큼 반대되고, 그래서 서로 조화될 수 없다고 단언하는 말을 직접 들었습니다. 이 말로 보건대, 재판장님, 이 자는 우리의 모든 건전한 행실뿐만 아니라 그렇게 행하는 우리들까지 싸잡아 정죄합니다."

그러자 재판장이 시기에게 말했다.
"더 할 말 있습니까?"

시기 "재판장님, 더 많은 말씀을 드릴 수 있지만, 이야기가 장황해져서 재판이 지루해질 뿐입니다. 다른 신사분들이 증언을 마친 후 이 자를 사형에 처할 만한 증거가 불충분하다고 판단되면, 그때 더 증언하겠습니다."

이렇게 해서 시기는 대기 명령을 받았고, 이어서 재판장은 미신을 증인으로 부른 뒤 죄수를 자세히 보라고 명령했다. 그리고는 주인이신 왕을 위해 피고를 논박할 말이 있으면 다 하라고 요구했다. 이에 관리들이 미신에게 선서시켰고, 미신은 증언을 시작했다.

미신 "재판장님, 저는 이 자와 그다지 친분이 없고 앞으로 이 자를 더 잘 알고 싶은 마음도 없습니다. 하지만 요전에 이 마을에서 이 자와 이야기를 좀 나눈 적이 있는데, 그 대화로 판단해 보건대 이 자가 아주 해로운 자라는 것은 알고 있습니다. 그때 저는 이 자가 우리 종교는 무가치하고, 그런 종교로써는 사람이 결코 하나님을 기쁘시게 할 수 없다고 말하는 것을 들었습니다. 재판장님도 잘 아시겠지만, 이 말이 필연적으로 어떤 결론에 이르냐면, 우리의 예배는 헛되고, 우리는 여전히 죄 가운데 있고, 우리는 마침내 정죄 받는다는 것입니다. 제가 하고 싶은 말은 이겁니다."

버니언은 자신의 신념과 타협하기를 거부한 탓에 십이 년 동안 감옥에서 갖가지 고초를 당했다. 한 친구에게 보내는 편지에서 버니언은 자신과 "진리"가 함께 옥에 갇혔고 자신은 그 진리

를 굳게 붙잡을 것이며 자유로운 생각과 양심을 유지하기를 소중히 여길 것이라고 했다. "사람들이 나의 겉사람은 빗장과 창살 안에 가둬 두지만, 그리스도를 믿는 믿음으로 나는 별들보다 더 높이 올라갈 수 있다. 여기에 선한 양심이 거하고, 평화가 거하며, 여기서 내 의복은 희도다. 여기에 비록 몸은 매여 있지만 죄책에서는 풀려났으니, 여기가 아니었다면 죄책이 나를 괴롭혔으리."[1] 이런 관점을 가졌기에 버니언은 또 이렇게 말할 수 있었다. "은혜로 말미암아 나는 큰 만족감으로 이 상태를 지속해 왔다. … 이 모든 일을 통해 예수 그리스도께 영광 있기를."[2]

이어서 알랑쇠가 선서했고, 재판장은 주인인 왕을 위해 아는 것을 말해 피고석의 죄수를 반박하라고 지시했다.

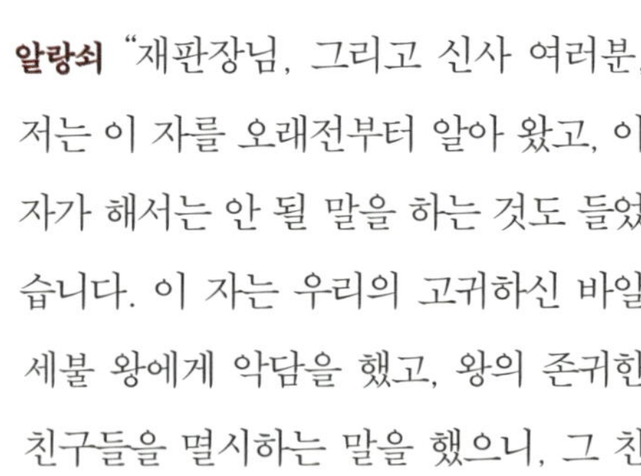

알랑쇠 "재판장님, 그리고 신사 여러분, 저는 이 자를 오래전부터 알아 왔고, 이 자가 해서는 안 될 말을 하는 것도 들었습니다. 이 자는 우리의 고귀하신 바알세불 왕에게 악담을 했고, 왕의 존귀한 친구들을 멸시하는 말을 했으니, 그 친

구들의 이름은 옛사람 경(Lord Old Man), 육체의 기쁨 경(Lord Carnal Delight), 사치 경(Lord Luxurious), 허세욕 경(Lord Desire of Vain Glory), 저의 옛 주인 음란 경(Lord Lechery), 탐욕 선생(Sir Having Greedy)을 비롯해 그 외 우리의 귀족들입니다. 그뿐만 아니라 이 자는 사람들이 모두 자기와 같은 생각을 가진다면 이 귀족 중 단 한 분도 더는 이 마을에 살 수 없을 거라고 했습니다. 게다가 이 자는 겁도 없이 자기를 재판할 사람으로 임명된 재판장님을 가리켜 경건치 못한 악당이라고 했고, 다른 여러 가지 비방하는 말로 재판장님을 욕했으며, 우리 성읍 신사분들 대부분에게도 똑같은 욕을 퍼부었습니다."

알랑쇠가 이야기를 마치자, 재판장은 피고석의 죄수를 향해 말했다. "너 부랑자, 이단, 배반자여, 이 정직한 신사들이 너를 반박하는 증언을 들었는가?"

믿음 "저를 변론하는 말 몇 마디만 해도 되겠습니까?"
재판장 "이봐라! 이봐라! 너는 더 살 자격이 없고 이 자리에서 당장 죽어 마땅하지만, 우리가 네게 얼마나 관대한지 모두가 보아야 하니, 너 비열한 부랑자가 뭐라고 말하는지 어디 한 번 들어보자."
믿음 "첫째, 시기 씨가 하신 말씀에 답변해 보겠습니다. 저는 세상의 어떤 규칙이나 법, 관습, 사람이든 하나님의 말씀에 들어맞지 않으면, 기독교와 정반대된다는 말 외에는 어떤 말도 하지 않았습

니다. 이 말이 잘못이라면, 어디가 틀렸는지 저를 납득시켜 주십시오. 그러면 여기 여러분 앞에서 제 말을 즉각 취소하겠습니다.

둘째, 미신 씨와 그의 고소 내용에 관해 말하자면, 저는 이렇게만 말했습니다. 하나님께 예배하려면 하나님을 믿는 믿음이 요구된다, 하지만 하나님의 뜻을 하나님이 계시해 주시지 않으면 그런 믿음이 있을 수 없다고 말입니다. 그러므로 무엇이든 하나님의 계시에 부합되지 않는 내용을 하나님께 드리는 예배에 끼워 넣는 것은 인간적 믿음으로 하는 일일 뿐이고, 그런 믿음은 영생을 얻는데 유익하지 않다고 했습니다.

셋째, 알랑쇠 씨의 증언을 반박하자면, 저는(비방이나 욕설을 피해서 말씀드립니다) 이 성읍의 왕은 여기서 이름이 거론된 신사분들인 그 모든 무리, 모든 시종과 더불어 이 성읍과 나라보다는 지옥에 있는 게 더 어울린다고 말씀드립니다. 그러니 주님이여, 저에게 자비를 베푸소서!"

그러자 재판장은 그때까지 대기하면서 모든 증언을 듣고 지켜본 배심원들을 향해 말했다.

"배심원 여러분, 여러분들은 이 사람과 관련해 이 마을에 크나큰 소동이 일어난 것을 알고 계십니다. 또한 이 훌륭한 신사분들이 이

자를 반박하여 증언하는 말도 들으셨습니다. 그리고 이 자의 답변과 자백도 들으셨습니다. 이제 이 자의 목을 매달지, 아니면 목숨을 살려 줄지는 여러분의 생각에 달렸습니다. 그 전에 우리의 법에 관해 여러분에게 알려드리는 게 합당하다고 생각합니다. 우리 왕의 신하인 바로 대왕 시절에 한 가지 법령이 제정되었습니다. 불순한 종교를 믿는 사람들이 번성하고 세력이 너무 커지지 않도록 남자아이가 태어나면 모두 강에 던져 버리라는 법령이었습니다(출 1:22). 또 다른 신하인 느부갓네살 대왕 시절에도 한 가지 법령이 만들어졌는데, 누구든 그가 세운 금 신상 앞에 엎드려 경배하지 않는 자는 타는 풀무 불에 던져 넣으라는 법이었습니다(단 3:6). 다리오 왕 시절에도 법령이 만들어졌는데, 일정한 기간 왕 아닌 다른 신에게 무엇을 구하는 자는 사자 굴에 던져 넣어야 한다는 법이었습니다(단 6장). 이 반역자는 이러한 법의 요지를 범했으되 생각으로뿐만 아니라(생각으로 범한 것도 참을 수 없지만), 말과 행동으로도 범했습니다. 따라서 이는 용납해서는 안 됩니다. 바로의 법령은 사회의 해악을 예방하고, 눈에 보이는 어떤 범죄도 저질러지지 않도록 하나의 가정을 바탕으로 제정되었는데, 여기 한 범죄가 우리 눈에 명백히 드러나 있습니다. 두 번째와 세 번째 법령과 관련해서도, 여러분은 이 자가 우리 종교를 문제 삼는 것을 보셨습니다. 자기 입으로 자백한 반역 행위로 볼 때 이 자는 사형을 당해야 마땅합니다."

"아무든지 나를 따라오려거든 자기를 부인하고 날마다 제 십자가를 지고 나를 따를 것이니라 누구든지 제 목숨을 구원하고자 하면 잃을 것이요 누구든지 나를 위하여 제 목숨을 잃으면 구원하리라"(눅 9:23~24). 믿음은 신앙으로 견디면서 예수의 참 제자로서 최후 순간까지 신앙에 충실한 사람으로 남는다. 믿음은 예수의 본을 좇아 유혹에 저항하고 선을 행하기 위해 고난 받으며, 겸손하고 품격 있는 태도로 잔혹한 처사를 견뎌내고, 죽기까지 순종한다. 그가 이 땅에서 어떤 고난을 겪든 그 고난은 짧으며 훗날 "우리에게 나타날 영광과 비교할 수 없"다(롬 8:18).

맹목 씨(Mr. Blind-man), 불량 씨(Mr. No-good), 악의 씨(Mr. Malice), 애욕 씨(Mr. Love-lust), 방종 씨(Mr. Live-loose), 조급 씨(Mr. Heady), 교만 씨(Mr. High-mind), 적의 씨(Mr. Enmity), 거짓말쟁이 씨(Mr. Liar), 잔인 씨(Mr. Cruelty), 빛 싫어 씨(Mr. Hate-light), 무자비 씨(Mr. Implacable) 등의 배심원단이 잠시 퇴정했다. 이들은 저마다 개인적으로 피고를 못 마땅히 여기고 있었기에 잠시 후 만장일치로 피고는 유죄라고 결론 내린 뒤 평결 결과를 재판장 앞에 내놓았다. 이들 중에서 배심장(陪審長) 맹목 씨가 맨 처음으로 "제가 보니 이 사람은 이단이 확실합니다"라고 발언했다. 이어서 불량 씨가 "저런 놈은 세상에서 없어

져야 합니다"라고 했다. 악의 씨는 "예, 저자는 꼴도 보기 싫어요"라
고 했고, 애욕 씨는 "저자는 참고 봐줄 수가 없습니다"라고 했다. 방
종 씨는 "저도 마찬가지입니다. 저자는 항상 내 태도를 정죄하곤 했
습니다"라고 했고, 조급 씨는 "저자를 목 매달아요, 목 매달라고요"라
고 했다. "가련하고 지질한 놈 같으니"라고 교만 씨는 말했고, 적의
씨는 "저자를 보면 부글부글 끓어오릅니다"라고 했다. 거짓말쟁이 씨
는 "저자는 불량배입니다"라고 했고, 잔인 씨는 "저자에게는 교수형
도 과분합니다"라고 했다. 빛 싫어 씨는 "저놈을 빨리 죽여 없애 버립
시다"라고 했다. 이어서 무자비 씨는 "온 세상을 다 준다 해도 저자와
는 화합할 수 없을 겁니다. 그러니 당장 사형 판결을 합시다"라고 했
다. 그리하여 이들은 정말 그렇게 했다. 믿음은 즉시 지금 있는 곳에
서 감옥으로 이송되어 인간이 발명해 낸 가장 잔인한 죽임을 당하는
걸로 판결이 내려졌다.

사람들은 믿음을 데리고 나가 법에 따라 처리했다. 이들은 먼저 믿
음에게 채찍질을 했고, 그다음에는 주먹으로 쳐서 때려눕힌 뒤 단도
로 몸을 찔렀다. 그런 다음에는 믿음에게 돌을 던졌고, 큰 검으로 그
를 찔렀다. 그리고 마지막으로 그를 화형에 처하여 재로 만들었다.
이렇게 해서 믿음은 마지막을 맞았다.

시장 사람들은 순례자들이 자신들의 상품을 거부했고 자신

들의 가치관에 반하는 행동을 했다고 격분했다. 상황이 광포해
지면서 갈등은 곧 폭동 수준으로 격화되었다. 시장 통치자들은
순례자들의 행동이 분열을 야기했다며 이들을 체포해 옥에 가두
고 재판에 회부했다. 믿음은 하나님이 죄 가운데 있는 사람들을
심판하실 것이라 말하고 시장 지도자(원수)를 멸시하는 태도를
보이면서 시장의 풍습을 무시했다는 혐의를 받는다. 당국자들은
고대의 부패한 지도자들(바로, 느부갓네살, 다리오)이 남긴 판례를
가리키면서 믿음에게 사형을 선고한다. 담대한 믿음은 순교자의
죽음을 죽음으로써, 하나님과 하나님의 약속에 헌신하여 죽은,
구름같이 둘러싼 고결한 증인들의 무리에 합류한다.

이번에는 군중들 뒤로 마차 한 대와 말 두 마리가 믿음을 기다리고
서 있는 것이 보였다. 믿음은 (대적들이 그를 신속히 처형하자마자) 마차
에 태워져 나팔 소리와 함께 곧장 구름 사이로 올라가 천상의 도시에
가장 가까운 길로 옮겨져 갔다.

담대한 믿음이여, 말과 행동 모두 담대했도다.
재판장과 증인들과 배심원은 그대를 이기지 못하고
오히려 격노하기만 했으니
이들이 죽을 때 그대는 세세 무궁토록 살리.

한편 크리스천은 선고가 유예되어 감옥에 재수감되었다. 그렇게 그는 감옥에 한동안 머물렀으나, 만사를 지배하시는 하나님이 능력으로 사람들의 분노를 제압하셨고, 크리스천은 그때를 틈타 이들에게서 도망쳐 나와 다시 길을 가기 시작했다. 길을 가면서 크리스천은 이렇게 노래했다.

자, 믿음이여, 그대는 성실하게
그대의 주님에게 믿음을 고백했으니
그분으로 그대는 복을 받으리
믿음 없는 자들이 헛된 기쁨을 누리다
지옥의 곤경에 처해 울부짖을 때
노래하라, 믿음이여, 노래하라, 그대의 이름 지속되게 하라
저들이 그대 죽일지라도 그대 여전히 살아 있으니!

하나님은 믿음과 크리스천이 홀로 역경을 견디게 버려두지 않으신다. 하나님은 사전에 전도자의 말을 통해 이들을 굳게 세우시고, 이들에게 힘을 북돋아 주는 그 말을 나중에 떠올리게 하신다. 하나님은 허영 시장의 유혹에 지지 않고, 오히려 정결을 추구하게 도우심으로써 유혹을 피할 길을 마련해 주신다. 죽음을 두려워하지 않게 하심으로써, 죽음은 곧 천국에 더 빨리 간다는 의미이고 앞으로 천국 여정에서 겪을 고통을 면한다는 의미임을 깨달을 수 있게 도우신다. 하나님은 이들이 헤어지지 않게 해주심으로써, 이들이 서로를 지지하고 위로할 수 있게 하신다. 믿음이 죽은 직후 하나님은 그를 천국 본향으로 데려가시고, 크리스천에게는 믿음이 마차를 타고 하늘로 옮겨가는 것을 두 눈으로 보는 기쁨을 누리게 하신다. "저들이 그대 죽일지라도 그대 여전히 살아 있으니!" 하나님은 크리스천의 생명을 보존하시고, 감옥에서 탈출할 수 있게 해주시고, 곧 소망이라는 새 친구이자 동행을 만들어 주신다.

09

세상 좇기를
버리다

가 또 꿈속에서 보니 크리스천이 혼자 길을 가는 게 아니라 소망(Hopeful)이란 사람과 동행하고 있었다. 소망은 크리스천과 믿음이 허영 시장에서 고난을 겪으면서 무슨 말을 하고 어떤 행실을 보였는지 지켜보고 감동해 크리스천의 여정에 합류한 사람으로, 크리스천과 형제가 되기로 언약을 맺고 동행이 되겠다고 말했다. 이렇게 한 사람은 진리를 증언하기 위해 죽고, 그 사람이 죽어 남긴 재에서 또 한 사람이 생겨 나와 크리스천의 순례 여정에 동행이 되었다. 또한 소망은 때가 되면 자기 뒤를 따라나설 사람들이 시장에 많이 있다고 크리스천에게 알려 주었다.

내가 또 보니 이 두 사람은 시장을 벗어나자 곧 앞서가던 사람을 따라잡았는데, 이 사람의 이름은 사심(BY-ENDS)이었다. 두 사람이 사심에게 "고향이 어디십니까, 선생님? 어디까지 가시는지요?"라고 묻자, 사심은 감언(Fair-speech)이란 성읍에서 왔고, 천상의 도시를 향해 가고 있다고 대답했다(하지만 자기 이름은 말해 주지 않았다).

"감언에서 오셨다고요!" 크리스천이 대꾸했다.

"그곳에도 선한 사람이 살고 있습니까?(잠 26:25)?"

사심 "네, 그렇기를 바라야지요."

크리스천 "죄송하지만 성함을 어떻게 불러야 할까요?"

사심 "나는 두 분께 낯선 사람이고 두 분도 내게 낯선 분들입니다. 이쪽 길로 가시는 중이라면 기꺼이 동행이 되겠지만, 그렇지 않다면 그뿐이지요."

크리스천 "감언이란 곳에 대해서는 들어서 알고 있습니다. 기억하기로는 부유한 곳이라고 하더군요."

사심 "네, 확실히 그렇습니다. 내 친척 중에도 큰 부자들이 많습니다."

크리스천 "이런 질문드려도 될지 모르겠지만, 그 친척들이 누구입니까?"

사심 "온 성읍 사람들이 거의 다 친척이지만, 특히 변절 경(Lord Turn-about), 기회주의자 경(Lord Time-server), 감언 경(Lord Fair-speech, 감언이란 성읍 이름은 맨 처음 이 사람의 조상에게서 유래했습니다), 그리고 사근사근 씨(Mr. Smooth-man), 두 인생 살기 씨(Mr. Facing-both-ways), 아무래도 좋아 씨(Mr. Any-thing)가 있습니다. 그리고 우리 교회 목사님이신 한 입으로 두말 씨(Mr. Two-tongues)는 우리 어머니와 남매지간이지요. 사실을 말하자면, 나는 이렇게 상류 사회 신사가 되었지만, 내 증조부는 뱃사공으로서 한쪽을 바라보면서 반대쪽으로 노를 젓는 분이었고, 내가 지금 가진 재산은 대부분 그 일로 번 돈이지요."

크리스천 "결혼은 하셨습니까?"

사심 "네, 내 아내는 아주 덕망 높은 여인이고, 마찬가지로 덕망 높은 여인의 딸이지요. 아내는 가식 부인(Lady Feigning)의 딸로, 아주 지체 높은 집안 출신인 데다가 품위 있고 예의범절이 뛰어나 왕에서부터 천한 농사꾼에 이르기까지 사람을 각각 어떻게 대해야 하는지 잘 알고 있답니다. 사실 우리는 좀 엄격한 부류의 신앙을 가진 사람들과 다소 다르긴 한데, 그건 두 가지 사소한 점에서 차이일 뿐입니다. 첫째로 우리는 시대의 동향과 흐름에 절대 역행하려하지 않습니다. 둘째로 우리는 신앙생활이 화려하게 조명받을 때는 언제나 더할 수 없이 열심을 내며, 햇살도 좋고 사람들이 신앙생활에 갈채를 보낼 때 거리에서 이를 드러내며 걷기를 아주 좋아합니다."

소망은 크리스천과 믿음의 증언을 보고 듣고 이를 바탕으로 순례자가 된 수많은 시장 사람 중 한 사람이다. 크리스천의 동행으로서 그와 "형제가 되기로 언약을 맺"은 소망은 어떤 일이 있어도 나오미 편에 머물겠다는 룻의 다짐(룻 1:16)을 반향하며 하나님께 진실하게 새로이 헌신하겠다는 뜻을 표명한다. 소망은 예수 외에 다른 모든 것을 포기하고, 자기 삶의 수칙으로 삼고자 하는 믿음과 구도의 본을 보여 준 다른 제자에게 자신을 동여맨다.

크리스천은 약간 옆에 떨어져서 걷고 있던 친구 소망에게 다가가 말했다. "내가 생각하기에 이 사람은 감언이라는 도시에서 온 사심인 것 같습니다. 그 사람이라면 이 근방에 사는 사람으로는 매우 악한 사람과 동행하게 됐네요." 그러자 소망이 말했다. "저 사람에게 물어보세요. 내가 보기에는 자기 이름을 부끄러워할 사람이 아닙니다." 소망의 말에 크리스천은 다시 그 사람 쪽으로 다가가 물었다.

"선생님, 댁의 말씀을 듣자 하니, 세상 모든 사람보다 무언가를 더 많이 아시는 듯하군요. 내 짐작이 틀리지 않다면 선생이 누구인지 대략 알 듯한데, 감언에 사시는 사심 씨 아닙니까?"

사심 "그건 내 이름이 아니고, 나와 잘 화합하지 못하는 사람들이 내게 붙인 별명입니다. 나를 나무라는 말로 알고 기꺼이 견뎌야지요, 나를 앞서간 훌륭하신 분들이 그랬던 것처럼 말입니다."

크리스천 "하지만 그런 이름으로 불리게 어떤 빌미를 준 적이 전혀 없습니까?"

사심 "전혀요, 전혀 없습니다! 사람들이 나를 그런 이름으로 부를 만한 무슨 잘못을 저질렀다고 해도, 운이 좋아서 세상의 흐름을 재빨리 판단할 수 있는 능력을 갖췄다는 것과 그 흐름에 올라탈 기회가 있었다는 게 고작입니다. 그런 이유로 나를 그렇게 부른다면 오히려 축복으로 여길 겁니다. 다만 악의를 가지고 나를 비난하지는 말았으면 합니다."

크리스천 "내가 판단하기에 당신은 내가 들어 알고 있는 그 사람이 확실하네요. 내

생각을 솔직히 말씀드린다면, 우리가 그렇게 생각하지 않기를 바라시겠지만, 그 이름은 당신에게 잘 어울리는 것 같습니다."

사심 "글쎄요, 그렇게 생각하신다면 어쩔 수 없지요. 하지만 동료로 받아들여 주신다면 내가 꽤 그럴듯한 길 친구라는 걸 알게 되실 겁니다."

크리스천 "우리가 함께 간다면 그건 세상의 시류나 흐름에 역행하는 일이 될 테고, 내가 알기로 그건 당신의 소신에 맞지 않는 행동인데요. 신앙이란 화려하게 조명받을 때뿐만 아니라 누더기를 걸치고 있을 때도 견지해야 합니다. 환호를 받으며 거리를 걸을 때뿐만 아니라 쇠창살에 갇혀 있을 때도 신앙을 지켜야 합니다."

사심 "내 믿음을 강요하거나 이래라저래라해서는 안 됩니다. 그건 내 자유에 맡겨 두시고 그저 동행이나 하게 해주시지요."

크리스천 "우리 두 사람은 내가 지금 말한 것처럼 행동하고 있습니다. 당신도 그렇게 하지 않는 한 한 발짝도 같이 갈 수 없습니다."

사심 "나는 내가 오래 간직해 온 원칙을 버릴 수 없습니다. 전혀 해롭지 않고 오히려 유익했으니까요. 함께 갈 수 없다면, 두 분이 나를 따라잡기 전처럼 가는 수밖에요. 혼자 가게 되더라도 말이지요. 그러다 보면 또 누군가가 뒤따라와서 기꺼이 내 동행이 되어 주겠지요."

이어지는 꿈속에서 나는 크리스천과 소망이 사심과 헤어져 멀찍이 거리를 두고 걷는 것을 보았다. 그런데 한 사람이 뒤를 돌아보니, 어떤 사람 셋이 사심 뒤를 따르고 있었다. 이들이 사심을 따라잡자, 사심은 이들을 향해 아주 공손히 인사를 했고, 세 사람도 사심에게 경의를 표시하는 모습이 보였다. 그 세 사람의 이름은 세상을 내 품에 씨(Mr. Hold-the-world), 돈 사랑 씨(Mr. Money-love), 구두쇠 씨(Mr. Save-all)로, 사심 씨가 전부터 알던 사람들이었다. 이들은 이들만의 소수 무리 중 동창생들이었고, 북쪽의 탐심(Coveting)이란 지방에 있는 이득 사랑(Love-gain)이란 상업 도시의 교사 움킴이 씨(Mr. Gripeman)에게 가르침 받은 사람들이었다. 이 교사는 폭력이나 속임수나 아첨이나 거짓말로든, 혹은 신앙의 탈을 쓰든 어떻게 해서라도 원하는 것을 손에 넣는 기술을 이들에게 가르쳤고, 이 네 신사는 선생이 가르치는 기술을 상당히 많이 습득해서 이제는 각자 자기 학교를 운영하고 있었다.

자, 앞에서 말한 것처럼 서로 인사를 나눈 뒤 돈 사랑이 사심에게 물었다. "저기 앞에 가는 사람들은 누굽니까?"(크리스천과 소망이 아직 이들의 시야에 보였다)

사심 "먼 지역에서 온 사람들인데, 자기들 식대로 순례의 길을 가고 있지요."

돈 사랑 "저런! 좀 기다려 주면 우리가 좋은 동행이 될 텐데. 저 사람들이나 우리나 모두 순례의 길을 가는 사람들 아닙니까?"

사심 "그러게 말입니다. 하지만 저 사람들은 너무 엄격하고, 자기들 견해를 지나치게 사모하고, 남의 의견은 아주 가볍게 생각하기 때문에 저들 눈에는 어떤 사람도 그다지 경건해 보이지 않는답니다. 누구든 만사에 자기들 생각과 일치하지 않으면 일행에 끼워 주지 않아요."

구두쇠 "바람직하지 않군요. 지나치게 의로운 사람들 이야기를 말씀에서도 본 적이 있습니다. 그런 사람들은 너무 엄정해서 자기 아닌 다른 사람들은 다 비판하고 정죄합니다. 그건 그렇고, 선생의 생각이 저 사람들하고 어떤 점에서 얼마나 달랐습니까?"

사심 "그게, 저 사람들은 그 완고한 방식을 좇아, 날씨가 어떻든 뚫고 나가며 계속 길을 가는 게 의무라고 결론을 내린답니다. 반면에 나는 바람과 조류를 기다려야 한다는 입장이고요. 저 사람들은 하나님을 위해 일거에 모든 위험을 무릅써야 한다는 생각이고, 나는 모든 이점을 다 이용해서 생명과 재산을 지켜야 한다는 생각이지요. 저 사람들은 다른 모든 이들이 다 반대하더라도 자기들 의견을 고수하려 하고, 나는 시기가 좋고 내 안전이 보장되는 한에서만 신앙을 유지한다는 생각입니다. 또 저 사람들은 누더기 차림으로 멸시를 당할 때도 신앙을 지켜야 한다는 생각이고, 나는 햇살 아래서 징금 신발을 신고 사람들의 환호를 받을 때 신앙을 지키지요."

세상을 내 품에 "찬성! 그 입장을 고수하세요, 선하신 사심 씨. 내 생각을 말하자면, 가진 것을 지킬 자유가 있으면서도 지혜가 없어서 그것을 잃는다면 그 사람은 바보 아니겠소. 우리, 뱀처럼 지혜롭게 처신합시다. 물 들어올 때 노를 저어야지요. 벌들도 겨우내 꼼짝 안 하다가 기꺼이 소득을 낼 수 있을 때만 일하지 않습니까? 하나님은 때로 비를 내리시고, 때로는 햇빛을 비추십니다. 저 사람들은 빗속에 길을 갈 정도로 어리석은 사람들이라 해도 우리는 불평 없이 날씨 좋을 때를 택해 길을 갑시다. 내 생각을 말하자면, 하나님이 부어 주시는 선한 축복으로 우리를 계속 안전하게 지키는 신앙이 최고입니다. 이성을 가진 사람치고, 하나님이 우리에게 이생의 좋은 것들을 주셨는데 하나님을 위해 그걸 그냥 감춰두게 하신다고 생각하는 사람이 어디 있겠습니까? 아브라함과 솔로몬은 신앙으로 점점 부자가 되었습니다. 욥도 선한 사람은 금을 티끌처럼 쌓을 것이라 했습니다. 저 앞에 가는 사람들에 대해 사심 씨가 한 말이 사실이라면, 저들은 선한 사람이 아닐 겁니다."

구두쇠 "이 문제에서는 우리 모두 의견이 일치하는 것 같군요. 그러니 더 말할 필요가 없겠어요."

돈 사랑 "맞습니다, 정말 이 문제에 대해서는 더 말할 필요가 없어요. 성경도 이성도(보시다시피 성경과 이성 모두 우리 편이지요) 믿지 않는 사람은 자기 자유도 모르고 자기 안전도 추구하지 않지요."

사심이란 은밀한 목표와 이기적 행동 동기를 품는 것을 가리 킨다. 사심 씨는 자기 진짜 이름을 밝히지 않으며(그의 진짜 이름은 결코 알 수가 없다) 남들이 붙여준 별명도 좋아하지 않는다. 진짜 이름과 별명 모두 그가 진정한 신자가 아니라는 것을 폭로하기 때문이다. 사심 씨와 친구들은 세상이 환호할 때만, 신앙을 유지 하기가 쉽고 편할 때만, 그리고 신앙이 개인적 성공을 촉진할 때 만 자신들을 신자로 본다. 도덕의식이 전혀 없는 이 사람들은 세 속적 지위, 이력, 부를 증진하기 위해서라면 수단 방법을 가리지 않으며 신앙을 이용하는 것도 마다하지 않는다. 사심 씨와 그의 친구들은 크리스천과 소망을 편협하고 거만하고 지나치게 비판 적인 종교적 극단주의자로 여긴다.

사심 "형제분들, 알다시피 우리는 모두 순례길을 가고 있습니다. 언 짢은 이야기는 그만두고, 기분 전환을 위해 내가 이런 질문을 한 번 해보겠습니다. 목사든 장사꾼이든 하여튼 어떤 사람이 이생에서 꽤 큰 축복을 누릴 기회를 눈앞에 두고 있다고 가정해 봅시다. 그런데 적어도 겉으로 보기에 지금까지 관심이 없었던 신앙의 어떤 부분에 특별히 열심을 보이지 않는 한 그 축복을 절대 손에 넣을 수 없다고 할 때, 이 사람이 전과 달리 그 부분에 특별한 열심을 보여서 원하는 것을 손에 넣는다면 그래도 그 사람은 여전히 정직한 사람일 수 있지 않을까요?"

돈 사랑 "질문의 요지가 무엇인지 알겠네요. 여기 신사분들이 허락해 주신다면 내가 답변을 해보겠습니다. 첫째, 질문 속의 그 사람이 목사일 경우에 대해 말하자면, 목사는 존경할 만한 사람인 데 비해 사례는 쥐꼬리만큼 받습니다. 그래서 더 대단하고 더 두둑하고 단연 실속 있는 사례를 받을 생각을 합니다. 게다가 실제로 그런 사례를 받을 기회도 주어집니다. 그래서 공부에 더 힘쓰고 설교도 더 자주 열심히 하고, 또 설교 듣는 이들이 기분에 따라 요구하는 대로 자기 원칙도 바꿔가면서 그 기회를 잡으려 한다면, 그렇게 한다고 해서(요청이 있기만 하다면), 아니 그보다 더한 일을 한다고 해도 정직한 사람이 아닐 이유는 없다고 봅니다. 왜냐하면—

1. 사례를 더 많이 받고 싶은 욕구는 정당합니다(이는 모순이 될 수 없습니다). 더 많은 사례를 받을 기회가 섭리로써 그 사람 앞에 주어진 까닭입니다. 그렇다면 그 기회를 잡아야지요, 할 수만 있다면 말입니다. 양심에 꺼릴 것이 없어요.

2. 게다가 더 많은 사례를 받고자 하는 욕망 덕분에 공부도 더 많이 하게 되고 설교도 더 열심히 하게 됩니다. 그래서 더 훌륭한 목사가 되고 말이지

요. 네, 목사로서의 역량이 향상되는 것이고, 이는 하나님의 뜻에 부합하는 일이지요.

3. 사람들의 변덕스러운 요구에 따르느라 자기 원칙을 바꾸는 것에 대해 말하자면, 이는 (1) 그 목사가 자기를 부인하는 성정을 가진 사람이라는 뜻이고 (2) 행동거지가 다정해서 사람의 마음을 끄는 목사라는 뜻이고 (3) 목회자로서 사람을 섬기는 데 더욱 적합한 사람이라는 뜻입니다.

4. 그래서 나는 이렇게 결론 내립니다. 대(大)를 위해서 소(小)를 바꾸는 목회자는 그런 행동 때문에 탐욕스럽다고 비판받아서는 안 됩니다. 그렇게 해서 자기 역량을 향상하고 더 부지런해졌으므로 오히려 자기 소명에 충실한 사람으로 여겨야 하고, 선을 행할 기회가 그 사람의 손에 주어진 것으로 보아야 합니다.

이제 질문의 두 번째 부분, 즉 말씀하신 사람이 상인일 경우에 대해 말해 보겠습니다. 그 사람이 도무지 장사가 시원찮은데 신앙을 가지면 가게도 수리할 수 있고 어쩌면 돈 많은 아내를 얻을 수도 있고 양질의 고객을 훨씬 더 많이 확보할 수 있다고 가정해 봅시다. 나는 이것을 정당하지 않다고 볼 그 어떤 이유도 못 찾겠습니다. 왜냐하면—

1. 신앙을 갖게 되는 것은 하나의 덕목이며, 어떤 동기로 신앙을 갖게 되었든 마찬가지입니다.

2. 부자 아내를 얻거나 내 가게에 손님이 더 많

이 오는 것은 불법이 아닙니다.

3. 또한, 신앙을 가짐으로써 부자 아내를

얻거나 더 많은 손님을 받는 사람은 그 자신이

선한 사람이 됨으로써 좋은 것을 얻는 것입니다. 여기 좋은 아내, 더 많은 손님, 그리고 큰 수익이 있는데, 이 모든 것을 신앙을 가짐으로써 얻을 수 있다니, 이는 좋은 일입니다. 그러므로 좋은 것을 손에 넣으려고 신앙을 갖는 것은 선하고도 유익한 계획입니다.

돈 사랑이 사심의 질문에 이렇게 답변하자 모두 크게 박수갈채를 보냈다. 이렇게 해서 이들은 특정한 목적을 위해 신앙을 갖는 게 아주 건전하고도 유익하다고 대체로 결론 내렸다. 또한 누구도 이를 반박할 수 없을 거로 생각했기에, 그리고 크리스천과 소망이 아직 부르면 들릴 만한 거리에 있었기에 이들은 두 사람을 따라잡은 뒤 질문 공세를 펴기로 의견을 모았다. 두 사람이 앞서 사심의 의견을 반대했다는 것도 이들이 이렇게 의견을 모은 또 한 가지 이유였다. 이리하여 이들이 크리스천과 소망을 뒤에서 부르자 두 사람은 걸음을 멈추고, 이들이 다가오기를 기다렸다. 그런데 두 사람에게 다가가면서 이들은 사심이 아니라 세상을 내 품에가 질문하는 게 좋겠다고 판단했다. 조금 전에 두 사람과 사심은 논쟁의 열기가 고조된 상태에서 헤어졌는데 사심이 또 질문하면 두 사람이 답변하는 과정에서 아직 채

가라앉지 않은 흥분이 되살아날 수도 있다고 생각했기 때문이었다.

　《천로역정》을 쓸 때 버니언은 감옥에서 목회자의 의무를 이행하고 있었고 배우지 못한 사람에게까지 하나님의 진리가 쉽게 다가갈 수 있도록 하려고 애쓰고 있었다. "17세기 노동자의 가식 없는 목소리로" 버니언은 "기이한 사건과 꿈과 영웅적 노력으로 맥박치는 가상의 모험담 속으로 성경의 진리를 직조해 넣는 신학 입문서"를 만들어 냈다.[1] 당시 잉글랜드의 평범한 계층 사람들을 염두에 두고 쓰인 이 책은 동서고금의 모든 사람을 위한 책이 되었다.

이렇게 해서 이들은 서로 다시 만나 간단한 인사를 나누었다. 그리고 뒤이어 세상을 내 품에가 크리스천과 소망에게 그 질문을 한 뒤 대답할 수 있으면 해보라고 했다.

크리스천 "어린 아기 단계의 신자라도 그런 질문에는 만 번이라도 답변할 수 있을 겁니다. (요한복음 6장에 있는 것처럼) 빵을 위해서 그리스도를 따르는 게 합당치 않다면, 하물며 그리스도와 그분을 믿는 믿음을 구실로 세상을 얻고 세상을 누리려 하는 것은 얼마나 더 가증스러운 일이겠습니까! 이방인, 외식하는 자, 마귀, 마녀 외에는 이런 의견을 가진 사람을 찾아볼 수 없습니다.

1. 이방인인 하몰과 세겜이 야곱의 딸과 가축을 마음에 두었으나 할례받는 것 말고는 이들에게 다가갈 길이 없다는 것을 알고 동족에게 말하기를 '우리 중의 모든 남자가 저 사람들처럼 할례를 받으면 저들의 가축과 재산과 저들의 짐승이 다 우리 소유가 되지 않겠느냐'라고 했습니다. 이들은 야곱의 딸과 가축을 손에 넣고 싶어 했고, 이들의 신앙은 얻고자 하는 것에 다가가기 위해 써먹은 구실일 뿐이었지요. 이 이야기 전체를 읽어 보세요(창 34:20~23).

2. 외식하기 좋아하는 바리새인들도 그런 신앙을 가진 자들이었지요. 이들의 장황한 기도는 겉치레일 뿐이었고, 과부의 집을 차지하려는 게 이들의 의도였습니다. 그래서 하나님에게서 더 큰 저주를 받는 것이 이들에게 내려진 심판이었습니다(눅 20:46~47).

3. 마귀 유다도 그런 부류의 신앙을 가진 자였습니다. 유다가 신앙을 가진 건 돈주머니 때문이었지요. 주머니에 들어 있는 것을 차지하려는 속셈이었습니다. 하지만 그는 잃어버린 바 되어 버려진 자요, 멸망의 자녀였습니다.

4. 마술사 시몬도 그런 신앙을 가진 자였습니다. 시몬은 성령을

받고자 했으나 그와 함께 돈을 얻고 싶었던 것이지요. 그래서 베드로의 입에서 멸망하리라는 선고가 나왔습니다(행 8:19~22).

5. 내 생각도 다르지 않습니다. 세상을 위해 신앙을 취하는 자는 세상을 위해 신앙을 버릴 것입니다. 유다가 세상을 포기하고 신앙을 가진 게 확실한 만큼 세상을 위해 신앙과 자기 주님을 판 것도 확실합니다. 그러므로 여러분의 질문에 긍정적으로 답한다면(여러분은 아마 그랬을 것으로 생각합니다), 그리고 그런 답변을 진짜라고 받아들인다면, 이는 이방인과 다름없는 외식적이고 마귀적인 태도입니다. 그리고 여러분은 그런 행위에 합당하게 보응을 받게 될 것입니다."

크리스천의 답변이 끝나자, 이들은 뭐라고 대꾸해야 할지 알지 못한 채 서로를 멍하니 쳐다볼 뿐이었다. 소망도 크리스천이 건전하고도 옳게 답변했다고 인정하자, 이들 사이에는 큰 침묵이 흘렀다.

사심 일행은 머뭇거리며 뒤쳐졌고, 크리스천과 소망은 이들을 뒤로한 채 다시 걷기 시작했다. 얼마 후 크리스천이 소망에게 물었다.

"저 사람들, 인간의 멸망 선고도 감당하지 못하면 하나님의 선고에는 어떻게 행동할까요? 질그릇에 불과한 인간을 상대로도 한 마디 못한다면 삼키는 불의 화염으로 꾸짖음을 당할 때는 어찌할는지?"

크리스천은 그리스도와 "신앙을 구실로 세상을 얻고 세상을 누리려 하는 것"은 "가증스럽다!"라고 주장한다. 이런 사기꾼들은 자신들이 여하튼 기독교를 자기 섬김을 고양하는 것으로 만듦으로써 체제를 망가뜨리고 이득을 얻었다고 생각한다. 하지만 "사람이 만일 온 천하를 얻고도 제 목숨을 잃으면 무엇이 유익하리요 사람이 무엇을 주고 제 목숨과 바꾸겠느냐"(마 16:26)라는 말씀이 있다. 우리는 세상을 사랑하고 우리 옛 본성의 욕망에 노예 노릇을 하든지, 아니면 하나님을 사랑하고 하나님께서 선하다 하신 것에 전적으로 헌신하든지 할 수 있다. 우리 자신의 덧없는 나라를 세우는 데 우리 자신을 소모할 수도 있고, 하나님의 영원한 나라를 세우는 데 우리 자신을 바칠 수도 있다.

다시 사심 일행을 앞서 걷던 크리스천과 소망은 안락(Ease)이란 부드러운 평원에 이르렀다. 이 평원은 그다지 넓지 않아서 두 사람은 순식간에 이곳을 지났다. 평원 끝에는 금전(Lucre)이란 작은 산이 있었는데, 이 산에는 은광(銀鑛)이 있었다. 전에 이 길을 지나던 몇몇 사람들은 이 희귀한 곳을 보려고 가다가, 갱(坑) 가장자리에 너무 가까이 다가갔다가, 겉으로 멀쩡해 보이는 가장자리 지반이 무너지는 바람에 죽음을 맞기도 했고, 어떤 이들은 장애인이 되어 죽는 날까지 그 모습으로 살기도 했다.

이어서 내가 꿈속에서 보니 은광 맞은편, 길에서 약간 벗어난 곳에 데마가 신사처럼 서서 자기 쪽으로 와 보라고 길손들을 부르고 있었다. 데마는 크리스천과 소망에게도 "이봐요! 이쪽으로 돌아서 와 보세요, 보여드릴 게 있습니다"라고 했다.

크리스천 "도대체 얼마나 귀한 게 있기에 길을 벗어나기까지 하면서 가 봐야 한다는 겁니까?"

데마 "은광이 있어요. 보화를 얻으려고 땅을 파는 이들도 있습니다. 오시기만 하면 약간의 수고로도 두둑이 한몫 챙길 수 있다고요."

소망 "가서 한번 구경합시다."

크리스천 "난 안 갈 겁니다. 전에 이곳 소문을 들은 적 있어요. 저기 갔다가 허망하게 죽은 이들이 얼마나 많은지도 압니다. 그리고 재물이란 그걸 추구하는 사람들에게는 덫과 같지요. 순례길을 방해하니까요."

그렇게 말하고 나서 크리스천은 데마를 향해 말했다.

"그곳은 위험하지 않습니까? 많은 이들의 순례길을 방해하지 않았습니까?(호 14:8)"

데마 "그다지 위험하지 않습니다, 부주의한 사람이 아니라면."(하지

만 데마는 그렇게 말하면서 얼굴을 붉혔다)

데마는 계속된 탐심과 그리스도인으로서의 행보 사이에 아무런 갈등도 느끼지 않는 사람을 가리킨다. "이는 한 손에는 안락함과 자기만족을, 다른 한 손에는 신앙의 원리를 들고 능숙하게 균형을 잡을 수 있다고 하는 인식이다."[2] 성경에서 데마라는 이름은 바울이 "데마는 이 세상을 사랑하여 나를 버리고 데살로니가로 갔고"(딤후 4:10)라고 전하는 말에서 볼 수 있다.

그러자 크리스천이 소망에게 말했다.
"한 발짝도 움직이지 말고, 가던 길 계속 갑시다."

소망 "내 장담하는데, 사심이 여기 와서 저 사람이 부르는 소리 들으면 분명 구경하려고 저기로 갈 겁니다."
크리스천 "틀림없이 그러겠지요. 그 사람이 지닌 행동 원리가 저 길로 이끌 테니까요. 그리고 십중팔구 저기서 죽겠지요."

이때 데마가 두 사람을 다시 부르며 말했다.
"한 번 와서 보시지 않겠어요?" 그러자 크리스천은 딱 잘라 대답했다.

"데마여, 당신은 이 길의 주인이신 분의 올바른 도를 대적하는 원수이고, 길을 잘못 든 것에 대해 왕의 한 재판관에게 이미 정죄를 받았소(딤후 4:10). 그런데 왜 우리까지 끌어들여 똑같이 정죄 받게 만들려는 거요? 우리가 이 길을 벗어나면 우리 주님이요 왕이신 분께서 이를 아시고 그분 앞에 담대히 서야 할 자리에서 우리를 부끄럽게 하실 것입니다." 데마는 포기하지 않고 다시 말했다.

"나도 두 분의 형제입니다. 잠시만 기다려 준다면 나도 두 분과 동행할 겁니다."

크리스천 "당신의 이름이 뭡니까? 내가 조금 전에 부른 바로 그 이름 아닙니까?"

데마 "내 이름은 데마입니다. 아브라함의 자손이지요."

크리스천 "난 당신을 압니다. 게하시가 당신의 증조할아버지고, 유다가 당신의 아버지이지요. 당신은 조상의 발자취를 따랐습니다(왕하 5:20; 마 26:14, 15; 27:1~5). 당신의 말은 마귀들이나 하는 말장난에 지나지 않아요. 당신 아버지는 배신자가 되어 목매어 죽었는데, 당신이라고 더 나은 보응을 받을 게 없습니다. 분명히 알아 두세요, 우리가 왕 앞에 나가면 당신의 이런 행실을 그분께 고할 것입니다."

이 말을 남기고 두 사람은 다시 가던 길을 갔다.

잠시 후 사심 일행이 데마의 시야에 들어왔고, 이들은 데마의 손짓 한 번에 냉큼 그쪽으로 건너갔다. 이제 이들이 갱 가장자리에서 안을 살피다가 갱으로 떨어졌는지, 갱으로 내려갔는지, 아니면 갱에서 피어오르기 마련인 유독 가스에 질식해 죽었는지 나는 확실히 알지 못한다. 하지만 내가 관찰해 보니 이들은 순례길에 다시는 모습을 보이지 않았다. 이때 크리스천이 이렇게 노래했다.

사심과 데마는 마음이 맞도다
한 사람은 부르고 한 사람은 달려가니
달려간 사람은 부당한 이득을 함께 나누는 자 되고
이렇게 이들은 이 세상을 취하고 더는 나아가지 않는다네.

데마는 금전(Lucre), 즉 돈이란 뜻의 작은 산에 있는 은광에 와서 보물을 캐라고 크리스천과 소망을 부른다. 그런데 그렇게 하려면, 경로를 벗어나 갱 주변의 불안정한 지반을 통과해 가야 한다. 여기서 버니언은 "어울리지 않게 부를 추구하는 태도, 금전을 얻으려고 그리스도인으로서 가야 할 길을 벗어나는 것"을 설명하고 있으며, 이것이 "전에 〔사도 바울의〕 동행이었던 사람을 선동해 주님의 길을 버리게 만든 바로 그 세상을 사랑하는 태도다."[3] 예수께서 말씀하신 것처럼 "한 사람이 두 주인을 섬기지 못할 것이니… 너희가 하나님과 재물을 겸하여 섬기지 못"한다(마 6:24). 크리스천과 소망이 예견한 것처럼 사심과 그 일행은 두 사람에 뒤이어 금전에 이르러, 은광의 덫에 발을 들여놓음으로써 최후를 맞는다.

이제 또 내가 꿈에서 보니, 두 순례자는 평원을 지나자마자, 대로 바로 옆 오래된 기념비가 서 있는 곳에 이르렀는데, 비석의 생김새가 이상해서 두 사람은 호기심이 생겼다. 이들이 보기에 비석은 마치 한 여인이 기둥 모양으로 변한 것처럼 보였다. 두 사람은 비석 앞에 서서 이모저모 살펴보았지만, 이것이 대체 무얼 하라고 세워 놓은 것인지 알 수가 없었다. 그러다가 마침내 소망이 비석 머리 부분에 글씨가 쓰여 있는 것을 발견했는데, 글씨체가 생소했다. 학식 있는 사람이 아니었던 소망은 크리스천을 불러(크리스천은 배운 사람이었으므로) 글씨의 의미를 알아낼 수 있겠는지 살펴보라고 했다. 글자를 보며 잠시 궁리하던 크리스천은 이것이 "롯의 아내를 기억하라"라는 뜻이라는 것을 알아냈다. 이렇게 해서 크리스천은 소망에게 글귀를 읽어 주었고, 잠시 후 두 사람은 이것이 롯의 아내가 변모한 소금 기둥이라고 결론 내렸다. 롯의 아내는 소돔 성을 피해 나와 안전한 곳으로 가다가 탐심을 못 이기고 뒤를 돌아본 사람이었다(창 19:26). 갑작스레 이 놀라운 광경을 보게 된 두 사람은 다음과 같이 이야기를 나누었다.

Remember Lot's Wife

크리스천 "아, 형제여! 참 시기적절하게 이것을 보게 되었네요. 금전 산으로 건너와서 살펴보라는 데마의 유혹을 받은 게 얼마 전인데, 바로 그 뒤에 이걸 보게 되다니 말입니다. 데마가 바라는 대로, 그리고 형제님이 잠시 혹했던 것처럼, 우리가 그쪽으로 건너갔다면, 형제여, 우리는 아마 이 여인처럼 되어서 우리 뒤에 오는 사람들에게 구경거리가 되었을 겁니다."

소망 "잠시나마 그렇게 어리석게 굴어서 미안합니다. 내가 지금 롯의 아내처럼 되지 않은 게 신기하네요. 그 여자의 죄와 내가 저지른 죄가 사실 뭐가 달랐습니까? 그 여자는 그저 뒤를 돌아봤을 뿐이고, 나는 가서 보고 싶어 했으니 말입니다. 주님의 은혜는 찬미해야 하고, 나는 어쨌든 그런 생각을 했다는 것만으로도 부끄러움을 당해야 합니다."

크리스천 "여기서 본 것을 유념하고 앞으로 도움으로 삼도록 합시다. 이 여인은 소돔의 멸망으로 죽지 않았으니 한 가지 심판은 피했지만, 또 다른 심판으로 결국 죽고 말았네요. 우리가 보는 것처럼 이렇게 소금 기둥으로 변해 버렸으니 말입니다."

소망 "맞습니다. 이 여인은 우리에게 경계와 본보기가 될 수 있습니다. 이 여인과 같은 죄를 피하게 해준다는 점에서는 경계가 되고, 이 경계를 보고도 피하지 않은 죄에는 어떤 심판이 덮칠지 보여 주는 하나의 표시이기도 하고요. 그래서 고라와 다단과 아비람이 이백오십 명과 함께 자기들 죄로 멸망한 것 또한 다른 이들이 경계해야 할 표시 혹은 본보기가 되지요. 그리고 무엇보다도 유심히 따져 보게 되는 것 한 가지가 있는데, 데마와 그 무리는 어떻게 그렇게 자신만만하게 저기 서서 그 재물을 얻으려 할 수 있는 걸까요? 이 여인은 재물 때문에 뒤를 한 번 돌아본 것만으로도(성경을 보면 길에서 한 발짝이라도 벗어났다는 말이 없어요) 소금 기둥이 되어 버렸는데 말이지요. 특히 이 여인에게 내려진 심판이 우리에게 본보기가 되어 저들 눈에 보이는 곳에 이렇게 서 있어서 고개만 들면 안 보려야 안 볼 수가 없는데 말입니다.”

은광이 있는 곳에서 길을 따라 내려오던 크리스천과 소망은 여인 형상의 소금 기둥을 마주친다. 이 여인은 창세기 19장에 나오는 롯의 아내다. 하나님이 소돔의 멸망을 피해 나갈 길을 마련해 주시고, 소돔 성을 뒤돌아보지 말라고 명령하셨는데, 여인은 옛 생활과 그 즐거움에 미련이 있어 뒤를 돌아보았고, 그 불순종의 결과로 죽음을 맞았다. 정신이 번쩍 들게 하는 경고인 이 소금 기둥은 “탐심”을 조심하라고, 이 땅의 재물에 마음을 뺏기지 말라고, 이 땅의 재물은 순례자를 유혹해 순종의 길에서 벗어나게 만든다고 역설한다. 사심과 그 일행의 만남, 데마와 만남, 그리고 롯의 아내상(像)과 만남은, 세상에 대한 애정이 신자를 멸망으로 이끌 수 있다는 원칙을 명심하게 만든다.

크리스천 "기이한 일이지요. 아마 저들의 마음이 재물 얻는 일에 혈안이 되어 있다는 증거일 겁니다. 저들을 누구에게 비유해야 적당한지 모르겠네요. 재판관 앞에서 남의 주머니를 터는 자나 교수대 아래서 남의 지갑을 슬쩍 하는 자에게나 비유할까요. 소돔 사람들은 대단히 큰 죄인이었다고 하는데, 왜냐하면 여호와 앞에서, 즉 여호와께서 보시기에 죄인이었기 때문이지요. 여호와께서 이들에게 호의를 보이셨음에도 말입니다(창 13:13). 그래서 이것이 하나님의 질투를 더욱 유발했고, 하늘에서 여호와의 불이 내려오는 맹렬한 재앙을 불러일으켰습니다. 이런 자들, 여호와의 목전에서까지 죄를 짓는 자들, 그리고 계속 눈앞에 본보기를 보여 주어 경계를 삼게 하는데도 불구하고 죄짓는 자들은 가장 모진 심판을 받아야 할 것입니다."

소망 "맞는 말씀을 하셨습니다. 형제님도, 특히 나도 이런 본보기 되지 않았다는 게 얼마나 큰 자비인지요! 이 일을 계기로 하나님께 감사하고, 하나님 앞에서 두려워하고, 롯의 아내를 늘 기억해야 하겠습니다."

10

자유롭게 해주는 열쇠,
약속

이번에는 꿈속에서 두 사람이 어떤 쾌적한 강으로 이르는 길에 접어든 것을 보았다.

다윗 왕은 이 강을 "하나님의 강"이라 불렀지만, 요한은 "생명수의 강"이라고 했다(시 65:9; 계 22장; 겔 47장).

이제 크리스천과 소망은 강둑 위로 난 길로 들어섰고, 두 사람은 아주 기분 좋게 그 길을 걸었다. 두 사람은 강물을 떠서 마시기도 했는데, 물은 맛이 아주 좋았을 뿐만 아니라 고단한 마음에 활기를 불어넣어 주었다. 게다가 강둑 양편에는 온갖 열매가 달린 초록색 나무가 늘어서 있었다. 나뭇잎은 훌륭한 약재(藥材)였고, 나무 열매도 두 사람에게 큰 즐거움을 주었다. 두 사람은 잎사귀를 먹어 과식을 피하고 긴 여정에 열이 오른 사람에게 생기기 쉬운 질병도 예방했다. 강 양편으로는 풀밭도 펼쳐져 있었는데, 풀밭은 백합꽃이 피어 있어 기이할 만큼 아름다웠을 뿐만 아니라 일 년 내내 푸르렀다. 이곳은 안심하고 쉴 수 있는 곳 같아서 두 사람은 이 풀밭에 누워 잠을 잤다. 잠이 깬 두 사람은 또 나무 열매를 따 먹고 강물을 마신 후 다시 누워 잠을 잤다(시 23:2; 사 14:30). 이렇게 며칠 밤낮을 보낸 두 사람은 다음과 같이 노래했다.

보라 이 수정 같은 시냇물이 어떻게 흘러가
대로변 순례자들에게 위로가 되는지
풀밭은 푸르고 향기로운 내음을 풍기며
순례자들에게 맛 좋은 열매를 내도다.
이 나무가 얼마나 달콤한 열매와 잎사귀를 내는지 아는 사람은
곧 가진 것을 다 팔아 이 들판을 사리.

이렇게 해서 기운을 차리고 다시 길 떠날 준비가 된 두 사람은(아직 목적지에 이른 것이 아니었으므로) 마지막으로 한 번 더 열매를 따 먹고 강물을 마신 후 출발했다.

이어서 꿈에서 내가 보니 두 사람이 그리 멀리 가기도 전에 강물과 길이 서로 나뉘는 지점이 나타났다. 두 사람은 적잖이 유감스러웠지만, 감히 길을 벗어나지는 않았다. 강에서 갈라지자 길은 험해졌고, 그 길을 가느라 두 사람은 발이 벗겨지고 짓물렀다. 험한 길 때문에 두 순례자는 크게 낙심했고(민 21:4), 그래서 계속 길을 가면서도 두 사람은 길이 좋아지기를 바랐다. 가다 보니 저 앞 왼편에 풀밭이 있고, 그리로 올라가는 계단식 출입구가 보였다. 풀밭 이름은 샛길 초장(By-path Meadow)이었는데, 풀밭을 본 크리스천이 소망에게 말했다.

"이 풀밭이 우리가 가는 길을 따라 펼쳐져 있다면 이 길 말고 풀밭

으로 가도록 합시다." 크리스천은 그렇게 말하고 계단식 문으로 올라가 살펴보고는 "봐요, 울타리 맞은편에 길을 따라서 오솔길이 있어요. 내가 바라던 대로군요"라고 했다.

"이리로 가면 가장 편하게 갈 수 있어요. 자, 소망 형제, 이 풀밭을 통해서 가도록 합시다."

소망 "하지만 이 오솔길로 가다가 길을 벗어나게 되면 어쩌지요?"
크리스천 "그럴 것 같지는 않아요. 봐요, 우리가 가던 길을 따라서 오솔길이 나 있지 않습니까?"

소망은 크리스천의 설득에 하는 수없이 그를 좇아 계단식 출입문 안으로 들어갔다. 출입문을 지나 오솔길로 들어선 두 사람은 길이 아주 푹신해 발이 편하다는 것을 알게 되었다. 게다가 저 앞을 보니 어떤 사람이 자신들처럼 오솔길을 따라 걷고 있는 게 보였다(그 사람의 이름은 헛된 확신Vainconfidence이었다). 두 사람이 앞서가는 그 사람을 부르며 이 길이 어디로 가는 길이냐고 물으니, 그 사람은 천상의 도시로 가는 길이라고 대답했다. 이에 크리스천이 소망에게 말했다.

"보세요, 내가 말했잖습니까? 이제 우리 생각이 옳다는 걸 알겠지요." 이렇게 해서 두 사람은 오솔길을 따라 걸었고, 앞서가던 그 사람은 여전히 두 사람 앞에서 걸었다. 하지만 곧 밤이 되어 날이 매우 어두워졌고, 앞서가던 사람은 갑자기 두 사람의 시야에서 사라지고 말았다.

　　생명강 옆 목초지에서 며칠 동안 원기를 보충하고 회복하는 시간을 가진 크리스천과 소망은 어느새 안락함에 익숙해져서 유혹에 대한 경계심이 풀어졌다. 울퉁불퉁한 길을 걷느라 이들은 발이 아프고 마음도 가라앉았다. 조금 더 편한 길을 가고 싶은 욕망에 무릎 꿇은 크리스천은 소망을 설득해 원래 경로를 버리고 샛길 초장 옆 평탄한 길을 택한다. 두 사람을 앞서가던 헛된 확신은 하나님이 두 사람 앞에 정해 주신 힘든 길을 감내하지 않고 대신 이 경로를 찾아 나설 때의 크리스천의 마음 자세를 나타낸다. 크리스천은 하나님의 도움이 아니라 자기가 찾아낸 수단에 의지하고 있으며, 하나님의 뜻이 아니라 자기가 세운 계획을 따라간다. 두 순례자는 앞서 울퉁불퉁한 길에서 불편함을 느꼈지만, 이 불순종의 길에서 두 사람이 앞으로 겪게 될 극심한 고통에 비하면, 이 불편함이 오히려 장밋빛으로 보일 것이다.

　　크리스천과 소망을 앞서가던 사람은(헛된 확신이란 이름을 가진) 날이 어두워져 앞이 보이지 않아 깊은 구덩이에 빠지고 말았다(사 9:16). 이는 그 땅의 왕이 허영심 강한 바보들을 잡으려고 일부러 만들어 놓

은 구덩이로, 헛된 확신은 여기 떨어져 온몸이 부서졌다. 이때 크리스천과 소망은 헛된 확신이 구덩이로 떨어지는 소리를 들었다. 무슨 일이냐고 소리쳐 물었지만, 아무 대답도 없이 신음만 들렸다. 그러자 소망이 말했다. "지금 여기가 어디지요?"

하지만 크리스천은 자신이 친구를 이끌고 길을 벗어났다는 게 믿어지지 않아 아무 말도 못했다. 그때 갑자기 비가 내리기 시작하면서 무시무시한 기세로 천둥 번개가 치고 길 위로 순식간에 물이 불어났다. 소망은 혼자 탄식하며 말했다.

"오, 가던 길을 그냥 갈 것을!"

크리스천 "이 오솔길이 우리를 엉뚱한 데로 인도할 줄 누가 알았겠습니까?"

소망 "나는 처음부터 걱정이 됐어요. 그래서 조심스럽게 형제님에게 주의를 주었고요. 좀 더 분명하게 말하고 싶었지만, 형제님이 나보다 나이가 많으시니."

크리스천 "선한 형제님, 부디 화내지 마세요. 길을 벗어나게 해서, 이런 긴박한 위험에 처하게 해서 미안합니다. 부디 용서해 주세요, 형제님. 나쁜 의도로 이런 것은 아닙니다."

소망 "안심하세요, 형제님, 용서해 드릴 테니까요. 그리고 믿으세요, 이 일이 결국은 우리에게 유익이 되리라는 것을."

크리스천 "이렇게 인정 많은 형제와 함께할 수 있어서 기쁩니다. 하지만 이렇게 있으면 안 됩니다. 다시 돌아가 보도록 합시다."

소망 "그런데 선한 형제님, 이번에는 내가 앞장서게 해주세요."

크리스천 "안 됩니다, 괜찮다면 내가 앞장서게 해줘요. 나 때문에 우리 둘 다 길을 벗어났으니 돌아가는 길에 무슨 위험이 있더라도 내가 먼저 당하겠습니다."

소망 "아니요, 형제님이 앞장서서는 안 됩니다. 형제님은 지금 마음이 복잡한 상태이기 때문에 또다시 길을 잃을지도 몰라요."

그때 다행히도 이렇게 힘을 북돋아 주는 목소리가 들렸다.

"네가 전에 가던 길을 마음에 두라 돌아오라"(렘 31:21).

하지만 이때쯤 물이 크게 불어나 있어서 돌아가는 길은 매우 위험했다(이것을 보고 나는 길에 있다가 길을 벗어나기는 쉽지만 길 밖에서 길로 들어서기는 그렇지 않다고 생각했다). 그래도 두 사람은 위험을 무릅쓰고 돌아가려고 애썼지만, 날은 매우 어두웠고 물은 높이 범람해서 무리해서 돌아가다가는 십중팔구 익사할 가능성이 높았다.

그날 밤 두 사람은 아무리 용을 써도 계단식 출입구까지 돌아갈 수가 없었다. 결국 두 사람은 작은 쉼터를 찾아 불을 피우고 앉아 날이 밝기를 기다렸다. 하지만 지치고 고단했던 두 사람은 어느새 잠이 들고 말았다. 이때 이들이 잠든 곳에서 멀지 않은 곳에 의심하는 성(Doubting Castle)이란 성이 있었는데, 이 성 주인은 절망 거인(Giant

Despair)이었다. 두 사람은 지금 이 거인의 땅에서 잠을 자고 있었다. 다음 날 아침 일찍 잠에서 깨어 자기 땅을 두루 살피고 다니던 거인은 크리스천과 소망이 자기 영역에서 잠들어 있는 것을 발견했다. 거인은 험악하고 소름 끼치는 목소리로 두 사람을 깨우고는 어디에서 온 자들이며 자기 땅에서 무슨 짓을 했느냐고 물었다. 두 사람이 자신들은 순례자인데 길을 잃었다고 대답하자, 거인이 말했다.

"너희는 지난밤 함부로 내 땅을 짓밟고 들어와 허락도 없이 잠을 자서 내 권리를 침해했으니 나와 함께 가야겠다."

헛된 확신이 구덩이에 빠져 죽음을 맞는 것을 목격한 뒤 순례자들은 공포에 질린다. 길을 잃고 심각한 위험에 처했으니 두 사람은 원래 가던 길을 벗어나지 말았어야 하는 것이 분명했다. 두 사람은 하나님의 지시에 따라 원래 가던 길로 돌아가기 시작했으나 그날 밤 거센 폭풍우가 몰아쳐 거의 죽을 뻔하다가 간신히 피난처를 찾아 들어갔다. 그리고 오래지 않아 두 사람은 자신들이 심술궂은 절망 거인의 손아귀에 들어가, 의심하는 성의 더러운 지하 감옥에 갇히는 신세가 되었음을 깨닫는다. 크리스천과 소망은 수요일부터 토요일까지 이 불쾌하고 외딴 어둠 속에서 먹을 것이나 마실 것도 없이 고통스러운 상황을 견뎌내야 하는데, 이 시간표는 예수께서 겟세마네에서 십자가에 이르기까지 고난 겪으신 과정과 관련 있다. 예수는 우리의 고난을 알고 속량하시며, 우리의 자유는 오직 예수께서 부활주일에 성취하신 일을 통해서만 온다.

이렇게 해서 두 사람은 거인과 함께 갈 수밖에 없었다. 거인이 이들보다 힘이 셌으니 말이다. 또 자신들이 잘못했다는 것을 알고 있었으므로 할 말도 없었다. 거인은 두 사람을 앞세워 자신의 성으로 데리고 온 뒤, 더럽고 악취 나고 몹시 캄캄한 지하 감옥에 가두었다. 감옥 안이 얼마나 불결하고 악취가 심한지 두 사람은 몹시 불쾌했다(시 88:18). 두 사람은 이곳에 수요일부터 토요일 밤까지 빵 한 조각, 물 한 모금도 없이 누워 있었다. 빛도 한 줄기 안 들어오고, 어떻게 해야 할지 물어볼 사람도 없었다. 두 사람은 친구도, 아는 사람도 하나 없이 여기서 이렇게 고약한 일을 당했다. 이렇게 되니 크리스천의 슬픔은 두 배가 되었다. 자신의 분별없는 행동 때문에 두 사람이 이런 불행에 빠졌으니 말이다.

순례자들이 이제 육신의 만족을 위해
안락함을 추구할 터이니, 오 이리하여 이들은
어떻게 또다시 새로운 고통 속으로 자신들을 던져 넣었는지!
육체를 즐겁게 하려는 자는 스스로 망하도다.

어둠 속의 폭풍우, 거인과 성, 그리고 아무 저항 없이 그 거인의 볼모가 되는 상황을 받아들이는 태도는 순례자들이 계속 자신들의 실패에 집착한 탓에 낙심으로 무력해졌음을 나타낸다. 죄를 범한 뒤 하나님의 긍휼과 자비에 대한 믿음이 전혀 없는 상태가 된 마음은 두려움 · 자기 혐오 · 혼란이란 또 다른 장애물을 낳으며, 이 장애물이 그 사람과 하나님 사이를 가로막는다. 이제 파멸이라는 순례자들의 인식은 하나님의 사랑과 용서의 약속을 보지 못하게 만드는 짙고 어두운 안개와 같다. 계속 자기 자신에게 초점을 맞춤에 따라, 그리고 자꾸 격렬해지기만 하는 감정의 지배를 받음에 따라, 이들은 점점 약해지고 무력해진다. 버니언 자신도 불순종이 초래한 이런 유형의 영적 우울을 경험했다.

절망 거인에게는 자신 없음(Diffidence)이란 아내가 있었는데, 그날 밤 잠자리에 든 거인은 낮에 있었던 일을 아내에게 이야기해 주었다. 어떤 사람 둘이 자기 땅을 침범했고, 그래서 이들을 잡아 와서 지하 감옥에 집어넣었다고 말이다. 그러고 나서 거인은 이제 이 두 사람을 어떻게 하면 좋겠느냐고 아내에게 물었다. 그러자 거인의 아내는 그 두 사람이 어떤 사람들이고 어디에서 왔으며 어디로 가는 중이었느냐고 물었다. 거인이 대답해 주자 여인은 아침에 일어나면 두 사람을

인정사정없이 때려 주라고 조언했다.

다음 날 아침, 잠에서 깬 거인은 야생 사과나무 가지로 만든 묵직한 몽둥이를 집어 들고 지하 감옥으로 내려가, 싫은 말 한마디 하지 않은 두 사람을 마치 개 꾸짖듯 꾸짖었다. 그런 다음 거인은 이들에게 달려들어 무시무시하게 두들겨 패기 시작했다. 얼마나 무서운 기세로 때리던지 두 사람은 몸을 가눌 수도, 바닥에서 피할 수도 없었다. 매질을 끝내자 거인은 두 사람에게서 떨어져 감옥에서 나갔고, 그렇게 남겨진 두 사람은 이 뜻밖의 고통을 애통해하며 이 재난 앞에서 슬퍼할 수밖에 없었다. 그날 하루 종일 두 사람은 그저 한숨과 비통한 애곡으로 시간을 보냈다.

그날 밤, 두 사람에 관해 남편과 이야기를 나눈 거인의 아내는 두 사람이 아직 살아 있다는 사실을 알고, 두 사람이 스스로 목숨을 끊게 만들라고 남편에게 조언했다. 아침이 밝자 전날과 다름없이 험악한 기세로 두 사람에게 내려간 거인은 두 사람이 전날 두들겨 맞은 상처로 몹시 고통스러워하는 것을 보고, 너희가 그 감옥에서 나올 수 있는 가능성은 절대 없으므로 유일한 해결책은 칼이나 밧줄이나 독약으로 너희 목숨을 스스로 끊는 것밖에 없다고 말했다. "살아봤자 그렇게 쓰라린 괴로움뿐인 줄 알면서 왜 굳이 살려고 하느냐?" 그러나 거인의 말을 듣고도 두 사람은 자신들을 보내 달라고 청했다. 두 사람의 말에 거인은 험악한 표정으로 이들을 쳐다보더니 자기가 직접 끝장을 내주겠다는 듯 이들에게 달려들었다. 그런데 두 사람에게 달려들던 거인이 갑자기 경련을 일으키기 시작했다(거인은 햇볕이 좋은 날에는 가끔 경련을 일으켰다) 잠시 주먹을 쓸 수 없게 된 거인은 하는 수 없이 주먹을 거두고는 어제처럼 두 사람을 남겨두고 감옥에서 나갔다. 이제 어떻게 해야 할지 생각해 보려는 것 같았다.

거인이 나간 후, 옥에 갇힌 두 사람은 과연 거인의 권고를 따르는 게 최선일지 의논했다. 두 사람의 의논은 이렇게 시작되었다.

크리스천 "형제님, 어떻게 해야 할까요? 지금 우리 삶은 비참하기 그지없습니다. 이렇게 사는 게 최선일지, 아니면 내 손으로 목숨을 끊는 게 좋을지 나로서는 알 수가 없군요. '이러므로 내 마음이… 차라리 숨이 막히는 것과 죽는 것을 택하리이다'(욥 7:15)라는 말씀이 있지요. 나에게는 이 지하 감옥보다는 무덤이 더 편하겠어요. 거인이 하라는 대로 할까요?"

소망 "사실 우리의 현재 상태는 끔찍합니다. 저도 언제까지 이렇게 사느니 죽음이 훨씬 반가울 것 같습니다. 하지만 한번 생각해 봅시다. 우리가 가려는 나라의 주님은 '살인하지 말라'라고 말씀하셨습니다. 타인의 목숨을 해쳐서는 안 된다면, 스스로 목숨을 끊으라는 그 사람의 권고를 받아들이는 건 더더욱 안 될 일입니다. 타인을 죽이는 이는 그 사람의 몸만 죽일 뿐이지만, 스스로 목숨을 끊는 이는 자기 몸과 영혼을 동시에 죽이는 겁니다. 게다가 형제님, 형제님은 무덤이 더 편할 거라고 말하지만, 살인자들은 확실히 지옥으로 간다는 사실을 잊으셨습니까? 살인자에게는 영생이 없습니다. 그리고 또 생각해 봅시다. 모든 법이 절망 거인의 손에만 있지는 않습니다. 내가 알기로, 우리처럼 저 거인에게 잡혔다가 그 손아귀에서 도망친 이들이 있습니다. 누가 압니까, 세상을 만드신 하나님이 절망 거인을 죽게 만드실지? 아니면 언젠가 거인이 우리를 가둬 뒀다는 사실을 잊을 수도 있지 않을까요? 또 어쩌면 우리 앞에서 곧 또 경련을 일으켜서 손발을 못 쓰게 될 수도 있지 않습니까? 만약 그런 일이 또 일어나면 그때는 용기를 내서 젖 먹던 힘까지 다해 그자의 손아귀에서 빠져나갈 겁니다. 조금전에 그 일이 있었을 때 그러지 못한 내가 바보입니다. 하지만 형제님, 한동안 참고 기다려 봅시다. 운 좋게 풀려날 때가 올지도 모릅니다. 우리가 우리 자신을 죽이는 자가 되지는 맙시다.”

소망은 이렇게 말하며 형제의 마음을 다독였다. 이렇게 해서 그날 두 사람은 비록 슬프고 우울하긴 했지만 어둠 속에서 함께 목숨을 부지해 나갔다.

소망의 말을 통해 버니언은 자살해서는 안 된다고 목회자로서 권면하는데, 아마 이는 힘들어하는 사람들에게 버니언이 직접 전해 준 지혜였을 것이다. 전능하신 하나님은 어떤 사람이 스스로 아무리 구제 불능이라고 생각하든 구하고 구속하시는 분이다. 하나님은 자비가 충만하시며, 하나님에게 너무 어려운 일이란 없다. 하나님이 그런 하나님이시기에 신자는 언제나 소망을 가질 수 있다.

저녁이 다가오자, 거인은 두 사람이 자신의 권고를 받아들였는지 살피려고, 지하 감옥으로 다시 내려왔다. 하지만 그는 두 사람이 살아 있는 것을 보았다. 그러나 사실은 그저 살아 있을 뿐이었다. 빵 한 조각 물 한 모금 먹지 못한 데다가 거인에게 맞은 상처 때문에 이들은 숨 쉬는 것 외에는 아무것도 할 수 없는 상태였다. 그러나 어쨌든 거인은 두 사람이 살아 있는 것을 보았고, 이에 엄청난 분노에 사로잡혀 두 사람에게 말했다. 너희가 내 권고를 따르지 않은 것을 내가 보았으니, 태어나지 않은 것만 못한 일을 겪게 해주겠다고 말이다.

거인의 말에 두 사람은 크게 두려워 떨었다. 내 생각에 크리스천은 기절한 것 같았다. 조금 정신을 차린 후, 크리스천은 소망과 더불어 거인의 권고에 대해 새롭게 의논했다. 과연 그의 권고를 받아들이는 게 좋을까, 받아들이지 않는 게 좋을까. 이제 크리스천이 거인의 권고를 받아들이는 쪽으로 다시 마음이 기운 것처럼 보이자, 소망은 또 이렇게 말했다.

소망 "형제님, 지금까지 형제님이 얼마나 용감했는지 기억 못 하십니까? 아볼루온도 형제님을 꺾지 못했고, 사망의 그늘의 골짜기에서 보고 듣고 느낀 그 모든 일도 형제님을 무너뜨리지 못했습니다. 지금까지 역경과 공포와 놀라운 일을 얼마나 많이 겪었습니까! 그런데 지금 두려워하고만 있다니요! 천성적으로 형제님보다 훨씬 연약한 나도 지금 이 지하 감옥에 형제님과 함께 갇혀 있습니다.

이 거인은 형제님뿐만 아니라 나도 두들겨 팼고, 빵과 포도주 한 입 주지 않았습니다. 빛 한 줄기 없는 이곳에서 내가 형제님과 함께 슬퍼하고 있습니다. 그러니 좀 더 견뎌 봅시다. 허영 시장에서 형제님이 얼마나 남자답게 행동했는지 기억하세요. 쇠사슬도, 철창도, 잔혹한 죽음도 두려워하지 않았잖습니까. 그러니 (적어도 그리스도인으로서 수치스러운 모습은 보이지 말아야 하니) 참을 수 있는 데까지 참아봅시다."

소망은 스스로 목숨을 끊으면 안 되는 여러 가지 이유를 크리스천에게 제시한다. 소망은 살인하지 말라는 하나님의 명령, 자살이 그 사람의 영혼에 끼치는 피해, 그리고 자살로 얻을 잠시의 위안 그 이면에서 겪게 될 심판과 고통에 관해 이야기한다. 이들은 보좌에 계신 분에게 답변해야 할 것이다. 하나님의 소중한 선물인 인간 생명의 가치를 감히 깎아내리는가? 하나님의 권위를 자기 것인 양 움켜쥐고 생명을 주었다 빼앗았다 하는가? 또한 소망은 과거에 하나님이 크리스천을 도우셔서 참고 견디게 하셨다고, 절망 거인의 손에서 도망쳐 나간 사람들이 있다고, 크리스천은 지금 혼자가 아니며 자신들에게는 어떤 일이든 가능하다고, 즉 어느 순간에라도 상황이 호전될 수 있다고 크리스천에게 일깨워 준다. 따지고 보면 절망 거인이 궁극의 권위는 아니다. 하나님이 궁극의 권위이시다!

또 밤이 다가왔고, 거인은 아내와 함께 잠자리에 들었다. 잠자리에서 거인의 아내는 옥에 갇힌 사람들이 당신의 권고를 따랐느냐고 남편에게 물었다. 아내의 물음에 거인은 "그놈들 독한 불한당 놈들이야, 자기 손으로 목숨을 끊기보다는 모든 어려움을 다 견뎌내는 편을 택하고 있지"라고 대답했다. 그러자 거인의 아내가 말했다.

"내일 그 사람들을 성 마당으로 끌어내서 지금까지 당신이 처치한 사람들 뼈하고 해골을 보여 주세요. 일주일 안에 당신이 그자들도 앞서간 사람들처럼 사지를 찢어 죽이리라는 걸 알려 주라고요."

아침이 되자 거인은 다시 두 사람에게 가서 성 마당으로 끌어낸 뒤 아내의 말대로 이미 죽은 사람들의 뼈와 해골을 보여 주며 말했다.

"이건 한때 너희 같은 순례자였던 자들의 뼈다. 너희들처럼 내 땅에 무단 침입한 자들이라 적당한 때에 내가 온몸을 갈가리 찢어 버렸다. 앞으로 열흘 안에 너희에게도 똑같이 해줄 것이다. 자, 가라, 다시 지하 감옥으로 내려가라." 그렇게 말하면서 거인은 감옥으로 내려가는 두 사람을 계속 매질했다. 이리하여 두 사람은 토요일에도 전날처럼 하루 종일 누워 눈물로 탄식했다. 이날 밤이 되자, 자신 없음 부인은 거인 남편과 함께 잠자리에 들어 옥에 갇힌 사람들 이야기를 또

하기 시작했다. 거인은 이제 자신은 늙은 몸이라 주먹질로도 권고의 말로도 그 사람들을 끝장낼 수 없을 거라고 했다. 거인의 말에 그의 아내가 대답했다. "그 사람들 혹 누가 와서 구해 준다든지 혹은 옥문 자물쇠라도 비틀어 열어 주기를 바라면서 살고 있는 것 아닐까요. 그 틈을 타서 도망치려고 말이에요."

"그렇게 생각하오? 그렇다면 내일 아침 그자들 꿍꿍이가 뭔지 알아내 보리다."

두 순례자를 학대하는 이들은 다음번에는 두 사람을 어떻게 괴롭힐지 밤마다 궁리한다. 어둠 속에서는 음울한 생각과 우울한 감정이 더 강해지는 것처럼 말이다. 이와 대조적으로, 태양은 순례자들을 괴롭힐 수 있는 거인의 능력을 제한한다(그래서 순례자들이 서로 위로하고 힘을 북돋을 기회를 준다). 마치 빛이 진리를 드러내서 하나님의 성품을 우리에게 일깨워 주고 그분이 우리 가까이 계시면서 밝은 소망으로 우리 마음을 채워 주신다는 사실을 알려 주는 것과 비슷하다. 우리의 관점은 우리가 처하는 다양한 상황에 따라 바로 바뀔 수 있으므로, 변함없는 하나님의 말씀을 굳게 붙잡아야 하며, 믿음으로써 우리는 자신이 지금 어떤 관점을 가졌는지 하나님이 알려 주실 수 있게 해야 한다.

토요일 자정 무렵이 되자 두 사람은 기도를 시작했다. 기도는 거의 날이 밝을 때까지 계속되었다.

아침이 되기 직전, 선한 크리스천은 정신이 퍼뜩 드는 것처럼 갑자기 열정적으로 혼잣말을 하기 시작했다.

"이런 바보 같으니, 자유롭게 걸어 나갈 수 있는데 이 악취 나는 지하 감옥에 여태껏 누워 있었다니. 내 품에는 약속이라고 하는 열쇠가 있으니, 그 열쇠로 의심하는 성의 모든 문을 다 열 수 있지 않은가." 그러자 소망이 말했다.

"그거 반가운 소식이네요. 선한 형제님, 어서 품에서 열쇠를 꺼내 문을 열어 보세요."

크리스천은 품에서 열쇠를 꺼내 옥문을 열기 시작했다. 그가 열쇠를 돌리자, 빗장이 풀리면서 문이 쉽게 열렸고, 크리스천과 소망 두 사람 모두 밖으로 나왔다. 이어서 크리스천은 성 마당으로 이어지는 바깥문으로 다가가 약속 열쇠로 그 문도 열었다. 그러고 나서는 철문 쪽으로 갔다. 그 문도 열어야 성을 나갈 수 있었다. 자물쇠가 지독히 단단히 잠겨 있었지만, 열쇠는 이 자물쇠까지 열었다. 두 사람은 서둘러 철문을 열어젖힌 뒤 전속력으로 도망치기 시작했다. 그런데 철문이 열리면서 크게 삐걱거리자 그 소리에 잠이 깬 거인이 허겁지겁 일어나 두 사람을 뒤쫓으려 했다. 그러나 그 순간 다시 경련이 일어나는 바람에 거인은 손발을 쓸 수가 없었고, 그래서 아무리 용을 써도 두 사람을 쫓아갈 수 없었다. 두 사람은 뒤도 안 돌아보고 달려 다시 왕의 대로로 들어섰다. 거인이 지배하는 땅에서 벗어났기에 이제는 안심이었다.

소망이 힘을 북돋아 주는 말을 듣고 난 뒤 크리스천은 마침내 기도로 하나님께 돌이키고 소망과 더불어 기도로 시간을 보낸다. 하나님이 그의 마음에 일하시자 크리스천은 자신이 약속이란 열쇠를 줄곧 지니고 있었음을 깨달았다. 이 열쇠는 의심하는 성의 모든 문을 다 열어 그 주일 아침 순례자들이 마침내 자유의 몸이 되게 해준다. 이 열쇠는 성령이 모든 신자의 마음에 주신 약속을 가리키며, 이 약속은 우리가 그 약속을 더는 믿지 않을 때도 참되고 유용하다. 하나님은 순례자들이 절망 앞에서 겪은 그런 시련을 이용해서 우리 마음 상태가 드러나게 하시고 이를 다시 빚으신다. 우리는 하나님의 약속으로써 두려움과 의심을 극복하고 신속히 회개하고 은혜를 받는 법을 배운다. 우리는 기도로 하나님의 도움을 구하고 우리의 기분이 아니라 하나님께 의지하는 습관을 들인다.

샛길 초장의 계단식 출입구를 빠져나온 두 사람은, 나중에 오는 사

람들이 절망 거인에게 잡히는 일이 없도록 하려면, 이 계단을 어떻게 해야 할지 궁리하기 시작했다. 두 사람은 그곳에 기둥을 세우고, 거기에 이렇게 새겨 넣기로 의견을 모았다.

"이 계단을 넘어가면 의심하는 성으로 들어가는 길이 나옵니다. 그 성의 주인은 절망 거인인데, 이 자는 천상의 나라 왕을 멸시하고 거룩한 순례자들을 죽이려 하는 자입니다."

이리하여 나중에 오는 많은 이들이 이 경고문을 읽고 위험을 피할 수 있었다. 두 사람은 기둥 세우기를 마치고 이렇게 노래했다.

가던 길에서 벗어난 우리
알고 보니 금지된 땅을 밟았다네
뒤에 오는 이들은 조심할지니
우리처럼 경솔하게 행동하지 않도록
부지 중 거인의 땅을 침입해 그의 손에 잡히지 않도록.
그의 성은 의심하는 성이요 그의 이름은 절망이라.

11

유쾌한 산에서의
계시

리스천과 소망은 계속 길을 가다가 유쾌한 산(Delectable Mountains)에 이르렀다. 이 산 역시 앞에서 이야기한 그 산의 주인에게 속한 땅이었다.

그래서 두 사람이 산으로 올라가 보니 동산과 과수원, 포도원과 샘이 보였다. 두 사람은 이곳에서도 물을 마시고 몸을 씻은 뒤 포도원의 포도를 마음껏 따 먹었다. 산 정상에서는 목자들이 왕의 대로 옆에서 양 떼에게 풀을 먹이고 있었다. 두 순례자는 목자들에게 다가가 지팡이에 몸을 기댄 채(고단한 순례자들은 길가에게 누군가와 대화할 때 보통 이런 자세를 취한다) 물었다.

"이 유쾌한 산은 누구 소유입니까? 풀을 뜯고 있는 양 떼는 또 누구 소유인가요?"

유쾌한 산을 이제 이들이 오른다
그곳에 목자들이 있어
유혹하는 것들, 주의해야 할 일들을 보여 주니
순례자들은 믿음과 두려움으로 한결같이 보호받네

목자들 "이 산은 임마누엘의 땅입니다. 그분의 도성이 시야에 들어

오는 곳이지요. 그리고 양 떼도 그분의 것입니다. 그분이 이 양 떼들을 위해 자기 목숨을 내놓았습니다(요 10:11)."

크리스천 "이 길은 천상의 도시로 가는 길인가요?"

목자들 "제대로 오셨습니다."

크리스천 "여기서 얼마나 더 가야 합니까?"

목자들 "정말로 그곳에 가려는 사람이 아닌 한 누구에게나 아주 먼 길이지요."

크리스천 "그 길은 안전합니까, 위험합니까?"

목자들 "안전해야 할 사람에게는 안전하지만, 범죄자는 안전한 길에서도 걸려 넘어지지요(호 14:9)."

크리스천 "이곳에는 먼 길 오느라 지치고 기운 없는 순례자들에게 뭐 위안이 될 만한 것이 있습니까?"

목자들 "이 산의 주님께서는 길손 대접하기를 잊지 말아야 할 책임을 우리에게 맡기셨습니다. 그러므로 여러분들 앞에는 좋은 일이 있을 겁니다(히 13:1~2)."

내가 꿈속에서 또 보니 목자들은 크리스천과 소망이 길을 가는 사람들이라는 것을 알아차리고 몇 가지 질문을 했고, 두 사람은 다른 곳에서와 마찬가지로 이 질문에 대답했다. 목자들은 두 사람에게 어디에서 왔느냐, 어떻게 해서 길을 떠나게 되었느냐, 그 길을 어떻게 그렇게 버텨내며 왔느냐고 물었는데, 이는 이쪽으로 길을 나선 사람들 중 이 산까지 와서 모습을 드러낸 이들이 거의 없었기 때문이었다. 목자들은 두 사람의 대답을 듣고 흡족해하면서 매우 다정스럽게 이들을 바라보며 말했다.

"유쾌한 산에 잘 오셨습니다."

지식(Knowledge), 경험(Experience), 경계(Watchful), 성실(Sincere)이란 이름을 가진 목자들은 두 사람의 손을 이끌어 자신들의 장막으로 안내한 뒤 준비된 상에 앉아 함께 음식을 먹었다. 식사를 마치자, 목자들은 이렇게 말했다.

"여기 잠시 머물면서 우리와 친분도 쌓고 이 유쾌한 산에서 나는 좋은 것들로 더 많은 위로를 받고 가셨으면 합니다."

두 사람은 기꺼이 더 머물겠다고 대답했다. 밤이 늦었으므로 두 사람은 목자들이 마련해 준 숙소로 갔다.

유쾌한 산은 버니언이 그리는 교회의 영적 친교 두 번째 광경이다(첫 번째는 아름다움 궁전). 순례자들은 주일에 그곳으로 가는데, 주일은 청교도들이 매우 귀하게 여기는 날로서, "영혼의 장날"(the market day of the soul)이라고 했다. 여기서 버니언은 이 예배의 날과 그리스도 안에서 거룩히 연결되는 관계를 통해 하나님이 공급하시는 심신의 자양분, 격려, 기쁨을 묘사하고 있다. 목자들은 목회자로서의 돌봄과 성경적 가르침을 제공하는 사역자들을 가리킨다. 이들은 "[신자의] 영혼의 목자와 감독 되신"(벧전 2:25) 그리스도의 일에 참여하고 있다. 지식, 경험, 경계, 성실이라는 이름은 모두 사역자가 나타내 보여야 할 자질을 가리킨다.

내가 꿈속에서 보니 아침이 되어 목자들이 크리스천과 소망에게 와서 함께 산으로 산책하러 가자고 했다. 이리하여 두 사람은 목자들과 함께 나가 잠시 걸으면서 사방의 기분 좋은 경치를 즐겼다. 그때 목자들이 서로 말했다.

"이 순례자분들에게 멋진 광경을 좀 보여드릴까요?" 목자들은 그러자고 하면서 먼저 오류(Error)라는 언덕 꼭대기로 두 사람을 데려갔다. 이곳은 가장 먼 산 중턱의 아주 가파른 경사면으로, 여기 이르자 목자들은 두 사람에게 아래를 내려다보라고 했다. 크리스천과 소망이 아래를 내려다보니, 바닥에는 산꼭대기에서 떨어진 사람들의 시신이 산산조각 난 채 흩어져 있었다. 이것을 보고 크리스천이 "이게 무슨 의미입니까?"라고 묻자, 목자들은 이렇게 대답했다.

"몸이 부활한다는 믿음과 관련해 후메내오와 빌레도가 하는 말을 귀 기울여 듣다가 오류에 빠진 사람들 이야기를 들어 보셨습니까?(딤후 2:17~18)" 두 사람이 들어 보았다고 대답하자, 목자들은 계속해서 설명했다.

"이 산 아래 저렇게 산산조각 난 시신으로 누워있는 이들이 바로

그 사람들입니다. 보시다시피 그 사람들은 이
날까지 장례도 치러지지 못한 채 다른 사람
들의 본보기로 저렇게 누워 있습니다.
이 산에 너무 높이 기어오르는 건 아닌
지, 산 가장자리에 너무 가까이 다가가는 건 아닌지 조심하라고 말입
니다.

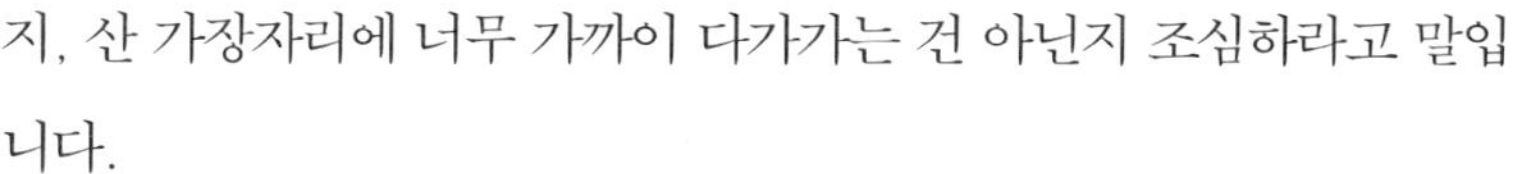

　이어서 나는 목자들이 두 사람을 또 다른 산꼭대기로 데려가는 것
을 보았는데, 이 산의 이름은 경고(Caution) 산이었다. 목자들이 저기
먼 데를 바라보라고 해서 두 사람이 그곳을 바라보니, 몇몇 사람들이
그곳의 무덤 사이를 올라갔다 내려갔다 하는 것이 보였다. 그런데 무
덤 위에서 넘어지기도 하고 그러면서도 무덤 사이에서 빠져나오지
못하는 것을 보니, 그 사람들은 앞을 못 보는 맹인들이었다. 이 광경
을 보고 크리스천이 "이것은 무슨 의미지요?"라고 묻자, 목자들이 대
답했다.

　"이 산 저 아래 길 왼편에 풀밭으로 들어가는 계단식 출입구를 보
지 않았습니까?" 두 사람이 보았다고 대답하자, 목자들이 이어서 설
명했다.

　"그 출입구에서 의심하는 성으로 곧장 이어지는 오솔길이 있지요.
절망 거인이 그 성 주인인데, 이 사람들은(무덤 사이를 오르내리는 이들
을 가리키며) 한때 두 분처럼 순례 길에 나섰다가, 그 계단식 출입구까
지 온 사람들입니다. 그런데 옳은 길이 험하니까, 이 사람들이 길을

벗어나 그 계단을 통해 풀밭으로 들어갔다가, 절망 거인한테 잡혀서 의심하는 성으로 끌려갔지요. 거인은 이 사람들을 그곳 지하 감옥에 얼마간 가두었다가, 결국 두 눈을 뽑아 버리고는 저 무덤 사이로 데려다 놓고, 이날까지 저렇게 헤매다니게 만든 겁니다. '명철의 길을 떠난 사람은 사망의 회중에 거하리라'(잠 21:16)라는 지혜자의 말이 성취된 것일 수도 있습니다." 목자들의 말을 다 들은 크리스천과 소망은 목자들에게 아무 말도 하지 못한 채 눈물이 그렁그렁한 얼굴로 서로를 물끄러미 쳐다볼 뿐이었다.

이어서 또 내가 보니 목자들이 두 사람을 산 아래의 어떤 곳으로 데려갔는데, 산비탈에 문이 하나 있었고, 목자들이 이 문을 열고는 두 사람에게 안을 들여다보라고 했다. 목자들의 말대로 두 사람이 들여다보니 문 안쪽은 매우 어둡고 연기가 자욱했다. 가만히 들어보니 불길이 활활 타오르는 소리와 사람들이 괴로워 울부짖는 소리가 들리는 것 같았고 유황 냄새가 났다. 크리스천이 "이것은 무슨 의미입니까?"라고 묻자 목자들이 대답했다.

"여기는 지옥으로 가는 샛길입니다. 외식하는 자들이 이 길로 지옥에 가지요. 에서처럼 장자 상속권을 팔아먹는 사람이나, 유다처럼 자기 주인을 파는 사람, 알렉산더처럼 복음을 모독하는 사람, 아나니아와 삽비라처럼 거짓말하고 감추는 사람들 말입니다." 그러자 이번에는 소망이 목자들에게 물었다.

"이 사람들은 모두 지금 우리처럼 순례자의 모습을 하고 있었던 것 같습니다, 아닌가요?"

목자들 "맞습니다. 그것도 오랫동안 그래 왔지요."

순례 여정 마지막 단계에서까지 천상의 도시로 가는 길에서 벗어나는 순례자들이 많다. 마음을 복잡하게 하는 여러 광경을 쭉 보여주는 동안 목자들은 유혹과 죽음에서 순례자들을 끌어내서 견인(堅忍)과 생명의 길로 인도해 주는 지혜를 나눠 준다. 오류 언덕의 위험한 절벽은 성경과 모순되는 교리를 받아들일 때 얼마나 파괴적인 결과가 빚어지는지 보여 준다. 경고 산에서는 절망 거인 때문에 앞을 못 보게 된 사람들이 끊임없이 무덤 사이를 오르락내리락하는데, 이는 고집스럽게 의심하고 방황하는 사람은 결국 사자(死者)들 사이에서 최후를 맞는다는 사실을 보여 준다. 세 번째 언덕에는 믿음을 성실히 유지하지 못하고 그리스도에게 등을 돌린 사람들이 지옥으로 갈 때 들어가는 문이 있다. 매우 오싹하기는 해도, 이런 광경들은 순례자들이 겸손과 경건을 유지하면서 깨어 순종하여, "강하신 분께 힘을 구하며 부르짖게" 도와준다.

소망 "저 사람들은 당시에 순례길을 얼마나 멀리까지 왔다가 저렇게 비참하게 버려졌을까요?"

목자들 "어떤 사람은 이 산에 이를 만큼 멀리 왔고, 그 정도로 멀리 오지 못한 사람도 있지요."

그러자 순례자들은 서로를 보며 말했다.
"우리는 강하신 분께 힘을 구하며 부르짖어야 하겠습니다."

목자들 "네, 그리고 힘을 주시면 그 힘을 잘 써야 합니다."

이때쯤 순례자들은 다시 길을 가고 싶은 마음이 들었고, 목자들도 이들이 다시 길을 나서 주기를 바랐다. 그래서 이들은 산 끄트머리까지 함께 갔는데, 이곳에서 목자들은 서로 이렇게 말했다. "여기서 순례자들에게 천상의 도시 입구를 보여 줍시다. 물론 우리처럼 망원경을 볼 수 있는 기술이 있어야 하겠지만 말입니다." 순례자들이 진심으로 목자들의 제안을 받아들이자, 목자들은 두 사람을 맑음(Clear)이라고 하는 높은 언덕 꼭대기로 데려가 망원경을 건네주었다.

목자들은 순례자들을 분발시켜 영원한 관점에 대한 소망과 지혜를 갖게 하려고, 순례자들이 망원경(perspective glass)을 통해

천상의 도시를 볼 수 있게 해준다. 인간적 나약함, 제한된 믿음 때문이든, 혹은 죄에 대한 기억 때문이든 순례자들의 시야는 흐릿하고 불분명하지만, 그런 시각으로나마 천상의 도시를 보면 이들에게는 큰 기쁨이 된다. 의심하는 성에 계속 주저앉아 있었더라면 결국 맹인이 될 수도 있었을 텐데, 이제 이들은 천국의 영광을 어렴풋이나마 보게 된다! 여기서 망원경은 성경을 가리키는데, 우리가 믿음으로, 특히 교회 안에서 영적 교제를 나누며 교회가 제공하는 지혜와 안내에 따라 이 망원경을 들여다보면 천국을 얼핏이나마 볼 수

있다. 성경은 성령이 우리를 도우셔서 우리가 이 땅에 있는 동안에도 천국의 아름다움과 선물을 맛볼 수 있게 하신다고 말한다(고전 2:9~12). 우리가 지금은 "불완전하게 볼지라도 모든 것을 완벽한 명료함으로 볼" 날이 있을 것이다(고전 13:12 New Living Translation 성경).

두 사람은 망원경을 들여다보려고 했지만, 목자들이 보여준 광경들에 대한 기억 때문에 손이 떨렸고, 손이 떨리자 망원경을 안정감 있게 들여다볼 수가 없었다. 그래도 이들의 눈에는 출입문 비슷한 것이 보

였고, 천상의 영광 같은 것도 보였다. 그 후 두 사람은 다시 길을 나서
면서 이렇게 노래 불렀다.

이렇게 해서 목자들을 통해 비밀이 드러났다네
다른 모든 이들에게는 감춰졌던 비밀이.
그러니 목자들에게 나아오라,
은밀한 일 감춰진 일 신비로운 일 보려거든.

두 사람이 막 출발하려는 순간, 한 목자가 이들에게 길 안내도를
한 장 주었고, 또 한 목자는 사기꾼(Flatterer)을 조심하라고 주의를 주
었다. 세 번째 목자는 마법의 땅(Enchanted Ground)에서 잠이 들어서는
안 된다고 주의를 주었다. 그리고 네 번째 목자는 끝까지 안전하게
여정을 마칠 수 있기를 빌어 주었다. 이때쯤 나는 꿈에서 깨어났다.

목자들이 순례자들에게 마지막으로 준 것은 지도("길 안내
도"), 앞으로 만나게 될 두 가지의 특정한 함정(사기꾼과 마법의 땅)
에 대한 경고, 그리고 가는 길에 복을 빌어 주고 안전히 보호받
기를 기원해 주는 기도였다.

12

그릇된 믿음과
연약한 믿음

나는 또 잠이 들어 꿈을 꾸었는데, 이번에는 그 두 순례자가 대로를 따라 산을 내려가 천상의 도시를 향해 가는 것을 보았다.

이 산의 약간 아래 왼편에는 기만의 나라(country of Conceit)가 자리 잡고 있는데, 순례자들이 가는 길과 만나는 약간 휘어진 작은 길이 그 나라로 이어지고 있었다. 이 지점에서 두 사람은 아주 쾌활해 보이는 청년을 만났는데, 그 휘어진 작은 길을 통해 그 나라에서 나온 청년의 이름은 무지(Ignorance)였다. 이에 크리스천이 청년에게 어디에서 오는 길인지, 어디로 가는 중인지 물었다.

무지 "선생님, 나는 저기 왼쪽에 있는 나라에서 태어났습니다. 그리고 천상의 도시로 가는 중입니다."

크리스천 "그런데 천상의 도시 입구까지 어떻게 갈 생각입니까? 거기까지 가는 길은 좀 험난할 텐데요."

무지 "다른 사람들이 하는 대로 하지요."

크리스천 "그 입구에서 무얼 보여 주고 문을 열어 달라고 할 겁니까?"

무지 "나는 내 주님의 뜻을 압니다. 그리고 지금까지 선하게 살아왔습니다. 사람을 대할 때는 그 사람에게 합당한 자세로 대합니다. 기도하고, 금식하고, 십일조도 하고, 자선도 베풀지요. 그리고 천상의 도시로 가려고 내 나라를 떠나왔습니다."

크리스천 "그런데 젊은이는 이 길 초입의 좁은 문으로 들어오지 않고 저 휘어진 작은 길을 통해 여기까지 왔지요. 그래서 젊은이가 스스로를 어떻게 생각하든, 심판 날이 왔을 때 천상의 도시에 입장 허가를 받는 게 아니라 오히려 도둑과 강도로 고소당하지 않을까 염려되는군요."

무지 "신사분들, 두 분은 내게 완전히 낯선 사람들입니다. 나는 두 분을 전혀 모릅니다. 그러니 두 분 나라의 신앙에 만족하고 따르세요. 나는 내 나라의 신앙을 따를 겁니다. 두 분 모두 잘되기를 바랍니다. 두 분이 말씀하는 좁은 문에 관해 말하자면, 그 문이 우리나라에서 멀디멀다는 것은 온 세상이 다 압니다. 우리나라 사람 중에 그 문으로 가는 길을 아는 사람이 있을지나 모르겠군요. 게다가 그 길을 알든 모르든 그걸 중요하게 여길 필요도 없겠고요. 두 분이 보시다시피 우리나라에는 이 멋지고 쾌적하고 푸르른 오솔길이 있어서 대로로 바로 들어올 수 있으니까요."

고된 여정을 다시 시작한 크리스천과 소망은 기만의 나라에서 온 무지(Ignorance)와 짧은 대화를 나누는데, 무지는 겸손하지도 않고 영적 지혜도 없는 사람이다. 자신의 선한 행위와 성품에

자신만만한 무지는 자기 생각에 자부심이 있고 성경이 가르치는 복음은 무시한다.

크리스천은 이 청년이 "스스로 지혜롭게 여기는 자"임을 깨닫고 소망에게 귓속말을 했다. "미련한 자가 오히려 이 사람보다 희망이 있겠군요(잠 26:12)." 그리고 또 이런 말도 했다.

"우매한 사람은 길을 갈 때도 지혜가 부족해서 이 사람 저 사람에게 자기가 바보라고 말하지요(전 10:3). 자, 이 청년과 이야기를 더 나눌까요, 아니면 그냥 앞서서 갈까요? 뒤에 오면서 우리에게 들은 말을 생각해 볼 시간을 준 뒤 나중에 다시 만나 우리가 뭐 도와줄 게 있는지 조금씩 알아보는 것도 괜찮지 않을까요?"

그러자 소망이 말했다.

우리가 한 말을 생각해 볼 수 있도록
무지에게 시간을 좀 줍시다.
선한 조언을 거절하지 못 하게 말입니다.
가장 큰 이득이 뭔지 모르는 상태에 머물러서는 안 되니까요.
하나님이 말씀하시기를, 지식이 없는 자는
비록 하나님이 창조하시기는 했어도 구원하지 않으리라고 하셨습니다.

소망은 계속해서 이렇게 말했다.

"한꺼번에 다 말해 주는 것은 좋지 않다고 생각합니다. 괜찮으시다면 지금은 그냥 지나가고, 조만간 다시 만나 이야기해 주도록 하지요. 이 사람이 감당할 만한 때에 말입니다." 이리하여 두 사람은 가던 길을 계속 갔고, 무지는 뒤처져서 걸었다.

무지를 지나쳐 조금 더 간 두 사람은 아주 어둑한 골목으로 들어섰는데, 그곳에서 어떤 사람이 일곱 마귀에게 일곱 개의 억센 줄로 묶인 채 지난번에 산비탈에서 본 문 쪽으로 다시 끌려가는 것을 보았다 (마 12:45; 잠 5:22). 인정 많은 크리스천은 이를 보고 벌벌 떨기 시작했고, 소망도 마찬가지였다. 마귀들이 그 사람을 저만치 끌고 가자, 크리스천은 그 사람이 혹시 아는 사람 아닌가 해서 자세히 살폈다. 아마 배교(Apostasy) 마을에 살던 외면(Turn-away)이라는 사람 같았지만, 도둑질하다 잡힌 사람처럼 고개를 폭 숙이고 있어서 얼굴을 제대로 볼 수가 없었다. 하지만 그 사람이 지나간 뒤 소망이 그의 뒷모습을 보니 등에 이렇게 쓰인 종이가 붙어 있었다.

'제멋대로의 신앙 고백자이자 저주받을 배교자.'

외면(Turn-away)은 한때 그리스도를 믿는 믿음을 고백했으나 나중에 그 믿음을 저버렸다. 이런 사람은 앞에서도 본 적이 있다. 해석자의 집에서 철창에 갇혀 있던 사람이나 은광(銀鑛)의 데마가 바로 그런 사람이다. 그리스도를 버린 외면은 이제 마귀에게 묶인 채 목자들이 크리스천과 소망에게 보여 준 세 번째 산, 즉 멸망으로 가는 문이 있던 산을 향해 가고 있다. 외면은 연약하지만 성실한 믿음을 가진 작은 믿음(Little-faith)과 대조를 보인다.

이때 크리스천이 소망에게 말했다.

"이 근처에서 어떤 선한 사람에게 있었던 일 이야기를 들은 게 이제 기억이 나는군요. 그 사람 이름은 작은 믿음(Little-faith)이었습니다. 성실 마을에 사는 선한 사람이었지요. 자초지종은 이렇답니다. 이 길 초입에 넓은 길 문에서 내려오는 좁은 길이 하나 있는데, 죽은 자의 길(Dead Man's Lane)이라고 불리지요. 보통 그 길에서 살인이 벌어지기 때문입니다. 그런데 이 작은 믿음이란 사람이 우리처럼 순례 길을 가는 중에 우연히 그 길에 앉았다가 잠이 들었더랍니다. 그때 넓은 길 문에서 덩치 좋은 불량배 셋이 그 길을 따라 내려오고 있었지요. 겁쟁이(Faint-heart), 불신(Mistrust), 죄책(Guilt)이란 이 삼 형제가 잠들어 있는 작은 믿음을 발견하고는 속도를 내서 달려 내려왔습니다. 마침 그 선한 사람은 막 잠이 깨어 다시 길을 가려는 중이었는데, 삼 형제가 작은 믿음에게 달려오면서 거기 서라고 위협조로 말했습니다. 싸울 힘도 도망칠 힘도 없

는 작은 믿음은 얼굴이 하얗게 질려 버렸지요. 그때 겁쟁이가 말했어요, '돈주머니 내놔.' 하지만 작은 믿음은 얼른 돈주머니를 내놓지 않았습니다(돈을 뺏기기 싫었던 거지요). 그러자 불신이 작은 믿음에게 달려들어 주머니에 손을 집어넣어 은돈 쌈지를 빼냈습니다. 그러자 작은 믿음이 소리를 질렀어요. '도둑이야! 도둑이야!' 그 소리에 죄책이 손에 들고 있던 큰 몽둥이로 작은 믿음의 머리를 후려쳤고, 작은 믿음은 바닥에 쓰러져 피를 흘리며 거의 죽을 지경에 이르렀어요. 그러는 동안에도 도둑들은 옆에 서 있었는데, 그러다 마침내 길 저쪽에서 사람 소리가 나는 것을 듣고는 그 사람이 혹시 선한 확신(Good-confidence)이란 도시에 사는 큰 은혜(Great-grace)가 아닌가 두려워서 발꿈치를 들고는 줄행랑을 쳐버렸지요. 이 선한 사람 작은 믿음이야 어떻게 되든 상관없이 말입니다. 잠시 후 작은 믿음은 의식을 되찾고 일어나 비틀비틀 다시 길을 갔다는군요."

소망 "그런데 그자들이 이 사람이 가진 걸 다 빼앗아 가지 않았나요?"

크리스천 "아닙니다. 보석류를 감춰둔 곳까지 뒤지지는 않아서 그건 무사했지요. 그래도 피해가 커서 몹시 고생했다더군요. 수중의 현금을 도둑들이 거의 다 가져갔다고 해요. 말했다시피, 보석류는 그자들에게 빼앗기지 않았고, 얼마간의 푼돈이 남기도 했지만, 순례 여정을 다 마칠 때까지 쓰기에는 부족했지요(벧전 4:18). 아니요, 내가 잘못 들은 게 아니라면, 길 가는 동안 구걸을 하면서 연명했다고 해요. 보석은 팔지 않으려 했으니까요. 그래서 구걸도 하고, 할 수 있는 대로 일도 했지만, 남은 길을 가는 동안 대개 배를 곯으며 갈 때가 많았다고 합니다."

작은 믿음이 어리석게도 위험한 길에서 잠에 빠졌을 때, 겁쟁이와 불신, 그리고 죄책이 그를 덮친다. 이들은 작은 믿음의 돈을 빼앗고, 폭행한 뒤 버리고 달아난다. 하지만 이들은 작은 믿음의 보석류(이는 그의 구원, 그리스도와의 연합, 천국에 보관된 영원한 보화를 가리킨다)나 그의 증명서(성령의 인 혹은 증언)는 훔치지 못한다. 이들이 훔쳐 간 돈은 그리스도께 속함으로써 현재 삶에서 얻는 유익, 이를테면 위안과 확신 그리고 기쁨을 가리킨다. 이런 소소한 은혜의 선물이 있기에 순례 여정은 더 즐거워지고 덜 고단해진다. 하지만 겁내고, 믿지 못하며, 죄책에 짓눌린 사람은 이런 선물을 몰수당한다. 이런 선물을 얼마나 많이 누릴 수 있는지는 우리의 믿음에 비례한다.

소망 "그런데 천상의 도시에 들어가는 것을 허락받을 때 필요한 증서를 그자들이 안 빼앗아 간 게 신기하지 않습니까?"

크리스천 "신기하지요. 하지만 그자들이 그걸 빠뜨린 건, 작은 믿음이 그 증서를 교묘히 잘 숨겨 놓았기 때문이 아니랍니다. 작은 믿음은 그자들이 다가오는 것을 보고 당황해서 무언가를 숨길 만한 힘도, 재주도 없는 상태였거든요. 그러므로 그자들이 그 좋은 것을 빠뜨린 것은 작은 믿음이 노력했기 때문이라기보다 선하신 분의 섭리 덕분이지요."

소망 "그래도 보석을 빼앗기지 않은 것이 그에게 위로가 좀 되어야 할 텐데요."

크리스천 "보석을 활용했어야 합니다. 그랬다면 큰 위로가 되었을 겁니다. 그런데 이야기를 전해 준 사람들 말에 따르면, 그 사람은 그 일 이후 길을 갈 때 보석을 거의 활용하지 않았다고 합니다. 돈을 빼앗길 때 너무 낙심하고 당황한 탓에 그 이후 여정에서 보석의 존재를 거의 잊고 있었다고 해요. 어쩌다 생각이 나면 꺼내 보면서 위로를 받기 시작했는데, 그때마다 돈을 빼앗긴 일이 다시 떠올라 보석이 주는 위로를 다 삼켜 버렸답니다(벧전 1:9)."

　　믿음이 약하면 영적 전투 때 더 취약해지기 쉽다. 진리를 망각하고, 두려움에 사로잡히고, 불신앙에 무릎 꿇게 될 수 있다. 오래지 않아 우리는 자기감정만 알게 되고, 하나님의 약속은 우리 삶에 아무 힘도 갖지 못하게 된다. "누구든 믿음의 여정에서 나약한 마음 앞에 무너지는 사람은 이내 하나님의 위로와 약속을 불신하게 된다."[1]

소망 "아! 가여운 사람! 그 사람에게는 이 일이 크나큰 슬픔이겠습니다."

크리스천 "슬픔이지요! 네, 정말 큰 슬픔이지요. 길 가다가 강도를 만나고 다치기까지 한다면, 게다가 그 사람처럼 그렇게 낯선 곳에서 그런 일을 당한다면 누구라도 그렇지 않겠습니까? 슬픔에 잠긴 나머지 죽지 않은 게 오히려 신기하지요, 가여운 사람! 듣기로는 줄곧 쓸쓸하고 비통하게 불평만 쏟아내며 길을 갔다고 합니다. 길에서 사람을 만날 때마다 자기가 어디서 어떻게 강도를 만났으며, 자기에게 그런 짓을 한 자들이 누구이며, 자기가 무엇을 잃었는지, 그리고 얼마나 다쳤는지 이야기했고, 간신히 살아나왔다고 이야기했다고 합니다.

소망 "그렇게 곤궁하면서 왜 보석을 좀 팔거나 저당 잡혀서 길을 갈 때 어려움을 덜지 않았는지 궁금하네요."

크리스천 "이날까지 아무것도 듣고 깨우친 게 없는 사람처럼 말하는군요. 무얼 얻으려고 보석을 전당 잡히고, 누구에게 보석을 판다는 말입니까? 그 사람이 강도 만난 지역에서는 그런 보석을 셈 쳐

주지도 않았고, 또 그 사람은 보석을 팔아서 형편이 나아지기를 바라지도 않았습니다. 게다가 천상의 도시에 이르렀을 때 그 보석이 없었다면 그 사람은 거기서 유업을 받지도 못했을 겁니다(그 사람도 이 사실을 잘 알고 있었지요). 그 사람에게는 도둑을 수천 명 만나 흉한 일을 당하는 것보다 그게 더 나쁜 일이었을 겁니다."

작은 믿음은 천상의 도시에 이르는 동안 줄곧 다리를 절고 불평하며 길을 갔다. 다리를 전 이유는 하나님이 마련해 주신 것을 잡으려 하지 않았기 때문이다. 작은 믿음에게는 그리스도와의 연합이 있고, 천국에 마련된 밝은 미래가 있고, 영적 축복과 변화의 힘을 안겨 주시는 성령이 있다. 상처가 치유되고 풍성한 삶을 누리는 데 필요한 모든 도움이 구비되어 있다. 그런데 기뻐할 줄 모르는 마음과 패배주의적 사고방식으로, 그는 그리스도 안에 있는 담대한 승리자(하나님의 능력과 은혜에 초점을 맞춰 사는)가 아니라, 원한을 품은 피해자라는 정체를 선택한다. 그리하여 작은 믿음은 기운을 북돋아 주는 잔치를 하나님이 그의 앞에 마련해 주셨음에도 영적으로 영양실조 상태에 머물고 만다.

소망 "왜 그렇게 가시가 돋쳐 있습니까, 형제님? 에서는 죽 한 대접

얻으려고 자기의 가장 큰 보물인 장자권을 팔았습니다. 에서가 그랬다면 작은 믿음도 그렇게 하지 못할 이유가 뭡니까?(히 12:16)"

크리스천 "에서가 장자권을 판 것은 사실이지요. 그 외에도 많은 이들이 그렇게 해서 그 비겁한 자처럼 큰 축복에서 스스로 제외되고 말았지요. 하지만 에서와 작은 믿음은 경우가 다르고, 두 사람이 가진 보물도 달랐습니다. 에서의 장자권은 에서 특유의 것이었지만 작은 믿음의 보석은 그렇지 않았습니다. 에서에게는 자기 배가 우상이었고, 작은 믿음의 배는 우상이 아니었습니다. 에서의 결핍은 육체의 욕구에 있었지만 작은 믿음의 결핍은 육체의 욕구와 무관했어요. 게다가 에서는 자기 욕망을 채우는 것 그 너머를 보지 못했어요. '내가 죽게 되었으니 이 장자의 명분이 내게 무엇이 유익하리요'(창 25:32)라고 했지요. 하지만 작은 믿음은, 자기 몫으로 작은 믿음밖에 못 가졌지만 그 작은 믿음으로 이런 방종을 피했고, 자기 보석의 가치를 알고 귀하게 여겼기에 장자권을 팔아버린 에서처럼 그 보석을 팔아치우지 않았지요. 에서가 믿음이 있었다는 말을 성경에서 본 적이 없을 겁니다. 네, 조금의 믿음이라도 말입니다. 그러므로 육신의 욕구에 지배될 때(이 욕구에 저항할 믿음이 없는 사람은 그럴 수밖에 없습니다) 그 사람이 자기 장자권을 비롯해 자기 영혼과 온갖 것을 지옥의 마귀에게 다 팔아 버린다 해도 놀라지

마세요. 그건 마치 발정기의 암나귀를 누구도 막을
수 없는 것과 마찬가지니까요(렘 2:24). 마음이 정욕에
사로잡히면 이들은 어떤 대가를 치르든 그 정욕을 채
울 겁니다. 하지만, 작은 믿음은 기질이 달라서 거룩한
일에 생각이 고정되어 있었지요. 그는 영적인 일, 위로부
터 오는 것을 먹고 살았습니다. 그러니 그런 기질을 가진 사람이
무엇 때문에 보석을 팔아 공허한 것들로 자기 마음을 채우려 하겠
습니까?(그 보석을 사려는 사람이 있다 해도 말입니다). 사람이 고작 건
초로 자기 배를 채우려고 동전 한 잎이라도 쓰겠습니까? 비둘기에
게 까마귀처럼 썩은 고기나 먹고 살라고 할 수 있겠습니까? 믿음
없는 사람들은 육신의 정욕을 위해 자기가 가진 것을, 사실상 자기
자신까지 공공연히 저당 잡히거나 팔 수 있지만, 구원에 이르는 믿
음을 조금이라도 가진 사람들은 그렇게 하지 못합니다. 형제님, 형
제님은 바로 이 부분에서 착각을 한 겁니다."

소망 "인정합니다. 하지만 그렇게 모질게 되짚어 주시니 화가 나려
합니다."

크리스천 "글쎄요, 난 그저 형제님을 머리에 알껍데기를 이고 누구의
발길도 닿지 않은 길을 이리저리 날아다니는 명랑한 새들에 비교했
을 뿐인걸요. 하지만 그 문제는 넘어가고 지금 논의 중인 일을 생각
해 보세요, 그러면 형제님과 나의 의견 차이를 좁힐 수 있을 겁니다."

"오 형제여, 큰 신자가 되시오! 작은 믿음으로도 영혼이 천
국에 갈 수 있지만, 큰 믿음이 있으면 천국이 그대 영혼에 임한
다오."

찰스 스펄전

소망 "하지만 크리스천 형제님, 내 생각에 그 세 놈들은 겁쟁이 무
리에 불과합니다. 그게 아니라면 인기척에 놀라 그렇게 달아났을
까요? 작은 믿음은 왜 분발해서 더 담대한 마음을 갖지 못했을까
요? 내 생각에는 그자들과 한 번 붙어 보고 승산이 없을 때 항복할
수도 있었을 텐데요."

크리스천 "그자들은 겁쟁이라고 많은 이들이 말하지만, 막상 그런
사람들에게 시련을 겪을 때는 그걸 알아차리는 이가 별로 없지요.
그리고 담대한 마음에 관해 말하자면, 작은 믿음에게는 담대한 마
음이 전혀 없었어요. 형제님 말을 들어보니, 형제님이 당사자라면
한 번 싸워보고 그다음에 항복할 것 같군요. 솔직히, 지금은 그자
들이 멀리 있으니까 그렇게 용기백배일 수 있지만, 그자들이 작은
믿음에게 나타났던 것처럼 형제님에게 나타난다면 생각이 달라질
겁니다. 게다가 다시 생각해 보세요. 그자들은 뜨내기 도둑일 뿐이
지만, 무저갱의 왕을 섬기는 자들이어서, 필요한 경우 그 왕이 나

320 — 321

타나 그자들을 도울 수도 있습니다. 그 왕의 음성은 마치 사자가 으르렁거리는 소리 같다지요(벧전 5:8). 이 작은 믿음이 겪은 일을 나도 겪은 적이 있습니다. 끔찍했지요. 그 세 악당이 나를 덮쳤을 때 나는 그리스도인답게 저항하기 시작했습니다. 그랬더니 그자들이 주인을 불렀고, 주인이 즉시 나타났어요. 옛말에도 있듯이 나는 푼돈에 내 목숨을 넘기려 했는데, 마치 하나님이 그렇게 해주시는 듯 증거의 갑옷을 입게 되었습니다. 네, 그렇게 갑옷을 입었음에도 남자답게 처신한다는 것은 어려운 일임을 알았지요. 싸움에 직접 참여해 본 사람 아니면 그 싸움에서 어떤 일이 우리를 기다리는지 누구도 알 수 없습니다."

소망 "그렇군요, 하지만 아시다시피 그자들은 큰 은혜가 길에 나타났다고 생각하고는 달아났어요."

크리스천 "맞아요, 그자들은 졸개들이나 주인이나 할 것 없이 큰 은혜가 나타나기만 해도 종종 도망을 치지요. 놀랄 일은 아닙니다. 큰 은혜는 우리 왕의 전사(戰士)이니까요. 그런데 내 생각에 형제님은 작은 믿음과 왕의 전사 사이에 약간 차이점을 둘 것 같습니다. 왕의 신하라고 해서 모두가 다 왕의 전사는 아니며, 애쓴다고 해서 왕의 전사처럼 공적을 세울 수 있는 것도 아닙니다. 어린아이가 다윗처럼 골리앗을 다룰 수 있어야 한다고 생각합니까? 굴뚝새에게 소 같은 힘이 있을까요? 어떤 이는 강하고 어떤 이는 약합니다. 믿음이 큰 사람도 있고 작은 사람도 있습니다. 이 사람은 약한 사람이었고, 그래서 궁지에 몰린 겁니다."

소망 "그 길에 있던 사람이 작은 믿음이 아니라 큰 은혜였다면 좋았을 텐데요."

'믿음 스펙트럼'의 한쪽 끝에 작은 믿음(Little-faith)이 있다면 반대쪽 끝에는 왕의 전사 큰 은혜(Great-grace)가 있다. 큰 은혜는 자기 힘이 아니라 관대하신 하나님, 능하신 이의 힘으로 원수와 담대히, 그리고 격렬히 싸운다. 큰 은혜의 자신감은 그리스도 안에 있는 그의 정체에서 나오며, 그는 하나님의 은혜에 언제라도 의지할 수 있고, 그 은혜만 있으면 모든 일을 넉넉히 감당할 수 있다는 것을 알고 있다(고후 12:9). 하지만 그의 몸의 흉터는 그가 하는 싸움이 쉽지 않다는 것을 보여 준다. 모든 사람이 큰 은혜 같을 수는 없지만, 하나님은 참된 믿음이라면 약하든 강하든 귀히 여겨 주신다. 우리는 자기가 가진 믿음을 모든 일에 적용하며 쉬지 않고 하나님께 의지하여 하나님 안에서 날마다 더 강해지라고 명령받는다.

크리스천 "큰 은혜였더라도 쉽지 않았을 겁니다. 큰 은혜가 무기를 아주 잘 쓰긴 하고, 그자들과 싸우려고만 한다면 얼마든지 상대할

수 있지만, 겁쟁이와 불신과 죄책 같은 자들도 큰 은혜를 만나 궁지에 몰리면 쉽지 않은 상대가 되어 그를 자빠뜨릴 것입니다. 엎어진 사람이 무얼 할 수 있겠습니까? 누구든 큰 은혜의 얼굴을 자세히 들여다보면 흉터와 베인 자국을 볼 수 있을 겁니다. 그것만 봐도 내 말이 쉽게 입증되지요. 네, 언젠가 그가 전투 중에 '우리가 살 소망까지 끊어졌다'(고후 1:8)고 말하는 걸 들었어요. 이 불한당 무리 때문에 다윗이 얼마나 신음하고 슬퍼하고 노하여 외쳤습니까? 헤만과 히스기야도 당대의 전사들이었지만, 이 자들의 습격을 받았을 때는 고전할 수밖에 없었지요. 그럼에도 이들의 겉옷에는 그자들이 세게 스쳐 지나간 자국이 남았습니다. 베드로는 한때 자기가 할 수 있는 일은 다 하려고 했지요. 하지만 일부 사람들이 사도들의 우두머리라고 했던 베드로도 그자들에게 그렇게 휘둘려서, 끝내는 보잘것없는 여자아이까지 두려워하게 되었습니다."

지켜보는 자들로서 우리는 힘들어 발버둥 치는 사람을 볼 때 소망처럼 섣불리 비판하고 간단히 결론 내리기 쉽다. 그러나 크리스천은 그런 사람에게 공감하는 모습을 보인다.

"싸움에 직접 참여해 본 사람 아니면 그 싸움에서 어떤 일이 우리를 기다리는지 누구도 알 수 없습니다." 크리스천은 자신이 겪은 싸움이 얼마나 무섭고 혼란스러웠는지 쉬이 잊으려 하지 않는다. 그 싸움 때문에 크리스천은 거의 죽을 뻔했다. 크리스천은 그런 싸움 중에 자신이 얼마나 용맹스러웠는지 "자랑할 수 없다." 우리 모두에게는 인간적 연약함과 취약성이 있다. 나는 절대 작은 믿음처럼 행동하지 않는다고 생각한다면, 이는 자기 자신을 속이는 것이요 넘어질 자리로 스스로 걸어 들어가는 것이다. "그런즉 선 줄로 생각하는 자는 넘어질까 조심하라"(고전 10:12). 우리는 "서로 겸손으로 허리를 동"여야 한다. "하나님은 교만한 자를 대적하시되 겸손한 자들에게는 은혜를 주시"기 때문이다(벧전 5:5).

"게다가 그 자들의 왕은 휘파람 한 번만 불어도 나타납니다. 졸개들이 부르는 소리를 놓치는 법이 없습니다. 언제든 졸개들이 곤경에 처하면 가능한 한 도우려고 나타납니다. 그 왕에 대해서는 이런 말이 있습니다. '칼이 그에게 꽂혀도 소용이 없고, 창이나 투창이나 화살 촉도 꽂히지 못하는구나. 그것이 쇠를 지푸라기같이, 놋을 썩은 나무같이 여기니 화살이라도 그것을 물리치지 못하겠고, 물맷돌도 그것에게는 겨같이 되는구나. 그것은 몽둥이도 지푸라기같이 여기고, 창이 날아오는 소리를 우습게 여기며'(욥 41:26~29).

이런 경우 인간이 무엇을 할 수 있겠습니까? 고비마다 욥의 말이

있다면, 그리고 그 말을 탈 수 있는 실력과 담대함이 있다면 주목할
만한 일을 이룰 수도 있겠지요. '말의 힘을 네가 주었느냐 그 목에 흩
날리는 갈기를 네가 입혔느냐 네가 그것으로 메뚜기처럼 뛰게 하였
느냐 그 위엄스러운 콧소리가 두려우니라 그것이 골짜기에서 발굽질
하고 힘 있음을 기뻐하며 앞으로 나아가서 군사들을 맞되 두려움을
모르고 겁내지 아니하며 칼을 대할지라도 물러나지 아니하니 그의
머리 위에서는 화살통과 빛나는 창과 투창이 번쩍이며 땅을 삼킬 듯
이 맹렬히 성내며 나팔 소리에 머물러 서지 아니하고 나팔 소리가 날
때마다 힝힝 울며 멀리서 싸움 냄새를 맡고 지휘관들의 호령과 외치
는 소리를 듣느니라'(욥 39:19~25).

하지만 형제님과 나처럼 말도 탈 줄 모르고 걸어서 움직이는 이
들은 길에서 원수를 만나는 일이 없기만을 바랍시다. 실패한 사람들
의 이야기를 들을 때, 우리는 더 잘 할 수 있기라도 한 듯 허풍 떨지
도 말고, 스스로 남자답다 여기면서 만족스러워하지
도 맙시다. 그런 사람들에게 시련이 닥치면 최악
의 결과가 생기니 말입니다. 내가 전에 말한 베드
로를 보세요. 그는 으스대며 허세를 부렸습니
다. 우쭐하는 마음에 나는 더 잘 할 수 있다, 다
른 제자들은 주님을 버려도 나는 주님 편에 서
겠다고 말하곤 했지요. 하지만 베드로만큼 이 악한
들 때문에 실패하고 쫓겨난 사람이 있습니까?

그러므로 왕의 대로에서 누가 그런 강도 행위를 당했다는 이야기를 들을 때 우리에게 어울리는 행동은 두 가지입니다.

첫째, 무장을 하고 나가야 하며, 방패를 반드시 챙겨야 합니다. 리워야단에게 그토록 기세 좋게 덤벼든 사람이 그를 무릎 꿇릴 수 없었던 것은 방패가 없었기 때문입니다. 실로 우리에게 방패가 없으면 그자는 우리를 전혀 무서워하지 않습니다. 그래서 노련한 사람은 '모든 것 위에 믿음의 방패를 가지고 이로써 능히 악한 자의 모든 불화살을 소멸'(엡 6:16)하라고 말했지요.

둘째, 왕께서 우리를 호위해 주시기를, 왕께서 친히 우리와 함께 가주시기를 바라는 게 좋습니다. 다윗이 사망의 음침한 골짜기에서도 기뻐한 것은 바로 그 때문입니다. 모세는 하나님 없이 한 발짝이라도 움직이기보다는 차라리 선 자리에서 죽기를 바랐습니다(출 33:15), 오 형제님, 하나님이 우리와 함께 가주시기만 한다면 천만 명이 우리를 에워싼들 두려워할 게 무엇이겠습니까?(시 3:5~8; 27:1~3) 그러나 하나님이 함께하시지 않으면 아무리 의기양양한 조력자라도 '죽임을 당한 자 아래에 엎드러질 따름'(사 10:4)입니다.

나도 전에 싸움을 벌인 적이 있습니다. 가장 선하신 분의 자애로움 덕분에 보시다시피 지금까지 살아 있지만, 나는 내가 남자답다고 뽐낼 수 없습니다. 아직 모든 위험에서 다 벗어난 것은 아니지만, 원수

들의 그런 공격을 더는 맞닥뜨리지만 않는다면 좋겠습니다. 하지만
사자와 곰이 아직 나를 삼키지 않았으므로, 이다음에 할례받지 못한
블레셋 사람들에게서도 하나님이 우리를 건져주시기를 기대합니다.”
이야기를 마친 크리스천은 이렇게 노래했다.

가여운 작은 믿음! 도적들에게 에워싸였습니까?
강도를 당했습니까? 이것을 기억하세요
믿는 사람은, 더 많은 믿음을 얻는 사람은
천만 명을 이기는 이가 될 것이되
그렇지 않은 자는 세 명도 이기지 못하리라는 것을.

소망은 작은 믿음의 태도에 분통이 터지는 것 같다. 연약
한 순례자는 함께하기 어렵고 쉽사리 비판의 대상이 될 수 있지
만, 신자들은 어떤 상황에서든 서로 격려하고 서로를 세워 주
어야 한다. 그리스도의 몸의 지체들은 “서로 같이 돌보”아야 하
며, “만일 한 지체가 고통을 받으면 모든 지체가 함께 고통을 받
고 한 지체가 영광을 얻으면 모든 지체가 함께 즐거워” 한다(고
전 12:25~26). 강한 신자는 약한 신자를 담당하여 도와야 한다(롬
15:1). 약한 신자가 아무리 무기력하게 믿음의 여정을 이어가도
다른 신자들은 이들을 위해 기도해야 하며 비판적이고 참을성

없는 태도가 아니라 하나님을 닮은 사랑과 긍휼을 보여 주어야 한다. 누가 아는가? 그 약한 신자들 가운데 "더 많은 믿음을 얻" 어 "이기는 이"가 되는 사람이 있을지.

13

들기 좋은 속임수,
그리고 자꾸 졸린 곳

렇게 해서 두 사람은 계속 길을 갔고, 무지는 뒤처져서 걸었다.

이윽고 두 사람은 지금까지 진행해 온 길에 또 하나의 길이 합류하는 지점에 이르렀는데, 설상가상으로 그 길은 이들이 마땅히 가야 할 길처럼 곧아 보였다. 여기서 두 사람은 어느 길을 택해야 할지 몰라 걸음을 멈추었다. 이들이 보기에 두 길 모두 이들 앞에 곧게 뻗어 있었기 때문이다. 어느 길로 가야 할지 고민하고 있을 때, 검은 피부에 아주 밝은 색 옷을 입은 어떤 사람이 두 사람에게 다가와 왜 거기 서 있느냐고 물었다. 천상의 도시로 가는 중인데 이 두 갈래 길 중 어느 쪽으로 가야 할지 모르겠다고 대답했더니 그 사람은 "나를 따라오세요. 나도 그곳으로 가는 중이랍니다"라고 했다.

이렇게 해서 두 사람은 합류해 들어온 길로 그 사람을 따라갔는데, 가면서 보니 길은 조금씩 굽어져, 이들이 가고자 하는 곳에서 멀어져 가고 있었다. 오래지 않아 이들은 천상의 도시와 반대 방향으로 가게 되었지만, 그래도 두 사람은 그 남자를 계속 따라갔다. 그러나 두 사람이 알아차리지 못하는 사이 그 사람은 이들을 그물 안으로 조금씩 이끌어갔고, 결국 두 사람 모두 그물에 얽혀 어찌할 바를 모르는 상태가 되었다. 그리고 그때 그 검은 피부 남자의 등에서 흰 겉옷이 벗겨졌고, 그 순간 두 사람은 자신들이 어디에 와 있는지를 깨달았다. 그물을 빠져나올 수 없었던 두 사람은 그곳에 드러누워 한동안 울부짖었다.

그때 크리스천이 소망에게 말했다.

"이제 보니 내가 잘못했어요. 목자들이 사기꾼을 조심하라고 했잖습니까? '이웃에게 아첨하는 것은 그의 발 앞에 그물을 치는 것'(잠 29:5)이라는 지혜자의 말을 우리가 이날 깨닫는군요."

소망 "목자들은 길 안내도도 주었어요, 길을 확실히 찾아갈 수 있게 말입니다. 그런데 우리는 안내도 읽는 것도 깜박하고, 멸망시키는 자의 길에 들어서지 않도록 조심하지도 않았어요. 이런 점에서는 다윗이 우리보다 지혜롭군요. '사람의 행사로 논하면 나는 주의 입술의 말씀을 따라 스스로 삼가서 포악한 자의 길을 가지 아니하였다'고 하니 말입니다(시 17:4)."

이렇게 두 사람은 그물에 갇혀 몹시 슬퍼했다.

어느 길을 택해야 할지 알지 못할 때 크리스천과 소망은 변장하고 나타나 속이는 자를 따라가는데, 이 자는 목자들이 예언하면서 사기꾼이라고 부른 자다. 또다시 불확실한 순간을 만났

을 때 순례자들은 목자들이 준 지도("길 안내도")를 참고하지 못한다. 이들은 하나님의 말씀으로 돌이켜 안내받지 못한다. 분별력을 보여주지 않는 이들은 때마침 나타나는 또 다른 안내자의 말을 덥석 받아들인다. 이들은 그 길이 자신들을 목적지에서 점점 멀리 이끌어가기 시작할 때도 빨간 깃발이 휘날리는 것을 보지 못한다. 여기서 순례자들의 죄는 하나님의 지혜를 무시하고 원수의 거짓말을 받아들이는 태도다. 그 결과 이들은 결국 사기꾼의 그물에 걸려 옴짝달싹 못 한 채 슬피 운다.

그러다가 이들은 한 빛나는 존재가 손에 작은 끈으로 만든 채찍을 들고 다가오는 것을 보았다. 두 사람이 있는 곳에 이른 그 빛나는 존재는 이들에게 어디에서 왔으며 거기서 무엇을 하고 있느냐고 물었다. 두 사람은 이렇게 대답했다.

"우리는 시온을 향해 가던 보잘것없는 순례자인데, 흰옷을 입은 검은 피부의 남자가 나타나 자기도 그곳으로 가는 중이니 따라오라고 해서 그 사람을 따르다가 길에서 벗어났습니다." 그 말을 듣고 채찍을 들고 있는 이가 말했다.

"그자는 사기꾼이요 거짓 사도로서 빛의 천사로 가장한 자라오(잠 29:5: 단 11:32: 고후11:13~14)." 그러면서 그는 그물을 찢어 두 사람이 빠져나오게 해주고는 이렇게 말했다.

"나를 따르시오, 가던 길로 다시 데려다줄 테니." 이렇게 해서 그는 두 사람을 인도해 사기꾼을 따라나섰던 지점으로 다시 데려다주었다. 그리고 그는 두 사람에게 또 물었다.

"지난밤에 어디서 묵었소?"

"유쾌한 산에서 목자들과 함께 있었습니다"라고 대답하자 그는 "목자들이 길 안내도를 주지 않았소?"라고 물었다. 두 사람이 "받았습니다"라고 대답하자, 그는 "그런데 어느 길로 가야 할지 모를 때 그 안내도를 꺼내서 읽어 보지 않았다는 말이오?"라고 물었다. 두 사람이 그렇다고 하자 그는 왜 그랬느냐고 물었고, 두 사람은 깜박 잊고 그랬다고 대답했다. 그러자 그는 또 물었다.

"목자들이 사기꾼을 조심하라고 하지 않던가요?" 두 사람은 "네, 하지만 그 언변 좋은 이가 바로 그 사기꾼일 거라고는 상상도 못 했습니다"라고 대답했다(롬 16:18).

그때 꿈속에서 나는 그 빛나는 존재가 두 사람에게 엎드리라고 명령하는 것을 보았다. 두 사람이 엎드리자 그는 이 두 사람이 마땅히 가야 할 선한 길을 가르치려고 이들에게 혹독한 채찍질을 시작했다(신 25:2). 그렇게 채찍질하면서 그는 두 사람에게 말했다.

"내가 사랑하는 자를 책망하여 징계하노니 그러므로 네가 열심을 내라 회개하라(대하 6:26~27; 계 3:19)."

채찍질을 마친 그는 두 사람에게 이제 갈 길을 가라고 하면서 목자들의 다른 지시 사항도 유의하라고 말했다. 이렇게 해서 두 사람은 빛나는 이가 베푼 모든 친절에 감사를 표한 뒤 가벼운 마음으로 다시 길을 가면서 이렇게 노래했다.

이리로 오라, 너희 길 가는 이여
바른길을 벗어난 순례자들이 어떻게 되었는지 보라
이들은 옴짝달싹 못 할 그물에 걸렸으니
선한 조언을 가벼이 여겨 망각했기 때문이라
이들이 구출된 건 사실이나, 보라 채찍질을 당했으니,
그대는 이것으로 경계를 삼으라.

하나님의 사자(使者)는 크리스천과 소망을 사기꾼의 그물에서 풀어 준 뒤 올바른 길로 다시 안내한 다음, 이들의 죄를 꾸짖고, 어떻게 해야 비슷한 잘못을 또 저지르지 않을 수 있는지 일깨워 준다. 17세기 청교도의 관점에 어울리게 버니언의 비유적 표현은 가혹하다. 그렇게 해서 징계하는 이의 단호함을 보여 주기는 하지만, 자애로운 부모의 온유함은 실종되고 만다. 하지만 이런 표현의 이면에는 참된 원리가 자리 잡고 있다. 즉, 하나님이 우리를 징계하심은 "우리의 유익을 위하여 그의 거룩하심에 참여하게 하시"(히 12:10)기 위해서라는 것이다. 아버지가 자기 자녀인 우리를 사랑하지 않으셨다면, 굳이 우리를 자기편으로 다시 데려가셔서 우리가 변화되어 자신을 닮을 수 있도록 도우시지 않았을 것이다. 하나님은 우리가 계속 죄를 저지르게 그냥 버려두시는 게 아니라, 잘못을 교정하고 방향을 다시 잡아 주심으로써 우리에게 자비를 보이신다.

얼마 후 두 사람은 저 앞에서 어떤 사람이 대로를 따라 혼자 유유히 걸어 내려오는 것을 보았다.

크리스천 "저기 어떤 사람이 시온을 뒤로 하고 이쪽으로 다가오네요."
소망 "내게도 보입니다. 저 사람도 혹시 사기꾼이 아닌지 조심합시다."

그렇게 그 사람은 점점 가까워져 마침내 두 사람이 있는 곳에 이르렀다. 그 사람의 이름은 무신론자(Atheist)였는데, 그는 두 사람에게 어디로 가는 길이냐고 물었다.

크리스천 "우리는 시온산으로 가는 중입니다."

그러자 무신론자는 큰 소리로 웃음을 터뜨렸다.

시온을 등지고 걷다가 순례자들을 만나는 무신론자는 두 사람이 시온을 향해 가는 중이라는 말을 듣고 이들의 소망을 고의로 방해한다. 무신론자는 천상의 도시로 간다는 이들의 어리석음을 비웃고 조롱하는데, 그는 이십 년 동안 천상의 도시를 찾아다니다가 이제 그런 곳은 존재하지 않는다고 믿게 되었다. 공격적인 태도로 상대를 비하하는 거만하고 신랄한 무신론자는 천상의 도시를 찾아간다는 그런 말도 안 되는 일에 집착하는 두 사람을 한껏 조롱한 뒤 죄받을 쾌락을 쫓으러 간다.

크리스천 "그 웃음은 무슨 의미입니까?"

무신론자 "그렇게 지루한 길을 간다니 당신들이 참 무지한 사람이라는 게 보여서 웃음이 나옵니다그려. 그 길을 가봤자 고통밖에 얻을 게 없을 거요."

크리스천 "이보세요, 우리가 아무것도 얻지 못할 거라고 생각하는 이유가 뭡니까?"

무신론자 "얻는다고! 이 세상에 당신들이 꿈꾸는 그런 곳은 없어요."

크리스천 "하지만 내세에는 있습니다."

무신론자 "내 나라에 있을 때, 지금 그 말과 똑같은 말을 들었소. 그 말을 듣고 길을 나서서 이십 년 동안 그 도성을 찾아다녔지. 하지만 길을 나서던 첫날에 본 것 외에 더는 아무것도 보지 못했소(렘 22:12; 전 10:15)."

크리스천 "우리 두 사람 모두 그런 곳을 찾을 수 있다고 들었고 그렇게 믿고 있습니다."

무신론자 "그런 말을 믿지 않았다면 나도 집을 떠나서 이렇게 먼 곳까지 오지 않았을 거요. 하지만 그 도성은 찾을 수 없었다오. 그런 곳이 있다면 분명 찾았을 거요. 난 당신들보다 더 멀리까지 가 봤으니까. 나는 이제 돌아가서, 존재하지도 않는 것을 찾겠다고 버리고 온 것들로 기운이나 되찾을 작정이오."

크리스천과 소망은 무신론자에게 속지 않는다. 두 사람은 천상의 도시가 실재한다는 것을 알고 있다. 유쾌한 산에 있을 때 이들은 믿음 덕분에 그곳을 얼핏 본 적이 있다. 하나님은 정상적으로는 보이지 않는 현실들을 이따금 자기 백성에게 나타내 보이셔서, 기쁨을 느끼게 하시고 하나님을 믿는 믿음을 굳게 하신다(눅 10:21; 고전 2:10~11). 아우구스티누스가 말했다시피, "믿음이란 보이지 않는 것을 믿는 것이며, 믿는 것을 보게 되는 것이 이 믿음의 상급이다." 무신론자가 천상의 도시를 찾지 못한 것은, 진실한 믿음으로, 하나님을 향해 열린 마음으로 그곳을 찾은

적이 없기 때문이다. 죄 많은 인간 본성에다, 자기 삶의 방향을
조종하는 완악한 마음을 가진 그였기에 "이 세상의 신이 … 마음
을 혼미하게" 했다.

그때 크리스천이 소망에게 말했다.
"이 사람의 말이 사실일까요?"

소망 "조심해요, 이 자도 사기꾼입니다. 이런 놈들의 말에 귀 기울
였다가 우리가 이미 어떤 대가를 치렀는지를 기억하세요. 뭐, 시온
산이 없다고요? 유쾌한 산에서 우리가 그 도성의 입구를 보지 않
았습니까? 게다가 우리는 지금 믿음으로 길을 가야 하는 것 아닙
니까? 자, 채찍 가진 분이 또 우리를 따라오는 일이 없도록 계속
길을 갑시다(고후 5:7). 형제님이 내게 주어야 할 교훈을 내가 형제
님 귀에 들려 드리게 되는군요. '내 아들아 지식의 말씀에서 떠나
게 하는 교훈을 듣지 말지니라'(잠 19:27). 형제님, 저자의 말을 듣
지 마세요, 그리고 우리 '영혼을 구원함에 이르는 믿음을'(히 10:39)
가집시다."
크리스천 "형제님, 조금 전에 내가 물은 말은 우리가 믿는 것이 진짜
인지 내 스스로 의심해서가 아니라, 형제님을 증명하고 형제님에
게서 마음의 정직함의 열매가 나오게 하기 위해서였어요. 저 사람

은 내가 알기로 이 세상 신 때문에 눈이 멀었어요. 형제님과 나는 계속 길을 갑시다. 우리에게는 진리를 믿는 믿음이 있으며 또 '모든 거짓은 진리에서 나지 않는다'는 것을(요일 2:21) 명심하고 말입니다."

소망 "이제 나는 하나님의 영광을 바라고 즐거워합니다."

이렇게 해서 두 사람은 무신론자에게 등을 돌렸고, 이들을 비웃던 그 사람은 자기 갈 길을 갔다.

순례자들은 그리스도를 믿는 믿음을 전혀 부끄러워하지 않고 무신론자에게 이야기하며, 그 믿음을 옹호하는 데도 주저함이 없다. 무신론자의 비판에도 아랑곳하지 않는 이들은 그의 지혜롭지 못한 조언을 의도적으로 외면하고 자신들이 믿는 진리가 영혼을 구원한다고 단언한다. 믿음으로 행하는 이들은 계속해서 천국이라는 목표를 향해서 가며, "하나님의 영광을 바라고 즐거워한다."

이어서 꿈속에서 나는 이들이 어떤 나라에 이른 것을 보았는데, 그 나라는 낯선 사람이 들어와 그곳의 공기를 호흡하면 자기도 모르게

졸음이 오는 곳이었다. 그래서인지 소망은 잠이
와서 행동이 매우 둔해지고 무거워지기 시작했
다. 이에 소망은 크리스천에게 말했다.

"점점 졸리기 시작해서 눈을 뜨고 있을 수가 없네요, 여
기 잠깐 누워서 한숨 자고 갑시다." 그러자 다급하게 크리스천이 외
쳤다.

크리스천 "안 돼요, 잠들면 깨어날 수 없어요."

크리스천 "목자 한 분이 마법의 땅(Enchanted Ground)을 조심하라고
했던 것 기억 안 납니까? 그 말은 잠들지 않도록 주의하라는 뜻이
었어요. '그러므로 우리는 다른 이들과 같이 자지 말고 오직 깨어
정신을 차릴지라'(살전 5:6)."

소망 "내가 잘못 생각했군요. 여기 나 혼자 있었더라면 잠들어 죽을
위험에 빠졌을 겁니다. '두 사람이 한 사람보다 나음은 그들이 수
고함으로 좋은 상을 얻을 것'(전 4:9)이라는 지혜자의 말이 옳다는
걸 알겠어요."

크리스천 "그럼 이제 유익한 이야기나 나누면서 졸음을 쫓도록 합
시다."

소망 "전적으로 찬성입니다."

크리스천 "그럼, 무슨 이야기부터 시작할까요?"

소망 "하나님이 인도하시는 대로요. 원하신다면 먼저 시작하세요."

크리스천 "먼저 이 노래를 불러드릴게요."

성도들이 자꾸 졸면 이리로 보내
이 두 순례자가 하는 이야기 들어보게 하세요
이들에게 반드시 배우게 하여
졸리고 무거운 눈 감지 않게 하세요
성도의 교제가 잘 이뤄지면
계속 깨어 있을 겁니다, 지옥에 있어도.

순례자들이 지금 도착해 있는 지역은 그곳에 들어온 사람들을 아주 노곤하게 만들기 때문에, 많은 이들이 잠을 자는 듯한 무의식 상태로 빠져든다. 지혜로운 목자들은 이곳에서 졸면 위험하다고 경고했다. 이 마법의 땅은 인생의 평화로운 시기나 유익한 환경, "원래 하나님의 선함을 묵상할 수 있는 우리의 능력을 확장하는"[1] 때여야 하는데 그렇지 못하고 잠자는 것 같은 영적 삶으로 들어가는 때를 가리킨다. 정신을 바짝 차리지 않으면 우리 마음이 하나님에게서 조금씩 멀어지게 만드는 유혹들을 알아차리지 못할 것이다. 안락한 상태에서 다른 데 정신이 팔린 우리는 게을러져서 예배 행위를 소홀히 하게 될 수 있다. 거룩함에서 멀어지게 만드는 일에 손을 대고, 하나님을 망각한 마음가짐에

쉽게 빠져들 수 있으며, 자애로운 하나님을 추구
하는 삶을 완전히 포기한 우리 모습을 보게 될 수도
있다.

노래를 마친 크리스천이 이야기를 시작했다.

"질문 하나 할게요. 처음에 어떻게 해서 이렇게 순례에 나설 생각
을 하게 되었습니까?"

소망 "처음에 어떻게 해서 내 영혼의 유익에 신경을 쓰게 되었느냐
는 말씀이죠?"

크리스천 "맞아요, 그런 뜻입니다."

소망 "우리 시장에서 볼 수 있고 판매도 되는 물건들이 주는 즐거움
에 아주 오래 취해 있었습니다. 지금은, 만약 그 즐거움에 계속 취
해 있었다면 파멸과 멸망에 빠졌을 거라고 믿지만요."

크리스천 "그게 어떤 물건이었는데요?"

소망 "세상의 모든 보화와 부요함이었지요. 또 술 마시고 떠들고,
흥청거리고, 취하고, 욕하고, 거짓말하고, 불결한 일을 크게 즐기
고, 안식일도 범하고, 영혼을 파괴하는 이런저런 일들을 즐겼습니
다. 그러나 마침내 거룩한 일들에 대한 이야기를 듣고 고민하게 되
었지요. 사실 형제님에게서도 그런 말을 듣고, 허영 시장에서 믿음

과 선한 삶을 지키다가 죽음에 이른 믿음 형제에게서도 듣고 깨달 았습니다. 그런 일들의 마지막이 사망이라는 것을요(롬 6:21~23). 그리고 그런 일들 때문에 하나님의 진노가 불순종의 아들들에게 임한다는 것을 말입니다(엡 5:6)."

크리스천 "깨달은 즉시 확신하고 그 확신의 힘에 따라 살게 되었나요?"

소망 "아니요, 처음에는 죄의 해악도, 죄를 저지르는 데 따르는 저주도 모른 척하고 싶었습니다. 그러나 하나님의 말씀으로 맨 처음 내 마음이 흔들리기 시작했을 때 그 말씀의 빛 앞에서 눈을 감지 않으려고 노력했습니다."

어떻게 하면 영적 무기력과 무감각을 경계할 수 있는가? 우리 마음과 생각을 고무시켜서 예배하게 만드는 활기찬 신자들을 가까이하는 것이 한 방법이다. 크리스천과 소망이 졸지 않으려고 활용한 수단은 "유익한 대화", 즉 하나님의 진리와 하나님의 일, 하나님의 사랑을 주제로 대화에 힘쓰는 것이었다. 서로의 덕을 세우는 이런 교제는 우리를 유혹에 민감하게 만들어 늘 깨어 있게 해준다. 이는 하나님께 계속 초점을 맞추게 하며, 견인 (堅忍)할 수 있도록 동기를 불어넣어 준다. 하나님의 성실함을 되풀이해서 이야기하고, 말씀에 계시된 하나님의 진리를 더욱 깊이 알 수 있도록 서로 도울 때, 성령이 우리 마음에 기쁨과 생기

를 불어넣어 주셔서, 그리스도와의 연합과 서로 간 연합을 강화시킨다. 마법의 땅에서 크리스천이 경건히 동행해 주는 것이 자신에게 큰 자비요, 어쩌면 목숨을 구해 주는 자비라고 한 소망의 말은 그래서 당연한 말이기도 하다.

크리스천 "하나님의 복된 성령의 역사가 처음 형제님에게 임했는데도 그런 식으로 죄를 품고 있었던 원인이 뭘까요?"

소망 "그 원인은 첫째, 나는 이것이 내게 임한 하나님의 역사라는 것을 몰랐습니다. 하나님이 처음에 죄를 자각시킴으로써 죄인을 회심시키기 시작하신다는 생각을 해본 적이 없으니까요. 둘째, 내 육신에는 여전히 죄가 아주 달콤하게 느껴졌고, 그래서 죄를 버리기가 싫었습니다. 셋째, 옛 친구들과 어떻게 헤어져야 할지 알 수 없었습니다. 여전히 그 친구들과 함께 있고 싶었고 나도 친구들이 행동하는 대로 행동하고 싶었으니까요. 넷째, 죄에 대한 자각이 엄습하는 시간은 내게 너무 골치 아프고 가슴 졸이는 시간이어서 감당할 수가 없었습니다. 아니, 떠올리기조차 힘들었어요."

크리스천 "그래도 이따금 괴로움에서 벗어날 때가 있었을 것 같은데요."

소망 "네, 있었지요. 하지만 죄에 대한 자각은 또다시 떠오르곤 했고, 그러면 또 불쾌해졌습니다. 아니 전보다 더 괴로워졌지요."

크리스천 "저런, 뭐 때문에 죄가 자꾸 떠올랐을까요?"

소망 "여러 가지가 있지요. 예를 들어,

　1. 길거리에서 선한 사람과 마주쳤을 때

　2. 성경에서 무언가를 읽었을 때

　3. 머리가 아프기 시작했을 때

　4. 이웃 사람이 병이 났다는 소식을 들었을 때

　5. 누군가의 죽음을 알리는 조종(弔鐘) 소리를 들었을 때

　6. 내 자신의 죽음을 생각할 때

　7. 어떤 사람이 갑자기 죽었다는 소식을 들었을 때

　8. 특히 나 자신도 곧 심판받을 거라는 생각이 들 때 그랬지요.

크리스천 "이런 식으로 해서 죄책을 느낄 때 언제라도 그 느낌을 쉽게 떨쳐 버릴 수 있었습니까?"

소망 "아니요, 죄의식이 양심을 한층 단단히 부여잡아서 그건 불가능했습니다. 그런데 다시 죄로 돌아갈까 생각하면(죄에서 돌이켰음에도) 괴로움은 두 배가 되었습니다."

　버니언은 소망의 증언을 통해, 그리고 《천로역정》 전체를 통해서 자기 경험을 풀어 놓는다. 버니언은 중세 기사 이야기와 모험담에 대한 평생의 관심, 살아 움직이는 상상, 성경과 섬김을 위한 엄청난 열정, 자신이 아는 사람들, 자기 삶의 중요 사건 등, 자신의 모든 것을 이 책에 쏟아부었다. 이 걸작은 "버니언 내면

의 격렬한 영적 분투뿐만 아니라 개인적 지식과 목회 체험에 뿌리를 두고 있다."[2]

크리스천 "그럴 때는 어떻게 했습니까?"

소망 "내 삶을 바로잡으려 노력해야 한다고 생각했습니다. 그렇지 않으면 저주받을 게 분명하다고 생각했지요."

크리스천 "그래서, 바로잡으려 노력했습니까?"

소망 "네, 그래서 내 죄에서 도망쳤을 뿐만 아니라 죄인 친구들에게서도 도망쳤습니다. 그리고 기도, 성경 읽기, 죄를 슬퍼하기, 이웃에게 진리 전하기 등 신앙적 의무를 행하는 데 힘을 쏟았습니다. 그 외에도 다른 여러 가지 일들을 했지요, 너무 많아 여기서 다 이야기할 수 없을 만큼요."

크리스천 "그렇게 하니 괜찮아졌나요?"

소망 "네, 한동안은요. 하지만 결국은 괴로움이 밀려 들어왔고, 삶을 새롭게 하려는 내 모든 노력의 덜미를 잡았지요."

크리스천 "지금은 새롭게 되었는데, 어떻게 그렇게 된 건가요?"

소망 "몇 가지 계기가 있었지요. 특히 다음과 같은 말씀들이 큰 역할을 했습니다. '우리의 의는 다 더러운 옷 같으며'(사 64:6), '율법의 행위로써는 의롭다 함을 얻을 육체가 없느니라'(갈 2:16), '너희도 명령받은 것을 다 행한 후에 이르기를 우리는 무익한 종이라 우리가 하여야 할 일을 한 것뿐이라 할지니라'(눅 17:10). 그리고 이와 비슷한 여러 말씀을 읽고서 나에 대해 이렇게 추론해 나가기 시작했습니다. 내 모든 의가 다 더러운 옷 같다면, 율법의 행위로는 어떤 사람도 의롭다 함을 얻을 수 없다면, 그리고 이 모든 일을 다 행한 후에도 우리가 여전히 무익하다면, 율법으로 천국에 간다는 것은 어리석은 생각이라고요. 그리고 또 이렇게 생각했습니다. 어떤 사람이 가게 주인에게 백 므나의 빚을 졌다가 나중에 다 갚았는데, 회계장부에 이 빚이 여전히 남아 있다면, 가게 주인이 이 사람을 고소해서 빚을 다 갚을 때까지 옥에 갇혀 있게 만들 수도 있다고요."

크리스천 "그랬군요, 그럼 이런 생각을 어떻게 자기 자신에게 적용했나요?"

소망 "네, 이렇게 생각해 봤지요. 내가 내 죄 때문에 하나님의 회계장부에 거액의 빚을 진 것으로 기록되었는데, 내 삶을 새롭게 하려는 노력으로는 그 액수를 다 갚을 수 없을 것이다. 그러므로 지금 내 모습이 달라졌더라도 계속 생각해 보아야 한다. 전에 지은 죄 때문에 나는 저주받을 위험에 처했는데 어떻게 해야 그 저주에서 벗어날 수 있을까?"

크리스천 "아주 훌륭한 적용이군요. 계속 이야기해 보세요."

소망 "나를 고쳐나가려는 노력을 시작한 후에도 계속 나를 괴롭히는 게 또 한 가지 있었는데, 내가 지금 아무리 최선의 노력을 다해도, 그 노력을 면밀히 들여다보면 여전히 죄가, 새로운 죄가 보이고, 그 죄가 나의 최선의 노력과 뒤섞여 있다는 겁니다. 그래서 이제 이렇게 결론 내릴 수밖에 없습니다. 전에는 나 자신과 내가 행하는 의무들에 분별없이 자부심을 가졌지만, 설령 과거의 삶에 아무 흠이 없다 해도 한 가지 의무에서 죄를 지은 것만으로도 지옥에 가기에 충분하다고 말입니다."

크리스천 "그래서 어떻게 했습니까?"

소망 "어떻게 하다니요! 나는 어떻게 해야 할지 몰랐습니다. 그러다가 믿음에게 내 마음을 털어놓았지요. 믿음과 나는 잘 아는 사이였거든요. 그 친구 말이, 한 번도 죄를 지은 적 없는 분의 의를 얻지 못하는 한, 나의 의는 물론 세상 모든 의도 나를 구원할 수 없다고 하더군요."

크리스천 "그 친구 말이 맞다고 생각했나요?"

소망 "내 힘으로 고쳐나가는 삶이 마음에 들고 만족스러웠을 때 그 친구가 그런 말을 했다면 그 친구의 그런 수고에 대해 바보라고 놀렸을 겁니다. 하지만 나의 부족함이 눈에 뻔히 보이고 내 최선의 행동에 여전히 들러붙어 있는 죄가 보이니 그 친구의 의견을 받아들이지 않을 수 없었지요."

크리스천 "하지만 그 친구가 처음에 그런 말을 했을 때, 정말 그런

분을 찾을 수 있다고, 그분은 한 번도 죄를 지은 적이 없다고 정당하게 말할 수 있다고 생각했습니까?"

소망 "솔직히 말하자면, 처음에는 그 말이 기이하게 들렸어요. 하지만 믿음과 조금 더 이야기를 나누면서 함께 하다 보니 완전히 확신이 들더군요."

크리스천 "그분이 어떤 분인지, 그리고 어떻게 그분에게 의롭다 여김 받아야 하는지 그 친구에게 물어봤습니까?"

소망 "네, 물어봤습니다. 그 친구 말이 그분은 주 예수님이시고, 지존하신 하나님 오른편에 거하신다고 하더군요. 친구는 이렇게 말했어요. '형제님은 그분에게 의롭다 여김 받아야 합니다. 그분이 육신을 입고 계실 때 행하신 일과 십자가에 달리셨을 때 고난 겪으신 것을 의지함으로써 말입니다.' 그래서 그 친구에게 또 물었습니다. '그분의 의가 어떻게 하나님 앞에서 다른 사람을 의롭다 할 수 있는 효력을 지닙니까?' 그랬더니 친구는 그분이 전능한 하나님이시라고, 그분이 행하신 일과 그분이 죽으신 죽음은 자기 자신을 위해서가 아니라 나를 위해서였다고 하더군요. 그리고 그분을 믿으면 그분의 행위와 그 행위의 공로가 내게 전가될 거라고 했습니다(히 10장; 롬 6장; 골 1장; 벧전 1장)."

소망은 자신의 겉사람을 개혁함으로써 구원을 얻으려 했던 일

을 자세히 이야기하는데, 이는 버니언이 말하는 자기 경험을 반영한다. "나는 말과 삶의 겉모양을 어느 정도 고쳤고, 십계명을 지키면 천국에 갈 수 있을 거라고 생각했다. … 이웃 사람들은 나를 아주 경건한 사람으로 생각했고 … 내 삶과 태도에 그렇게 크고 뚜렷한 변화가 일어나는 것을 보고 놀라워했다. 사실은 나도 그렇게 생각했다. … 그 이후 나는 깨달았다, 내가 비록 성실했어도 … 아직 그리스도도, 은혜도, 소망도 알지 못했다는 것을."[3]

크리스천 "그래서 어떻게 했습니까?"

소망 "그런 믿음에 이의를 제기했지요, 나는 그분이 나를 구원하려 하시지 않을 거라고 생각했거든요."

크리스천 "그랬더니 믿음이 뭐라고 하던가요?"

소망 "그분에게 가서 확인하라고 하더군요. 그래서 그건 주제넘은 행동이라고 했더니, 그 친구는 아니라고, 내가 초청을 받았다고 했습니다(마 11:28). 그러고 나서 그 친구는 예수님의 말씀이 담긴 책을 한 권 주었습니다. 좀 더 거리낌 없이 그분께 나가라고 격려하려는 것이었지요. 그러면서 그 책은 일점일획까지 하늘과 땅보다 더 변함없이 존재할 거라고 하더군요(마 24:35). 그래서 내가 물었습니다. '그분께 가서 무엇을 어떻게 해야 합니까?' 그 친구 대답이, 아버지를 내게 계시해 달라고 무릎을 꿇고 마음과 목숨을 다해 간청하라고 하더군요(시 95:6; 단 6:10; 렘 29:12~13). 그래서 또 물었습니다. '그분께 간구할 때는 어떻게 해야 합니까?' 그랬더니 그 친구는 '가보세요, 그러면 시은소에서 그분을 보게 될 겁니다. 그분은 늘 거기 앉아서, 그곳에 나아오는 이들에게 죄 사함과 용서를 베푸십니다'라고 했습니다. 그곳에 가서 뭐라고 말해야 할지 모르겠다고 했더니, 그 친구는 이렇게 말하라고 했습니다. '하나님, 죄인인 저에게 자비를 베푸시고, 예수 그리스도를 알고 믿게 하소서. 그분의 의가 아니었다면, 혹은 제가 그 의를 믿지 않는다면 저는 완전히 버림당한다는 것을 제가 압니다. 주님, 주님은 자비로운 하나님이시며 주님의 아들 예수 그리스도를 세상의 구주로 정하셨다고 들었습니다. 또한 저같이 가련한 죄인에게(실로 저는 죄인입니다) 기꺼이 그 구주를 허락하신다고 들었습니다. 그러니 주님, 이때를 놓치지 마시고 주님의 아들 예수 그리스도를 통해 제 영혼을 구원하셔서 주님의 은혜를 크게 나타내소서'(출 25:22; 레 16:2; 민 7:89; 히 4:16)."

크리스천 "그래서 그대로 했습니까?"

소망 "네, 그대로 하고, 또 하고, 또 했습니다."

크리스천 "그랬더니 아버지께서 형제님에게 자기 아들을 계시하셨습니까?"

소망 "처음에는 안 해 주셨습니다. 두 번째에도 안 해 주셨고, 세 번째에도 안 해 주셨고, 네 번째 다섯 번째에도 안 해 주셨습니다. 여섯 번째에도 안 해 주셨고요."

크리스천 "그래서 어떻게 했나요?"

소망 "어떻게 했냐고요! 어떻게 할 줄을 몰랐지요."

크리스천 "기도를 그만둘 생각은 안 했어요?"

소망 "했지요, 수백 번은 했을 겁니다."

크리스천 "그런데 그만두지 않은 이유가 뭘까요?"

소망 "친구가 나에게 한 말, 즉 이 그리스도의 의가 없으면 온 세상도 나를 구원할 수 없다는 말이 사실이라고 믿었기 때문입니다. 그래서 기도를 그만두면 나는 죽는다고, 은혜의 보좌 앞에서 죽는 길밖에 없다고 생각했습니다. 게다가 이런 말씀도 떠올랐습니다. "비록 더딜지라도 기다리라 지체되지 않고 반드시 응하리라"(합 2:3). 그래서 아버지께서 내게 자기 아들을 보여주실 때까지 계속 기도했습니다."

크리스천 "그래서 그분이 형제님에게 어떻게 계시되었습니까?"

소망 "육체의 눈이 아니라 마음의 눈으로 보았지요(엡 1:18~19). 자세히 말하자면 이렇습니다. 어느 날 아주 슬픈 마음이 들었습니다. 내 생전에 그보다 슬픈 날은 없었을 겁니다. 그렇게 슬펐던 이유는, 내 죄가 얼마나 크고 혐오스러운지 새삼 눈에 보였기 때문이지요. 그래서 지옥만을, 내 영혼에 영원한 저주가 임하기만을 바라고 있었는데, 갑자기 주 예수 그리스도께서 하늘에서 나를 내려다보시며

'주 예수를 믿으라 그리하면 … 구원을 받으리라'(행 16:30~31)라고 말씀하신다는 생각이 들었습니다. 그런데 나는 '주님, 나는 큰 죄인, 너무도 큰 죄인입니다'라고 대꾸했지요. 그랬더니 그분께서 '내 은혜가 네게 족하도다'(고후 12:9)라고 하셨습니다. 그래서 또 내가 말했습니다. '하지만 주님, 믿는다는 게 무엇입니까?' 그런데 '내게 오는 자는 결코 주리지 아니할 터이요 나를 믿는 자는 영원히 목마르지 아니하리라'(요 6:35)라는 말씀에서 나는 깨달았습니다. 믿음과 주님께 나아감은 하나라는 것을요. 그리고 그분께 나아가는 사람, 즉 그리스도의 구원을 마음으로 사모하여 그분께 나아가는 사람은 정말로 그리스도를 믿는 사람이라는 것을 말입니다. 그 순간 내 눈에는 눈물이 차올랐습니다. 그래서 주님께 더 여쭈었습니다. '하지만 주님, 저처럼 큰 죄인도 정말로 주님께 받아들여지고 주님께 구원받을 수 있을까요?' 그때 그분께서 이렇게 말씀하시는 것을 들었습니다. '내게 오는 자는 내가 결코 내쫓지 아니하리라'(요 6:37)."

하나님의 구원의 은혜에 전적으로 자신을 바친 후, 자신의 의이신 예수를 믿는 버니언의 믿음은, 영적 지식이 자라감에 따라 더욱 확고해졌다. "주님은 나를 하나님의 아들과의 연합이라는 신비 가운데로 이끄셨다"라고 버니언은 말했다. "주님과 내가 하나라면, 주님의 의는 나의 의이고, 그분의 공로는 나의 공로이며, 그분의 승리는 나의 승리이기도 했다. …
〔신자들은〕 주님 안에서 율법을 성취했고, 그분
안에서 죽었으며, 그분 안에서 죽음에서 일어났
고, 그분 안에서 죄와 죽음과 마귀에게 승리를 거두었
다. … 그분은 말씀하신다. '주의 죽은 자들은 살아나고 그들의
시체들은 일어나리이다'(사 26:19)."[4]

"그때 내가 또 말했습니다. '하지만 주님, 주님께 나갈 때 주님을
어떤 분으로 생각해야 제 믿음이 정확히 주님을 향하고 있는 것일까
요?' 그러자 주님이 말씀하셨습니다. '그리스도 예수께서 죄인을 구
원하시려고 세상에 임하셨다'(딤전 1:15). '그리스도는 모든 믿는 자에
게 의를 이루기 위하여 율법의 마침이 되시니라'(롬 10:4). '예수는 우
리가 범죄한 것 때문에 내줌이 되고 또한 우리를 의롭다 하시기 위하
여 살아나셨느니라'(롬 4:25). '우리를 사랑하사 그의 피로 우리 죄에
서 우리를 해방하시고'(계 1:5). '하나님과 사람 사이에 중보자도 한
분이시니 곧 사람이신 그리스도 예수라'(딤전 2:5). '그가 항상 살아
계셔서 그들을 위하여 간구하심이라'(히 7:24~25).

이 모든 말씀에서 나는 알 수 있었습니다. 그분에게서 의를 구해
야 하고 그분의 피로써 내 죄가 속(贖)함 받기를 바라야 한다는 것을
말입니다. 그리고 그분이 아버지의 율법에 순종하여 그 율법의 형벌

을 기꺼이 받으신 것은, 자기 자신을 위해서가 아니라 구원을 위해 이 사실을 받아들이는 사람을 위한 일이었으며, 따라서 감사해야 한다고 말입니다. 그러자 내 마음은 기쁨으로 가득했고, 눈에는 눈물이 가득 고였으며, 예수 그리스도의 이름과 그분의 백성, 그분의 길에 대한 사랑으로 가슴이 벅차올랐습니다."

크리스천 "이는 실로 그리스도가 형제님의 영혼에 계시된 것이로군요. 이 계시가 형제님의 영에 특히 어떤 결과를 낳았는지 말해 줄 수 있을까요?"

소망 "세상은 거기 속한 모든 의에도 불구하고 모두 정죄 상태에 있다는 것을 알게 되었지요. 하나님 아버지는 의로운 분이심에도 자기에게 나아오는 죄인을 정당하게 의롭다고 여겨 주실 수 있다는 것도 알게 되었고요. 비열했던 내 과거의 삶을 크게 부끄러워하게 되었고, 거기에 더해 내가 얼마나 무지했는지도 깨닫게 되었습니다. 지금은 예수 그리스도가 얼마나 아름다운 분이신지 알고 있지만 전에는 한 번도 그런 생각을 해본 적이 없거든요. 또한 거룩한 삶을 사랑하게 되었고, 주 예수의 이름의 영광을 위해 무언가를 하고 싶다는 마음이 들었습니다. 네, 내 몸에 대량의 피가 있다면 주 예수를 위해 그 피를 다 흘릴 수 있을 것 같습니다."

감사와 경외감에 압도된 소망은 "주 예수의 이름의 영광을 위해 무언가를 하고 싶다"라고 한다. 버니언이 무수히 그랬던 것처럼, 소망도 그리스도께 전적으로 순복하고 헌신한 마음을 표현한다. 버니언이 허가 없이 교회 집회에서 설교했다는 죄목으로 체포되기 바로 전, 친구들은 한 관원이 정당한 근거를 가지고 버니언을 표적 삼고 있다고 그에게 경고했다. 하지만 친구들이 경고하는 말에도 버니언은 전혀 위축되지 않았다. "나는 절대 동요하지 않을 것이며, 집회를 해산하지도 않을 것이다. … 자, 담대하라, 움츠러들지 말자. 우리의 목적은 선하니, 수치스러워할 필요가 없다. 하나님 말씀을 설교하는 일은 선한 일이어서, 이를 위해 고난을 겪는다면 큰 상급을 받을 것이다."[5]

14

신앙이 퇴보하는
주제넘은 여행자들

어서 꿈속에서 내가 보니 소망이 뒤를 돌아보다가 얼마 전 뒤에 남겨 두고 온 무지가 따라오고 있는 것을 발견하고 크리스천에게 말했다.

"보세요, 저기 뒤에 그 젊은 친구가 어슬렁어슬렁 오고 있어요."

크리스천이 대꾸했다.

"네, 보여요. 저 사람은 우리와 동행할 마음이 없군요."

소망 "여기까지 우리와 함께 왔어도 저 친구에게 해가 되지는 않았을 것 같은데 말이지요."

크리스천 "맞아요, 그런데 확실히 저 친구 생각은 달랐나 봅니다."

소망 "네, 그런 것 같아요. 그래도 저 친구를 한 번 기다려 보지요."

곧이어 크리스천이 무지에게 말했다.

"어서 와요, 친구, 왜 그렇게 떨어져서 걷는 겁니까?"

무지 "저는 혼자 걷는 것을 즐깁니다. 어울려 걷는 것보다 훨씬 더요. 여럿이 걷는 게 더 좋은 경우 외에는 말입니다."

그러자 크리스천이 소망에게 나지막이 말했다.

"내가 말했잖아요, 저 사람은 우리와 동행할 마음이 없다고." 그러면서도 그는 말했다.

"알겠어요, 이곳은 외로운 곳이니 이야기나 나누면서 갑시다." 그러고 나서 무지를 향해 말했다.

"자, 안녕하시오? 지금 하나님과의 관계는 어떻습니까?"

무지 "좋아요. 길을 갈 때 나 자신을 위로하려고 늘 선한 생각을 떠올리거든요. 그런 생각으로 머릿속이 꽉 차 있어요."

크리스천 "어떤 선한 생각이요? 이야기를 좀 해주시지요."

무지 "그게, 하나님과 천국을 생각합니다."

크리스천 "그런 생각은 마귀나 저주받은 영혼들도 합니다."

무지 "하지만 나는 생각할 뿐만 아니라 바라기도 하지요."

크리스천 "이곳에 오기 싫어하는 많은 이들도 그렇게 합니다. '게으른 자는 마음으로 원하여도 얻지 못하나'(잠 13:4)."

무지 "하지만 나는 생각만 하는 게 아니라 하나님과 천국을 위해 모든 것을 버립니다."

크리스천 "의심스럽군요. 모든 것을 버리기는 어려운 일입니다. 네, 생각보다 어려운 일이라는 걸 깨닫지 못하는 이들이 많지요. 그런데 왜, 아

니 무엇 때문에 하나님과 천국을 위해 모든 것을 버렸다고 확신합니까?"

무지 "내 마음이 그렇게 말합니다."

크리스천 "지혜자는 '자기의 마음을 믿는 자는 미련한 자'(잠 28:26)라고 말합니다만."

무지 "그건 악한 마음에나 해당하는 말이지요, 나는 선한 마음을 가졌습니다."

크리스천 "그걸 어떻게 입증합니까?"

무지 "내 마음은 천국에 대한 소망으로 나를 위로합니다."

크리스천 "마음이 기만술을 쓰는 것일 수도 있지요. 사람의 마음은 소망할 만한 근거가 없는 일을 소망하면서 위로를 줄 수도 있으니까요."

무지 "하지만 나는 마음과 삶이 일치됩니다. 그래서 내 소망에는 근거가 확실합니다."

크리스천 "당신의 마음과 삶이 일치한다고 누가 그러던가요?"

무지 "내 마음이 그렇게 말합니다."

무지는 애매하기 짝이 없는 "선한" 생각과 행동(그래봤자 마귀나 불경한 자들과 구별되게 해주지도 않는) 덕분에 하나님과 좋은 관계에 있게 되었다고 제멋대로 추측하면서 자기 삶을 자화자찬하며 넘치는 만족감을 드러낸다. 자기 마음을 궁극적 안내자 삼은 그

는 무엇이든 자기가 참이라고 여기고 싶은 것은 참이라고 그냥 자기 자신을 설득한다. 자기가 천국에 갈 수 있을 정도로 선량한 존재가 되고 싶으면 그냥 그 정도로 선량한 존재인 것이다!

크리스천 "내 친구에게 내가 도둑인지 한 번 물어보시지요! 당신 마음이 그렇게 말하니 말이오! 이런 문제에서는 하나님의 말씀 외에는 증인이 없어요. 다른 증언은 가치가 없다고요."

무지 "하지만 선한 생각을 하면 선한 마음 아닙니까? 그리고 하나님의 계명을 따라 살면 선한 삶 아닙니까?"

크리스천 "맞아요, 선한 생각을 하면 선한 마음이고, 하나님의 계명에 따라 살면 선한 삶이지요. 하지만 실제로 선한 마음으로 선한 삶을 사는 것과 그렇게 생각만 하는 것은 별개의 일입니다."

무지 "그럼 당신이 생각하는 선한 삶, 하나님의 계명에 따르는 삶은 무엇입니까?"

크리스천 "선한 생각에는 여러 종류가 있지요. 자기 자신에 관한 선한 생각, 하나님에 관한 선한 생각, 그리스도에 관한 선한 생각, 그 외 다른 문제와 관련된 선한 생각 등."

무지 "무엇이 우리 자신에 관한 선한 생각입니까?"

크리스천 "하나님의 말씀과 일치하는 생각이지요."

무지 "우리 자신에 관한 생각이 하나님의 말씀과 일치하는 때는 언제입니까?"

크리스천 "우리 자신에 관해 하나님의 말씀과 동일한 판단을 내릴 때가 바로 그런 때입니다. 설명해 보자면, 하나님의 말씀은 자연 상태의 인간에 관해 말하기를 '의인은 없나니 하나도 없으며 … 선을 행하는 자는 없나니 하나도 없도다'(롬 3:10, 12)라고 합니다. 또한 '사람의 … 마음으로 생각하는 모든 계획이 항상 악할 뿐'(창 6:5)이라고 하고, '사람의 마음이 계획하는 바가 어려서부터 악함'(창 8:21)이라고 합니다. 이제 우리 자신을 이렇게 생각하고 인식한다면, 이 생각은 선한 생각입니다. 왜냐하면 하나님의 말씀에 따른 생각이니까요."

무지 "내 마음이 그 정도로 악하다니 절대 믿을 수 없습니다."

크리스천은 성경을 자신이 말하는 진리의 근거로 삼아서 선이 무엇인지를 정의한다. 즉 무엇이든 하나님이 말씀하시는 것은 다 선하고 옳고 참되다. 세상에 의로운 사람은 없으며 우리는 자기의 기만적 마음을 신뢰할 수 없다는 것을 크리스천은 성경을 통해 알고 있다. 우리는 지존하신 분, 유일하게 지혜로운 분이신 하나님의 말씀에 순복해야 한다. 잠언 3장 5절은 "너는 마음을 다하여 여호와를 신뢰하고 네 명철을 의지하지 말라"라고 한다. 우리 자신과 하나님에 관한 생각이 성경과 일치하지 않으면, 이는 무지(Ignorance)와 똑같이 진리를 무시하는 것이다.

크리스천 "그러므로 당신은 자기 삶에 관해 선한 생각을 해본 적이 없는 겁니다. 계속해 볼까요. 하나님의 말씀은 우리 마음에 판단을 내리듯 우리의 행실에도 판단을 내립니다. 우리 마음과 행실에 관한 우리의 생각이 말씀이 내리는 판단과 일치한다면, 그것은 선한 생각입니다. 말씀과 일치하니까요."

무지 "무슨 뜻인지 이해하기 쉽게 말해 주시지요."

크리스천 "자, 하나님의 말씀은 인간의 길이 구부러졌다고, 선하지 않고 뒤틀려 있다고 말합니다(시 125:5; 잠 2:15). 인간은 원래 선한 길에서 벗어나 있으며, 선한 길을 모른다고 말합니다(롬 3장). 그래서 인간이 자기 행실을 이렇게 생각할 때, 즉 마음에 부끄러움을 안고 분별 있게 생각할 때야 비로소 자기 행실에 대해 선한 생각을 한다고 할 수 있습니다. 그렇게 생각해야 하나님의 말씀의 판단과 일치하기 때문이지요."

무지 "그럼, 하나님에 관한 선한 생각이란 무엇입니까?"

크리스천 "우리 자신에 관해 말한 것과 마찬가지로, 하나님에 관한 우리의 생각이, 하나님의 말씀이 그분에 관해 하는 말과 일치하면, 하나님에 관해 선한 생각을 하

는 것입니다. 하나님의 존재와 속성에 관해 말씀이 가르치는 대로 생각해야 합니다. 이 자리에서 상세히 설명할 수는 없지만, 우리와 관련해서 말하자면 이렇습니다. 하나님이 우리 자신보다 우리를 더 잘 아시고, 우리가 알지 못하는 때와 알지 못하는 상황에서 우리 안의 죄를 보실 수 있다고 생각한다면, 하나님이 우리의 내밀한 생각을 아시고, 우리 마음이 언제나 구석구석 하나님의 시선 앞에 열려 있다고 생각한다면, 우리의 의라고 해보았자 하나님의 코에 악취만 풍길 뿐이고, 그래서 우리가 최선의 행위로 하나님 앞에 자신 있게 선다 해도 하나님은 이를 봐주실 수 없을 거라고 생각한다면, 하나님에 관해 바른 생각을 한다고 할 수 있습니다."

무지 "하나님이 나보다 더 멀리 보실 수 있다고 생각하지 못할 만큼 내가 바보라는 겁니까? 내가 최선의 행위로 하나님께 나갈 수 있다고 생각한다는 겁니까?"

크리스천 "글쎄요, 이 문제를 어떻게 생각합니까?"

무지 "에, 간단히 말해, 의롭다고 여김을 받으려면 그리스도를 믿어야 한다고 생각하지요."

크리스천 "어떻게요! 그리스도가 필요하다고 생각하지도 않으면서 그리스도를 믿어야 한다고 생각한다니! 당신은 자기의 원래 허물도, 현재의 허물도 깨닫지 못하고 있어요. 자기 자신에 대한 생각을 봐도, 자기 행위에 대한 생각을 봐도, 하나님 앞에서 의롭다고 여김을 받게 해주는 그리스도의 개인적 의를 전혀 필요로 하지 않는 게 분명해요. 그런데 어떻게 그리스도를 믿는다고 말하는 겁니까?"

무지 "충분히 의롭다 여김 받을 수 있을 만큼 믿으니까요."

크리스천 "어떻게 믿는다는 거요?"

무지 "그리스도가 죄인들을 위해 죽으셨다고 믿지요. 그리고 내가 율법에 순종했음을 은혜로이 인정해 주시기에 내가 저주를 면하고 하나님 앞에서 의롭다고 여김을 받을 것이라고 믿습니다. 아니면 이렇게 말할까요. 나는 신앙의 본분을 다했고, 그리스도가 자기 공로를 통해 그 사실을 아버지께서 기쁘게 받아들이게 해주시고, 그래서 나는 의롭다고 여김을 받을 것이라고 말입니다."

무지는 칭의(稱義)에 관해 놀라우리만치 창의적인 믿음을 갖고 있음을 보여준다. 이는 성경 어디에서도 찾아볼 수 없는 "허황한 믿음"이다(무지는 좁은 문이 너무 멀다는 이유로 그곳을 통과하지 않고 "휘어진 작은 길"을 택한 사람인 만큼 이런 믿음을 가진 것도 별로 놀랍지 않다). 무지는 그리스도를 자신의 행위를 정당화해 주는 분으로 보고 있으며, 그래서 자신의 노력을 그리스도의 의와 어떤 식으로든 연결하면 자신의 순종이 하나님께 기꺼이 받아들여질 거라고 생각한다. 무지는 인간의 보잘것없고 여전히 죄 된 그 어떤 순종과도 별개로 오직 그리스도의 순종만이 죄의 빚을 갚을 수

있다는 사실을 고집스럽게 거부한다. 이 사람의 믿음은 사실상 자기 자신을 믿는 믿음이다. "스스로 지혜롭게 여기는" 이 사람은 자기 죄를 무시할 뿐만 아니라 "자랑하는 자는 주 안에서 자랑하라"(고전 1:31)는 진짜 지혜를 무시한다.

크리스천 "당신의 이런 신앙고백에 내가 답을 해보겠소."

첫째, 당신은 터무니없는 믿음을 갖고 있어요. 하나님의 말씀 어디에도 그런 믿음은 없으니까요.

둘째, 당신은 그릇된 믿음을 갖고 있어요. 그리스도의 개인적 의에서 칭의를 취해서 자기 자신의 의에다 적용하고 있으니 말이오.

셋째, 이런 믿음을 가지면, 그리스도는 당신이라는 사람을 의롭다 여기는 분이 아니라, 당신의 행위를 의롭다고 하는 분이 됩니다. 결국 당신은 행위 때문에 의롭다 여김 받는 것이 되고, 이는 그릇된 것이지요.

넷째, 그러므로 이 믿음은 기만적이며, 전능자 하나님의 날에 당신은 진노 아래 있게 될 겁니다. 참으로 의롭다고 여김을 받게 하는 믿음은 율법에 따라 자기 영혼의 상태를 민감하게 분별해서 그리스도의 의에서 피난처를 찾게 하는 믿음이요, 그분의 이 의는 당신의 순종이 하나님께 기꺼이 받아들여지게 해서 칭의를 이루는 은혜의 행위가 아니라, 우리에게 요구되는 것을 대신 행하시고

우리를 위해 고난 받으심으로 율법에 친히 순종하신 것이기 때문
이지요. 내가 말하거니와 참 믿음은 이러한 의를 받아들입니다.
우리 영혼은 그 의의 자락에 감싸이며, 이로써 하나님 앞에 흠 없
는 모습으로 제시되고, 기꺼이 받아들여져서 정죄를 면하게 되는
겁니다.

"그리스도인은 선해지려고 애쓰는 사람들과 다른 위치에 있
다. 이 사람들은 선해짐으로써 하나님을 기쁘게 하고자 한다. …
그러나 그리스도인은 자신이 어떤 선을 행하든 그 선이 자기 안
에 있는 그리스도의 생명에서 온다고 생각한다. 그리스도인은
우리가 선하기 때문에 하나님이 우리를 사랑하신다고 생각하는
게 아니라, 하나님이 우리를 사랑하시기 때문에 우리를 선하게
만드실 것으로 생각한다."[1]

C. S. 루이스

무지 "뭐라고요! 그리스도가 친히 행하신 일이 우리 행
위와 상관없는 일이라고 믿으라는 말입니까? 이런 기
발한 생각을 하면, 우리 정욕의 고삐가 느슨해지고
우리 마음대로 살아도 된다고 여기게 될 겁니다. 어

떻게 살든 그리스도의 개인적 의를 믿기만 하면 그 의로써 의롭다 여김 받게 된다는 거잖아요?"

크리스천 "이름이 무지라고 하더니 정말 이름 그대로군요. 당신의 그 대답이 내 말을 입증합니다. 당신은 의롭다 여김 받게 하는 의가 무엇인지 모르고, 그 의를 믿어 하나님의 큰 진노에서 자기 영혼을 안전하게 하는 방법도 모르고 있어요. 네, 당신은 그리스도의 이 의를 믿는 구원의 믿음의 참 효력에 대해서도 무지합니다. 그런 믿음은 그리스도 안에서 하나님께 머리를 조아리며 마음을 내어드리게 하고, 그분의 이름과 그분의 말씀, 그분의 길, 그분의 백성을 사랑하게 합니다. 당신이 무지한 상태에서 상상하는 대로가 아니라 말입니다."

무지가 생각하기에, 하나님 눈에 의롭게 보이기 위해 인간의 그 어떤 노력도 필요 없다고 하면 인간이 너무 자유로워진다. 의를 얻기 위해 오지 그리스도만 의지한다면 인간은 방만해져서 죄 된 욕망을 좇으리라는 것이다! 무지는 구원의 은혜가 사람들을 분발시켜 선을 사랑하게 하고 거룩함을 원하게 만들고 무엇이든 하나님께서 기뻐하시는 것은 다 기뻐하게 한다는 것을 전혀 알지 못한다. 하나님의 아름다움과 자비를 알게 되면 우리는 달라진다. 소망은 앞장에서 하나님의 계시가 자신에게 임한 덕분에 마음이 기쁨으로 충만해졌고, 그리스도의 길과 그 백성에 대한 애정이 가득해졌으며, 자기 삶으로 하나님을 영광스럽게 하고 싶어졌다고 말하여 이 사실을 입증했다. 그리스도께 믿음을 둔다는 것은 그분을 주님으로 부르며, 그리스도께서 우리를 위해 자기 삶을 바치신 것처럼 우리도 그분을 위해 인생을 산다는 뜻이다. 그분을 사랑하면 우리는 어쩔 수 없이 그분을 위해 살고 죽게 된다.

소망 "하늘로부터 그리스도가 계시되는 것을 본 적이 있는지 저 사람에게 물어보세요."

무지 "뭐라고요! 당신은 계시를 위해 사는 사람이로군요! 두 분 같은 사람들이 이 문제에 관해 하는 말을 들어보면, 정신이 나가지 않고는 할 수 없는 말이라 생각됩니다."

소망 "저런, 이봐요! 그리스도는 하나님 안에 감춰져 있어서 육신의 눈으로 자연히 이해되지 않기 때문에, 하나님 아버지께서 그분을 계시해 주시지 않는 한 어떤 인간도 구원에 이를 만큼 그분을 알 수 없어요."

무지 "그건 당신 믿음이죠, 난 그렇게 믿지 않아요. 그리고 내 믿음도 당신 믿음만큼 훌륭하다고 믿어 의심치 않습니다. 물론 내 머릿속은 당신처럼 그렇게 기발한 생각들로 들끓지 않습니다만."

크리스천 "내가 한마디로 표현해 볼게요. 이 문제에 대해 그렇게 가볍게 말해서는 안 됩니다. 감히 단언하건대, 내 훌륭한 친구가 말한 것처럼 아버지의 계시가 아니면 어떤 인간도 예수를 알 수 없습니다(마 11:27). 또한 사람의 영혼은 믿음으로써 그리스도를 붙잡는데, 이 믿음이 올바르다면 지극히 큰 그분의 권능으로 역사되어야 합니다. 가여운 무지여, 당신은 그런 믿음의 역사에 무지합니다(고전 12:3; 엡 1:18~19). 그러니 정신을 차려 자신의 비참한 상태를 깨닫고 주 예수께 피하세요. 주 예수의 의는 곧 하나님의 의입니다. 왜냐하면 예수님 자신이 하나님이니까요. 그 의로써 당신은 정죄에서 벗어나게 될 겁니다."

"그리스도 예수 … 는 하나님으로부터 나와서 우리에게 지혜와 의로움과 거룩함과 구원함이 되셨"다고 고린도전서 1장 30절은 말하는데, 이 구절은 버니언이 칭의 교리를 깨닫고 내면화하는 데 도움을 받은 여러 성경 구절 중 하나다. 버니언은 이렇게 말했다. "내 마음 상태가 선해야 내 의가 더 좋아지는 것도 아니고, 내 마음 상태가 나쁘다고 내 의가 더 나빠지는 것도 아니라는 것을 깨달았다. 내 의는 예수 그리스도 자체이고, 그분은 어제나 오늘이나 영원히 동일하시기 때문이다(히 13:8). … 그리스도가 모든 것이었다. 그분은 내 모든 지혜, 내 모든 의, 내 모든

성화, 내 모든 구속이셨다."²

무지 "두 분 걸음이 너무 빨라서 내가 보조를 맞출 수가 없네요. 먼저 가세요, 나는 뒤에서 천천히 가겠습니다."

그러자 두 사람은 말했다.

자, 무지여, 아직도 어리석은 자로 있겠소?
선한 충고가 열 번이나 주어졌는데도 무시하다니
여전히 거부한다면 머잖아 알게 되리니
그대 그 행동의 악한 결과를.
기억하시오, 늦기 전에, 자세를 낮추기를 두려워 마시오.
    선한 조언을 잘 받아들이면 그대를 구하리니,
      그러므로 들으시오.
      그러나 여전히 무시한다면 구원을 놓치는
      자가 되리니,
    내 장담하오.

이어서 크리스천은 소망에게 말했다.

크리스천 "자, 내 선한 친구 소망, 보아하니 또 우리 둘이만 가야 할 것 같군요."

이렇게 해서 꿈속에서 나는 두 사람이 서둘러 앞서가고, 무지는 다리를 절며 뒤따라가는 것을 보았다. 그때 크리스천이 소망에게 말했다. "저 가여운 사람 때문에 마음이 참 안 좋습니다. 결국 잘못될 것이 확실하니 말입니다."

소망 "아! 우리 동네에도 많은 사람이 저런 상태였습니다. 온 가족, 온 거리, 그리고 순례자들까지 말입니다. 우리 고향에도 그런 사람이 그렇게 많았다면 저 사람이 태어난 곳에는 얼마나 많았을까요?"

크리스천 "실로 성경이 말하지요, '그들이 보지 못하게 하려고 눈을 멀게 하셨다'라고 말입니다. 이제 우리끼리 있으니 말인데, 그런 사람들에 대해 어떻게 생각합니까? 그 사람들은 자기 죄를 깨닫고 그 결과 자기 상태가 위험하다는 것을 염려할 때가 전혀 없을까요?"

소망 "아니요, 그 질문에는 형제님이 직접 대답하시지요, 저보다 나이가 많으시니."

크리스천 "그럼 내가 말해 보지요. 내가 생각하기에 그 사람들도 자기 죄를 깨닫고 자기가 위험한 상태라는 것을 알 때가 있을 거라고 봅니다. 하지만 그 사람들은 본래 무지해서 그런 자각이 자기에게 유익하다는 것을 이해하지 못할 겁니다. 따라서 필사적으로 그런 자각을 억제하려 할 것이고, 뻔뻔하게도 자기 마음이 원하는 대로 우쭐해할 겁니다."

소망 "형제님 말처럼 나도 두려움이 사람에게 크게 유익을 끼치고, 순례길 초반에 사람을 올바르게 만들어 준다고 믿습니다."

크리스천 "그 두려움이 올바른 두려움이라면 틀림없이 그럴 겁니다. 그래서 하나님의 말씀에도 있잖습니까? '여호와를 경외하는 것이 지식의 근본'이라고요(잠 1:7; 9:10; 욥 28:28; 시 111:10)."

순례자들은 무지에게 어떤 중요한 자질이 결여되어 있는지 알고 있다. 그것은 바로 하나님을 두려워하는 마음이다. 거룩하신 분을 마주할 때 두려움으로 반응하는 것이 영적 지혜를 배우는 과정의 시작이다. 이 두려움은 계속해서 영적 여정의 근본적 단계가 작동하는 데 한 역할을 한다. 하나님을 두려워하는 마음의 도움을 받아 우리는 하나님의 거룩한 기준 및 죄에 대한 정죄를 인정하고, 우리 죄를 깨우치고 회개하며, 구원을 위해 그리스도를 믿고, 성경을 존중하는 마음을 키우고, 순종하기를 바라고, 성령의 인도를 따라 무엇이든 성령의 이름을 더럽히고 성령을 근심하게 하는 일은 피하게 된다. 이 거룩하고 은혜로운 하나님께 가까이 다가가면 우리는 경외감과 존경심에 압도되어 저절로 그분을 찬미하게 되며, 이것이 추진력이 되어 그분을 예배하게 되고, 계속해서 하나님과 친밀한 관계를 유지하고 싶은 마음을 갖게 된다. 무지와 같은 사고방식을 가진 사람들은 경건한 두려움에 조금이라도 불편한 느낌이 따르면 이를 불신하고 억압하기 때문에 마음을 굳게 닫아걸고 이 두려움을 느끼지 않으려 하며 그에 따라 하나님의 진리와 생명으로부터 더 거리가 멀어지게 된다.

소망 "올바른 두려움을 어떻게 설명하시겠습니까?"

크리스천 "참된 두려움 혹은 올바른 두려움은 다음 세 가지로 알 수 있습니다.

첫째, 이 두려움이 어떻게 해서 생겨나는지를 보면 알 수 있습니다. 이 두려움은 구원에 이르게 할 만큼 죄를 자각하는 데서 생겨납니다.

둘째, 이 두려움은 우리 영혼이 구원을 위해 그리스도를 굳게 붙잡게 만듭니다.

셋째, 이 두려움은 우리 영혼이 하나님과 그분의 말씀과 그분의 길을 크게 높여, 이를 귀히 여기고, 여기서 벗어나 우로나 좌로 치우치거나 무엇이든 하나님의 이름을 더럽히고 하나님의 평강을 깨뜨리거나 성령을 근심케 하거나 혹은 원수에게 수치스러운 말을 들을 만한 일 하기를 두려워하게 만듭니다."

소망 "훌륭한 말씀입니다. 맞는 말씀을 하셨다고 믿습니다. 자, 이제 마법의 땅을 거의 다 지난 거지요?"

크리스천 "왜요, 이 대화가 지루합니까?"

소망 "천만에요, 그냥 지금 여기가 어디쯤인가 해서요."

크리스천 "아직 3킬로미터 이상 더 가야 합니다. 다시 이야기로 돌아가 봅시다. 무지한 자는 자기를 두려움에 몰아넣는 그런 자각이 결국은 자기에게 유익하다는 걸 모르지요. 그래서 그런 자각을 억제하려 하고요."

소망 "어떤 식으로 그 자각을 억제하려 하나요?"

크리스천 "첫째, 그런 두려움은 사실 하나님의 역사인데 이들은 그것을 마귀의 역사로 생각합니다. 그렇게 생각하기에 그런 두려움이 자기를 곧 무너뜨릴 거라 여기고 저항하지요.

둘째, 또한 이들은 이 두려움이 자기 믿음을 망칠 거라고 생각합니다. 아, 이 가련한 사람들에게는 사실 믿음이랄 것이 전혀 없는데 말입니다! 그래서 이들은 이 두려움 앞에서 마음을 굳게 닫지요.

셋째, 이들은 주제넘게도 두려워해서는 안 된다고 생각합니다. 그래서 두려움을 느낌에도 불구하고 짐짓 자신만만한 척합니다.

넷째, 이들은 그 두려움이 낡고 변변찮은 자기식의 거룩함을 앗아가 버린다고 여기고 온 힘을 다해 그 두려움에 저항합니다."

소망 "어떤 부분은 내게도 해당하는 이야기네요. 나 자신을 알기 전에는 나도 그랬으니까요."

크리스천 "자, 우리 이웃 무지의 이번 일은 본인에게 맡기고, 이제 다른 유익한 이야기를 해볼까요."

소망 "좋지요, 이번에도 먼저 시작해 보시지요."

크리스천 "네, 그렇다면, 십 년 전쯤 형제님 고향에서 신앙 좋다고 나대던 왕년(Temporary)이란 사람 혹시 모르십니까?"

소망 "그 사람 압니다! 네, 정직(Honesty) 마을에서 3킬로미터쯤 떨어진 몰염치(Graceless)라는 곳에서 뒤집기(Turnback)라는 사람 옆집에 살았지요."

크리스천 "맞아요, 그 사람하고 한 지붕 아래 살았어요. 왕년은 한때 크게 각성한 사람이었지요. 내 생각에 당시 그는 자기 죄도 알고 그 죄가 어떤 삯을 치러야 하는지 어느 정도 알았던 것 같아요."

소망 "내 생각도 그래요. 우리 집이 그 사람 집과 5킬로미터 정도 떨어져 있었는데, 자주 나를 찾아와서 눈물을 흘리곤 했어요. 정말 애처로웠고, 그래서 그 사람에 대해 소망이 전혀 없지 않았습니다. 그런데, 아시겠지만 주여, 주여 하는 게 다는 아니지요."

크리스천 "그 사람이 한번은 내게 말하기를, 순례에 나서기로 했다고 하더군요. 지금 우리처럼 말이지요. 그런데 갑자기 자기 구원(Save-self)이란 사람하고 친해지더니 나하고는 낯선 사람이 되었습니다."

경건한 두려움이 결여된 상태에 관해 이야기를 나누던 순례자들은 마침내 마법의 땅에서 대화를 고무시키는 마지막 최종적 주제에 이른다. 그 주제는 바로 신앙의 퇴보다. 두 사람은 (정직 마을이 아니라) 몰염치 마을 출신인 왕년이란 사람을 회상하는데, 이 사람은 한때 하나님을 두려워하는 모습을 보여주었고, 죄의 삯이 무엇인지 알고 있었고, 하나님의 구원의 진리를 받아들이는 것처럼 보였다. 하지만 오래지 않아 이 사람은, 자기 구원이란 사람의 영향 아래, 자기 힘으로 충분하다는 태도를 전적으로 받아들였다. 왕년은 예수님이 씨 뿌리는 사람 비유를 통해서 가르치신 것, 즉 어떤 사람은 하나님의 진리를 받아들이지만 시련이 닥치거나 세상일에 정신이 팔리면 곧 이 진리를 떠나간다(눅 8:4~15)는 것을 보여주는 사람이다. 왕년의 자기 몰입적 철학은 계속 그를 통제했고, 구주가 필요하지 않다고 생각하게 했으며, 한때 하나님에 대해 건전한 두려움을 지녔던 그는 이렇게 생각을 어지럽히는 철학을 이용해 그 두려움을 짓뭉개 버렸다.

소망 "자, 왕년 이야기를 시작했으니 그런 사람들이 갑작스레 그릇된 상태로 빠져드는 이유를 조금 따져보지요."

크리스천 "아주 유익한 이야기가 되겠네요. 이번에는 형제님이 먼저 이야기를 시작해 보시지요."

소망 "네, 그렇다면 먼저 시작해 보겠습니다. 내가 판단하기에는 네 가지 이유가 있습니다.

첫째, 그런 사람들은 비록 양심은 각성되지만 생각은 달라지지 않습니다. 그래서 죄의식의 효력이 약해지면 이 죄의식 때문에 생겨난 믿음도 끝나고, 그리하여 이들은 자연스럽게 원래 상태로 돌아가지요. 먹이를 잘못 먹고 배탈이 난 개를 보세요. 먹은 것을 다 토하고 게워 올리지만 이는 개가 그렇게 하려는 의지로 그러는 게 아니라(개에게 의지가 있다면), 배가 뒤틀리니까 그러는 것이지요. 그러다가 배탈이 다 낫고 속이 편안해지면 토해 놓은 것을 쳐다도 안 보는 게 아니라 오히려 다 핥아먹어 치웁니다. '개가 그 토하였던 것에 돌아가고'(벧후 2:22)라는 말씀처럼 말이지요. 그래서 하는 말인데, 오로지 지옥에서 겪을 고통을 의식하고 그게 두려워서 천국을 열망하다가 지옥에 대한 인식과 저주에 대한 두려움이 식으면 천국과 구원을 바라는 마음도 식고 말지요. 그래서 죄의식과 두려움이 사라지면 천국과 천국에서 누릴 행복을 소원하는 마음도 사그라져서 원래 상태로 다시 돌아갑니다.

둘째, 이 사람들은 노예들에게나 있을 법한 두려움에 짓눌립니다. 무슨 말이냐면, 이들이 인간을 두려워한다는 거지요. '사람을 두려워하면 올무에 걸리게'(잠 29:25) 된다는 말씀도 있잖습니까. 그래서, 지옥불이 타오르는 소리가 들리는 한 이들이 겉으로는 천국을 열망하는 것처럼 보이지만, 그 공포가 좀 지나가면 생각이 달라집니다. 즉 지혜롭게 생각하자, 모든 것을 잃을 위험을 감수하지 않는 게 좋다(무슨 일이 닥칠지 이들은 모르므로), 아니 적어도 어쩔 수 없는 고초를 쓸데없이 자초하지는 않는 게 좋다고 생각하고 다시 세상에 빠져드는 겁니다.

셋째, 신앙을 가질 때 뒤따르는 수치감도 이들이 가는 길에 걸림돌이 됩니다. 이 사람들은 자존심 강하고 도도합니다. 이들의 눈에 신앙생활은 천하고 하찮아 보이지요. 그래서 지옥이나 닥쳐올 진노에 대한 인식이 사라지면 옛 생활로 다시 돌아가는 겁니다.

넷째, 죄의식을 느낀다거나 공포를 깊이 생각해 보는 게 이들에게는 괴로운 일입니다. 비참한 사태가 닥치기 전에는 그 일에 대해 생각해 보기를 싫어하지요. 처음에 그런 광경을 보고 이를 귀중하게 여길 경우, 의인들이 피하는 곳으로 달아나서 안전하게 될 수도 있습니다. 하지만 이미 말했다시피 이 사람들은 그런 일 상상하기를 싫어하고, 심지어 죄의식이나 공포는 질색하기 때문에, 일단 공포나 하나님의 진노에 대한 자각이 사라지면 거리낌 없이 마음을 완악하게 먹고, 계속 마음을 완악하게 하는 길만 골라서 가지요."

크리스천 "본질에 아주 근접했습니다. 이 모든 일의 근본 원인은, 마음과 의지의 변화가 없다는 것이니까요. 그래서 마치 판사 앞에 선 흉악범처럼 덜덜 떨면서 진심으로 뉘우치는 것처럼 보이지요. 하지만 흉악범의 그런 모습의 밑바탕에는 교수형에 대한 두려움만 있을 뿐 자기 죄를 혐오하는 마음은 없습니다. 왜냐하면 이 자를 그대로 풀어 주면 여전히 도둑이요 불량배일 테니까요. 만일 마음이 바뀌었다면 그렇게 행동하지 않았을 테지요."

소망은 사람들이 그리스도인의 삶을 포기하는 여러 가지 이유를 나열한다. 조롱이나 박해를 견뎌내기 싫어하는 것, 회개하고 거룩한 소원을 갖게 만드는 경건한 슬픔의 부재도 그런 이유에 포함된다. 죄의식과 영적 빈곤을 처리하기 두려운 이들은 계속해서 불경건한 생활을 선택함으로써 심판에 대한 두려움이나 죄에 대한 자각에 무감각해지려 한다. 크리스천은 여기에 한 가지 이유를 더해, 사람들이 영적으로 퇴보하는 것은 결국 "마음과 의지의 〔참된〕 변화"가 없기 때문이라고 한다.

소망 "이 사람들이 옛 생활로 돌아가는 이유를 말씀드렸으니 이제 형제님은 이들이 어떤 식으로 돌아가는지 이야기해 주시지요."

크리스천 "그러지요."

　1. 이 사람들은 하나님, 죽음, 다가올 심판에 대한

기억을, 할 수 있는 한 머릿속에서 떨쳐내 버립니다.

2. 그런 다음, 골방 기도, 정욕 억제하기, 경계하기, 죄를 탄식하기 등 개인적으로 이행해야 할 신앙의 본분들을 점차 포기합니다.

3. 이어서 생기 있고 다정한 동료 그리스도인들과의 교제를 회피합니다.

4. 말씀을 듣고 읽기, 경건한 모임 등과 같은 공적 의무에 점점 냉랭한 태도를 보입니다.

5. 경건한 사람들의 흠을 들춰내기 시작하고, 이 사람들에게서 무언가 그럴듯한 허물을 찾아내서 이것을 구실로 신앙을 저버리는 마귀 같은 짓을 합니다.

6. 세속적이고 행실 나쁘고 방탕한 사람들과 어울려서 사귀기 시작합니다.

7. 음담패설에 은밀히 빠져들고, 정직하다고 믿었던 사람들에게서 그런 육욕적이고 음란한 모습을 발견하면 쾌재를 부르면서 이들을 본받아 더 대담하게 그런 일에 몰두합니다.

8. 그런 다음, 마치 놀이라도 하듯 공공연히 사소한 죄를 저지르기 시작하지요.

9. 죄에 대한 감각이 무뎌진 이들은 이제 본색을 드러내기 시작합니다. 이렇게 비참함의 소용돌이에 다시 빠져든 이들은, 은혜의 기적이 일어나 막아서지 않는 한 자기기만 속에서 영원히 멸망합니다.

영적 퇴보의 소용돌이는, 사람이 하나님과 죽음과 심판을 더는 생각하지 않고 거룩함에 대해 점점 무심해짐에 따라 그 사람의 마음에서 시작된다. 그런 다음 이들은 예배 행위와 다른 그리스도인들과의 교제를 버리고, 다른 신자들을 비판하며(자신이 이들과의 사귐을 거부하는 것을 정당화하려고), 경건치 못한 사람들과의 사귐을 추구하고, 처음에는 은밀히, 그리고 점차 공공연히 죄에 탐닉한다. 이런 식으로 마음으로 점차 하나님을 멀리하면, 결국 피할 수 없게 될 현실에 대해서도 마음이 굳어진다.

"아들을 믿는 자에게는 영생이 있고 아들에게 순종하지 아니하는 자는 영생을 보지 못하고 도리어 하나님의 진노가 그 위에 머물러 있느니라"(요 3:36).

15

피할 수 없이
건너야 하는 강,
그리고 빛나는 영광의 도성

번에는 꿈속에서 순례자들이 마법의 땅을 지나 뿔라 지역으로 들어가는 것을 보았다.

이곳의 공기는 아주 달콤하고 쾌적했고, 길은 그 땅을 곧장 가로지르고 있어서 두 사람은 이곳에서 잠시 피로를 달랬다. 이곳에서 두 사람은 새가 노래하는 소리를 계속 들었고, 지면에서 날마다 꽃이 피어나는 광경을 보았으며, 땅에서 비둘기 소리를 들었다(사 62:4; 아 2:10~12).

이 나라에서는 해가 밤낮으로 빛났다. 이곳은 사망의 음침한 골짜기 너머에 있었고, 절망 거인의 발길이 미치지 않았으며, 이곳에서는 의심하는 성도 보이지 않았다. 이곳에서는 두 사람의 목적지인 천상의 도시가 시야에 들어왔다. 또한 이곳에서 이들은 그 도시에 사는 이들도 만났다. 왜냐하면 이 땅은 천국의 경계에 있어서 빛나는 존재들이 흔히 돌아다녔기 때문이다. 또한 이 땅에서는 신부와 신랑 사이의 계약이 갱신되었다. 그렇다, 이곳에서는 "신랑이 신부를 기뻐하는 것같이 이들의 하나님이 이들을 기뻐하셨다"(사 62:5).

이곳에서 두 사람에게는 곡식과 포도주가 떨어지지 않았다. 두 사람이 순례 여정 내내 찾아 구하던 것이 풍성히 주어진 것이다(사 62:8). 이곳에서 두 사람은 천상의 도시에서 들려오는 목소리들이 큰 소리로 "너희는 딸 시온에게 이르라 보라 네 구원이 이르렀느니라 보라 상급이 그에게 … 있느니라 … 사람들이 너를 일컬어 거룩한 백성이라 여호와께서 구속하신 자라 … 하리라"(사 62:11~12)라고 말하는 소리를 들었다.

마법의 땅을 뒤로 한 두 순례자는 모든 것이 풍성한 뿔라 지역으로 들어간다. 이곳은 성숙한 신자들의 말년 체험을 상징한다. 이곳은 천국이 가까이 있음을 느끼는 평화로운 시간을 말하는데, 이때가 되면, 하나님의 아름다움과 영광이 이들을 사로잡고, 신자를 섬기는 천사들이 영적 은혜를 안겨 준다. 하나님의 약속의 권위와 하나님의 임재의 빛이 모든 의심이나 두려움이나 유혹의 흔적을 다 없애 준다. 이 땅에서 살 때의 근심이나 문젯거리는 아무것도 아닌 것이 된다. 하나님이 이들에게 깊은 평강을 주시고, 하나님에게 속해 있다는 확신을 주시며, 그분의 기쁨과 돌봄을 다정히 깨닫게 하신다. 신자들은 자기 영혼에서 천국을 느끼며, 하나님의 사랑으로 에워싸인다. 아직은 "거울로 보는 것 같이 희미하"게 볼 수 있을 뿐이지만(고전 13:12), 이들은 곧 본향에 다다를 것을 기쁨으로 확신한다.

이 땅을 거닐면서 두 사람은 이제 곧 가게 될 나라에서 멀리 떨어진 곳에 있을 때보다 더 즐겁게 지냈다. 그리고 그 도성이 가까워짐에 따라 이들은 그곳 모습을 더 뚜렷이 볼 수 있었다. 그 도성은 진주와 보석으로 지어졌고, 거리는 금으로 포장되어 있었다. 그 도시의 자연스러운 광휘와 거기 햇빛이 반사되는 광경을 보고 크리스천은 그곳에 얼른 가고 싶어 병이 나고 말았다. 소망도 같은 증상으로 한두 번 졸도했다. 그래서 두 사람은 격심한 아픔으로 잠시 그 자리에 누워 "너희가 내 사랑하는 자를 만나거든 내가 사랑하므로 병이 났다고 하려무나"라고 외쳤다. 얼마 후 조금 기운이 생겨 병증을 버텨 낼 수 있게 된 두 사람은 계속 걸음을 옮겼다. 도성이 가까워지니 과수원과 포도원, 정원이 보였고 이곳의 문들은 대로를 향해 열려 있었다. 두 순례자는 이곳에 이르러 과수원 지키는 이가 길에 서 있는 것을 보고 "이 훌륭한 포도원과 정원은 누구 것입니까?"라고 물었다. 과수원 지기는 "왕의 소유이지요. 왕 자신도 즐기고 순례자들을 위로하려고 가꾸는 거랍니다"라고 대답했다. 그러고 나서 그는 두 사람을 포도원으로 데리고 들어가 맛 좋은 과일을 내놓으며 먹고 기분을 새롭게 하라고 권했다(신 23:24). 또한 과수원 지기는 두 사람에게 왕의 산책로와 왕이 즐겨 찾는 나무 그늘을 보여주었고, 두 사람은 그 나무 그늘에 머물며 잠시 눈을 붙였다.

꿈속에서 또 나는 두 사람이 지금까지 길을 가면서 이야기를 나누었을 때보다 이렇게 잠을 자면서 더 많은 대화를 나누는 것을 보았다. 그 광경을 보면서 기이하다고 생각하고 있는데 과수원 지기가 나에게까지 말을 걸었다. "무얼 그리 곰곰이 생각하십니까? 잠들어 있는 사람의 입술을 움직여 말하게 할 만큼 달콤하게 입 안으로 넘어가는 것이 이 포도원에서 나는 포도의 특징이랍니다."

'뿔라'라는 말은 "결혼한"(married)이란 뜻이며, 이사야서 62장 4절에서 하나님이 자기 백성과 "친밀하고 지극히 중대한 연합"을 맺으시는 것을 가리키는 말로 쓰인다.[1] 이스라엘 백성이 죄를 저지른 결과로 포로 생활을 할 때 이들은 하나님에게 거부당했지만, 이사야는 하나님이 이 백성과의 관계를 완전히 회복하실 것이라고 예언했다. 하나님은 자기 자신을 위해 이 백성을 구별하시면서 이들에게 은총을 내리시고, 이들을 보호하시며, 이들을 기뻐하실 터였다(4, 12절). 이 예언은 하나님이 신랑을 그의 신부와 연합시킴으로써 자기 백성, 교회에게 복을 주실 때를 가리킨다. 버니언이 그리는 뿔라에서는 결혼 계약이 갱신되고, 순례자들은 자신들의 결혼식 날을 간절히 기대한다. 아가에서 묘사된 열정적 애정을 반영하듯 크리스천과 소망은 상사병에 걸리고, 사랑하는 분을 갈망하는 마음에 휩싸인다.

　내가 보니 두 사람은 잠에서 깨어나 그 도성으로 올라가기 시작했다. 그러나 내가 말했다시피 도성에 반사되는 햇빛이 지극히 장엄해서(도성이 순금으로 만들어졌기 때문에) 이들은 아직 맨눈으로는 이 광경을 볼 수 없었고, 이 목적으로 만들어진 도구를 통해서만 볼 수 있었다. 나는 두 순례자가 그곳에서 금처럼 빛나는 옷을 입고 얼굴도 빛처럼 반짝이는 두 사람을 만나는 것을 보았다(계 21:18; 고후 3:18).

　이 사람들은 두 순례자에게 어디에서 왔느냐고 물었고, 순례자들은 대답했다. 또한 이 사람들은 순례자들이 어디에서 묵었는지, 그리고 도중에 어떤 어려움과 위험을 겪었고 어떤 위로와 기쁨을 누렸는지도 물었다. 순례자들은 이 질문에도 대답했다. 그러자 이 사람들은 이렇게 말했다.

　"두 분은 두 가지 어려움만 더 겪으면 천상의 도시에 들어갑니다."

　크리스천과 소망은 자신들과 함께 가 달라고 두 사람에게 청했고, 두 사람은 쾌히 응하면서 이렇게 말했다.

　"하지만 천상의 도시에는 자기 믿음으로 들어가야 합니다." 꿈속에서 이렇게 나는 이들이 함께 길을 가다가 마침내 천상의 도시 문 앞에 이르는 것을 보았다.

　그런데 이제 내가 더 보니 이들과 문

사이에는 강이 흐르고 있었는데, 강에는 다리가 없었고 게다가 수심이 아주 깊었다. 이 강을 본 순례자들은 아연실색했다. 순례자들과 동행한 이들은 "이 강을 건너야 합니다. 안 그러면 천상의 도시 입구에 이를 수 없습니다"라고 말했다.

이에 순례자들은 출입구에 이를 수 있는 다른 방법은 없는지 물었고, 이들과 동행한 이들은 이렇게 대답했다.

"다른 길이 있긴 합니다. 하지만 세상의 터가 놓인 이후 에녹과 엘리야 두 사람 외에는 누구에게도 그 길을 지나는 게 허용된 적이 없습니다. 마지막 나팔이 울릴 때까지 앞으로도 그럴 것이고요(고전 15:51~52)." 순례자들, 특히 크리스천은 속으로 낙심하기 시작하면서 이리저리 살펴보았지만, 강을 피해서 갈 수 있는 길은 전혀 찾을 수 없었다. 얼마 후 두 사람은 강이 수심의 차이 없이 이편에서 저편까지 다 깊은지 동행한 이들에게 물었다. 그러자 이들은 그렇지는 않다고 하면서 그래도 자신들이 도와줄 수는 없다고 대답했다.

"여러분이 저곳의 왕을 얼마나 믿느냐에 따라 강물은 더 깊기도 하고 얕기도 할 겁니다."

강가에서의 에피소드는 죽음을 상징하며, 신자가 죽음 자체를 두려워할 필요는 없다고 안심시키려는 것이다. 우리는 죽음을 이기고 부활하신 그리스도와 연합해 있으며, 그분의 사랑에

서 절대 떨어지지 않는다. 그리스도는 절대 우리를 버리지 않겠다고 약속하셨다. 죽음은 하나님과 함께하는 영광스러운 영생으로 들어가는 입구이며, 그 삶은 자유와 평강과 기쁨으로 충만하다. 버니언은 그리스도인들이 죽을 준비를 하되 하나님께 영광이 되는 죽음을 죽을 기회는 단 한 번뿐임을 기억하면서 그런 죽음을 준비할 수 있도록 돕고 싶어 한다. 우리는 저마다 독특한 죽음 체험을 할 것이다. 하지만 어떤 경우든, 이는 우리 믿음이 드러나게 하는 최종적 도전이 될 것이다. 그때 과연 우리는 하나님의 선함과 권능을 기억하면서 그분 안에서 소망을 가질까? 담대함과 능력을 얻기 위해 하나님께 의지할까? 우리의 기분이 아니라 하나님의 사랑과 약속을 신뢰할까? 하나님은 하나님이 말씀하시는 바로 그대로의 하나님임을 믿을까?

마침내 두 사람은 물속으로 들어섰다. 그러나 크리스천이 가라앉기 시작하며 친구 소망을 향해 소리쳤다.

"물이 깊어서 빠져요. 주의 모든 파도와 물결이 나를 휩씁니다! 셀라" 그러자 소망이 말했다.

"기운을 내요. 형제님, 발이 강바닥에 닿는 것 같아요, 괜찮아요." 소망의 말에 크리스천이 대답했다.

"아! 친구여, 사망의 고통이 나를 에워쌌어요. 나

는 젖과 꿀이 흐르는 땅을 못 보겠군요." 그 말과 함께 크리스천에게
짙은 어둠과 공포가 덮쳤고, 그 바람에 그는 앞을 볼 수 없게 되었다.
앞이 보이지 않자, 크리스천은 거의 제정신이 아니었고, 그래서 순
례길에서 기운을 내게 해주던 행복한 일들을 기억할 수도, 조리 있게
말할 수도 없었다. 이 상황에서 크리스천이 하는 말들을 보면 그는
이제 이 강에서 죽어 천국 문에 들어가지 못하리라는 두려운 생각과
마음뿐임을 알 수 있었다. 여기까지 동행하여 옆에 서 있는 사람들이
보기에 크리스천은 순례 시작 전후로 저지른 죄를 생각하며 심한 번
민에 빠졌다. 또한 그는 여러 번 이야기하며 넌지시 공포를 드러내곤
하던 요귀(妖鬼)와 악령이 보여 고통스러워하는 것 같았다.

　　소망이 확실하게 강바닥에 발을 디디고 있는 동안 크리스천
은 죽음에 대한 두려움에 사로잡혀 있다. 이 때문에 크리스천은
원수의 마지막 공격에 취약한 상태가 된다. 크리스천은 자신의
죄책에 초점을 맞추기 시작하며, 하나님이 자신을 버리실지 모
른다고 추측한다. 이렇게 자기 느낌에 의지하자 그는 공포의 소
용돌이에 휘말려 이성을 잃고, 하나님이 자신에게 얼마나 인자
하셨는지 망각하고 하나님과 자신의 미래에 관해 최악의 상황
을 가정한다. 하지만 하나님은 소망의 도움을 통해 크리스천을
구하신다. 소망이 크리스천에게 힘을 북돋아 주고 진실을 일깨

워 주게 하시는 것이다. 하나님이 함께하실 것이며 구원하실 것이라는 약속을 다시 믿게 되자 그제야 크리스천은 하나님이 주시는 능력과 위로 가운데 강바닥에 발을 디디게 되고, 가던 길을 끝까지 갈 수 있게 된다.

그래서 소망은 형제의 머리가 물속에 잠기지 않게 하려고 애를 썼다. 하지만 크리스천은 이따금 물속에 완전히 잠겼다가 얼마 후 반쯤 죽은 상태로 다시 올라오곤 했다. 소망은 "형제님, 저기 천국 문이 보여요, 그리고 사람들이 우리를 영접하려고 기다리고 있어요"라고 말하며 크리스천을 위로하려고 애썼지만, 크리스천은 "저 사람들이 기다리는 건 형제님입니다. 우리가 서로 알게 된 이후 형제님은 언제나 소망을 잃지 않았지요"라고 말했다. 소망은 "형제님도 그랬어요"라고 대답했다. 하지만 크리스천은 이렇게 말했다.

"아, 형제여! 내가 바르게 살았다면 지금쯤 그분께서 일어나서 나를 도우셨을 겁니다. 하지만 내 죄 때문에 그분은 나를 올무에 몰아넣고 가버리셨어요." 그러자 소망이 말했다.

"형제님, 성경이 악인에 관해 뭐라고 말하는지 잊으셨군요. '그들은 죽을 때에도 고통이 없고 그 힘이 강건하며 사람들이 당하는 고난이 그들에게는 없고 사람들이 당하는 재앙도 그들에게는 없나니'(시 73:4~5). 형제님이 이 물속에서 겪는 고생과 괴로움은 하나님이 형제님을 버리셨다는 신호가 아니라, 지금까지 하나님이 선을 베푸신 것을 기억하고 괴로울 때 하나님께 의지해서 사는지 시험하려는 것입니다."

그때 꿈속에서 나는 크리스천이 잠시 생각에 잠기는 것을 보았다. 그런 그에게 소망이 이 한마디를 덧붙였다.

"기운 내세요, 예수 그리스도께서 형제님을 온전하게 하십니다." 그 말에 크리스천은 큰 소리로 외쳤다.

"오, 그분이 다시 보입니다! 그리고 이렇게 말씀하시네요. '네가 물 가운데로 지날 때에 내가 너와 함께 할 것이라 강을 건널 때에 물이 너를 침몰하지 못할 것이며'(사 43:2)." 이제 두 사람 모두 용기를 냈고, 원수는 그 후 이들이 강을 다 건널 때까지 돌처럼 잠잠했다. 크리스천은 이내 발 디딜 곳을 찾았고, 그때부터 강은 아주 얕아졌다. 이렇게 해서 두 사람은 무사히 강을 건넜다.

　　버니언은 작품 속 주인공이 죽음 가운데서도 강한 믿음으로 분투하게 만들어서 독자들에게 목회자다운 긍휼을 보여준다. 그렇다, 우리는 소망의 태도를 닮아야 하며, 죽음을 정복하고 죽음의 쏘는 것을 없애 주신 그리스도를 신뢰해야 한다. 알지 못하는 일이나 무서운 상황을 마주하고 우리가 두려움 때문에 약해질 때 하나님은 자기 약속을 충실히 지키신다. 하나님은 큰 믿음으로든 작은 믿음으로든 그리스도를 믿는 모든 이들을 자신의 영원한 팔로 구원하신다. "마지막에 비틀거리는 사람들까지 본향으로 데려오신다"는 사실은 우리에게 얼마나 큰 확신과 소망과 격려가 되는가? "처음부터 끝까지 모든 게 다 은혜다."[2]

건너편 강둑에서 두 사람은 자신들을 기다리고 있던 빛나는 이들을 다시 만났다. 이들은 물에서 나온 크리스천과 소망에게 인사를 건네며 말했다.

"우리는 섬기는 영들로서, 구원받을 상속자들을 섬기라고 보냄을 받았습니다." 이렇게 해서 이들은 함께 천상의 도시 출입문을 향해 갔다.

여기서 주의 깊게 보아야 할 점은, 천상의 도시가 거대한 산 위에 서 있었는데도 순례자들이 어렵지 않게 그 산을 올랐다는 것이다. 왜냐하면 빛나는 이들이 두 사람의 팔을 잡고 이끌어 주었기 때문이다. 게다가 이들은 육체라는 옷도 강에 벗어 두고 나왔다. 강에 들어갈 때는 그 옷을 입고 있었지만, 나올 때는 옷이 없이 나왔다. 그래서 천상의 도시가 구름보다 더 높은 터에 자리 잡고 있었음에도 이들은 아주 민첩하고 빠르게 오를 수 있었다. 강

도 무사히 건넜고 또 그
렇게 멋진 동행이 함께
해주었기에 이들은 편안
한 마음으로 유쾌하게 대화를
나누며 공중을 지나 위로 올라갔다.

자, 이제 보라, 거룩한 순례자들이 어떻게 공중으로 떠오르는지. 구름이 이들의 마차가 되고, 천사들이 이들의 안내자가 된다. 이 세상 끝날 때 이런 것들이 예비되어 있다면 위험을 무릅쓰고 여기 오지 않을 사람이 누구이겠는가?

두 사람이 광채 나는 존재들과 나눈 이야기는 그곳의 영광에 관한 이야기였다. 빛나는 이들은 이곳의 아름다움과 영광은 말로 다 표현할 수 없다고 했다.

"그곳에는 시온산과 천상의 예루살렘이 있고, 헤아릴 수 없이 많은 천사 무리, 그리고 온전하게 된 의인들의 영이 있습니다(히 12:22~24). 두 분은 지금 하나님의 낙원으로 가는 중인데, 그곳에 가면 생명나무를 보게 될 것이고, 절대 시들지 않는 그 나무 열매를 먹게 될 것입니다. 또한 그곳에 가면 두 분에게 흰 의복이 주어질 것이고, 세세토록 날마다 왕과 함께 거닐며 이야기 나누게 될 것입니다(계 2:7, 3:4; 21:4~5). 그곳에 가면 저 아래 땅에 있을 때 보았던 일들, 즉 슬픔이나 질병이나 고통, 죽음 같은 것을 다시는 보지 않을 것입니다. 옛것은 다 지나갔으니까요.

두 분은 지금 아브라함, 이삭, 야곱, 그리고 선지자들에게 가고 있습니다. 이 사람들은 하나님이 다가올 악에서 건져내 주셔서, 이제 자기 침상에서 편히 쉬면서 저마다 그분의 의의 길을 가고 있는 사람들이지요(사 57:1~2; 65:17)." 이 말을 듣고 순례자들이 물었다.

"그 거룩한 곳에서 우리는 무얼 하게 될까요?" 빛나는 이들은 이렇게 대답했다.

"그곳에서 두 분은 지금까지의 그 모든 노고를 위로받을 것이고, 모든 슬픔의 대가로 기쁨을 누리게 될 것입니다. 두 분은 뿌린 대로 거두게 될 겁니다. 모든 기도와 눈물, 그리고 왕을 위해 당한 고난의 열매까지 말입니다(갈 6:7). 그곳에서 두 분은 금 면류관을 쓰고 거룩하신 분을 영원히 보며 즐거워하게 될 겁니다. 그곳에서는 그분을 있는 그대로 보게 될 테니까요(요일 3:2). 또한 그곳에서 두 분은 그분을 찬양하고 소리 높이 외치고 감사하면서 계속 그분을 섬기게 될 것입니다. 두 분이 세상에서 육체의 연약함 때문에 많은 어려움이 있음에도 섬기고자 하던 그분을 말입니다. 그곳에서 두 분은 전능하신 분을 두 눈으로 보고, 그분의 기분 좋은 음성을 두 귀로 듣고 즐거워하게 될 것입니다. 그곳에서 두 분은 두 분보다 먼저 그곳으로 간 친구들을 다시 만나게 될 것이고, 또한 두 분을 뒤따라 그 거룩한 곳에 들어오는 모든 이들을 기쁨으로 영접하게 될 것입니다. 그곳에서 두 분은 영광과 위엄으로 옷 입고, 영광의 왕과 함께 마차 타기에 합당한 모습을 구비하게 될 것입니다. 그분이 나팔 소리와 함께 마치 바람 날개를 타신 듯 구름 가운데 오실 때, 두 분도 그분과 함께할 것입니다. 그분이 심판의 보좌에 앉으실 때 두 분은 그 옆에 앉을 것이며, 천사든 인간이든 불법을 행한 자들을 그분이 판결하실 때 두 분도 그 심판에 목소리를 내게 될 것입니다. 그자들은 그분의 원수이기도 하고 두 분의 원수이기도 하니까요(살전 4:13~16; 유 1:14; 단 7:9, 10; 고전 6:2, 3). 또한 그분이 천상의 도시로 돌아올 때 두 분도 나팔 소리와 더불어 돌아와 늘 그분과 함께 있게 될 것입니다."

이렇게 천상의 도시 입구를 향해 가는 동안 이들은 천군천사들이 마중 나온 것을 보았다. 빛나는 존재들은 천군천사를 향해 이렇게 말했다.

"이분들은 세상에 있을 때 우리 주님을 사랑하여 그분의 거룩한 이름을 위해 모든 것을 버린 분들입니다. 이분들을 모셔 오라고 그분이 우리를 보내셨기에, 이분들이 소원하던 여행길에서 여기까지 함께 왔습니다. 이분들은 이제 저 안으로 들어가 기쁨으로 구속주의 얼굴을 뵙게 될 것입니다." 그러자 천군천사들은 큰 소리로 이렇게 외쳤다.

"어린 양의 혼인 잔치에 청함을 받은 자들은 복이 있도다"(계 19:9).

그리고 이번에는 희고 빛나는 옷을 입은 왕의 나팔수들도 나와 크고 아름다운 선율로 이들을 맞이했다. 나팔수들의 연주 소리가 하늘에 메아리쳤고, 이들은 큰 외침과 나팔 소리로 천번 만번 잘 왔다고 크리스천과 소망에게 인사를 건넸다.

인사를 마치자 이들은 두 사람을 둥그렇게 에워쌌다. 어떤 이는 앞으로, 어떤 이는 뒤로, 어떤 이는 오른쪽으로, 어떤 이는 왼쪽으로 가서(마치 위쪽으로 호위해서 올라가려는 것처럼) 계속 높은 음조로 아름다운 선율을 연주하며 나아갔다. 두 사람이 보기에 이는 천국이 온통 다 자신들을 맞이하러 나온 것 같은 풍경이었다. 이렇게 이들은 다 함께 걸음을 옮겼다. 걷는 동안 나팔수들은 흥겨운 나팔 소리에 갖가지 표정과 몸짓을 섞어 크리스천과 소망을 얼마나 환영하는지, 얼마나 큰 기쁨으로 두 사람을 맞이하고 있는지를 연신 드러냈다. 이렇게 천사들을 직접 보고 이들의 아름다운 선율에 흠뻑 잠기다 보니 이 두 사람은 천국에 들어가기도 전에 천국에 와 있는 듯했다. 또한 천상의 도시가 이제 두 사람의 시야에 들어왔고, 두 사람의 귀에는 도성의 모든 종이 일제히 울리며 자신들을 환영하는 소리가 들리는 것 같았다. 무엇보다도, 이제 이곳을 거처로 삼고 이들 무리와 어울려 영원히 살게 된다고 생각하니 마음이 따뜻해지고 즐거워졌다. 오, 무슨 말을 하고 어떤 글을 쓴들 이들의 이 영광스러운 기쁨을 표현할 수 있을까! 이렇게 이들은 천상의 도성 문에 이르렀다.

　　우리가 마침내 우리의 신랑과 연합할 곳은 하늘에 있는 하나님의 집으로, 이곳은 하나님의 아름다움과 기쁨과 승리로 충만해 있다. 거기서 우리는 하나님의 충만한 영광을 보고, 그 영광에 참여하여 하나님처럼 될 것이며, 공동 상속자로서 하나님의

의와 덕과 특권을 취할 것이다. 전적으로 우리의 존귀한 왕을 순전히 경배하는 삶을 살면서 우리는 그분을 올바로 높이고 "항상 그분과 함께"하는 기쁨을 알게 될 것이다. 완전케 된 하나님 백성들의 교제에는 기쁨에 겨운 찬양과 축하가 넘치고, 서로 연결되어 있다는 깊은 유대감이 스며들 것이며, 그곳에서 우리는 다 치유되고, 강건하며, 평화로울 것이다. 그 풍요롭고 윤택한 가정이 실제 우리의 집이고, 지금 그곳을 향해 가는 중이니, 그곳에서 우리는 진정하고 온전한 우리 자신이 될 것이며, 원래 우리가 하기로 되어 있는 일을 영원히 할 것이다. 그 일은 바로 예배하고, 사랑하며, 하나님 및 하나님의 가정과 복된 연합 가운데 사는 것이다.

이제 이들이 천상의 도시 입구에 이르러서 보니, 문 위에 이렇게 적혀 있었다. "자기 두루마기를 빠는 자들은 복이 있으니 이는 그들이 생명나무에 나아가며 문들을 통하여 성에 들어갈 권세를 받으려 함이로다"(계 22:14).

그때 꿈속에서 내가 보니 빛나는 이들이 두 순례자에게 문 앞에서 사람을 부르라고 했다. 두 순례자가 사람을 부르자 문 위에서 누군가가 내려다보았는데, 이들은 에녹과 모세와 엘리야 등이었다. 빛나는 이들이 "이 순례자들은 이곳의 왕께 대한 사랑으로 멸망의 도시를 떠나온 사람들입니다"라고 두 사람을 소개했고, 이에 순례자들은 순례를 시작할 때 받은 증명서를 각각 내밀었다. 이어서 증명서는 왕께 전달되었고, 증명서를 읽은 왕께서는 "이 사람들이 어디에 있는가?"라고 물으셨다. "문밖에서 기다리고 있습니다"라고 대답하자 왕께서는 문을 열어 주라고 명령하시면서 "의로운 나라가 들어오게 할지어다"(사 26:2)라고 하셨다.

또 내가 꿈속에서 보니 이 두 사람이 문 안으로 들어갔는데, 보라, 들어서는 순간 이들은 변화되었고, 금처럼 반짝이는 옷이 입혀졌다. 또한 거기서 이들은 수금과 면류관을 들고 있는 사람들을 만났는데, 수금은 다 같이 찬양하려는 것이었고, 면류관은 영광의 상징이었다. 그때 꿈속에서 나는 도성의 모든 종이 기쁨으로 다시 울리는 소리를 들었고, 사람들에게 이렇게 말하는 소리도 들었다.

"네 주인의 즐거움에 참여할지어다."

사람들이 큰 소리로 "보좌에 앉으신 이와 어린 양에게 찬송과 존귀와 영광과 권능을 세세토록 돌릴지어다"(계 5:13)라고 노래하는 소리도 들렸다.

문들이 열려 두 사람을 들여보낼 때 내가 들여다보니, 보라, 도성은 해같이 빛났다. 거리는 금으로 포장되어 있었고, 그 길로 다니는 많은 사람은 머리에 면류관을 쓰고 손에는 종려나무 가지와 찬양할 때 쓰는 황금 수금을 들고 있었다.

그곳에는 날개 달린 이들도 있어, "거룩하다 거룩하다 거룩하다 주 하나님 곧 전능하신 이여"(계 4:8)라고 쉼 없이 서로 화답했다. 그런 후 이들은 도성 문을 닫았는데, 이 모든 광경을 보니 나도 그 무리 중에 끼고 싶었다.

이 모든 일들을 지켜보다가 고개를 돌려보니 무지가 강변에 다가와 있는 것이 보였다. 하지만 무지는 앞서 두 순례자가 겪은 어려움의 절반도 겪지 않고 곧 강을 건넜다. 강가에 있던 헛된 소망(Vain-hope)이란 뱃사공이 무지를 배에 태워 강을 건너게 해준 덕분이었다. 그렇게 해서 무지는 앞서 내가 본 두 사람과 마찬가지로 산을 올라가 천상의 도시 입구에 이르렀다. 하지만 이번에는 무지 혼자였다. 마중 나와서 힘을 북돋아 주는 말 한마디 해주는 사람이 없었다. 입구에 이른 그는 고개를 들어 문 위에 적힌 글씨를 본 뒤 출입문이 자기 앞에서 곧 열리리라 생각하고 문을 두드리기 시작했다. 하지만 문은 열리지 않고, 위에서 내려다보고 있던 사람들이 물었다.

"어디에서 왔소? 그리고 무얼 보여줄 테요?"

무지는 "나는 왕과 함께 먹고 마셨고, 그분은 우리를 길거리에서 가르치셨습니다"라고 대답했다. 그러자 그 사람들은 증명서를 주면 가지고 가서 왕께 보여드리겠다고 했다. 무지는 품속을 더듬으며 증명서를 찾았지만, 증명서는 없었다. 그러자 사람들이 말했다.

"증명서가 없다고요?"

무지는 아무 대답도 하지 못했다. 사람들이 왕께 가서 이야기를 전했지만, 왕은 내려와서 무지를 만나려 하지 않으셨다. 다만 크리스천과 소망을 도성까지 인도해 온 빛나는 이들 둘에게, 나가서 무지를 데려가 손과 발을 묶은 뒤 멀리 내쫓으라고 명령하셨다. 그러자 빛나는 이들은 무지를 공중으로 데리고 올라가 전에 언덕 옆에서 본 문으로 가서는 그 안으로 집어넣었다. 내가 보니 그곳엔 지옥으로 향하는 길이 있었다. 그때 나는 멸망의 도시와 마찬가지로 천국 문에도 지옥으로 통하는 길이 있다는 것을 알게 되었다. 이렇게 해서 나는 잠이 깨어, 이 모든 게 꿈이었음을 알아차렸다.

자신의 선한 행위와 본성을 늘 확신했던 무지는 죽을 때도 아무런 고투(苦鬪)가 없다. 두려움도, 회개도, 자기 자신 외의 그 누구에 대한 믿음도 없다. 헛된 소망도 무지와 똑같은 사고방식을 가진 사람으로, 무지가 강을 건널 때 위로하고 힘을 북돋아 주어 그의 관점에 아무런 변화도 안겨 주지 못한다. 천국 문 앞에 이르렀을 때 무지는 그리스도를 믿는 구원의 믿음을 가졌다는 아무런 증거도 보여주지 못하고, 결국 천국 입장이 허가되지 않는다. 우리가 부지런히 천국을 추구하고 하나님 나라에 가까이 간다고 해도, 하나님의 영적 진리에 순복하지 않으면 결국 우리 죄의 삯을 받게 될 것이고 천국에 들어갈 준비를 갖추지 못하게 될 것이다. 이렇게 버니언은 회개하고 자기 자신을 하나님의 은혜에 맡기며 하나님과 인간 사이의 유일한 중보자이신 예수를 믿고 의지하라는 최종적 경고와 훈계로 자신의 우화를 마무리한다.

"예수께서 이르시되 나는 부활이요 생명이니 나를 믿는 자는 죽어도 살겠고"(요 11:25).

결론

자, 독자들이여,

지금까지 내 꿈 이야기를 여러분에게 들려주었습니다.

이 꿈을 내게,

혹은 여러분 자신이나 이웃들에게 해석해 줄 수 있겠는지 생각해 보세요.

하지만 그릇된 해석을 하지 않도록 주의하세요.

그랬다가는 유익이 아니라 오히려 폐만 될 겁니다.

그릇된 해석은 해로운 결과를 낳으니까요.

또한 내 꿈의 겉모습만 가볍게 다루면서 극단으로 치우치지 않게 주의하세요.

내가 구사하는 상징이나 비유를 웃음거리로 삼거나

이 때문에 논쟁하지도 마십시오.

그런 일은 미숙한 사람과 어리석은 사람들 몫으로 남겨 두세요.

여러분들은 내 작품의 본질을 보세요.

커튼을 걷고, 휘장 안쪽을 보세요.

은유를 파헤치고, 착각하지 마세요.

본질을 찾다가 발견할 경우
정직한 마음 가진 사람에게는 도움이 되리니
아무짝에도 쓸모없는 것을 발견하면 과감히 내던져 버리고
금처럼 고귀한 것은 보존하세요.
만약 나의 그 금이 광석으로 싸여 있다면?
사과 씨를 얻자고 과육을 다 버리는 사람은 없지요.
만약 소용없다고 다 던져 버린다면
모르긴 몰라도 나 꿈을 다시 꾸어야 할 겁니다.

　　"만약 나의 그 금이 광석으로 싸여 있다면?" 버니언은 풍유적 표현에 감싸여 있는 보화를 찾아보라고 독자들을 청하며 이렇게 물었다. 당대 사람들은 대부분 그렇게 했을 것이다. 그리고 이들은 특히 인생의 말년을 향해 가면서 이런 지혜를 발휘한 이 소중한 목회자를 깊이 사랑했다. 말년에 쓴 한 작품에서 버니언은 끈기 있게 고난을 견뎌내라고 신자들을 독려했다. 그리고 심판 때 우리는 "우리가 참으로 어떤 존재인지 알게 된다"고, "우리를 고개 숙이게 만들고, 우리를 겸손하게 하며, 하나님 앞에 엎드리게 만드는" 체험을 통해 영적 은혜를 받는다고 말했다. 담대한 믿음의 모범을 보이면서 버니언은 말했다.
　　"자비의 하나님은 자신의 뜻을 위해 우리를 준비시키신다. 나도

나 스스로 고난 속으로 뛰어들 각오는 되어 있지 않다. 그러나 경건한 믿음 때문에 내가 고난을 만나게 될 경우, 주 하나님께서 나를 한층 더 경건하게 만드신다. 왜냐하면 나는 다가올 세상이 있음을 믿기 때문이다." 그렇게 해서 버니언은 베드로전서 4장 19절에 담긴 지혜를 상세히 설명했다.

"그러므로 하나님의 뜻대로 고난을 받는 자들은 또한 선을 행하는 가운데에 그 영혼을 미쁘신 창조주께 의탁할지어다."[1]

작가의 변 **Apology**

1. John Pestell, *John Bunyan: Journey of a Pilgrim*, documentary, directed by Robert Fernandez, 37:03, https://www.amazon.com/John-Bunyan-Journey-Pilgrim-Pestell/dp/B000NJVZ20.

2. Roger Pooley in John Bunyan, *The Pilgrim's Progress*, Penguin Classics (New York: Penguin Group, 2008), xxvi.(《천로역정》, 섬앤섬 역간)

3. Robert Louis Stevenson in John Bunyan, *The Pilgrim's Progress*, 7th ed. (London: Samuel Bagster and Sons, Ltd., 1909).

4. Robert Louis Stevenson in Graham Balfour, *The Life of Robert Louis Stevenson*, vol. 1 (New York: Charles Scribner's Sons, 1901), 116~117.

5. Charles H. Spurgeon, *Pictures from Pilgrim's Progress: A Commentary on Portions of John Bunyan's Immortal Allegory* (Chicago, IL: Fleming H. Revell, 1903), 7.

6. J. I. Packer and Carolyn Nystrom, *Praying: Finding Our Way Through Duty to Delight* (Downers Grove, IL: InterVarsity Press, 2006), 42.(《제임스 패커의 기도》, IVP 역간)

7. Rosalie de Rosset in John Bunyan, *The Pilgrim's Progress*, Moody Classics (Chicago, IL: Moody Publishers, 2007), 5.

01

1. Philip P. Kapusta, *A King James Dictionary: A Resource for Understanding the Language of the King James Bible* (Ashland, VA: New Covenant Press, 2012), 62.

2. C. S. Lewis, *Mere Christianity*, rev. ed. (New York: Macmillan, 1952), 71.(《순전한 기독교》, 홍성사 역간)

3. 찬송가 "내 평생에 가는 길"에서, 작사 Horatio G. Spafford.

02

1. Cheryl V. Ford, *The Pilgrim's Progress Devotional: A Daily Journey Through the Christian Life* (Wheaton, IL: Crossway, 1998), 57.

03

1. Charles H. Spurgeon, *Spurgeon's Sermons on the Cross of Christ* (Grand Rapids, MI: Kregel Publications, 1983), 79.

2. John Bunyan, *Grace Abounding to the Chief of Sinners: A Brief Account of God's Exceeding Mercy Through Christ to His Poor Servant*, updated and illustrated ed., Aneko Press, Kindle edition.

3. Pooley, *Pilgrim's Progress*, xix~xx.(《천로역정》, 섬앤섬 역간)

4. Ford, *Pilgrim's Progress Devotional*, 85.

04

1. Bunyan, *Grace Abounding to the Chief of Sinners*.(《죄인의 괴수에게 넘

치는 은혜》, CH북스 역간)

2. Kevin Belmonte, *John Bunyan*, Christian Encounters (Nashville, TN: Thomas Nelson, 2010), 56.

3. Pestell, *John Bunyan: Journey of a Pilgrim*, 18:49.

05

1. Spurgeon, *Pictures from Pilgrim's Progress*, 74~75.

2. Martin Luther, "A Mighty Fortress," 1529, https://hymnary.org/text/a_mighty_fortress_is_our_god_a_bulwark.

마르틴 루터는 종교개혁(1517~1525년) 당시 많은 찬송을 작사 작곡했는데, 특히 1529년 작사 작곡한 "내 주는 강한 성이요"A Mighty Fortress는 시편 46편 1절 "하나님은 우리의 피난처시요 힘이시니 환난 중에 만날 큰 도움이시라"라는 말씀에서 영감을 받아 만든 곡으로, 종교개혁이 불길 같이 퍼져나갈 때 이 찬송이 곳곳에서 불려 당시 그리스도인들에게 많은 용기를 주었다고 알려진다. 본문은 3절 가사이다. - (편집자주)

3. Bunyan, *Grace Abounding to the Chief of Sinners*.(《죄인의 괴수에게 넘치는 은혜》, CH북스 역간)

08

1. John Bunyan, "Prison Meditations: Dedicated to the Heart of Suffering Saints and Reigning Sinners," 1665, John Brown, *John Bunyan: His Life, Times and Work* (London: Wm. Isbister Limited, 1885), 179에 인용됨.

2. Bunyan, *Grace Abounding to the Chief of Sinners*.(《죄인의 괴수에게 넘치는 은혜》, CH북스 역간)

09

1. John Bunyan, *The Pilgrim's Progress*, Hendrickson Christian Classics (Peabody, MA: Hendrickson Publishers, 2004), viii.

2. John Bunyan, *The Pilgrim's Progress*, C. J. Lovik (Wheaton, IL: Crossway, 2009), 235.(《천로역정》, 포이에마 역간)

3. Robert Maguire, *Commentary on John Bunyan's The Pilgrim's Progress*, comp. Charles J. Doe (Minneapolis, MN: Curiosmith, 2009), 88.

12

1. Maguire, *Commentary on John Bunyan's The Pilgrim's Progress*, 103.

2. Charles Spurgeon, William Williams, *Personal Reminiscences of Charles Haddon Spurgeon*, 2nd ed. (London: The Religious Tract Society), 19에 인용됨.

13

1. Bunyan, *The Pilgrim's Progress*, ed. C. J. Lovik, 238.(《천로역정》, 포이에마 역간)

2. Pooley, *Pilgrim's Progress*, xxviii~xxix.(《천로역정》, 섬앤섬 역간)

3. Bunyan, *Grace Abounding to the Chief of Sinners*.(《죄인의 괴수에게 넘치는 은혜》, CH북스 역간)

4. Bunyan, *Grace Abounding to the Chief of Sinners*.(《죄인의 괴수에게 넘치는 은혜》, CH북스 역간)

5. John Stachniewski와 Anita Pacheco 편, *Grace Abounding and Other Spiritual Autobiographies* (Oxford: Oxford University Press, 1998), 98에 실린 John Bunyan, "A Relation of My Imprisonment."

14

1. Lewis, *Mere Christianity*, 63.(《순전한 기독교》, 홍성사 역간)

2. Bunyan, *Grace Abounding to the Chief of Sinners*.(《죄인의 괴수에게 넘치는 은혜》, CH북스 역간)

15

1. *American Tract Society Bible Dictionary and King James Bible* (Levanger, Norway: TruthBetold Ministry, 2016).

2. Derek W. H. Thomas, *The Pilgrim's Progress: A Guided Tour*, episode 12, "The Celestial City," directed by Chad Stowers, Ligonier Ministries, 17:36, https://www.amazon.com/gp/video/detail/B01MTFXS49/ref=atv_wtlp_wtl_0.

결론

1. John Bunyan, Introduction to *Advice to Sufferers in The Whole Works of John Bunyan*, ed. George Offor, vol. 2 (London: Blackie and Son, 1862), 694.

책
속의
책
Book In The Book

── 릴랜드 라이큰의 ──

천로역정 가이드

릴랜드 라이큰 지음 │ 오현미 옮김

일러두기

* 책 속의 책 | 《천로역정》의 이해를 돕기 위해 Crossway의 기독교 고전 가이드 시리즈
  중 *Bunyan's The Pilgrim's Progress* (by Leland Ryken)를 릴랜드 라이큰의 《천
  로역정 가이드》라는 제목으로 번역하여 실었습니다.
* *Bunyan's The Pilgrim's Progress*에는 천로역정 두 번째 이야기인 2부 크리스티
  나의 이야기 부분 해설도 포함되어 있는데, 이 책에서는 2부 본문 해설 부분은 포함하
  지 않았습니다. 2부를 포함한 원서 전체는 곧 출간 예정입니다.

Bunyan's The Pilgrim's Progress

—Christian Guides to the Classics —

Leland Ryken

문학의 본질과 기능

어떤 글을 대하든 우리는 그 글이 어떤 성질의 글인가를 바탕으로 올바른 기대를 가지고 접근해야 한다. 어떤 문학 작품이든 우리는 다음과 같은 기대를 품고 그 작품을 대해야 한다.

문학의 주제 인간의 체험이 문학의 주제이며, 작품 속에서 이 주제는 가능한 한 구체적으로 표현되어야 한다. 그래서 문학은 우리가 평범한 인생사를 이야기할 때 쓰는 해설문 유형과 뚜렷이 대조된다. 문학은 사실과 정보를 전하는 게 목적이 아니다. 문학이 존재하는 것은 우리가 일련의 체험을 공유하도록 하기 위해서다. 문학은 이미지를 만들고 이를 인식하는 우리의 역량에 호소한다. 한 유명한 소설가는 독자들이 보게 만드는 것이 자신의 목적이라고 말했는데, 이 말은 곧 인생을 보게 만든다는 뜻이다.

문학의 보편성 거기서 한 걸음 더 나가, 문학의 주제는 인간의 보편적인 체험, 곧 동서고금의 모든 이들에게 해당하는 체험이다. 그렇지만 이는 문학이 무엇보다도 구체적이고 특정한 내용으로 가득하다는 사실과 모순되지 않는다. 문학이 다루는 특정한 사실은 작가가 보편적인 사실을 포착해 표현하는 데 쓰는 그물이기 때문이다. 역사를 비롯해 그날그날의 뉴스는 과거에 일어난 일을 우리에게 말해 주고, 문학은 지금 일어나는 일을 말해 준다. 이 사실은 우리가 문학 작품을 읽을 때 어떤 친숙한 삶을 대리 체험하는지 알아차리고 그 삶에 이름을 붙여 줘야 한다는 과제를 안긴다. 문학이 전해 주는 진리는 삶을 보는 정직한 시선, 곧 사물을 정확하게 보는 형태의 지식이다. 독자로서 우리는 작품이 묘사하는 세상을 볼 뿐만 아니라 그 세상을 통해 일상의 삶을 본다.

삶을 해석하기 작가는 인간의 체험을 묘사할 뿐만 아니라 자신이 그 체험을 어떻게 해석하는지 우리에게 알려 준다. 작가가 삶을 보는 관점을 우리와 공유하기에 문학에는 설득의 측면이 있다. 작가가 해석하는 삶은 사상이나 테마로 표현될 수 있다. 그래서 상상력 풍부한 문학 작품을 소화할 때 중요한 부분은, 작가의 시각과 신념 체계를 잘 판단하고 평가하는 것이다.

문학 형식의 중요성 문학의 또 하나의 측면은 작가가 예술가라는 사실에서 생겨난다. 작가는 이야기(narrative)와 시(poetry)라는 독특한 문학 장르로 글을 쓴다. 게다가 문학가는 말을 다루는 솜씨에서부터 작품을 세심하고 예술적으로 구성하는 능력에 이르기까지, 문학적 기량과 아름다움에 대한 사랑을 우리와 공유하고 싶어 한다.

요약 상상력 풍부한 문학 작품은 우리가 삶을 정확히 보게 하고, 중요한 사상에 관해 생각해 보게 하며, 예술적 성취를 향유하도록 하는 것을 목표로 한다.

고전은 왜 중요한가

이 책은 서양 문학의 고전 안내서 시리즈 중 한 권이다. 우리는 문학적 고전의 개념이 종종 오해되는 시대, 고전 자체가 자주 경시되거나 심지어 공격당하는 시대에 살고 있다. 고전이 무엇인지 알기만 해도 우리는 고전의 개념 자체를 높이 평가하게 될 것이다.

고전이란 무엇인가? 먼저, 고전(classic)이란 용어에는 최고 수준(the best in its class)이란 의미가 담겨 있다. 고전이 통과해야 할 첫 번째 기준은 탁월함이다. 누가 말하는 탁월함인가? 이 질문에 답변하려면, 고전에 대한 정의(定義)의 두 번째 부분으로 나가게 된다. 즉 고전은 수 세기에 걸친 시간의 검증을 받아 왔다. 어떤 작품이 고전의 지위를 갖게 되는지는 인류 자체가 결정한다. 고전의 지위를 가지려면,

약간의 자격이 필요하다. 고전은 특히 정규 교육을 받은 사람들이 잘 알고 가치 있게 여기는데, 이는 고전이 한 문화에서 이뤄지는 교육의 중요한 부분을 형성한다는 점을 우리에게 알려 준다.

이 사실은 고전의 또 한 가지 측면으로 우리를 인도한다. 고전은 그 자체로서뿐만 아니라 시대를 통한 해석과 재해석의 관점에서도 우리에게 알려진다. 우리는 어떤 고전 작품을 알되 수 세기에 걸쳐 그 작품에 따라붙게 된 의견과 해석의 관점에서 부분적으로 안다.

왜 고전을 읽는가? 고전을 읽는 첫 번째 확실한 이유는, 고전은 최고를 표상한다는 것이다. 고전이 읽기 어렵다는 사실은 고전에 유리한 하나의 특징이다. 물론 일정한 한계 안에서 독자에게 많은 것을 요구하는 문학 작품은, 독자에게 별 요구가 없는 작품에 비해 더 많은 유익을 준다. 탁월한 것에 대한 취향이 있는 사람이라면, 자동으로 고전을 접해 보고자 할 것이다. 고전은 비교적 가치가 덜한 작품에 비해 더 많은 즐거움을 주고, 인간의 체험에 관해 더 많이 이해하게 해주며, 더 풍성한 사상과 생각을 품게 해준다(물론 가치가 덜한 작품도 그 나름대로 합리적으로 읽을 수 있다). 고전을 한 번 읽거나 다시 읽기를 마칠 때의 우리는, 고전을 읽지 않았을 때와 비교해 지각(知覺)이 고양(高揚)된 상태다.

게다가, 고전을 안다는 것은 곧 과거를 안다는 것이며, 과거를 알면 이와 더불어 일종의 능력과 전문적 지식도 생긴다. 과거를 알면, 지금 이 시대만 알 때 생기는 한계에서 어느 정도 보호를 받을 수 있다. 마지막으로, 고전을 안다는 것은 교양 있는 사람이라는 뜻이다. 고전을 모른다는 것은, 지적인 면에서나 문화적인 면에서 팔이나 다리 하나가 없이 돌아다니는 것과 마찬가지다.

요약 문학 전문가들은 고전 문학을 다음과 같이 네 가지로 정의하는데, 각 항목은 고전이 왜 중요한지에 관한 시각을 제공한다.

❶ 고전이란 우리가 지금까지 생각하고 말해 온 최고의 작품이다(매튜 아놀드).

❷ "문학적 고전은 지금까지 세상에 나온 최고의 문학 작품과 어깨를 나란히 한다"(하퍼 문학 편람).

❸ 고전은 "인간의 지성에 영구히 잔상을 남기며 〔또한〕 다른 어떤 책도 이를 상기시키거나 일시적인 대용물이 될 수 없다는 의미에서 완전히 대체 불가다"(C. S. 루이스).

❹ 고전이란 "비록 자주 다시 읽지 않는다 해도, 주변 세상을 해석하는 시금석으로 여겨 우리가 마음으로 몇 번이고 다시 찾는" 작품이다(니나 베임).

이야기를 읽는 방법

《천로역정》은 이 시리즈에서 다루는 다른 고전들과 마찬가지로 이야기다. 이 책을 읽을 때 즐기면서, 이해하면서 읽으려면 이야기가 어떻게 작동하고 사람들은 왜 이야기를 쓰고 읽는지를 알아야 한다.

사람들은 왜 이야기를 들려주고 이야기를 읽는가? 이야기한다는 것은 듣는 이를 즐겁게 해주기 위해서이고 어떤 사실을 진술하기 위해서다. 듣는 이를 즐겁게 해주는 것으로서 이야기가 지니는 가치에 대해 말하자면, 인간의 가장 보편적인 충동 한 가지는 사실 "내게 이야기를 들려줘"(tell me a story)라는 한 문장으로 요약될 수 있다. 이야기는 보편적인 호소력을 지니며, 어느 평범한 하루를 지내는 동안 우리는 모두 쉴 새 없이 이야기하는 이야기꾼으로 산다. '사실을 진술하기'로서의 이야기에 대해 한 소설가는, 작가가 이야기를 들려주려면 세상을 머릿속에 그려야 하고, 그 세상에서 옳고 그른 것이 무엇인지도 머릿속에 그려야 한다고 정곡을 찔러 말했다.

이야기를 구성하는 것 모든 이야기는 우리의 관심을 요구하는 세 가지 사항으로 구성된다. 그 세 가지는 배경, 인물, 플롯(plot)이다. 훌륭한 이야기란 이 세 가지가 균형 잡혀 있는 것을 말한다. 어떤 의미에서 작가는 이 세 가지에 '관해' 우리에게 말해 주지만, 소설가 플래너리 오코너의 말처럼, 또 어떤 의미에서 작가는 플롯·배경·인물에 '관해서'가 아니라 이 세 가지를 '가지고' 이야기한다. 그렇다면 작가는 이 세 가지를 수단으로 우리에게 '무엇을' 이야기하는가? 삶, 인간의 체험, 그리고 작가가 참이라고 믿는 사상을 이야기한다.

이야기의 한 부분으로서의 세계 구축 이야기를 읽는다는 것은 상상의 세계 전체로 들어가는 것이다. 작가는 자신의 이야기 세계를 세심히 구축한다. 세계를 구축하는 것이 작가가 하는 일의 핵심이다. 한편 이는 이야기를 재미있게 만드는 부분이기도 하다. 우리는 현실 세계에서 벗어나 낯선 이름을 가진 머나먼 곳으로 가기 좋아한다. 그러나 작가는 자신이 상상해 낸 세계가 현실의 정확한 초상이 되기를 꿈꾼다. 달리 말해, 작가가 상상해 낸 세계는 작가가 주장하고자 하는 진실의 중요한 부분이다. 따라서 작가가 창조하는 세계의 세세한 부분에 주의를 기울이면서, 그 세계를 작가가 존재한다고 믿는 세계의 초상으로 보아야 한다.

분별력이 있어야 한다 한 이야기가 우리에게 하는 첫 번째 요구는 빠져들라(surrender)는 것이다. 현실 세상에서 작가가 창조하는 세상으로 이동하는 기쁨에 빠져들고, 체험과 인물과 배경을 만나는 기쁨에 빠져들며, 작가가 자기 이야기로 주장하는 진리를 숙고해 보는 기쁨에 빠져들라는 것이다. 하지만 작가가 우리에게 펼쳐 놓는 세상 앞에서 도덕적으로나 지적으로 수동적이어서는 안 된다. 한 이야기의 도덕성과 그 이야기가 주장하는 진리를 숙고할 때 우리는 자기 양심에 진실해야 한다. 어떤 이야기가 훌륭하다 해도, 그 훌륭함이 그 이야기가 모든 면에서 진실을 말한다고 보증하지는 않는다.

한눈에 훑어보는 《천로역정》

 **저자**

존 버니언(1628~1688)

발간 국가

잉글랜드

첫 발간일

1678년, 《천로역정(순례자의 여정): 이 세상에서 다가올 세상으로, 꿈과 유사한 상태에서 인도되다》(*The Pilgrim's Progress: From This World to That Which Is to Come, Delivered Under the Similitude of a Dream*)라는 제목으로 1부가 출간되었고, 2부는 1684년에 발간되었다.

대략의 분량

250~300페이지 이상(페이지 크기 및 삽화와 난외주 유무에 따라 달라짐)

현재 입수할 수 있는 판본

반즈 앤 노블스, 펭귄 클래식, 크로스웨이(말투와 판형을 최신화하고 원본의 삽화를 곁들였다), 옥스퍼드 월드 클래식, 도버 트리프트, 노턴 크리티컬 에디션, 시그넷 판 등 다수가 있다.

장르

공상소설, 풍유소설, 꿈에서 본 환상, 판타지, 사실주의 소설, 종교소설, 여행담, 드라마, 모험담, 영적 전기/자서전, 회심소설, 심리소설

이야기의 배경

상징과 원형(原型)으로 가득해서 우리가 알고 있는 세상과 간단히 동일시할 수 없지만, 그와 동시에 우리가 사는 세상의 특질을 다수 갖고 있는 가상의 영역

주요 등장인물

크리스천(Christian)은 1부 주인공이고, 그의 아내 크리스티아나(Christiana)는 2부의 주인공이다. 일단 이 두 사람을 넘어가면 등장인물 숫자가 급격히 늘어나지만, 그중 다음과 같은 인물들이 두드러진다.

해석자 – 크리스천과 그의 아내에게 기독교의 진리를 설명해 준다.

믿음 – 크리스천이 멸망의 도시에서 빠져나온 직후 역시 그 도시에서 도망쳐 나온 사람으로, 일찍이 크리스천의 여정에 동행했다.

소망 – 크리스천의 여정의 마지막 1/3을 함께 하는 동행이 된다(믿음이 죽은 뒤).

큰마음 – 크리스티아나의 순례 여정에서 안내자와 보호자 역할을 하는 군인.

플롯 요약

주인공이자 해설자가 멸망의 도시라는 고향 땅을 떠나기로 마음먹는 데서 이야기가 시작된다.

1부의 주요 줄거리는 멸망의 도시에서부터 천상의 도시까지 이어지는 크리스천의 여정이다. 이는 인간 영혼의 구원 이야기임이 분명하다. 크리스천이 만나는 모든 인물과 장소는 그가 천국을 향해 나가는 길과 그리스도인으로 사는 삶이 성숙해 나가는 길에 도움이 되거나 장애가 되거나 둘 중 하나다. 천국으로 향하는 여정에서 발길을 돌리게 만드는 역경과 유혹 앞에서 참을성 있게 버티는 크리스천의 모습을 중심으로 이야기가 전개된다.

2부도 마찬가지로 크리스티아나와 자녀들이 멸망의 도시에서 나와 천상의 문으로 향하는 여정을 다루는 탐색의 이야기다. 크리스티아나도 남편이 지나간 장소를 대부분 다 통과하고 남편이 만난 사람들을 똑같이 만나지만, 여기에는 단순히 앞선 행동을 되풀이하는 게 아니라 그 이상의 의미를 갖는 새로운 요소들이 있다.

구조와 통일성

책의 주요 구조 요소는 *The Pilgrim's Progress*(순례자의 여정)란 원제

목에 나와 있으며, 이 요소는 중세 작가 초서(Chaucer)와 단테(Dante) 이후로 기독교 문학의 중심 장르다. 다시 말해, 이 책은 순례기, 즉 거룩한 곳까지의 여정을 기록한 책이다. 그래서 이 책은 탐구라는 모티프를 중심으로 전개되며, 구체적으로 이 탐구에는 영적 성격이 있다. 이 탐구 덕분에 이 책은 여행담과 여정을 모티프로 하는 문학적 전통에 견고히 자리 잡는다.

이 책은 1, 2부 모두 주인공이 갈 바를 모르는 상태에서 천상의 상태로 진전해 가는 과정을 추적한다. 이 책의 진수(眞髓)는 목표를 향해 나아가는 엄청난 추진력이다. 탐구 여정을 담은 이야기들이 그렇듯, 1, 2부에서 우리는 각 주인공을 뒤따라가면서, "이 세상에서 다가올 세상으로" 나아가는 그리스도인의 삶에서 순례자의 그 여정을 훼방하려는 일련의 장애물(주로 일정한 장소와 사람들)을 만나는 이들의 모습을 본다.

문화적 배경

17세기 말 인물인 버니언이 살던 시기는 첫 청교도 혁명이 끝날 무렵이었다. 버니언은 청교도 운동의 주도적 대변인이며, 문화적으로나 영적으로 과거에 의지해서 힘을 얻는 사람이었다. 하지만 버니언이 살던 역사적 순간은 과거에 대한 이런 개인적 충성으로는 감당할 수 없을 만큼 복잡했다. 버니언은 1660년 왕정복고를 겪어냈다.

뒤늦게 청교도가 된 사람으로서 버니언은 새 시대의 불경건한 풍조와 전혀 보조를 맞출 수 없었을 것이다. 그래서 실제로 버니언은 허가 없이 설교했다는 죄목으로 새 정권에 의해 십이 년 넘게 옥살이했다. 또 한 가지 주목할 것은, 존 밀턴 같은 초기 청교도는 지적인 면에서 기독교에도 충성했고 그에 못지않게 고전에도 충성했지만, 버니언의 관심은 성경과 경건에 더 한정되어 있다는 점이다.

이 책을 읽기 위한 팁

❶ 이 책을 문학 작품으로 즐겁게 읽을 수 있기 위해 가장 중요한 선행 요건은 여행 모티프와 모험 장르에 자기 자신을 내맡길 수 있는 능력이다. 이런 면에서 이 책은 호메로스의 《오디세이아》나 톨킨의 《반지의 제왕》과 비슷하다. 역경에서 아슬아슬하게 빠져나오는 상황과 생명을 위협하는 시련이 계속 이어진다.

❷ 마찬가지로, 풍유(allegory) 기법, 즉 책 속에 등장하는 장소와 인물이 추상적 특질의 이름을 지니는 상황을 즐길 수 있어야 한다. 하지만 '풍유'라는 말이 이야기 속의 사건을 제대로 표현해 주지는 못하므로 상징적 현실 개념을 덧붙일 필요가 있는데, 이는 독자가 상징의 '숲'이 주요 구성 요소인 상상의 영역에 들어갈 때 생기는 결과다.

❸ 앞의 두 가지 사항을 종합하면, 《천로역정》을 읽어나갈 때는 물질적 차원을 다른 모든 것의 바탕 삼아 읽어나가야 할 뿐만 아니라, 두 주인공이 물질적 차원의 여정에 더하여 영적이고 심리적인 여

정에 나섰다는 점을 이해해야 한다.

❹ 영적 의미가 버니언이 책 속에서 행하는 모든 일을 최우선으로 지배하며, 이에 따라 그가 이야기를 풀어가는 기법이 결정되고 소재가 선정된다.

작가와 작가의 신앙

생전에 존 버니언은 설교자로도 유명했고 작가로도 유명했다. 버니언의 사회적 신분은 보잘것없었고, 그 자신의 평가에 따르면, 이십대 초에 회심할 때까지 타락한 삶을 살았다. 겉으로 볼 때 버니언은 힘들게 살았다. 버니언은 어릴 때부터 가난했다. 십대 초에 떠돌이 땜장이(냄비와 팬을 고치는 사람)라는 아버지의 직업을 이어받았다. 버니언이 서른 살 때 첫 아내가 세상을 떠났고, 이에 버니언은 혼자 네 자녀를 돌봐야 했다. 버니언은 잉글랜드 국교회의 허가 없이 설교에 몰두했고, 그 결과 말년의 상당 기간 감옥을 들락거리게 되었다. 겉으로 드러나는 삶이 이렇게 엉망이었음에도 버니언은 다작(多作)의 작가였다. 실제로 그는 서른 권이 넘는 책을 펴냈는데, 주로 교리적 성격의 책이었다. 또한 버니언은 당대에 모종의 전설 같은 인물이 되었는데, 이는 설교자로서의 그의 인기 덕분이기도 했다.

몇 가지 용어가 버니언의 종교적 신념과 소속을 정확히 설명해 준다. 앞에서 살펴보았다시피 버니언은 16세기와 17세기 청교도 운동에 소속되어 있고, 십대 후반에는 크롬웰의 의회군의 일원이었다. 비순응파(nonconformist)라는 말도 버니언을 정확히 묘사하는 말로서, 왕정복고 후 버니언이 투옥되었던 이유, 즉 잉글랜드 국교회의 예배 관행과 교회로서의 권위에 서명 동의하기를("따르기를"conform) 거부한 행동에 주목하게 만든다. 버니언과 같은 확신을 가진 사람에게 적용되는 또 한 가지 단어는 국교 반대(혹은 국교 반대파dissenter)로서, 이는 버니언이 잉글랜드 국교회의 여러 가지 믿음과 관행에 반대했다는 뜻이다.

하지만 실제 상황은 이런 몇 가지 용어들이 암시하는 것보다 더 복잡하다. 회심한 지 얼마 후 버니언은 평생의 주 거주지인 베드포드의 침례교회에 출석하면서 설교하기 시작했다. 한번은 그 지역의 퀘이커 교도들이 버니언의 석방을 도왔다. 버니언이 오늘날 사람이라면 개혁파〔칼뱅주의〕 침례교도라는 이름표가 붙었을 것이다. 하지만 버니언은 분파주의적 논쟁을 싫어했으므로 그저 복음주의적 개신교 그리스도인이라고 부르는 게 가장 안전할 것이다. 버니언은 성경을 종교적 신념을 위한 근거로, 그리고 하루하루 영적 생명을 유지하기 위한 하나님의 말씀으로 인정하고 받아들였다. 성경에 전념하다 보니 교리를 강조하게 되었는데, 교리를 강조하는 것은 청교도주의의 특징이기도 했다. 출발점이 되는 전제는, 사람은 모두 본성적으로 죄인이며 타락한 그 상태에서 구원받기까지는 영원히 저주받는다는 것이다. 예수의 속죄를 믿는 믿음을 통한 개인적 회심이 새 생명의 출발점이다. 삶에서 크게 중시하는 것은 행위의 거룩함이며, 인생의 목표는 내생에서 천국에 들어가는 것이다. 이러한 교리적 틀이 버니언의 이 걸작 1·2부에서 순례자의 여정에 주된 추진력을 제공한다.

문학적 특색

《천로역정》은 가장 역설적인 문학 명작이다. 이 책이 경건한 개신교도의 집에 흠정역 성경과 나란히 놓이면, 집안사람들은 성경과 마찬가지로 영적인 덕을 세우기 위해 이 책을 읽었다. 문학적 세련됨은 그런 독자들의 레이더 화면에 잡히지 않았다. 물론 그렇다고 해서 그 독자들이 이 책의 문학적 우수성에 감응하지 않았다는 뜻은 아니다. 하지만 《천로역정》을 주로 영적으로 덕을 세워 주는 책으로 읽어 온 사람들의 긴 역사 때문에 우리가 쉽게 오해할 수 있는데, 이 고전

문학 안내서 시리즈가 다루는 책 중 《천로역정》만큼 문학 장르와 양식을 구체적으로 드러내는 책은 없다.

이 책이 속하는 문학 장르를 나열하자면, 공상소설 · 풍유소설 · 영적 전기/자서전 · 회심소설 · 꿈 이야기(등장인물들의 행동이 마치 꿈속의 일인 것처럼 그려진다) · 여행 이야기 · 인물 스케치 · 비유담(사실에 충실한 세부 묘사는 어떤 도덕적/영적 현실의 뚜렷한 사례다) · 심리소설(생각과 감정이라는 내면의 삶에 관한 이야기) · 영웅 이야기 등이다.

여기에 문학 양식상 다음과 같이 장르의 경계를 넘나드는 관련 범주를 추가할 수 있다. 판타지(현실에 있을 법하지 않은 유쾌한 산(Delectable Mountains) 같은 장소나 수다쟁이 같은 이름을 가진 인물), 사실주의(위와 같은 장소와 인물 중 일부는 버니언의 동네 베드포드에 아주 깊이 자리 잡고 있어서 《천로역정》이 지역주의 소설로 분류되기도 한다), 상징주의적 사실주의(책을 읽으면서 우리가 들어가는 세상이 주로 사건, 인물, 사물로 구성되는 한편 이 사건과 인물과 사물이 그 자체를 초월하는 무언가를 상징할 때), 모험 이야기.

《천로역정》의 문체를 분석해 보면, 추가적인 일련의 문학 용어들이 작용하는 것을 알 수 있다. 관련 개념으로는 사실주의적인 구어체, 성경에서 인용한 문체, 좀 더 구체적으로는 흠정역 문체, 묘사적/회화적 문체, 드라마 같은 문체, 청교도 문체가 있다. 마지막으로, 책을 읽어 나가다 보면 사실상 모든 페이지에서 인생과 문학의 위대한 원형(原型)을 만나게 된다. 예를 들어 탐구 이야기, 좀 더 구체적으로는 순례 이야기, 순례자, 물질적인 동시에 심리적(마음 상태를 나타내는)이고 도덕적/영적(풍유적인 지명이 계속 우리에게 일깨워 주다시피)인 풍경을 통과하는 여정, 시련 및 시련을 통한 시험, 시험과 유혹 같은 내용들이 작품을 형성해 나간다.

결론을 말하자면, 이 책은 덕을 세우는 것을 목표로 하는 신앙 체험을 말하고 있는 게 너무도 분명해서, 의식적으로 노력을 해야만 이 책을 문학적 상상의 산물로 볼 수 있다. 그렇게 시각의 전환이 이뤄지면, 갑자기 봇물 터지듯 문학적 방향으로 문이 열린다.

버니언이 그리는 풍유적 인물

풍유적 이름을 지닌 인물들은 《천로역정》의 거의 모든 페이지에 등장하며, 이들은 버니언이 생각하는 이야기 설계의 중심임이 분명하다. 이 풍유적 인물들은 형용사('믿음'faithful 같은)나 명사('전도자'evangelist 같은)를 가지고 만들어지고, 첫 글자가 대문자로 표현되며(Faithful, Evangelist처럼), 그래서 학자들은 이를 가리켜 "의인화된 추상 개념"이라고 한다. 이런 기법은 대개 빈약한 캐릭터를 낳지만, 버니언이 창조하는 풍유적 인물들은 그런 경향에 아랑곳하지 않으며 오히려 상상력의 승리를 구가한다.

우선, 버니언의 인물 묘사 기법 그 이면에는 풍성한 문학적 역사가 있다. 그리스 작가 테오프라스투스(Theophrastus)로 거슬러 올라가서 초서의 《캔터베리 이야기》의 전체 서문에 등장하는 인물 묘사에 이르기까지, 문학에는 '인물'(the character)이란 장르가 있다(오늘날에는 '인물 스케치'나 '초상'이라고 부른다). 이런 인물 스케치는 일부 시대에서 '기질 캐릭터'(humor character)라고 부른 인물들을 거의 자동으로 만들어 내는 경향이 있는데, 이는 이 인물들이 한결같이 어떤 단일한 주 특징(예를 들어 게으름 같은)이나 역할(상인이나 아내)에 지배된다는 의미다. 이어서 이 기법은 흔히 풍자적 초상(인간의 악이나 어리석음을 드러내는 초상)을 그려 보인다.

버니언은 인물을 시각적으로 묘사해 보이는 것은 철저히 피하지만, 모종의 마법을 발휘해 인물들의 이름 자체가 그 인물의 행동과 더불어 시각적 초상과 동일한 효과를 내게 한다. 버니언이 어떤 인물을 "팔랑귀"라고 부르는 순간, 우리는 이 인물이 어떤 사람인지 금방 알게 된다. 지금 자기 앞에 어떤 외부의 힘이 있든 그 힘에 즉각 영향 받는 사람, 그 외부의 힘의 영향에 따라 마음과 행동을 즉시 바꾸는 사람인 것이다. 풍유적 이름이 그 인물에 대한 초상을 대신하고, 이름 자체만으로도 순식간에 캐릭터를 창조해 낸다.

하지만 이는 버니언의 마법의 시작일 뿐이다. 버니언이 창조한 풍유적 인물은 거의 모두가 세 가지를 동시에 상징한다는 의미에서 다

차원적이다.

❶ 이들은 성격 유형을 대표한다. 즉, 그 풍유적 이름이 가리키는 성향을 지닌 사람들을 나타낸다.

❷ 이들은 사회적 유형을 대표한다. 즉, 다른 사람들과 어울릴 때 일정한 영향을 끼치는 사람들을 나타낸다(예를 들어 지나치게 말이 많은 사람은 곧 사회적 병폐가 된다).

❸ 이들은 도덕적·영적 자질이나 영향력을 구체적으로 표현한다. 작가들은 대개 처음 두 가지 층(層)의 인물 묘사에 만족하지만, 버니언은 영적 삶에 관해 글을 쓰고 있기에, 그의 독창성은 세 번째 단계로까지 밀고 나가, 인물 특성과 사회적 유형이 어떻게 한 사람의 경건한 삶에 도움이 되기도 하고 훼방이 되기도 하는지 생각해 보게 만든다.

버니언이 창조하는 인물이 엄청나게 폭이 넓다는 점에도 주목할 필요가 있는데, 그는 우리가 아는 거의 모든 유형의 사람을 다룬다. 작품 속에서 인물을 창조하는 위대한 작가들을 거론할 때 우리가 버니언을 즉각 떠올리지는 않을지라도 그는 위대한 작가군에 속한다.

멸망의 도시에서 좁은 문으로

줄거리

《천로역정》의 첫 문장은 모든 문학 작품 중 가장 유명한 첫 문장으로 손꼽힌다. "이 세상 광야를 두루 다니던 중, 우연히 동굴이 있는 어떤 곳에 이른 나는, 그곳에 몸을 눕히고 잠이 들었다. 그리고 잠을 자던 중 꿈을 꾸었다."[1] 첫 단락의 나머지 구절들은 이 책의 전체적 틀에 대한 서론을 완결하며, 이 틀은 "꿈에서 본 환상"(dream vision)으로 알려져 있다. 우리가 또 한 가지 주목하는 것은, 처음에 소설의 얼개가 일인칭으로 서술된다는 점이다. 이 일인칭 화자가 삼인칭 시점

---

* 여기서 [본문]은 본서 앞부분 《천로역정》 본문을 말한다.

1) 《천로역정》의 첫 구절은 아무리 칭찬해도 과하지 않다. 이 구절은 친밀한 일인칭화법과 그 소박한 사실주의(굴, 잠, 꿈, 누더기 차림 남자, 등에 걸머진 짐)로 곧장 우리를 사로잡는다. 그러나 일상적 삶의 이런 누추한 이미지들에 그 자체를 초월하는 어떤 의미의 차원이 있다는 점을 인식할 때 우리는 풍유나 상징주의의 호소력 심지어 전율까지 경험하게 되며, 작가로서 버니언은 이 의미의 차원을 깨닫는 일을 독자인 우리에게 맡긴다.

책 속의 책 릴랜드 라이큰의 《천로역정 가이드》

에서 크리스천이라는 순례자 이야기를 풀어나가면서 이런 식의 서술은 거의 중단되지만, "그때 꿈속에서 나는 보았다"와 같은 표현으로 이따금 그 화자가 돌아오기도 한다.

서두 에피소드의 핵심은, 주인공이 한 책을 읽다가 그 책의 내용 때문에 마음이 크게 어지러워진다는 것이다.[2] 그렇게 심란해하던 중 "전도자라는 사람"이 다가와 저 멀리 어떤 문을 가리키며 그곳에 가서 도움을 청하라고 권한다. 크리스천은 이 조언에 따라, 멸망의 도시라는 자신의 고향을 떠난다. 도중에 크리스천은 옹고집(Obstinate)과 팔랑귀(Pliable)라는 인물을 만나는데, 이들은 크리스천을 설득해 여정을 중단시키려 하고, 도움(Help)이란 또 한 인물은 마을 외곽에서 목숨을 위협하는 낙심의 늪(Slough of Despond)(진창)에서 벗어나는 법에 관해 크리스천에게 조언한다. 크리스천이 피해 가야 할 또 다른 인물로는 세상의 현인 씨(Mr. Worldly Wiseman)와 율법주의 씨(Mr.

---

2) 도입부에서 우리가 또 한 가지 바로 알아차릴 수 있는 것은, 본문의 표현이 계속 성경을, 특히 흠정역 성경을 연상시킨다는 점이다. 작품의 문체는 전반적으로 성경에 크게 빚지고 있으며, 이에 더하여 성경을 에둘러 암시(인유)하는 표현도 연속적으로 등장한다.
《천로역정》 초판본에는 본문 가장자리에 관련 성경 구절 몇 가지가 실려 있는데, 일단 이 관행이 정착되자, 다른 판본들도 본문 가장자리에 수백 개의 관련 성경 구절을 실었다. 오늘날, 학문적인 판본이든 "대중적인" 판본이든 대다수 판본이 그 관행을 따른다.

Legality)가 있다. 전도자가 크리스천을 도우러 와서 이 두 악한의 해로운 조언을 반박하면서, 멸망을 피할 길을 제공해 줄 그 문을 향해 계속 나아가라고 마지막으로 다시 한번 힘을 북돋아 준다.

해설

겉으로 보기에 단순해 보임에도 《천로역정》의 복잡함은 시작부터 우리를 덮친다. 인물과 장소를 포함해 모든 실제적 세부 사항들에 우리가 해독(解讀)해야 할 상징적 의미가 있다는 사실에 이 복잡성이 있다. 어떤 식으로든 완전한 해석에 접근한다는 것은 이 안내서의 범위 밖의 일이며, 모든 면에서 이것이 바람직하다. 그래야 《천로역정》 독자들과 이 안내서 독자들이 스스로 또는 소그룹을 통해 활발하게 해석 작업을 완결하게 될 것이기 때문이다.

자서전식의 서두 단락은 풍유 혹은 상징 기법을 보여 준다.[3] 화자가 잠든 굴은 버니언이 허가 없이 설교한 죄로 투옥된 감옥을 말한다. 화자가 꾼 꿈은 그가 이제부터 들려주려는 상상 속 이야기다. 크리스천이라고 하는 "누더기를 걸친 남자"는 잃어버린 바 된 상태의 뭇사람들을 말한다. 크리스천을 떨게 만드는 책은 성경과 성경의 죄론(罪論)이며, 그가 등에 짊어진 짐은 죄책과 죄의식을 상징한다.

풍유의 바퀴가 이제 작동함에 따라 우리는 누구든 죄를 자각하는 사람이 보이는 태도를 목격하게 된다. 잃어버린 바 된 상태는 크리스천의 고향 마을이 상징하는데, 이곳은 멸망의 도시라 불리며, 거듭나지 못한 상태 혹은 잃어버린 바 된 상태에 있는 사람을 기다리고 있는 지옥의 운명을 가리킨다. 전도자는 잃어버린 바 된 상태의 크리스천이 앞으로 자기에게 닥칠 멸망을 피하려면 어떻게 해야 하는지 알려 주는 설교자 혹은 신앙 교사다. 이 탐구 여정에서 첫 번째 목적지가 되는 문은 죄 사함을 체험하는 길로 들어가는 입구를 가리킨다.

어떤 소설이든 처음 몇 페이지를 읽을 때 그렇듯, 첫 장에서는 더듬더듬 길을 찾아 나가다가 점차 이야기 전체를 지배하는 기본 원리를 이해하게 된다.[4] 옹고집과 팔랑귀라는 인물의 등장은, 크리스천이 계속 앞으로 나아갈 때 이런저런 인물들에게 영적 여정을 방해받을 것이며 이들의 말에 귀 기울일 경우 곁길로 빠져 탐구의 목적지에 이르지 못하게 되리라는 첫 번째 암시다. 문학 비평가들은 이런 인물들

———————

3) 《천로역정》은 (이따금 등장하는 주장처럼) 최초의 영어 소설이 아니다. 《천로역정》에는 풍유적 이름을 포함해 소설이라 하기에는 비현실적 요소가 너무 많다. 하지만 이 책에는 영어 본래의 사실주의를 느끼게 하는 요소가 곳곳에 배어 있으며, 이런 필치는 충분히 "소설적"이다. 이야기 초반 크리스천이 낙심의 늪에 빠질 때 이런 실생활의 요소 한 가지가 등장한다. 목숨을 위협하는 이 수렁은 버니언의 고향인 잉글랜드 베드포드 변두리에서 바로 찾아볼 수 있다. 베드포드는 펜스(Fens)라고 알려진 잉글랜드 늪지대에서 가까우며, 게다가 버니언 시대에는 시멘트나 아스팔트 길이 없었던 만큼 거의 모든 시골 동네에 진흙 구덩이와 늪이 있었다.

을 "걸림돌 캐릭터"(blocking character)라고 하며, 《천로역정》에서 이 인물들에게는 우리가 깊이 생각해 보아야 할 절묘한 신앙적/도덕적 의미가 주어진다. 옹고집은 멸망의 도시를 떠나야 할 필요성을 도무지 인정하지 않으려 하고, 팔랑귀는 처음에는 크리스천과 동행해 그 도시를 빠져나오지만, 마을 끄트머리에서 낙심의 늪에 빠지자 곧 모험에 대한 의지를 잃는다. 이렇게 크리스천에게 바람직하지 못한 조언을 주거나 다른 식으로 그의 영적 진전을 방해하려고 하는 인물들이 전체 플롯의 한 가지 요소로 계속 등장한다.[5]

　낙심의 늪이 이야기에 등장하면서 우리는 이야기 전체에 배어들 두 번째 모티프를 만난다. 바로 긍정적이든 부정적이든 도덕적/영적

———————

4) "저기 좁은 문(wicket-gate)이 보입니까?" 전도자는 크리스천에게 묻는다. 좁은 문은 무엇인가? 《천로역정》의 거의 모든 독자는 좁은 문이란 이미지를 버니언의 이 책을 읽을 때 처음으로 마주한다. 문(gate)을 영국식으로 조금 색다르게 표현하는 말이라고 단순하게 받아들이면 제일 안전하다. 좁은 문은 건물 쪽으로 열려 있거나 아니면 들판 쪽으로 열려 있었을 것이다. 어쩌면 버니언은 들판 쪽으로 열린 문을 머리에 그리고 있을 텐데, 왜냐하면 크리스천이 그 문을 지날 때 선의(God-will)라는 인물이 "이 문에서 멀지 않은" 바알세불 성을 가리키기 때문이다. 가장 중요한 점은, 버니언은 잃어버린 바 된 상태와 구원받은 상태 사이에 구분점이 있다고 생각한다는 것이다. 《천로역정》의 이 부분과 관련된 성경 본문은 산상설교에서 예수가 "생명으로 인도하는 좁은 문"에 대해 말하는 구절이다(마 7:13~14).

현실을 상징하는 실제 장소들이다. 낙심의 늪은 죄를 자각하는 데 따르는 절망을 상징한다. 도덕(Morality)이란 마을은 동료 인간에게 선한 행동을 해서 구원을 얻으려는 시도를 상징한다. 율법주의의 집은 그런 사고방식의 확장이다. 크리스천이 간절히 이르고자 하는 그 문 또한 상징적이지만, 이는 무언가 좋은 것, 즉 구원의 입구를 상징한다.

악한 조언자들과 상징적 장소에 더하여, 이야기에서는 천국에 이르고자 하는 크리스천의 탐색 여정에 긍정적 영향을 끼치는 선한 인물들이 연속적으로 등장한다. 전도자는 신학적 진리의 보고(寶庫)인데, 처음 몇 페이지에서 그는 길을 찾아나가는 주인공에게 절대 마르지 않는 영적 통찰의 샘이 되어 준다. 이 특별한 에피소드에서 전도자의 교육적 사명은, 율법주의(Legality) 같은 인물이 강요하는 태도에 마음을 두지 말라고 크리스천에게 조언하고, 죄에서 구원받는 방법

---

5) 버니언이 창조한 풍유적 인물들은 명사와 형용사가 의인화된 이름으로 등장하는데, 처음에는 빈약한 캐릭터로 보일지 몰라도 이는 사실이 아닌 것으로 드러난다. 이 인물 유형들이 가리키는 영적 현실을 분석해 보면 복잡성이 드러나며, 게다가 이 현실이 한 사람의 영적 삶에 얼마나 위협이 되는지도 드러난다. 이 단원에서는 팔랑귀, 세상의 현인 씨, 그리고 율법주의 씨가 어떻게 사람의 관심을 다른 데로 돌려 영적 진보를 가로막는지를 생각해 보는 게 유익하다.

에 대한 신학적 진리를 그에게 가르치는 것이다. 도움(Help)이란 인물은 전도자에 비해 사소한 역할이지만, 잃어버린 바 된 상태에서 절망의 수렁에 끌려 내려가지 말라고 왕(율법 수여자라고도 불리는)이 사람들을 위해 지어 준 디딤판을 이용하는 법에 관해 크리스천에게 분별력을 나눠 준다.

묵상과 토론을 위해

이야기의 상징적인 면을 분석하라고, 특히 세세한 이야기로 구현된 신학적 진리의 뉘앙스를 이해하라고 독자에게 요구한다는 점이 《천로역정》의 일부 특징이다. 그래서 《천로역정》은 그룹 토론에서 즐겨 찾는 책이 되어 왔다. 묵상과 토론의 주요 윤곽은 책의 단원마다 동일할 것이다. 즉, 이런 저런 세부 사항은 무엇을 상징하는가, 그리고 이는 그리스도인의 삶에 관해 우리에게 무엇을 가르치는가? 물론 이런 질문에 대한 명확한 답변은 크리스천이 천상의 도시로 향하는 여정의 어느 국면에 있는지와 연결될 것이다. 이 도입부에서는 이 이야기가 인간의 타락 상태에 관해 무엇을 그리고 있는지 자세히 살펴볼 필요가 있다. 그런 다음 체험 단계로 나아가, 이런 현실은 우리와 이웃의 삶에서 어떤 모습으로 드러나는지를 알아보아야 한다.

좁은 문을 지나 해석자의 집에서

줄거리

세상의 현인 씨와 율법주의 씨 같은 나쁜 조언자들이 상징하는 덫을 피해 나온 크리스천은 전도자의 말에 따라 옳은 길로 다시 들어선다. "시간이 흘러" 크리스천은 대망의 좁은 문 앞에 서서 문을 두드린다. 선의(Good-will)라는 인물이 문을 열어 주고, 크리스천은 안으로 들어간다. 크리스천이 지금까지의 여정 중에 있었던 믿을 수 없는 일들에 대해 간략히 설명하자, 선의는 그 연속된 실패 이야기를 듣고도 크리스천이 구원에서 배제되지 않는다고 안심시켜 준다. 짧막한 지시 장면에서 선의는 크리스천이 계속 나아가야 할 좁은 길을 가리킨다.

첫 번째로 들를 곳은 "해석자의 집"이다. 크리스천은 지시를 따르고, 지정된 집 문 앞에서 여러 번 문을 두드린 후 해석자의 허락을 받고 집 안으로 들어간다. 집 안의 어떤 방 벽에 "매우 근엄한 사람"이 책을 들고 있는 그림이 걸려 있다. "안내자가 될 권한을" 받은 사람의 이름이 명시적으로 언급되지는 않지만, 우리는 이 사람이 기독교 목회자를 상징한다는 것을 알 수 있다. 주인과 손님이 응접실로 들어서고, 여기서 해석자는 "하인을 불러 방의 먼지를 쓸라"라고 한다. 먼지

가 사방으로 날리자, 소녀가 물을 뿌려 공기를 깨끗이 한다.[1]

　두 사람은 방을 하나씩 하나씩 돌아다니는데, 어떤 방에 들어가서는 욕망(Passion)과 인내(Patience)라는 "사내아이 둘"을 본다. 또 어떤 방에 들어가니 벽을 뒤로 하고 불길이 타오르는데, 불길은 물로도 꺼지지 않는다. 벽 뒤에서 "한 남자가 손에 기름 그릇을 들고는" 불길에 기름을 붓고 있기 때문이다. 다음으로 크리스천은 경비가 삼엄해서 두들겨 맞은 후에야 들어가는 아름다운 궁전에 이른다.[2] 일단 안으로 들어간 크리스천은 어떤 남자가 철창에 갇힌 채 이 비참한 상태에서

---

1) 여러 부분에서 《천로역정》은 작가의 청교도 신앙 및 기질을 보여 준다. 이 장에서는 사역자와 설교를 매우 존중하는 모습을 볼 수 있는데, 이는 청교도의 가치 기준과 완전히 일치한다. 어떤 학자가 한번은 설교자를 가리켜 청교도 운동의 영웅이라고 했다.

2) 궁전으로 들어갈 때 크리스천이 매질을 당하는 광경은 당혹스럽다(《천로역정》 본문에서는 두들겨 맞는 이가 크리스천이 아닌 다른 사람으로 보이지만, 저자는 크리스천이 매질 당한 것으로 보고 있다 – 옮긴이). 이는 단순히 구원을 향해 길을 재촉하는 사람은 박해당한다는 의미일 수도 있지만, "의로운 수고"나 율법(은혜와 반대되는)에 의지하는 태도 같은 것을 벗어버려야 한다는 상징일지도 모른다. 버니언은 이런저런 에피소드들로 우리를 애태운다는 점을 주목해야 한다. 버니언은 크리스천의 입에서 "이게 무슨 의미인지 저도 알 것 같습니다"라는 말이 나오게 할 뿐, 그 의미가 무엇인지는 밝히지 않는다.

벗어날 가망이 없을 거라고 절망하는 모습을 본다.[3] 마지막 방으로 들어간 크리스천은 최후 심판에 대한 꿈을 꾸고 두려움으로 떠는 사람을 본다. 해석자의 집에서의 에피소드는 크리스천이 다시 여정을 시작하는 것으로 끝난다.

해설

버니언이 많이 배운 사람이 아닌데 다가 책의 문체가 단순하고 솔직해 보이기 때문에, 많은 이들이 《천로역정》은 읽기 쉬운 책일 것으로 생각한다. 하지만 2장을 읽어나가다 보면 그런 생각은 사라진다. 형식 면에서 생각해 보면 2장은 막간의 사건으로, 1단계와 2단계 여정 사이에 한 집을 방문한 이야기다. 에피소드는 비교적 짤막하지만, 이야기가 앞으로 갔다가 뒤로 갔다 하는 것 같고 무언가의 끝인 동시에 다른 무언가의 시작 같기도 하다. 간단히 말해 이 부분은 이행(移行) 단계다.

---

3) 해석자의 집에서의 마지막 순간들, 즉 "절망의 철창" 및 최후 심판을 두려워하는 남자를 중심으로 한 장면들은 그 이면에 긴 신학적 전통이 있다. 이 전통에 따르면, 죄 중에서도 최악의 죄는 절망이며, 이는 절망이 회개를 거부하며 자기 자신을 완악하게 하는 태도이기 때문이다. 스스로 하나님의 은혜의 영역 밖에 있다고 생각하는 것은 자신을 지옥에 처할 운명으로 만드는 것이다.

한편, 좁은 문을 지나는 것은 크리스천이 안전한 곳 입구를 향해 가는 플롯 첫 번째 단계의 목표다. 하지만 해석자의 집 방문은 크리스천을 재촉해 다음 단계 여정으로 나아가게 하는 것으로 끝난다.

교훈("가르침") 목적을 가진 우화 서사의 관례가 이 에피소드에서 본격적으로 드러난다. 기본 수칙은, 사건이 아무리 흥미진진해도, 즉 너무 흥미진진해서 겉으로 보기에 페이지마다 놀라운 일이 벌어지는 모험담을 읽고 있는 것 같아도, 그 어떤 내용도 교훈적 목적과 동떨어져 존재하지 않는다는 것이다. 그 결과로 나타나는 한 가지 관습은, 누군가가 여행자에게 중요한 정보를 전해 주는 여러 장면을 진지하게 읽어나갈 필요가 있다는 것이다. 하지만 사건들이 이야기 주인공에게만 일어나지는 않는다. 사건은, 크리스천의 여정에 동행하는 우리에게도 일어난다. 끝없이 이어지는 장면들, 크리스천이 쉴 새 없이 만나는 인물들과 짤막한 신앙적 가르침 앞에서 우리도 눈이 어지럽다.

《천로역정》을 읽을 때는 버니언이 선택적 세부 묘사를 하는 부분을 분석해 보는 게 언제나 중요하다. 《천로역정》의 전체적 목적은 그리스도인의 체험의 성격을 설명하려는 것이지만, 우리가 그의 이야기에서 보다시피 버니언은 왜 그 체험의 특정 측면을 선택해서 묘사했을까? 어떤 집을 "해석자의 집"이라 부른다는 점이 많은 것을 말해 준다. 청교도들은 사람들이 기독교의 진리를 파악하는 것에 최우선 순위를 두었다. 우리가 그렇게 기독교의 진리를 파악하려면, 성경과 신학을 정확히 해석할 것이 요구된다. 그래서 순례자가 믿음의 진보를 이뤄나가는 초기 단계에서 버니언이 해석의 중요성을 강조하는 것은 놀라운 일이 아니다.

이 장 여백에 있는 해설은 해석자의 집 방문 때 등장하는 구체적 세부 항목 몇 가지를 설명한다. 그 세부 묘사에서 몇 걸음 뒤로 물러나 큰 그림을 보면 다음과 같은 무언가가 드러난다. 크리스천은 여전히 등에 짐을 지고 있고(죄 및 잃어버린 바 된 상태를 상징하는), 크리스천이 선의에게 자기 짐을 벗어버리게 도와 줄 수 있느냐고 묻자, 선의는 "구원의 장소에" 이를 때까지는 짐을 계속 지고 있어야 한다고 대답한다. 이는 해석자의 집에서 크리스천의 경험을 구성하는 정보와 경고는 모두 구원을 위한 준비와 상관있다는 의미다.

그렇다면 짐을 벗을 수 있기 전에 크리스천은 무엇을 깨우쳐야 할까? 크리스천은 복음의 일꾼들이 설교하는 말씀은 신뢰할 만한 안내자라는 것을 알게 된다. 크리스천은 먼지투성이 방의 교훈을 깨우친다. 즉, 아직 그리스도 안에 있지 않은 사람의 마음은 부패했다는 것, 그리고 율법은 마음을 깨끗하게 할 수 없다는 것이다(마음을 깨끗하게 하는 것은 복음만이 할 수 있는 일이다). 크리스천은 저 너머의 생명에 이르기 위해서는 인내가 요구된다는 것을(욕망과 인내의 에피소드에 구체화되었다시피), 선한 일로는 하나님 나라에 이를 수 없다는 것을, 하나님의 은혜를 받을 가능성에 대한 절망과 최후 심판에 대한 두려움은 사람을 무력하게 해서 천국을 잃게 만든다는 것을 깨닫는다.

묵상과 토론을 위해

　버니언의 절묘한 화술의 진가를 알아보는 한 가지 방법은, 문자 그대로의 측면에서 우리를 사로잡을 뿐만 아니라 영적 현실과 연관되는 장면과 인물을 상상해 내는 그의 창의성을 깊이 생각해 보는 것이다. 이런 분석은 이야기로서의 이야기와 상관있다. 그런 다음에는 연속되는 행동의 단위들이 영적 삶에 관해, 그리고 특히 회심 전 삶의 영적 측면에 관해 무엇을 표현하는지를 분석해 볼 수 있다. 결과적으로 이는 두 가지 경로, 즉 버니언의 묘사와 서로 연관되는 성경의 말씀과 버니언이 묘사하는 현실을 우리가 삶에서 체험하는 방식을 통해 추적해 볼 수 있다.

해석자의 집에서 아름다운 집에 이르는 험난한 여정

줄거리

해석자의 집을 나선 크리스천은 "양쪽에 담이 둘러쳐"진 대로를 따라 걸었는데, 그 "담의 이름은 구원이었다." 이어서 크리스천은 꼭대기에 십자가가 있는 한 언덕에 곧 이른다. 십자가에 다가가자, 크리스천이 등에 짊어지고 다니던 무거운 짐이 벗겨지며 열려 있는 무덤으로 굴러떨어진다.[1] 크리스천은 "기뻐서 세 번이나 펄쩍펄쩍 뛰고는 … 노래했다." 방금 벌어진 일을 마무리하려고 "광채 나는 존재" 셋(천사들일 가능성이 높다)이 크리스천이 겪은 영적 현실을 확증해 주는 말

———

1) 개신교도의 입장에서, 십자가 밑에서 등짐이 벗겨지는 이 사건은 이 생에서 한 사람에게 일어날 수 있는 가장 중요한 일이다. 이 사건은 단 한 번의 처리로 죄 사함을 받는 것으로 이뤄진다. 성경에서도 볼 수 있고 수 세기에 걸친 그리스도인들의 삶에서도 볼 수 있는 회심 사연은 이야기 속 이 순간에 크리스천에게 일어나는 일을 이해하는 훌륭한 배경을 제공한다.

을 한다.[2]

　하지만 밝아 보이던 이다음 구간 여정은 영적 진전의 방해물을 상징하는 일련의 인물들로 시작부터 반전을 맞는다. 크리스천이 "첫 파도"로 만나게 되는 이 인물들은 단순(Simple), 늘보(Sloth), 건방(Presumption), 형식주의자(Formalist), 위선(Hypocrisy)이다.[3] 영적 삶에서 이런 성향들이 상징하는 위험을 강조하려고 크리스천은 고생산

---

2) 《천로역정》에서 버니언은 영적 현실을 물질적 이미지나 상황에 투사하는 방식을 쓴다. 가장 단순하고 가장 여러 번 등장하는 사례는 버니언이 주요 등장인물로 내세우는, 의인화된 추상 개념이다. 하지만 영적 현실을 나타내는 그 외의 상징들도 많다. 예를 들어 죄는 무거운 짐으로 상징되고, 죄 사함은 그 짐을 벗어 버리는 것으로 상징된다. 버니언이 묘사하는 중요한 상징은 대개 평범한 사람들의 상상뿐만 아니라 성경에 뿌리를 두고 있다. 이런 상징을 탐구하는 데 없어서는 안 되는 자료는 《성경의 비유적 표현 사전》(*Dictionary of Biblical Imagery*)이란 중요한 참고서다(더 많은 자료에 대해서는 508~509쪽을 보라). 이 책에서 죄와 죄 사함에 관한 항목은 버니언이 죄와 죄 사함을 묘사하기 위해 고른 이미지들이 어떤 성경적 배경을 가졌는지에 대해 유익한 자료를 제공한다.

3) 형식주의자와 위선은 버니언의 청교도 체험에 뿌리를 둔 인물들이다. 이 두 단어(혹은 '위선자'라는 변형)는 사실은 그리스도를 구주로 믿지 않으면서 교회에 출석하고 기도문을 암송하는 등 그리스도인의 삶의 겉모양만 보여주는 사람들을 가리키기 위해 청교도들이 쓰는 단어였다.

(Hill Difficulty)으로 간다.[4] 크리스천은 기를 쓰고 산꼭대기로 올라감으로써 그리스도인다운 삶을 열심히 추구하는 모습을 보여 주고, 이어서 새로운 위험이 그의 앞에 닥치는데, 이번에도 의인화된 속성들이 이 위험을 상징한다. 그들은 바로 소심(Timorous)과 의심(Mistrust)이다.

또 한 번의 악몽 체험은, 크리스천이 잠을 자다가 "광채 나는 존재" 셋 중 하나가 준 두루마리(봉인된 종이, 천국에 입장할 수 있는 자격 증명서)를 잃어버렸음을 깨닫는다는 것이다. 그래서 크리스천은 왔던 길을 되돌아가 두루마리를 되찾고 걸음을 재촉한다. 크리스천이 마침내 아름다운 집에 이르자 문지기가 그를 들여보내 준다.

____

4) 버니언이 창작해 낸 수많은 세세한 장면들은 문학적 원형의 영역에 속한다. 즉 문학 작품에 자주 등장하는, 문학적 상상의 주된 이미지들이다. 이 보편적 패턴은 문학 작품뿐만 아니라 삶에서도 재현되지만, 문학에서 이 패턴은 우리가 즉각 알아볼 수 있는 방식으로 윤곽이 드러난다. 고생산이 그런 이미지 중의 하나다. 밀턴의 소네트 9번은 고결한 젊은 여성을 찬미하여 쓰였는데, 고생산 모티프로 시작하는 이 작품은 《천로역정》의 이 에피소드와 병행하여 읽을 수 있는 훌륭한 읽을거리가 되어 준다. 생각나는 다른 좋은 예가 또 있는가?

해설

크리스천의 여정에서 이 구간은 매우 중요하지만, 그에 걸맞지 않게 이 구간에 주어진 공간은 얼마 되지 않는다. 십자가 밑에서 죄의 짐을 벗은 것은 《천로역정》 전반부의 가장 중요한 사건 두 가지 중 하나다(다른 하나는 크리스천이 천국에 들어가는 것이다). 여태까지 크리스천에게 닥친 영적 진보의 장애물들이 회심 전 삶의 모습을 그렸지만, 지금 발생한 장애물은 그리스도인다운 삶으로 회심한 사람의 영적 진보를 방해하는 것들을 가리킨다.

여행담이라는 면에서, 이 에피소드에 등장하는 물리적 사건들은 목적지에 이르고자 하는 사람에게 하나의 위협이다. 그렇게 보면, 이 장에서 일어나는 사건들은 여행자라면 누구에게나 닥치는 일들과 비슷하다. 정신을 산만하게 만드는 인물들, 바람직하지 않은 조언을 하는 사람들, 여행에 따르는 물리적 시련들, 잠자느라 시간을 허비하는 것, 여권을 잃어버리고 이를 찾으려고 왔던 길을 되돌아가는 것 등 말이다. 이런 면에서 이 단원은 버니언이 그리는 악몽 구간 중 하나다.

물론 이 두 번째 구간의 여정은 영적인 차원에서 전개된다. 이 단원에서 크리스천이 만나는 모든 사람과 그가 겪는 물리적 난관은 그리스도인들의 영적 행보 앞에 닥치는 유혹을 가리키는 것으로 보아야 한다.

풍유와 관련해 버니언의 의도는 어떤 그리스도인의 삶에든 닥칠 수 있는 영적 성장의 방해물 그 참모습을 우리에게 그려 보이려는 것이다. 세부적인 내용 중 특히 어떤 것에 공감하는가? 크리스천의 회심 직후 모습은 내가 아는 다른 사람들의 경험과 어떻게 비슷한가? 버니언은 왜 그 풍유적 이름이 상징하는 특정한 영적 악을 골라서 묘사했을까? 버니언이 의인화한 악덕에는 실생활의 어떤 체험이나 관측이 구현되어 있는가?

아름다운 집

줄거리

앞 장은 크리스천이 잠에서 깨어나 다시 길을 가다가, 두루마리를 잃어버린 것을 깨닫고 왔던 길을 되돌아가(시간을 낭비하며) 두루마리를 되찾은 뒤, 먹이를 찾는 짐승들에게 공격당할 염려가 있음에도 어둠으로 들어가는 것으로 끝난다. 심지어 사자 두 마리가 크리스천을 향해 으르렁거리는 소리까지 들린다.[1] 그러나 그때 돌연 크리스천은 아주 장엄한 궁전이 눈앞에 서 있는 것을 보는데, 궁전의 이름은 "아

---

1) 크리스천이 아름다운 집에 도착하기 직전 위험한 여정의 구체적 내용은, 사자 두 마리가 으르렁거리고 있는데 사실 이 사자들은 사슬에 묶여 있었다는 것이다(어두워서 크리스천이 이를 알아보지는 못하지만). 문학가들의 사자 해석은, 풍유적 이야기를 다룰 때 허용되는 해석의 범위가 어디까지인지를 시사한다. 어떤 편집자는 사자가 "세상의 악한 사람들"을 말한다는 일반적 의미에 만족한다. 이런 해석의 반대편 끝에는 사자 두 마리가 비국교도(청교도)에 대한 민간[정부]과 교회[잉글랜드 국교회] 당국의 박해, 버니언이 《천로역정》 집필을 마칠 때쯤 완화된 박해(그래서 사자는 사슬에 묶인 상태로 묘사된다)를 상징한다는 견해가 있다.

름다움"이었다. 지킴이(Watchful)라는 이름의 문지기가 용기를 내서 집으로 다가오라고 고함을 지르자, 크리스천은 서둘러 궁전 문으로 나아간다.

크리스천이 집 안으로 들어선 후 문지기는 그를 신중(Discretion)이란 처녀에게 넘겨준다. 그 후 궁전에 사는 세 처녀가 주요 역할을 맡는다. 이들의 이름은 경건(Piety), 분별(Prudence), 자애(Charity)다. 도착한 날 밤, 크리스천과 의인화된 이 세 인물과의 대화가 이야기를 이끌어간다.[2] 대화 중에 크리스천은 지금까지의 여정을 요약해서 들려주고, 그 결과 우리는 이 이야기에서 같은 사건을 두 번 경험하게 된다. 대화의 두 번째 구성요소는 세 자매가 크리스천에게 한 영적 체험이나 삶(가정생활을 포함해)에 관해 던지는 질문이다.[3]

다음 날 아침은 크리스천을 가르치는 일에 할애된다. 이들은 크

---

2) 아름다운 집에서의 에피소드 같은 매우 풍유적인 교훈 장면에서도 버니언은 자신이 여행기를 쓰고 있다는 사실을 잊지 않는다. 그에 따라 도착, 환대, 식사, 대화, 휴식, 그리고 다시 출발이라는 의례에 주의를 기울여서 공들여 묘사한다.

3) 버니언이 어떤 일정한 세부 묘사에서 명시적으로나 암시적으로 언급하는 성경 구절을 찾아보는 것도 언제나 도움이 된다. 이 성경 구절들은 이야기를 구성해 나가는 과정에서 버니언이 무엇을 머릿속에 그리는지 알 수 있게 해 주고, 세부 묘사가 초점을 잃지 않으면서 깊이를 더하게 해준다.

리스천에게 "그 집의 기록물"을 읽어 주어 믿음의 영웅들에 대해 알려 준다. 같은 맥락에서, 크리스천은 그 집의 병기 창고를 방문해 믿음의 영웅들이 어떤 무기를 가지고 하나님을 위해 큰일을 이루었는지를 알게 된다. 자매들이 한사코 멀리 있는 유쾌한 산(Delectable Mountains)을 보여 주겠다고 해서 크리스천의 궁전 체류가 연장된다. 신중, 경건, 자애, 분별이 계곡 가장자리의 집에서 나와 멀리까지 크리스천을 배웅하면서 궁전 방문은 마침내 마무리된다.

해설

이야기의 리듬이 이제 제대로 자리를 잡았는데, 이는 호메로스의 《오디세이아》와 에드먼드 스펜서의 《요정 여왕》(Faerie Queene)에서부터 C. S. 루이스의 《나니아 연대기》와 톨킨의 《반지의 제왕》에 이르기까지, 여행기의 보편적 패턴이다. 이 리듬은 경로를 따라 여정이 이어지다가 대개 어떤 집이나 왕궁이나 성 같은 곳에서 잠시 휴식하는, 예측할 수 있는 움직임이 반복되는 것을 말한다. 여행자는 이야기 초반에 도착하고 끝부분에서 다시 길을 떠나며, 그사이에 그 일시적 거처에 잠시 머문다. 여기서 주된 활동은 고단한 여행자가 원기를 회복하여 심신을 새롭게 하고, 여행지는 물론 독자에게도 똑같이 어떤 교훈이 주어지는 것이다. 이 중 두 번째 특징은, 교훈을 주려는 작가의 목적이 이야기에 군데군데 산재된 이 막간의 시간에 아주 명백히 드러난다는 의미다. 버니언은 세 자매가 "시간을 최대한 활용하려고" 저녁 식사 전에 크리스천과 대화를 나눈다는 말로 이를 암시한다.

크리스천뿐만 아니라 독자인 우리에게 이 아름다운 집 방문이 주는 교훈은 신중, 경건, 분별, 자애라는 인물들의 이름에서 일부 찾아볼 수 있다. 이들은 그리스도인다운 삶의 필수적 덕목이라는 것을 우리는 자연스럽게 알게 된다. 마찬가지로 크리스천이 다시 시작한 여정도 그리스도인다운 삶의 어떤 측면, 특히 순례자의 여정을 위협하는 함정들을 강조하는 역할을 한다. 우리는 믿음의 영웅들에 관해서 받은 정보(기록물들과 병기 창고)를 통해 그리스도인다운 삶에 대해 더 많이 알게 된다. 마지막으로, 임마누엘의 땅에 있는 유쾌한 산을 얼핏이나마 보게 되면 순례자는 물론 우리 또한 그리스도인다운 삶의 목표를 떠올리게 된다.

이 에피소드에는 사회적 차원도 있다. 먼저 이 장면에서 여성들의 역할이 두드러진다는 점에 주목해야 한다. 이 집을 지역 교회와 그리스도인 공동체로 보면 이들의 존재가 자연스러워 보인다. 여인들의 이름은 그리스도인들 간의 교제에서 우리가 어떤 식으로 새롭게 되어야 하는지 그 구체적 유형을 보여 주는 그림이다.[4] 이 청교도적 분위기는, 으르렁거리지만 사슬에 묶여 있는 것으로 밝혀진 사자 두 마리로 더 강화된다. 이 사자들은 정부의 권위 및 버니언 자신 같은 비국교도(청교도) 그리스도인들에 대한 잉글랜드 국교회의 진절머리 나는 간섭을 상징할 수 있다.

묵상과 토론을 위해

여정 중의 에피소드는 영적 삶에 관한 상징과 짝을 이루어 모험의 즐거움을 배가시켜 주는 데 반해, 길을 가다가 군데군데 쉴 수 있는 곳(대개는 어떤 유형의 집들)을 찾는 것은 비교적 일차원적이다. 아름다운 집 방문을 통해 여정을 진척시키는 광경에 처음부터 끝까지 배어 있는 질문은 '이런 다양한 세부 묘사에서 우리는 그리스도인다운 삶에 관해 무엇을 배우는가?'이다. 이어서 버니언이 구체적으로 설명하는 세부 내용은 그리스도인다운 삶의 본질을 통찰하고 이를 표현하는 도구 역할을 하는데, 이 세부 설명이 구체적일 뿐만 아니라 다양하기도 하다는 점에서 우리는 작가로서의 그의 역량을 탐색할 수 있다. 추가적으로, 버니언이 그리스도인다운 삶에서 어떤 측면을 골라서 이야기에 포함했는지 생각해 볼 때 뭔가 놀라운 점이 있는가?

---

4) 여행자가 쉼터에 도착하면, 그곳 주인을 위해 그 시점까지의 자기 사연을 들려주는 것이 여행 이야기의 관례다. 예를 들어 오디세우스는 파이아케스에 머무는 동안 자신의 모험담을 풀어 놓는다. 하지만 이 경우, 아름다운 집의 여인들이 크리스천의 영적 순례에 관해 하는 질문에는 그 이상의 무언가가 진행되고 있다. 이 정황에는 영적 자기 검토(자신의 영적 상태를 찬찬히 살피기)와 그리스도인들 간의 의논(영적인 일들에 관해 동료 그리스도인들과 나누는 대화)이라는 청교도의 관습이 포함된다.

책 속의 책 릴랜드 라이큰의 《천로역정 가이드》

굴욕과 사망의 그늘의 골짜기

줄거리

아름다운 집에서의 장기 체류 뒤 여정이 다시 시작될 때 버니언은 아볼루온이란 괴물과의 본격 서사시 유형 전투 광경을 묘사해 보인다.[1] 이 에피소드는 픽션에 등장하는 전투 중 최고의 단일한 전투 장면이라고 꼽힐 만하다. 이 장면에는 적(여기서는 괴물)에 대한 물리적 공포, 도전과 모욕을 주고받기, 물리적 전투에 대한 세세한 설명, 두 전투자 사이에 기세가 오르락내리락하는 모습, 양측의 포효, 악한이 마침내 부상하는 모습, 승리에 감사하는 전장(戰場) 등 서사시의 통상적 모티프가 다 등장한다.

———

1) 이 장은 공포물 장르에 속한다는 것을 처음부터 바로 이해할 필요가 있다. 겉으로 보기에 버니언은 문학비평가들이 말하는 '공포를 위한 구상'을 중심으로 이야기를 구축하는데, 이는 크리스천이 맞닥뜨리는 무서운 일들을 우리가 상상으로 다시 체험해 보기를 버니언이 바란다는 뜻이다. 고대 영어로 쓰인 서사시 《베오울프》에서 베오울프가 세 괴물을 상대로 싸움을 벌이는 이야기는 이 장을 제대로 음미하기 위한 훌륭한 병행 독서가 될 수 있다.

　　하지만 아볼루온과의 전투는 이 장에 등장하는 두 가지의 공포스러운 장면 중 하나일 뿐이다.[2] 버니언은 크리스천이 "속편"에서 "아볼루온과 싸울 때보다 더 심한 어려움을 겪었다"라고 한다. 이는 크리스천이 사망의 음침한 골짜기라고 하는 곳을 통과한 것을 말한다. 이 곳은 지옥으로 통하는 입구까지 있는, 전형적으로 악한 곳이다. 크리스천은 화염이 타오르고, 끔찍한 소음이 들리고, 마귀 떼가 자신에게 달려드는 그런 공포스러운 곳을 통과한다. 크리스천은 성경의 약속에서 위로받으며, 날이 밝자 "홀로 가는 길의 그 모든 위험에서" 구출되었음을 깨닫는다. 골짜기 끝에서 순례자는 "사람들의 피, 뼈, 재,

———————

2) 괴물의 이름은 아볼루온이다. 이는 '파괴자'를 뜻하는 그리스어 단어이며, 이 이름을 가진 자가 무저갱의 왕임을 요한계시록 9장 11절에서 확인할 수 있다. 버니언이 묘사하는 무시무시한 괴물은 그가 익히 아는 중세 기사 모험담, 욥기 41장의 리워야단 및 요한계시록의 다양한 괴물들에 대한 묘사를 포함해 성경 여러 부분에서 볼 수 있는 세부 묘사를 합성한 것이다.

3) 작가가 특정 성경 구절을 바탕으로 어떤 에피소드를 설계할 때, 문학 비평가들은 성경이 '서브 텍스트' 기능을 하면서 작가의 창작품 속에 존재한다고 말한다. 사망의 음침한 골짜기를 통과히는 크리스천의 모습을 그려내는 버니언의 이야기에는 시편 23편이 서브 텍스트 역할을 하는 게 틀림없다. 텍스트 간의 상응(相應)을 이해하는 것이 이 에피소드에 접근하는 바람직한 방식이다.

토막난 시체" 더미뿐만 아니라 "옛날에 교황과 이교도 두 거인이 살던" 동굴을 발견한다. 골짜기에서 올라오던 크리스천은 믿음이라는 동료 여행자를 만난다.

해설

순수한 이야기의 차원에서 이 두 에피소드는 버니언의 가장 독창적인 창작물에 속한다. 이 두 에피소드는 최고의 서사시이자 낭만적 모험담으로 자리매김하며[3], '판타지'로 알려진 문학 장르의 승리다. 버니언이 이 장을 써나갈 때 요한계시록이 그의 상상에 영향을 준 것이 틀림없다. 사망의 음침한 골짜기[4]를 지나는 여정 또한 한편으로 "칠흑같이 어두운" 곳과 "깊은 도랑"이 있는 길, 그리고 또 한편으로 "매우 위험한" 늪 혹은 수렁[5] 같은 전형적 세부 묘사로 가득해 긴장이

———————

4) 단테의 《신곡》 중 '연옥' 편을 잘 아는 사람이라면, 순례자가 지옥을 통과하는 여정을 그려내는 단테의 이야기와 크리스천이 사망의 음침한 골짜기를 지나는 여정 사이에 유사점이 있음을 발견할 것이다. 버니언이 단테를 읽었을 리는 없지만, 이 안내서에서 이미 언급했다시피 영적인 악의 영역을 통과하는 여정 같은 문학 장르의 전통은 한 작가가 또 한 작가에게 끼치는 영향과 전혀 별개로 존재한다. 단테가 그려낸 이야기를 익히 알면, 버니언의 작품 이 장에서 보게 되는 장면에 유익한 길잡이가 될 수 있다.

고조된다. 이 장에 등장하는 이런 모험은 괴물과 위험 앞에서 어린 아이처럼 솔직하게 무서워하는 모습을 요구한다. C. S. 루이스가 에드먼드 스펜서의 풍유시 《요정 여왕》에 대해 논평했던 말은 《천로역정》에도 똑같이 적용된다. 즉, 이런 이야기는 이중적 반응을 요구하는데, 하나는 어린아이 같은 태도이고 또 하나는 세부 묘사의 풍유적 의미를 파악할 수 있는 고도로 세련되고 능력 있는 태도다.

풍유의 차원에서 우리 앞에는 성경이 "정사와 권세"라고 부르는 악의 힘이 어떤 모습인지 그려진다. 수다쟁이와 소심이라 불리는 사람들이 상징하는, 그리스도인의 믿음을 훼방하는 비교적 교묘한 장애물들은 이 거대한 위협에 비교하면 다소 무기력해 보인다. 이 장에서 크리스천이 통과하는 위험은 인간 차원의 위험을 넘어선다.

---

5) 생명으로 이어지는 좁은 길 한쪽 편의 도랑과 또 한편에 있는 수렁(늪)에 특정한 상징적 의미를 부여하고자 한다면, 첫 번째의 도랑은 신학적 오류를 말하고, 두 번째의 수렁은 육신의 죄(부도덕하게 육체의 욕구에 탐닉하기)를 말하는 것으로 여기는 게 안전할 것이다. 교황과 이교도라고 하는 두 거인은 멸망으로 이어지는 교리적 이단을 상징한다.

묵상과 토론을 위해

이야기 면에서 이 장의 두 에피소드를 제대로 감상하려면 고전적 서사시와 중세의 모험담, 그리고 C. S. 루이스와 톨킨의 소설에서 이와 유사한 이야기들을 떠올려 보는 게 좋다. 같은 문학 장르에서 몇 가지 병행 구절들을 읽어 본다면, 버니언의 성취가 더 크게 다가올 것이다. 그런 다음에는 모험담의 실제적 세부 묘사와, 한 사람의 영적 삶에 닥치는 위험 및 그 위험을 극복하는 수단에 관해 버니언이 하는 말 사이의 상관관계를 도출해 낼 필요가 있다.

믿음과 함께 가는 길에서

줄거리

사망의 음침한 골짜기를 빠져나가면서 크리스천은 믿음(Faithful)이란 옛 지인을 만나는데, 독자인 우리에게는 새로운 인물이다. 믿음은 크리스천과 같은 동네(멸망의 도시) 출신이다. 6, 7장은 뚜렷이 구별되는 두 부분으로 나뉘어 전개된다.

전반부는 주로 믿음이 발언하는 긴 대화로 이뤄진다. 먼저 믿음은 크리스천이 순례에 나선 후 멸망의 도시에 어떤 일이 있었는지를 자세히 이야기한다.[1] 주된 사건은 팔랑귀가 천상의 도시를 향해 가다가 도중에서 고향으로 돌아온 후 조롱을 당한 일이었다. 이어서 믿음은 고향을 떠나 현재 순간에 이르기까지 자신의 여정을 상세히 이야기한다. 가장 흥미로운 부분은 탕녀(Wanton)라는 헤픈 여자와 고생산 밑의 첫 아담이라는 남자의 손아귀에서 간신히 빠져나온 일이었다.[2] 전에 크리스천이 그랬던 것처럼 믿음도 잠이 들었다가 두루마리를 잃어버렸다고 했다. 물론 믿음도 굴욕의 골짜기를 지나왔고, 나름의 유혹을 견뎌냈다(특히 수치(Shame) 라는 인물이 제시하는 유혹). 대화는 크리스천이 사망의 음침한 골짜기에서 겪은 일을 간략하게 이야기하는 것으로 끝난다.

이 긴 회상 장면 후 후반부에서는 크리스천과 믿음의 이후 여정으로 초점이 옮겨간다. 두 사람의 첫 만남에는 수다쟁이가 함께 있다. 수다쟁이가 누구인지 모르는 믿음은 그에게 함께 가자고 청하는 실수를 저지른다. 믿음이 잘한 것은, 수다쟁이가 신앙에 관한 주제라면 무슨 이야기든 할 수 있는 사람이고 진정한 영적 체험보다는 말이 앞서는 사람이라는 것을 곧 알아차린다는 것이다. 믿음과의 은밀한 대

---

1) 버니언은 《천로역정》 1부에서 개인주의적 구원 개념을 주장한다고 이따금 비난받으며, 또 일부 독자들은 크리스천이 가족을 두고 떠나는 광경을 못마땅해한다. 하지만 《천로역정》은 이야기의 큰 줄거리가 본질상 영적인 성격을 띠는 풍유적 작품이다. 버니언이 말하고자 하는 것은, 모든 영혼 하나하나가 다 구원받아야 한다는 것이다. '외톨이'표 기독교를 신봉한다는 오해가 있을 수 있자 이를 불식시키려고 버니언은 주인공을 지지하는 동료 그리스도인을 상징하는 여행 친구들을 이야기 속으로 끌어들인다. 믿음은 그런 동행 중 한 사람으로, 크리스천의 순례 여행에 공공의 측면을 제공한다.

2) 고생산 아래서 믿음이 만난 첫째 아담이라는 인물은 신학적 의미가 담긴 상징이다. 이는 첫째 아담 안에서 모두가 타락했고 둘째 아담(그리스도)을 통해 사람들이 구원받는다는 신약성경의 설명에 바탕을 두고 있다. 첫째 아담은 인간의 공로를 통해 구원을 얻으려는 헛된 시도를 나타낸다. 이와 함께 읽으면 좋은 성경 구절로는 로마서 5장 12~21절과 고린도전서 15장 21~22절이 있다.

화에서 크리스천은 수다쟁이를 길게 비난하고, 그리스도인다운 삶을 살지 않고 말로만 그 삶을 이야기하는 위험에 관해 긴 논의가 이어진다. 크리스천과 믿음은 이렇게 "따로" 이야기를 나눈 뒤 다시 수다쟁이와 함께 걸으면서 여러 가지 신앙적 문제를 주제로 토론한다. 수다쟁이는 진정한 경건 면에서 자신의 밑천이 드러났다는 것을 마침내 깨닫게 되고, 그래서 크리스천과 믿음 두 사람과 헤어진다.

전도자가 뜻밖에도 이야기에 다시 등장할 때 우리는 두 순례자와 함께 안도감을 느낀다. 전도자는 끝까지 견디며 천상의 도시까지 가라고 두 순례자의 사기를 북돋아 준다. 또한 전도자는 앞으로 만날 위험에 대해서도 경고한다.

해설

이 지점에 이르기까지 이 이야기의 교훈적인 장면은 주로 크리스천이 중간중간 시간을 보낸 집에서 있었던 일들이다. 그런데 이 장에서 두 여행자가 길을 따라가면서 나누는 긴 대화 구간에는 행동과 교훈이 혼합되어 있다.

C. S. 루이스는 자신의 책 《시편 사색》(*Reflections on the Psalms*, 홍성사 역간)에서 예술의 본질적 원리를 주제와 변주라고 정의한다. 같은 것을 다르게 표현한다는 것이다. 이는 믿음이 멸망의 도시를 나와 굴욕의 골짜기를 지나온 과정을 이야기하는 서두의 회상 장면에서 작

동하는 전제다. 믿음은 크리스천이 앞서 지나간 곳을 통과하지만, 그중 몇 곳은 우회해서 가기도 한다. 믿음이 자기 이야기를 들려 줄 때 우리는 크리스천의 경험과 일부 비슷하되 어떤 면에서는 크리스천의 경험과 전혀 다른 광경을 점차 짜 맞추어 간다.

예를 들어, 믿음은 낙심의 늪은 그럭저럭 쉽게 빠져나왔지만, 좁은 문으로 가는 길에 탕녀라는 여인이 그를 성가시게 했다. 믿음은 크리스천을 향해 으르렁거렸던 사자들 앞을 잘 지나갔지만(사자들은 이번에는 잠자고 있었다), 크리스천과 대조적으로 아름다운 집 앞에서도 가던 길을 멈추지 않았다. 왜냐하면 그곳에 낮에 도착했기 때문이다. 굴욕의 골짜기에서 믿음이 마주친 공포는 크리스천이 그곳에서 견뎌 낸 공포와 전혀 달랐다. 가장 주의를 산만하게 한 것은 수치(Shame)라는 인물이었는데, 그는 영적 실패에 대한 수치심을 자극해 일시적으로 믿음을 맥 빠지게 했다. 요약하자면, 믿음은 크리스천의 여정에 상응하는 자신의 여정을 이야기하면서 그와 동시에 그 둘 사이의 차이점에 관해서도 이야기하고 있으므로 이를 들을 때 우리는 정신을 바짝 차리고 있어야 한다.

7장으로 넘어가면서 이야기의 방향이 바뀐다. 과거 시제로 진행되던 지난 여행 이야기를 뒤로 하고 이제 우리는 현재 순간에 몰두하게 된다. 이 구간 여정의 주요 구성 요소는 수다쟁이라는 풍유적 인물이 제공한다.[3] 어느 면에서 수다쟁이는 사람을 풍자적으로 조롱하고 꾸짖는 익살스런 유형으로, 살면서 우리 모두가 만나 본 적 있는 사회

3) 놀랍게 여겨지겠지만, 수다쟁이의 모습은 회심 전의 버니언이 어떠했는지 보여 주는 자화상일 수 있다. 버니언은 자전적(自傳的) 작품 《죄인의 괴수에게 넘치는 은혜》(CH북스 역간)에서 그 이야기를 한다. 어느 날 버니언은 길을 가다가 "하나님의 일에 관해 이야기하는" 네 여인 옆을 지나게 되었다. "신앙 문제에 관해서… 입담꾼이었던 나는 여인들이 뭐라고 말하는지 들으려고 가까이 다가갔다. 그런데 듣기는 들었는데 이해하지는 못했다고 말해야 할 것이다." 여인들이 "새로운 탄생, 하나님이 자신들의 마음속에서 이루시는 역사"에 관해 하는 말을 듣고 버니언은 자신이 그리스도인의 삶에 관해 얼마나 아는 게 없는지 깨달았다. 이 에피소드에 등장하는 수다쟁이라는 인물에게서 이런 모습을 볼 수 있다.

4) 《천로역정》은 너무도 진지한 책이기 때문에 익살스러운 요소가 잠재되어 있다가 이따금 표면에 떠오르는 것을 간과하기 쉽다. 익살은 주로 버니언이 그리는 풍유적 인물 속에 숨어 있다. 수다쟁이는 익살스러운 유형에다가 풍자적 초상이다(어리석은 사람을 조롱한다는 의미에서의 풍자). 수다쟁이는 우리가 다 알고 있는 사회적 병폐로, 쉼 없이 입을 놀려서 다른 사람을 감동하게 하는 게 아니라 주로 자기 자신이 감동하는 사람이다. 버니언은 수다쟁이를 달변(Say-well)의 아들이요 말 많은 거리(Prating Row-"공론의 거리"와 똑같은)에 사는 사람으로 그림으로써 해학(諧謔)을 배가시킨다. 버니언의 독창성은 이런 익살스러운 사회적 유형을 크리스천의 영적 순례라는 맥락 속에 집어넣음으로써 피상적 대화가 영적 삶에 얼마나 방해가 될 수 있는지 생각하게 만든다는 데 있다.

적 병폐다.[4] 하지만 《천로역정》에서 늘 그렇듯이 어떤 행동의 문자적이고 사회적인 면은 영적인 면까지 구체화해서 보여 준다. 우리 시대 표현을 쓰자면, 수다쟁이는 말만 번지르르 할 뿐 행동은 하지 않는다. 수다쟁이는 신앙적인 일에 아주 관심이 많으며 그 일들에 관해 막연하게 말은 할 수 있다. 하지만 앞서 등장한 인물인 형식주의자와 마찬가지로 수다쟁이는 그리스도 안에 있는 새 생명을 전혀 모르는 사람이다. 수다쟁이의 모든 경험은 마음으로 아는 지식이 아니라 머리로 아는 지식이다. 크리스천과 믿음 두 사람 모두에게 수다쟁이는 심히 정신을 산만하게 하는 존재다.

이 장 끝에 전도자가 다시 등장하면서 신선한 공기를 호흡하게 된다. 전도자는 그리스도인의 삶에 관해 분별력을 제공해 주는, 마르지 않는 샘이다. 버니언이 이 지점에서 전도자를 다시 등장시키는 것은 순례자들에게(그리고 독자인 우리에게) 이 여정의 목표를 일깨우기 위해서다. 따라서 전도자는 여정이 끝날 때까지 참고 버티는 이들에게 약속된 상급을 명확히 그려 보여 준다. 또한 전도자는 이윽고 나타날 허영이라는 동네에 관해 불길한 경고도 한다.

묵상과 토론을 위해

《천로역정》에서는 이름이 늘 중요하며, 그래서 이름 분석은 이 장뿐만 아니라 다른 어느 장에서든 유익한 작업이다. 여기서 이름은 인물과 장소 모두를 포괄한다. 이름 자체에 상징적 의미가 있으며, 그리스도인의 삶에 관한 해설이다. 그렇다면 그 의미와 해설은 무엇인가? 좀 더 구체적으로, 천상의 도시를 추구하는 그리스도인에게는 무엇이 장애물이고 무엇이 주의를 산만하게 하는가? 전체적으로, 이 장에서 우리는 그리스도인의 삶에 관해 무엇을 배우는가?

허영 시장

줄거리

크리스천과 믿음과 수다쟁이 사이의 긴 대화는 책 속에서 "광야"라고 일컫는 곳을 지나는 길에서 이뤄졌다. 앞 장에서는 다음번 걸음을 멈추는 곳이 허영(Vanity)이란 동네일 거라고 이미 우리에게 경계시켰는데, 이 동네에는 일 년 내내 허영 시장(Vanity Fair)이란 장이 섰다.[1] 이곳에 대한 별로 좋지 않은 느낌은 크리스천과 믿음이 이곳에 도착하자 즉시 확인된다.

허영 시장은 값싸고 겉만 번지르르한 사람들과 물건과 행동이 있는 곳이다.[2] 순례자들이 이곳에 도착하자 이들의 차림새, 이들이 쓰

---

1) 《천로역정》은 판타지라는 문학 장르에 속하지만(겉으로 드러나는 대부분의 세부 묘사가 우리가 일상의 세계에서 접하는 일들이 아니기에), 그럼에도 이 책에는 한 세기 후 소설의 등장을 예견하는 몇 가지 특질들이 있다. 이 소설적 기법을 구성하는 것은 문학적 사실주의 혹은 현실과의 유사성(lifelikeness)이다. 허영 시장이 버니언이 실제로 알고 있던 지역 시장을 모델로 한다는 것은 잘 알려진 사실이다.

는 말, 시장에서 파는 상품에 전혀 관심 없는 태도 때문에 곧 주민들의 이목이 쏠린다. 동네 주민들과 시장의 상인들은 누구라도 자신들의 가치관과 생활 방식에 순응하기를 기대하기에 나그네들의 이런 태도는 곧 문제가 된다. 크리스천과 믿음은 처음에는 조롱당하다가 이내 두들겨 맞고, 급기야 옥에 갇힌다. 두 사람이 매우 본이 될 만한 방식으로 처신하자 마을 사람 몇몇이 이들을 가련히 여기기 시작하고, 그리하여 허영 성읍에 분열이 생긴다.

이 모든 사태의 결과로 크리스천과 믿음은 결국 공식 재판을 받게 된다. 두 사람을 고발하는 이들은 시기(Envy)와 미신(Superstition) 같은, 풍유적으로 의인화된 사람들이다. 배심원들도 똑같이 비열하다 (불량 씨 Mr. No-good, 악의 씨 Mr. Malice, 무자비 씨 Mr. Cruelty 등과 같이). 이 악한 법정의 재판장은 선 싫어 경(Lord Hate-good)이다. 믿음은 유죄 판결을 받고 처형당하고, 신성한 마차가 그를 천상의 도시로 실어

———————

2) 이야기 속 사건의 사실주의에 대한 부연으로서, 우리는 허영 시장 에피소드에서 버니언이 사회 비평 혹은 사회 비판을 하고 있다고 말할 수 있다. 이는 버니언이 비판적 시점에서 당대 사회의 현실을 그린다는 뜻이다. 그렇게 사회를 비평하는 데 쓰이는 문학적 장치는 풍자(인간의 악덕이나 어리석음을 폭로하는 것)이다. 버니언이 공격의 대상을 나타내는 용어로 고른 것은 허영(vanity)이며, 책 속의 맥락에서 이는 헛됨(emptiness)을 의미한다. 이 표현의 출처는 아마 전도서의 유명한 구절 "헛되고 헛되니 모든 것이 헛되도다"(전 1:2)일 것이다.

간다. "만사를 지배하시는 이"라는 이름표가 붙은 섭리(Providence)가 크리스천의 상황에 개입하고, 그 결과 크리스천은 허영 성읍을 빠져나온다.

순교한 믿음[3] 대신 소망(Hopeful)이 곧 크리스천과 동행하게 되고, 두 사람은 다시 길을 나선다. 지금까지 우리에게 익숙한 방식에 따라 두 사람은 사심(By-ends)[4]이란 인물을 만나는데, 감언(Fair-speech)이란 곳에서 온 사심은 변절 경(Lord Turn-about)과 두 인생 살기 씨(Mr. Facing-both-ways) 같은 사람들과의 친분을 자랑한다. 사심 씨는 신앙 좋은 사람을 자처하지만, 그의 신앙은 태평한 신앙이다. 그래서 그는 크리스천과 소망 뒤에 처져서 세상을 내 품에 씨(Mr. Hold-the-world)와 돈 사랑 씨(Mr. Money-love) 같은 친구들을 만난다. 이야기는 이들 무리와 이들이 부자들의 신앙에 관해 나누는 대화로 잠시 초점을 옮긴다.

이와 관련된 두 가지 사건으로 8~9장은 마무리된다. 돈을 사랑하

---

3) 믿음이 처형당한 일은 틀림없이 큰 충격으로 다가올 것이다. 그리스도인들에 대한 세상의 적대가 정말 그 정도로 극심한가? 오늘날까지의 역사를 통해서 보면, 정확히 그 정도로 극심할 때가 종종 있었다. 버니언이 그린 이 가공의 인물은 믿음 때문에 목숨을 잃은 순교자들의 긴 행렬에서 버니언을 대신하고 있다. 문학 장르상 이 에피소드는 "순교록"(martyrology, 순교자들의 이야기)에 속한다. 잉글랜드의 문헌 사료에서 이 장르에 속하는 가장 유명한 책은 버니언 자신도 갖고 있었던 책이다. 이 책은 16세기에 쓰였으며, 《순교자 열전》(Foxe's Book of Martyrs, 포이에마 역간)으로 잘 알려져 있다.

는 사람들로 이뤄진 이들 무리는 크리스천과 소망을 불러 걸음을 멈추게 하고는, 신앙은 원래 이득이 있어야 하는 것이라고 이 두 여행자에게 주장한다. 크리스천은 이 주장을 길게 반박한다. 다음으로, 돈을 경배하는 이들을 뒤로하고 떠난 크리스천과 소망은 "안락(Ease)이란 부드러운 평원"과 "금전(Lucre)이란 작은 산"에 이른다. 그때 데마(Demas)[5]라는 신사가 자신의 은광(銀鑛)에 와 보라고 이 두 사람을 부르지만, 크리스천은 이 제안을 거절한다. 그리고 거절하고 발길을 돌리는 순간 두 사람은 사심 씨 일행이 데마의 제안을 받아들인 뒤 구덩이 안으로 사라지는 광경을 본다. 부(富)를 좇고자 하는 마음에 저항해야 한다는 사실을 매조지듯 두 사람은 롯의 아내가 소돔을 빠져나오다가 뒤를 돌아보는 바람에 소금 기둥으로 변해 서 있는 곳을 지나게 된다.

----

4) 사심 씨는 이 장 후반부에서 주도적 인물로 등장한다. 사심(BY-ENDS)이란 말은 문자적으로 "주 경로 옆"(beside the main path)이란 뜻이며, 확장된 의미로는 "부차적, 혹은 부수적 중요성을 지닌 어떤 것"이다. 이런 문자적 의미만으로는 버니언이 그린 이 인물의 본질에 다가갈 수 없다. 이 본질은 버니언이 이 인물 주변에 세워 놓는 지인들을 관찰함으로써 분별할 수 있다. 신앙 깊은 사람임을 자처하는 사심 씨는 감언(Fair-speech)이란 곳에 살고, 아무래도 좋아 씨(Mr. Any-thing) 같은 친구들과 어울리며, 돈과 사회적 신분 상승에 집착한다. 간단히 말해, 사심 씨는 깊은 확신이 없는 얄팍한 사람이요 세상에서의 성공을 숭배하는 사람이다.

해설

　허영 시장 에피소드는 잉글랜드와 미국의 문화사에서 워낙 유명해져서 금언(金言)의 지위에 올랐을 뿐만 아니라, 값싸고 하찮은 것을 일컫는 친숙한 은유가 되었다. 버니언은 우리의 상상 속에서 이 에피소드가 살아 움직이게 하려고 두 가지 방법을 쓴다. 첫째로 버니언은 대단한 묘사 실력을 바탕으로 사람들로 붐비는 동네 시장이나 한데 모여서 시시한 상품과 오락거리를 판매하는 노점(露店)을 생생하게 그려 보인다. 둘째로 버니언은 악한 무리가 힘없는 두 길손을 괴롭히면서 갈등이 극에 달하는 플롯을 구성해 낸다. 이 상황은 다수의 배심원이 판결하는 부실한 재판으로까지 이어진다. 이 에피소드에서 독자들은 이 모든 일에 항변하느라 시종 피가 끓어오른다.

　이 이야기에서 늘 그렇듯 실제적 세부 묘사는 심오한 영적 의미를

---

5) 본문 8, 9장을 포함해서 《천로역정》에는 계속 분석해 볼 만한 가치가 있는 두 가지 항목이 있다. 하나는 그리스도인의 삶과 그 삶을 해치는 것들에 대한 통찰을 구체적으로 표현하는 인물들의 풍유적 이름이다. 그리고 또 하나는 본문이나 여백에서 확인되는 관련 성경 구절이다. 배경이 되는 성경 구절을 추적해 보면, 버니언이 해당 본문에서 무엇을 말하려고 하는지 실마리를 얻게 된다. 데마라는 이름은 디모데후서 4장 10절을 살펴보기 전에는 그냥 하나의 이름일 뿐이다. 이 구절에서 바울은 "데마는 이 세상을 사랑하여 나를 버리고 데살로니가로 갔고"라고 말한다. 이것이 바로 데마가 이 이야기에서 상징하는 내용이다. 즉, 복음보다 세상을 사랑한다는 것이다.

구체화한다. 이 에피소드에서 영적으로 일어나는 사건들을 이해하기 위한 바람직한 해석의 틀은 요한복음 16장 33절에 기록된 예수의 말씀이다. "세상에서는 너희가 환난을 당하나." 그리스도인들이 불신 세상의 가치관과 생활 방식을 공유하지 않는다는 이유로 이들을 관용하지 못하고 박해할 방법을 궁리하는 불신자들 고유의 성향을 버니언은 대단히 잘 포착한다. 그리스도인들을 향한 이 적대감에 함축된 의미를 밝힐 때, 사실상 버니언은 주로 크리스천과 믿음을 괴롭히는 인물들의 이름, 즉 시기와 육체의 기쁨(Carnal Delight)과 방종(Live-loose) 같은 이름들을 이용해 이와 같은 분석을 한다. 이런 가치관과 행실은 그리스도인다운 삶을 사는 사람들과 당연히 충돌을 일으킨다.

본문 8장과 9장은 서로 균형을 이룬다. 허영 시장에서 만나게 되는 적대자들에게는 파악하기 어려운 부분이 전혀 없다. 이들은 경건한 마음 자세를 가진 사람들과 공공연히 갈등을 일으키는 악한 인물들이다. 따라서 크리스천과 믿음은 박해를 감내할 뿐 그 무엇에도 유혹당하지 않는다. 이어서 버니언은 이야기꾼으로서의 재능을 발휘해, 허영 시장 에피소드와 정반대되는 장면을 그려 낸다.

두 여행자와 부(富) 숭배자들 사이에 이야기가 오가는 장면은 빼어난 유혹 장면이다. 여기서 위험 요소는 겉으로 드러나는 적대감이 아니라 세상에서의 성공이라는 유혹이다. 풍유적 적대자는 괴롭히고 못살게 구는 사람들이 아니라 (돈 사랑과 구두쇠처럼) 신앙의 이름으로 인생을 안락하게 만들어 주는 특성들이다. 따라서 위의 충돌이 크리

스천에게 요구하는 것은, 신앙을 가진 사람도 부와 성공을 최고의 목
표로 추구할 수 있다는 주장에 맞서 설득력 있게 지적 논증을 펼칠
수 있는 능력이다.

묵상과 토론을 위해

《천로역정》에서 본문 8장과 9장은 가장 현대적인, 혹은 시의성 있
는 장이다. 우리 시대는 값싸고 겉만 번지르르한 것에 특화되어 있
고, 허영 시장은 사실상 우리 시대 문화가 발현되는 모습에 딱 들어
맞는 어떤 윤곽을 제시한다. 허영 시장과 우리 시대 문화 사이에 어
떤 연결고리가 떠오르는가? 불신 사회는 그리스도인들이 평안히 신
앙 생활할 수 있게 내버려 두지 않으며, 이는 그리스도인이라면 누구
나 직면하는 현실이라는 점이 똑같다. 여러분 자신의 삶이나 주변에
서 목격한 누군가의 삶에 박해와 차별의 사례가 있는가? 이 땅에서
성공하여 부유하게 사는 삶에 대한 유혹은 이 시대의 세상에 늘 존
재한다. 여러분에게는 그 유혹이 어떤 형태로 다가오는가? 좀 더 범
위가 넓은 문화적 영역에서, 사심과 그 무리가 상징하는 '번영 복음'
은 어떤 일반적 모습으로 발현되는가?

절망 거인

줄거리

크리스천과 소망은 롯의 아내가 변해서 만들어진 소금 기둥(부富에 영혼을 파는 게 얼마나 위험한 일인지 마지막으로 일깨워 주는 것)을 지나다가 무언가 다른 것, 즉 기분 좋은 강과 강둑에 펼쳐진 낙원 같은 동산에 이른다. 강은 하나님의 강(또한 생명수의 강)[1]이라고 불린다. 길은 강에서 벗어나기 시작하지만, 순례자들은 곧 샛길 초장(By-path Meadow)이란 곳에 이른다. 풀밭의 매혹적 쾌적함은 순례자들을 구도의 길에

---

1) 생명을 주는 매혹적인 강, 생명의 강은 그 이면에 있는 참조 성경 구절(시 65:9; 겔 47:1~12; 계 22:1~2)을 떠올리게 하는 긍정적 이미지다. 하지만 버니언은 이 이미지를 역설적으로 비튼다. 버니언이 사용하는 기법은 작가들이 애호하는 "가짜 여명 모티프"(the false dawn motif) 기법으로 알려져 있다. 본문의 경우, 순례자들이 "하나님의 강"에 도착하는 광경에 우리는 무언가 전적으로 좋고 만족스러운 일을 기대하게 되지만, 막간의 짧은 낙원 장면은 다가오는 폭풍우 전의 일시적 고요일 뿐이다. 생명의 강과 그 강둑의 낙원 이야기는 겨우 반 페이지 정도이고, 이어서 우리는 불운한 순례자들을 기다리고 있는 끔찍한 모험 속으로 쫓기듯 들어간다.

서 벗어나게 하는 유혹거리임이 곧 드러난다. 풀밭은 걷기가 수월하지만 그 길은 천상의 도시로 이어지는 길이 아니며, 순례자들은 헛된 확신(Vain-confidence)[2]을 따라잡다가 때마침 그가 구덩이에 빠져 멸망하는 것을 보고 이것을 알게 된다.

곧이어 버니언은 또 하나의 악몽 같은 사건을 그린다. 물이 범람해 두 순례자가 다시 제 길로 돌아가는 것을 가로막고, 이에 이들은 쉼터를 찾아 밤을 지내고자 한다. 하지만 이들이 찾은 "작은 쉼터"는 "의심하는 성(Doubting Castle)" 가까이에 있고 "이 성 주인은 절망 거인(Giant Despair)"이다.[3] 거인은 순례자들이 함부로 자기 땅에 들어왔다고 힐난하며, 이들을 "더럽고 악취 나고 몹시 캄캄한 지하 감옥"에 내동댕이친다. 거인은 아내의 조언에 따라 두 사람을 두들겨 패고 "고통스러워하며 애통하게" 내버려 둔다. 나중에 거인은 순례자들에게 스스로 목숨을 끊으라고 권한다. 순례자들은 정말 절망에 빠지지만,

---

2) 늘 그렇듯이, 버니언이 들려주는 이야기에서 이름은 강렬한 효과를 지닌다. 헛된 확신(Vainconfidence)은 비중이 작은 인물임이 틀림없지만, 그 이름과 캐릭터는 중시할 필요가 있다. 헛된 확신은 사실상 이 장에서 크리스천이 보여 주는 특성을 투사한 인물이다. 계단식 출입구를 지나 샛길 초장으로 가자는 것은 크리스천의 생각이었던 반면, 소망은 그렇게 하지 말자고 설득했다. 크리스천은 자신의 판단에 확신을 보였으며, 이는 크리스천을 곤경에 빠지게 한 그릇된, 혹은 "헛된" 확신이었다.

3) 《천로역정》 속편인 2부는 가족 관계와 관련해 많은 이야기를 하지만, 이 책의 본문인 1부는 가족 이야기가 거의 없다. 두 가지 중요한 예외가 있기는 하다. 첫째는 크리스천이 자기 목숨을 위해 멸망의 도시에서 빠져나올 때 가족을 두고 나온다는 것이다(이는 구원이 얼마나 개인적인 일인지를 나타낼 뿐만 아니라 인생에서 가장 중요한 일임을 상징한다). 둘째는 절망 거인의 아내라는 흥미로운 인물이다. 자신 없음(Diffidence)이란 이름의 이 여인은 이간질하는 인물로, 이 여인이 남편에게 끼치는 악한 영향은 분석해 볼 만한 가치가 있다. 이 여인의 이름 Diffidence는 "확신이 부족하다"라는 뜻이다. 그런데 남편이 가둔 두 사람에 관해 이 여인이 남편에게 조언하는 모습을 보면 결코 확신이 부족하지 않다. 그러므로 이 여인은 하나님의 구원 능력에 대한 확신이 부족한 것, 즉 영적 절망의 확장으로 보는 것이 이 이름에 대한 최선의 해석이다.

4) 본문 10장은 문학적 판타지 혹은 가상의 모험담(거인과 그의 성, 그리고 상징적인 생명의 강이라는 현실 같지 않은 관례적 소재와 더불어)과 풍유적 서사(마찬가지로, 현실 같지 않은 관례적 소재로서 절망, 헛된 확신, 자신 없음 같은 풍유적인 추상 개념에서 비롯된 이름들과 더불어)라는 쌍둥이 샘에서 동력을 얻는다. 하지만 이야기가 전환될 때마다 예사로운 사실주의가 등장한다. 크리스천과 소망이 샛길 풀밭으로 들어갔다가 나올 때 지나는 계단식 출입문은 이 시대 영국 풍경을 특징짓는 일반적인 지형(地形)이다. 계단은 관목 울타리든 돌담이든 울타리를 넘어갈 때 딛는 일종의 사다리다.

소망은 자신들을 향한 하나님의 섭리의 위로에 주의를 환기시킨다. 절망 거인은 날마다 감옥으로 두 사람을 찾아와, 자기 아내의 지시대로 이들을 능욕한다. 하지만 크리스천은 자신에게 약속이란 열쇠가 있음을 기억해 내고, 두 사람은 이 열쇠를 수단으로 성에서 빠져나와 왕의 대로로 돌아온다. 크리스천과 소망은 이 에피소드 초반에서 자신들을 곤경에 빠지게 한 그 디딤대를 다시 넘은 후, 뒤에 올 순례자들을 위해 울타리를 넘어가지 말라는 경고판을 세운다.[4]

해설

버니언의 이 걸작에서 에피소드마다 우리가 첫 번째로 해볼 일은, 문자 그대로의 수준에서 이야기를 재현하는 것이다. 이 장의 처음 몇 페이지만 읽어나가도 우리는 원형적인 생명의 강과 지상의 낙원, 힘들고 곧은 길(금언에 나오는 "곧고 좁은 길"), 여행자들을 현혹해 바른길을 가지 못하게 하는 풀밭, 거인, 성, 지하 감옥을 만난다. 이 모든 것은 가상의 모험담이나 판타지 소설의 밑둥치와 같은 구성 요소이며, 작품을 읽어 나가려면 이 요소에 어린아이처럼 기꺼이 감명받고 놀라야 한다. 같은 맥락에서, 절망 거인이 날마다 반복해서 찾아오는 것을 보면서 다음번에는 순례자들에게 어떤 폭력이 가해질지 궁금해지고 이들이 과연 살아서 빠져나갈 수는 있을지 묻게 된다는 점에서 이 이야기는 가장 긴장되는 이야기가 된다.

그다음에는 버니언이 이렇게 이야기식으로 친숙하게 풀어놓는 세부 묘사에서 어떤 영적 현실을 구체화했는지 분석해 봐야 한다. 이번 에피소드의 중심은 절망이라는 심리적, 영적 경험이다. 버니언의 시대에는 절망의 이면에 긴 역사가 있다는 점을 이 안내서에서 이미 살펴보았다. 이 전통에서 절망이 가장 악한 죄로 여겨지는 이유는, 절망이 사람의 의지를 마비시키고 구원하시는 하나님의 능력의 팔이 자신에게는 미치지 않는다고 생각하게 만들기 때문이다. 결과적으로 절망은 영원히 저주받는 쪽을 선택하는 것으로, 그보다 더 나쁜 것은 있을 수 없다. 이러한 생각이 바로 절망이라는 지하감옥에 여러 날 길게 갇혀 있게 된 사건의 배경을 형성한다.

이런 대체적 정황 안에서 우리는 버니언이 그리스도인의 삶에 관해 무엇을 구체적으로 표현하고 있는지 좀 더 세심히 들여다볼 수 있다. 예를 들어 버니언은 절망이 하나의 정서적 현상으로서 사람의 마음속에서 어떻게 작용하는지 꼼꼼히 그려 보인다. 또한 절망이 어떻게 사람을 가로막아 경건한 길(이 이야기에서는 왕의 대로라고 불리는)을 추구하는 자세에서 멀어지게 만드는지 구체적 방식으로 추적해 볼 수 있다. 우리가 추적할 수 있는 세 번째 주제는 그리스도인들(두 순례자가 대표하는)이 영적 삶에서 무엇에 의지해 절망의 파괴적 결과에 저항할 수 있는가이다.

묵상과 토론을 위해

올바른 절차는, 바로 앞 해설에서 명시된 길을 따르는 것이다. 이 에피소드가 여러분에게 생생하게 다가오는 것은 어떤 세부 묘사 때문인가? 이 에피소드를 읽으면서 어떤 심리적 현실을 대리 체험하는가? 절망이 한 사람의 영적 삶에서 작용하는 방식에 관하여 무엇을 알 수 있으며, 절망에 대한 신뢰할 만한 구제책으로 버니언이 여러분에게 자각시키는 것은 무엇인가?

유쾌한 산과 마법의 땅

줄거리

본문 11~14장은 여러 에피소드가 포함되어 있다. 긴 에피소드를 좋아하는 사람이라면 11~14장을 정말 좋아할 것이다! 11~14장은 여정, 영적 의미가 있는 풍경, 영적 진보의 장애물을 상징하는 풍유적 인물, 기독교 교리에 대한 가르침을 담고 있는 대화, 그리고 크리스천과 소망이라는 끈기 있는 신앙의 투사 등 버니언의 모험담에서 우리가 기대하게 된 모든 내용으로 가득하다.

〈11장〉 크리스천이 아름다운 집 지붕에서 얼핏 본 유쾌한 산(Delectable Mountains)[1]은 이상화된 또 하나의 목가적 세계 또는 지상

---

1) 버니언이 창작해 내는 지명(地名)은 《천로역정》의 매력 가운데 하나다. 이 지명들은 본질상 대체로 상징이나 풍유로서, 판타지 영역 또는 우리가 사는 일상의 세상이 아닌 상상의 세계에 속해 있다. 이 지명들은 십중팔구 깊은 원초적 느낌을 일깨우는 원형(原型)이다(문학과 인생에서 꾸준히 재현되는). 유쾌한 산(The Delectable Mountains)은 기분 좋은 곳의 원형으로, 갈망의 한 이미지다. 형용사 delectable은 "지극히 아름답고 대단히 유쾌하고 즐겁다"라는 뜻이다.

낙원이다. 목자 넷이 두 길손을 맞아들이는데,[2] 이들은 지식, 경험, 경계, 성실이란 풍유적 이름을 지닌다. 오류(Error)라는 언덕 꼭대기로 초대받은 두 순례자는 언덕 아래를 내려다보다가 신학적 오류에 굴복한 사람들의 토막 난 시신을 본다. 경고산(Mount Caution) 꼭대기에서 순례자들은 눈먼 사람들이 무덤 여기저기서 비틀거리며 넘어지는 것을 본다. 이 눈먼 사람들은 절망 거인의 피해자들로 밝혀진다. 이어서 크리스천과 소망이 언덕 비탈을 들여다보니 불과 유황이 보인다. 맑음(Clear)이란 언덕 위에 서니, 순례자들의 눈에 천상의 성이 보인다. 순례자들은 이 놀라운 광경을 뒤로 하고, 목자들의 경고를 귀에 담으며 다시 길을 나선다.

〈12장〉 첫째로 순례자들은 무지(Ignorance)라는 인물을 만난다. 무지는 기만의 나라에서 이어지는 구부러진 좁은 길을 통해 큰길로 들어온다. 무지는 천상의 도시까지 가는 쉬운 길을 알고 있다고 하지만, 두 순례자는 이 말을 염두에 두지 않는다. 이어서 크리스천과 소

———

2) 순례자들을 유쾌한 산으로 반갑게 맞아들이는 사람들이 목자들이란 것은 우연이 아니다. 이들은 이상적인 녹색 세상, 즉 "전원문학"(pastoral)으로 알려진 문학 전통에서 말하는 목자들이다. 전원은 최상의 지상 생활을 나타내는 풍경이다. 이 아름다운 시골 풍경에 거주하는 인물들은 언제나 때 묻지 않고 무해한 인물인 목자들이다. 더 나아가 성경에서 전원문학 전통의 목자들에게는 영적 지도자나 목회자라는 차원이 추가된다.

망은 어두컴컴한 골목으로 접어들어 어떤 사람이 일곱 귀신에게 결박된 것을 본다. 그렇게 결박당해 끌려가고 있는 사람은 "배교 마을에 살던 외면(Turn away)"이다. 이 광경을 보고 크리스천은 작은 믿음(Little-faith)이란 사람을 떠올리고, 이 사람이 겪은 환난이 길게 묘사된다.[3] 작은 믿음이 겪은 불운 중에서도 가장 두드러진 순간은 겁쟁이(Faint-heart), 불신(Mistrust), 죄책(Guilt)이라는 불량배들에게 강도를 당한 때였으며, 이 일로 그는 천상의 도시로 가는 동안 계속 구걸로 연명해야 했다. 이 이야기를 하다 보니 크리스천은 천국으로 가는 길에 믿음의 장애물이 나타날 때 이를 버텨내는 방법에 관해 소망에게 짤막한 설교를 하게 된다.

〈13장〉 그다음 주요 사건은 사기꾼(Flatterer)의 등장인데, 사기꾼은 천상의 도시로 가는 길을 안다고 주장한다. 크리스천과 소망은 사기

———

3) 어떤 주장을 할 때 문학은 우리가 따라야 할 긍정적 예와 피해야 할 부정적 예를 제시하는 방법을 쓴다. 작은 믿음은 부정적인 예로써, 즉 하지 말아야 할 행동이 무엇인지 보여 줌으로써 영적 믿음의 중요성을 가르쳐 준다. 성경은, 그리고 성경에 기반을 둔 기독교 신앙은, 믿음을 가장 중요한 덕목의 하나로 드높인다. 믿음이 무엇인지 정의하고 하나님을 따르는 이들에게 믿음이 안겨 주는 승리를 찬미하는 히브리서 11장은 작은 믿음 이야기와 병행해서 읽기 좋은 성경이다. 성경에서 믿음이란 단어를 검색해 보는 것도 버니언이 들려주는 작은 믿음 이야기를 더 잘 이해할 수 있는 배경이 되어 줄 것이다.

꾼을 따라가다가, 곧 그물에 걸리고 만다. 두 사람은 "어떤 빛나는 존재"(천사이거나 성령일 것이다)에게 구출되고, 이 빛나는 이는 사기꾼에게 속아 그를 따라간 것에 대한 벌로 두 사람을 채찍질로 징계한다. 그 뒤 두 순례자는 "자신들이 갈 길을 간다."

얼마 후 두 사람은 무신론자(Atheist)를 만나고, 무신론자는 자신이 천상의 도시로 추정되는 곳에 갔었으나 "길을 나서던 첫날에 본 것 외에 더는 아무것도 보지 못했다"라고 말하고, 이에 두 순례자는 침착을 잃는다. 순례자들은 잠깐 놀라기는 했지만, 곧 영적으로 다시 정신을 차리고 가던 길을 간다. 두 사람은 마법의 땅(Enchanted Ground)⁴으로 불리는, 졸음을 유발하는 땅에 들어가며, "졸음을 쫓으려고" "유익한 대화"를 주고받는다. 두 사람 사이에는 긴 대화가 이어지고, 소망은 어떻게 해서 "처음에 〔자기〕 영혼을 돌보게" 되었느냐는

---

4) 마법의 땅은 버니언이 지어낸 또 하나의 훌륭한 이야기다. 여기서 "마법의(Enchanted)"는 "마법과 같은 힘을 지닌다"라는 뜻이다. 동화와 판타지에서 마법은 선하거나 악한데, 이 이야기에서는 악하다. 지친 발걸음을 옮기며 정신을 똑바로 차리고 위험을 경계해야 할 여행자들을 꾀어 잠에 빠져들게 하기 때문이다. 정신을 바짝 차리고 있을 능력을 빼앗는 어떤 장소나 묘약(妙藥) 모티프는 호메로스의 《오디세이아》만큼 오래되었기도 하고 C. S. 루이스와 J. R. R. 톨킨의 판타지 소설만큼 현대적이기도 하다. 우리가 잘 아는 작품에서 유사한 예를 찾아보는 연습을 해보는 것도 바람직하다.

크리스천의 질문에 답변한다. 그 결과 우리는 소망의 영적 자서전을 접하게 된다.

〈14장〉 마지막 에피소드는(이 장 초반에서 뒤처졌던) 무지의 재등장이다. 크리스천과 소망은 무지에게 신앙의 진리를 조금씩 가르쳐 주고 싶은 마음에 요리문답 같은 질문과 답변 시간을 갖는다. 무지는 신앙과 관련된 의견은 많지만, 기독교 신앙의 진리를 배우는 데는 더디고, 그래서 결국 "잠시 뒤에 머물러야겠다"라고 결론을 내린다. 이에 크리스천과 소망은 무지 같은 사람들이 "자신들을 두렵게 만드는 그런 확신이 사실은 자신들에게 유익하다는 것을 알지 못하고" 그래서 그 확신을 억제하는 이유를 분석하기에 이른다. 두 사람은 이 모든 일의 뿌리에 "고삐(halter)에 대한 두려움"이 자리 잡고 있다고 결론 내린다. 즉, 자기 훈련을 요구하고 본능적 욕구를 억제하기를 요구하는 것은 뭐든 다 싫어한다는 것이다. 14장은 크리스천과 소망이 마법의 땅이 끝나는 곳에 이르면서 막을 내린다.

해설

유익한 조언 한마디를 하자면, 대화가 주 구성 요소인 긴 에피소드에 집중할 필요가 있다는 것이다. 《천로역정》의 몇몇 장은 길에서 벌어지는 모험으로 가득하고, 또 어떤 장은 교훈적 단원으로, 대개 순례자들이 천상의 도시를 향해 가는 중에 잠시 머무는 곳을 배경으로 한다.

본문 11~14장은 이 두 가지 형식이 결합해 있다. 교훈적인 장, 또는 "교훈 장면"임이 분명하지만, 이 교훈은 순례자들이 어떤 집이나 성에 머무는 게 아니라 길을 가면서 나누는 긴 대화로 이뤄진다. 11~14장은 모험은 적고 대화는 많다.

그렇다고 해서 11~14장이 재미없다는 뜻은 아니다. 늘 그렇듯 장소와 인물의 이름은 우리에게 궁금증을 불러일으키며 그 의미가 무엇이고 그런 이름으로 불리는 대상에 어떻게 적절히 들어맞는지 분석하게 만든다. 여기에 《천로역정》의 본질적 원칙이 추가로 덧씌워지는데, 이것을 우리는 영적 의미의 우위성이라고 부를 수 있다. 허구적 세부 묘사가 아무리 창의적이든, 이야기는 궁극적으로 그리스도인의 삶에 관한 지식을 구체적으로 표현하려는 버니언의 의도에 지배된다.

그래서 《천로역정》이 우리에게 주려는 대부분의 교훈은 영적인 삶의 장애물, 즉 순례자를 잘못 인도할 수 있고 영적 진보를 훼방할 수 있는 믿음과 관습을 구체적으로 그려 보이는 것으로 구성된다. 본문 11~14장을 효과적으로 읽어나가는 유익한 전략은, 버니언이 우리가 생각해 보아야 할 문제로 제시했다시피 기독교 신앙의 길의 구체적 장애물이 무엇인지 분석해 보고, 더 나아가 그 장애물이 정확히 어떻게 한 사람의 영적인 삶을 훼방하는지 살펴보는 것이다. 이런 장애물의 가장 두드러진 예는 교리에 대한 무지, 아첨, 약한 믿음, 무신론(민음이 완전히 결핍된 상태)이다.

따라서 이 본문이 우리에게 교훈을 줄 임무가 있다고 할 때 그 임무의 절반은 그리스도인의 삶에서 피해야 할 게 무엇인지 더 깊이 통찰하게 하는 것이다. 그리고 나머지 절반에서는 그리스도인으로 살아가면서 만나는 위험에 대응하기 위해 우리가 의지할 수 있는 방책이 무엇인지 버니언 자신이 분석한다. 우선, 본문 11~14장을 읽어나가면서 우리는 참된 교리의 유익, 유혹과 박해 가운데서 믿음을 유지할 때의 유익, 영적 생활 중에 늘 깨어 있는 자세의 유익, 그리고 신자들과의 경건한 대화의 유익에 대해 알게 된다.

버니언이 그리는 풍유적 인물은 보편성이 있고 시대의 제한을 받지 않으며, 그러므로 독자의 경험 속에서 언제나 현재형이다. 하지만 무지라는 캐릭터는 구성 면에서 유독 더 "현대적"이다. 무지는 좁은 문을 지나 십자가에서 죄 사함을 구하는 게 아니라, 지름길을 통해 천국에 이르고 싶어 한다. 무지는 종교적인 사람이며 종교적인 일에 관심이 있다. 무지는 심지어 "의롭다 여김 받으려면 그리스도를 믿어야 한다고 생각한다"라고 옳은 말을 하기도 한다. 하지만 무지는 자기 마음이 "선한 마음"이라고 믿으며, 자신의 선한 행위에 근거해서 천국에 들어갈 수 있다고 믿는다. 자신의 종교적 신념을 어떻게 그렇게 확신하느냐고 묻자, 무지는 "내 마음이 그렇게 말한다"라고 대답한다. 간단히 말해 무지는 전형적인 신학적 자유주의자로서, 우리 시대에는 그 어느 때보다 이런 사람이 많다. 이 사실은 그가 크리스천과 소망과 보조를 맞춰 길을 가지 않고 뒤에 처지기로 한 뒤 두 사람이 무지를 분석하면서 "마음과 뜻에 변화"가 없는 사람들 범주에 넣는 것으로 확인된다.

버니언은 "청교도 중의 청교도"이며, 버니언이 이 걸작의 소재로 삼기로 한 사상과 체험을 보면, 곳곳에서 청교도 기질이 드러난다. 이 점이 가장 충실하게 드러나는 곳이 11~14장이다. 믿음과 지식 혹은 진리의 중요성은 청교도의 삶의 기둥으로서, 작은 믿음과 무지라는 인물을 통해 부정적 사례로(즉, 반대로) 구체화된다. 크리스천과 소망은 영적 체험에 관한 대화를 나누면서 서로 졸음을 쫓아 주기로 하는데, 이때 두 사람은 청교도가 말하는 "그리스도인의 회담"(Christian conference), 즉 영적인 삶에 관한 그리스도인들 간의 대화를 실천하고 있다. 자신의 회심과 그리스도인으로서의 행보에 관한 소망의 자전적 이야기는 청교도의 자기 점검(self-examination)의 한 예이며, 그의 이야기에서는 청교도의 구원 패러다임에 따라 성장 단계가 전개된다.[5] 마법의 땅에서 졸음과 맞서 싸우는 모습은 그리스도인이 하루하루의 삶에서 경계를 늦춰서는 안 된다는 청교도의 주장을 예시한다.

묵상과 토론을 위해

어떤 이야기든 그 이야기에 접근하는 바람직한 자세는 주어진 에피소드를 깊이 생각해 보고 저자가 그 장을 왜 이야기에 포함했는지, 그리고 지금 고찰 중인 장에서 볼 수 있는 특정한 세부 사항을 창작해 낸 이유가 무엇인지 이론을 만들어 보는 것이다. 이 틀을 적용해 볼 때, 버니언은 이 장에서 무엇을 의도했다고 생각하는가? 결국 그리스도인의 삶을 조명해 보려는 것이 《천로역정》에서 버니언의 일관된 목적이다. 본문 11~14장은 한꺼번에 분석하기에는 너무 광범위하므로, 작은 믿음의 슬픈 이야기나 소망의 인생 이야기, 혹은 무지의 처신 같은 단일 사건에 초점을 맞춰서, 거기서 그리스도인의 삶에 관해 우리가 무엇을 알게 되는지 하나하나 분석해 보는 게 좋은 방법이다. 그런 다음 다른 부분에 대해서도 똑같은 방식을 적용하면 된다.

———————

5) 훌륭한 작가는 한 번 갔던 우물에 자꾸 갈 수 없다는 것을(비유적으로 말해서) 잘 알며, 그래서 표현을 다양화할 방법을 찾는다. 한때 높이 평가되던 기법으로서 "이야기 속의 이야기"라는 것이 있는데, 《천로역정》 화자가 작은 믿음 이야기를 직접 하지 않고 크리스천의 입을 빌어 버니언의 이야기 속 또 다른 내부 인물(소망)에게 이야기하는 데서 이 기법이 등장한다. 그 기법의 한 변형으로 '플래시백'(flashback)이란 것이 있으며, 이는 소망이 자신의 회심과 영적 진보를 자전적(自傳的)으로 풀어 놓는 데서 볼 수 있다.

천상의 도시에 들어가다

줄거리

《천로역정》 마지막 장에서 주인공은 마침내 탐구 여정의 목표 지점에 도달한다. 마지막 장은 뿔라 땅을 통과하고, 사망의 강[1]을 건너, 천상의 도시[2]로 반갑게 맞아들여지는 세 단계로 전개된다.

뿔라 땅은 또 하나의 원형적 기분 좋은 장소로서, "공기가 매우 달콤하고 쾌적한" 곳이고 "과수원과 포도원과 뜰이 있는" 곳이다. 게다가 천국 풍경이 얼마나 찬란한지 순례자들은 그 광경에 압도되어 제정신이 아닌 듯한 느낌이다.

순례자들과 천상의 도시 사이에는 아주 깊은 강이 흐르는데 그 강

---

1) 사망의 강(본문에서 이 강에 그런 이름이 붙은 것은 우연이 아니다)은 버니언이 창작해 낸 것 중 가장 우리의 주의를 환기하는 것으로 손꼽힌다. 먼 옛날부터 이승에서 저승으로 가는 길에는 반드시 건너야 할 강이 있는 것으로 그려져 왔다. 크리스천이 강을 건너면서 겪는 물리적 어려움은 인간의 죽음에 동반되는 의심과 두려움의 상징이다. 이런 상징의 효과는 감동적이고 장엄하다.

에는 다리가 없다. 순례자들은 "물속으로 들어갔고", 크리스천은 용기를 내서 발 디딜 곳을 찾으려 허우적거리지만 쉽지 않았다. 크리스천은 심지어 물속에서 죽게 될 것을 두려워한다. 하지만 소망은 계속 크리스천에게 힘을 북돋아 주고, 위태위태하게 출발한 크리스천은 "이제부터는 강이 얕다"라는 것을 알게 된다.

곧이어 우리는 대단원에 이르게 된다. 바로 천국에 들어가는 것이다.[3] 순례자들이 강을 건너자 곧 반짝이는 존재 둘이 나타난다. 크리스천과 소망은 천상의 도시를 향해 걸음을 재촉한다. 버니언은 단테

———————

2) 완벽한 장소(그것이 낙원이든 혹은 천국이든)를 향해 가는 여정을 그리는 작가라면 앞에 존재하는 그 장소에 대한 기대감을 불러일으키는 데 정성을 쏟아 붓는 것이 오래된 전략이다. 버니언은 "광채 나는 존재들과 나눈 이야기는 그곳의 영광에 관한 이야기였다"로 시작하는 긴 단락을 통해 점차 그 절정에 접근하는 기법을 활용한다. 밀턴의 《실낙원》에서 낙원에 점차 다가가는 과정에 관해 C. S. 루이스가 논평한 말은 《천로역정》의 이 구절에도 적용된다. "이런 유형의 시가(詩歌)에서 시인의 싸움은 주로 앞당겨 승리를 거둔다. 기대감을 높이는 심상(心象)을 시인이 우리에게 그려 보일 수 있다면… 마침내 시인이 낙원 자체를 묘사해 보이는 능력을 과시할 때 우리는 이미 그에게 정복당한 상태일 것이다. 클라이맥스에 이를 때 우리가 실제로 우리 일을 할 수 있도록 시인은 지금 자기가 할 일을 하고 있다"(《실낙원 서문》 *A Preface to Paradise Lost* 〔New York: Oxford University Press, 1942〕, 49. 홍성사 역간).

와 밀턴 같은 위대한 작가들의 전통을 좇아, 여행자들이 천국을 향해 나가지만 아직 거기 도달하지 못하는 모습을 그림으로써 천국에 대한 기대감을 높인다. 천국 문으로 다가가는 순례자들은 엄청난 환영 인파 역할을 하는 천상의 거민들에게 에워싸인다. 문을 통과하는 순간, 크리스천과 소망은 "변화되었고, 금처럼 반짝이는 옷이 입혀졌다." 천국을 이렇게 짤막하게 묘사한 뒤 버니언은 무지가 천상의 도시로 들어오려다가 쫓겨나는 광경을 그리면서 크리스천의 순례 이야기를 마친다.

해설

크리스천의 탐구 목적이 무엇인지는 이야기 전체에 철저히 스며들어 있어서, 우리는 이 이야기가 어떻게 끝날지 정확히 알고 있다고

---

3) 신자가 천국으로 반갑게 맞아들여지는 것은 수 세기에 걸쳐 기독교 작가들이 다뤄 온 큰 주제 중 하나이며, 그 시작은 성경이다. 다른 문학 작품에 등장하는 유사한 구절을 알고 있다면, 그 구절을 병행 독서 자료로 활용해 버니언이 그리는 그 광경을 더욱 풍성하게 체험할 수 있다. 세 가지 훌륭한 예를 들자면 다음과 같다. 존 밀턴의 "리시다스"(Lycidas, 172~185행)와 소네트 14, 조지 허버트의 "사랑. III." 물론 성경은 더할 나위 없는 텍스트다. 관련 본문은 마태복음 25장 14~21절, 31~40절, 요한계시록 21장과 22장 1~5절이다.

생각하면서 마지막 장을 읽기 시작한다. 어쩌면 바로 그 이유 때문에 버니언은 어떤 면에서 이야기의 결말이 놀랍다고 할 수 있을 만큼 이 마지막 장에서 갑자기 그렇게 놀라운 사건들이 많이 일어나게 하는 것일 수도 있다.

물론 우리의 예상은 일부 실현된다. 이야기가 시작될 때부터 플롯은 일정한 목표를 향해 흘러갔으며 그 목표는 크리스천이 천상의 도시로 들어갈 때 정점을 이루며 성취된다. 더 나아가 우리는 천국에 이르는 길에서 궁극적 복을 미리 맛볼 수 있기를 기대하는데, 뿔라라는 곳이 그 기대도 충족시켜 준다. 두 순례자의 여정 마지막 구간에서 천사들이 두 사람을 호위하며 동행하는 광경에도 우리는 놀라지 않는다. 우리가 알기로 천국에는 출입구가 있다. 그리고 순례자들이 도착하기를 기다리고 있는 성도들 무리 이야기에도 우리는 별로 놀라지 않는다. 버니언이 그리는 천국은, 우리가 예상한 그대로 음악 소리로 가득하다. 물론 천국은 해처럼 빛나고 길거리는 정금으로 되어 있는데, 오래전부터 요한계시록은 성도들이 "머리에 면류관을 쓰고 손에는 종려나무 가지와 찬양할 때 쓰는 황금 수금을 들고" 있는 광경을 기대하게 했다.

하지만 익히 아는 것의 효과를 상쇄하는 장면들이 여러 번 우리를 놀라게 한다. 첫째는 목숨을 위협하는 사망의 강이다. 순례자들이 일단 뿔라 땅에 들어서자 우리는 천국으로 수월하게 장면이 전환될 것을 기대하지만, 강이 크리스천의 순례 여정에 마지막(그리고 매우 큰)

장애물로 등장한다. 크리스천은 강 앞에 서자 두려움에 짓눌린다. 크리스천은 "자신이 저지른 죄를 생각하며 심한 번민에 빠졌다." 그는 강물에 빠져들기 시작하고, 강을 건너는 일은 이 모험담에서 또 한 번 아슬아슬하게 위험에서 벗어나는 사건이 된다.

둘째로, 이야기 속에서 천상의 도시가 시종 우리 앞에 존재해 왔는데 그 성에 대한 묘사가 이야기의 결말 부분에 짤막하게 나오고 만다는 것은 정말 놀라운 일이다. 우리가 익히 알고 있는 몇 가지 내용이 겨우 반 페이지 정도 나오다가 예상치 못하게 끝난다. 버니언은 무언가가 너무 아름답거나 경이로워서, 혹은 초월적인 "다른" 세상에 너무 철저하게 속해 있어서 그 현실이 인간의 언어로 표현될 수 없다는 전제를 바탕으로, 표현할 수 없음(inexpressibility) 모티프라고 알려진, 아주 오래된 관습에 의존하는 것일 수도 있다. 하지만 작가는 바로 이 '표현할 수 없음'이 이야기 전체를 지배하고 있음을 거의 항상 분명히 하는데, 버니언은 그 일관된 노선에 대해 그 어떤 설명도 제공하지 않는다.

세 번째로 놀라운 것은, 이야기가 크리스천의 천국 입성으로 끝나지 않고, 무지가 천국에서 추방당하는 장면으로 끝난다는 점이다. 받아들여지는 장면이 아니라, 거부당하는 장면이 마지막 장면이다. 이 작품의 끝에서 두 번째 문장("이렇게 해서 나는 잠이 깨어, 이 모든 게 꿈이었음을 알아차렸다"라는 문장 앞에 나오는)은 "그때 나는 멸망의 도시와 마찬가지로 천국 문에도 지옥으로 통하는 길이 있다는 것을 알게 되었다"[4]라는 준엄한 경고의 말이다. 이와 같은 결말을 설명하자면, 버니언은 이 작품에서 근거 없는 위로에 관해 독자들에게 경고할 뿐만 아니라, 영광을 얻지 못할 사람들을 기만해 영광을 얻게 될 것으로 생각하게 만드는 종교적 태도와 관습에서 벗어나게 만들려고 매우 애쓰고 있다는 것이다.

묵상과 토론을 위해

《천로역정》 같은 긴 작품을 읽어나갈 때 당연히 우리는 이야기가 어떻게 끝날지 예상해 본다. 결말에 이를 때 이야기의 결론이 우리의 예상과 얼마나 들어맞는지, 그리고 그 예상과 얼마나 부합하지 않는지 따져볼 수 있다. 이 원리는 《천로역정》의 결론을 깊이 생각해 볼 때 바람직한 효과를 낼 수 있다. 두 번째로 해 보면 좋은 것은, 버니

---

4) 작가들은 흔히 첫머리 문장을 되풀이함으로써 이야기를 끝맺는다. 그렇게 하면 하나의 원이 완성되는 결과를 낳는다. 《천로역정》을 여는 문장은 화자가 잠들어 "꿈을 꾸었다"라고 우리에게 알려 준다. 그리고 이 책의 마지막 문장은 "이렇게 해서 나는 잠이 깨어 이 모든 게 꿈이었음을 알아차렸다"이다. 최초의 주요 사건은 크리스천이 멸망의 도시에서 빠져나오는 것이다. 그리고 이 책의 마지막에서 두 번째 문장은 "그때 나는 멸망의 도시와 마찬가지로 천국 문에도 지옥으로 통하는 길이 있다는 것을 알게 되었다"이다.

언이 그리는 천국 입성 장면을 성경이 그리는 천국 모습과 비교해 보는 것이다. 버니언은 어떤 부분을 생략했는가? 어떤 부분을 작품에 포함했는가? 또한, 크리스천의 천국 여정에 관한 버니언의 이야기가 성공하느냐는 작가가 순례자의 탐구 목적을 완전히 충족시킬 능력이 있느냐에 달려 있다. 버니언은 작품의 성격상 이 작품이 작가에게 부과하는 과제를 성공적으로 이행했는가? 여러분은 어떻게 평가하는가? 크리스천이 도달하는 목표는 그 전까지의 힘든 여정을 감내할 만한 가치가 있는가?

자료 더 찾아보기

《천로역정》은 사실상 어떤 판본을 읽어도 독자에게 유익할 것이다. 일부 판본은 성경을 더 많이 참조하기도 한다. 다음 두 판본에는 기독교 신앙에 호의적이라고 알려진 편집자들의 비판적 자료가 담겨 있다(도입부의 서론과 결말 부분의 주석).

N. H. Keeble, ed., *John Bunyan: The Pilgrim's Progress*, Oxford World's Classics.

Roger Pooley, ed., *John Bunyan: The Pilgrim's Progress from This World, to That Which Is to Come*, Penguin Books.(《천로역정》, 섬앤섬 역간)

아래는 이차 자료 목록이다.

Batson, E. Beatrice. *John Bunyan: Allegory and Imagination*. London: Croom Helm, 1984.

Dunan-Page, Anne, ed. *The Cambridge Companion to Bunyan*. Cambridge, UK: Cambridge University Press, 2010.

Frye, Roland Mushat. *God, Man, and Satan: Patterns of Christian Thought and Life in Paradise Lost, Pilgrim's Progress, and the Great Theologians*. Princeton, NJ: Princeton University Press, 1960.

Kaufmann, U. Milo. *The Pilgrim's Progress and Traditions in Puritan*

Meditation. New Haven, CT: Yale University Press, 1966.

Newey, Vincent, ed. *The Pilgrim's Progress: Critical and Historical Views*. Totowa, NJ: Barnes and Noble, 1980.

Ryken, Leland, James C. Wilhoit, and Tremper Longman, eds. *Dictionary of Biblical Imagery*. Downers Grove, IL: InterVarsity, 1998.(《성경 이미지 사전》, CLC 역간)

Sadler, Lynn Veach. *John Bunyan*. Boston: Twayne, 1979.

Whyte, Alexander. *Bunyan Characters*. Eugene, OR: Wipf and Stock, 2000.

이 책에 쓰인 문학 용어 풀이

다른 것을 돋보이게 하는 사람 혹은 물건(foil). 이야기 속의 무언가와 병행하거나 대조됨으로써 그것을 돋보이게 하는 어떤 장치.

모험담(adventure story). 극적인 사건들로 이뤄진 흥미진진한 이야기로, 흔히 (늘 그렇지는 않지만) 기상천외한 일들이 담긴다.

배경(setting). 이야기 속에서 사건이 일어나는 장소. 물리적인 장소일 뿐만 아니라 시간을 말할 수도 있다.

사실주의(realism). 실제와 비슷함. 우리의 세상에서 실제로 있을 수 있는 인물·사건·배경을 문학적으로 표현하는 것.

상징/상징주의(symbol/symbolism). 그 자체에 더하여 무언가를 나타내는 사물이나 사람이나 행동. 부차적 의미라는 원리에 바탕을 둔다.

상징적 현실(symbolic reality). 텍스트에 상징이 너무 우세해서 독자가 문자 그대로의 의미보다는 주로 상징의 숲을 마주하게 되는 상황.

여행담(travel story). 주인공이 일련의 장소들을 찾아다니는 여정을 중심으로 구성된 이야기.

영웅담(hero story). 크게(반드시 전체적일 필요는 없고) 모범이 되거나 보통 사람들을 대표하는 경험, 구체적으로 작가 시대의 문화를 대표하는 경험을 하는 중심인물의 위업을 그리는 작품.

원형(archetype). 문학 작품이나 인생에 되풀이되는 어떤 모티프(예를 들어, 탐색 여정), 인물 유형(예를 들어, 악한), 이미지나 배경(예를 들어, 어둠).

책 속의 책 릴랜드 라이큰의 《천로역정 가이드》

인물/인물 묘사 (character/characterization). 작품 속에서 행동을 이행하는 사람들과 그 외 행위자들.

인유(allusion). 과거 역사나 문헌을 언급하는 것.

장르 (genre). 소설이나 시(詩) 같은 문학 유형이나 종류.

전원 문학 (pastoral). 전원을 배경으로 전원의 삶을 그리는 문학. 자연 문학의 한 형식. 이런 문학 작품은 소박한 삶을 찬양한다.

전기(傳奇) 소설 (romance). 엄격히 사실적이거나 사실 같은 이야기가 아니라 초자연적이거나 불가사의한 요소를 담고 있는 이야기.

전형적 장면 (type scene). 작품 속 일정한 유형의 이야기나 사건에서 반복되어, 그 이야기에서 예측할 수 있는 부분이 되는 공통 요소들의 집합.

판타지 (fantasy). 실제 세계에 존재하지 않는 인물·배경·사건들이 담긴 문학 작품.

풍자 문학 (satire). 악덕이나 어리석음을 폭로하는 문학.

플롯 (plot). 이야기를 구성하는 일련의 행동과 사건이 면밀하게 체계화되는 것을 말하며, 결말에서 해결되는 한 가지 이상의 갈등으로 짜인다.

해설자 (narrator). 작품 속에 작가가 내적으로 존재하는 것.